应用型经管类主干课程系列规划教材

商务经纪与代理

第二版

Business Brokering and Agency

● 郭声龙　著

WUHAN UNIVERSITY PRESS

武汉大学出版社

图书在版编目（CIP）数据

商务经纪与代理/郭声龙著.—2 版.—武汉：武汉大学出版社，2015.7
（2017.6 重印）
应用型经管类主干课程系列规划教材
ISBN 978-7-307-15454-4

Ⅰ.商…　Ⅱ.郭…　Ⅲ.①经纪人—高等学校—教材　②商务—代理—
高等学校—教材　Ⅳ.F713

中国版本图书馆 CIP 数据核字（2015）第 056384 号

责任编辑:易　瑛　　　责任校对:汪欣怡　　　版式设计：马　佳

出版发行:**武汉大学出版社**　　（430072　武昌　珞珈山）
（电子邮件：cbs22@ whu.edu.cn　网址：www.wdp.com.cn）
印刷:湖北金海印务有限公司
开本：787×1092　1/16　印张:21　字数:496 千字　插页:1
版次:2011 年 8 月第 1 版　　2015 年 7 月第 2 版
　　2017 年 6 月第 2 版第 2 次印刷
ISBN 978-7-307-15454-4　　　定价:40.00 元

前　言

代理制度是人类文明的表现，也是现代社会分工越来越细的结果。商务经纪与代理是最常见的代理活动，可以说是代理制度的精华。市场经济越发达，商务经纪与代理活动就越频繁，与之相适应的是制度也越完善。

代理活动虽然早就存在，但进入商业领域并形成商务经纪与代理制度，却是在19世纪初的美国，至今其商务经纪与代理制度已经非常成熟。我国代理制度主要见于《中华人民共和国民法通则》(简称《民法通则》)、《中华人民共和国合同法》(简称《合同法》)、《中华人民共和国对外贸易法》(简称《对外贸易法》)及其他有关法律法规和司法解释。随着我国社会经济的发展，商务经纪与代理活动会越来越广泛，纠纷也会越来越多，这就需要有完善的制度保障以及大量谙熟这些制度的从事经纪与代理活动的代理人。本书正是基于此而写成，主要适用于从事商务经纪与代理活动和其他中介活动的人员，以及相关专业研究人员使用。

商务经纪与代理有以下特点：

第一，跨学科。商务经纪与代理是一种复杂的代理活动，代理人既需要掌握法律知识又需要了解商务活动的内在规律。同时，商务经纪与代理范围非常广泛，代理人不可能从事所有的代理活动，一般专攻自己擅长的某个方向。

第二，个案特征鲜明。商务经纪与代理是"个案化"而非"原理化"的。代理人的工作是具体的、实践的、应用型的，是在法律领域运用知识解决实际问题，并且更讲究经验的积累，讲究技巧的运用。

第三，代理人的资格限定。许多商务经纪与代理要求代理人具有相应的资格才能担任。

第四，服务性。代理人和被代理人是服务与被服务的关系。

本书针对商务经纪与代理的上述特点，从代理及商务经纪与代理制度的基本原理出发，论述了委托合同、行纪合同和居间合同等几种商务经纪与代理合同的基本理论，并具体阐述了工商登记、商务谈判、企业融资、证券、期货、保险、税务、专利、房地产、外商投资、国际货运、广告、外贸、保付等商务活动基础理论及其在经纪与代理中的法律制度与操作技巧。同时，本书运用大量案例，增加感性材料，力求将理论、制度与操作实务融为一体，突出了在商务经纪与代理活动中的应用能力，以期提供商务经纪与代理活动的比较完整的制度架构，给从事商务经纪与代理活动的代理人和相关专业的研究人员以思考和解决问题的新思路。

郭声龙

2015 年 3 月

目　录

1 代理的一般原理

1.1 代理制度的基本理论

法国民法典将代理制度作为"委任契约"列入"取得财产的各种方法",实现了代理制度的初步立法化。德国民法典则将代理制度列入"法律行为"一章加以规定,并被许多大陆法系国家和地区的立法所效仿。我国现行的民事立法,也明确规定了代理制度,并将代理分为直接代理和间接代理。其中,民法通则第4章第2节为关于代理制度的一般规定及关于直接代理制度的规定;合同法第21章设有两个条文,即第402条和第403条,规定了间接代理关系消灭的特殊原因;对外贸易法规定了外贸代理制度,实际上就是间接代理制度。

关于代理制度的基本理论,笔者认为值得掌握和深入研究的,有以下几对范畴。

1.1.1 区别论与等同论

1.1.1.1 区别论

大陆法系代理法的理论基础是区别论（the theory of separation）。所谓区别论,是指把委任（mandate,即作为内部关系的委托人与代理人之间的合同）与授权（authority,即作为外部关系的代理人代表委托人与第三人缔约的权利）的概念严格区别开来。根据这一观点,代理关系基于代理权而存在,是独立于代理人与委托人之间的委任契约;代理人的代理权只能根据委托人的授权行为而产生,至于代理人与委托人之间的委托、合伙、雇佣等委任契约关系只是授权行为的基础法律关系,与代理的形成没有必然的因果关系。其所包含的权利义务完全不影响因代理行为所发生的在委托人与第三人之间的权利义务。区别论的核心是,尽管本人在委任协议中对代理人的权限予以了限制,但此限制原则上并不产生对第三人的拘束力。

1.1.1.2 等同论

英美法系不区分代理与委任合同。其代理法的基础是本人与代理人的等同论（the theory of identity）。所谓等同,是指代理人的行为等同于本人的行为。也就是说,"通过他人去做的行为视同自己亲自做的一样"①。

---

① ［英］施米托夫:《国际贸易法文选》,赵秀文译,中国大百科全书出版社1993年版,第381页。

1.1.1.3 区别论与等同论的区别

区别论强调代理三方关系中的两个不同的侧面，即本人与代理人之间的内部关系，本人和代理人与第三人之间的外部关系。代理权的授予可以被视为一种由本人向第三人所作的单方法律行为，而且对内部关系的限制并不必然地限制外部关系。因此，第三人有权信赖代理的表象，尽管第三人知道，或者有理由知道代理人事实上没有被授权，或者本人限制了代理人的代理权限，本人也不得通过对代理人授权的限制来减轻自己的责任。

与区别论不同，等同论笼统地把代理人行为视同本人行为。即使是代理人的行为，其产生的结果也和本人亲自为之一模一样。由于英美法系没有能够适当地区分本人与代理人之间的内部关系，以及代理人与第三人之间的外部关系，只是简单地从一者引申出另一者，因此，在代理人和本人之间，谁和第三人进行交易并不重要。

1.1.2 代理和委托

大陆法系的代理制度是建立在将委任与代理权严格区别的基础上的。委托是指本人与代理人之间的内部关系，而代理则指交易的外部关系，即本人和代理人与第三人的关系。二者的区别与联系如下：

首先，代理属于外部关系。代理是代理人与相对人（第三人）或者被代理人（本人）与相对人（第三人）之间的关系。委托是委托人和受托人双方的内部关系，即使在委托代理的情形中，委托合同关系也仅仅存在于被代理人与代理人之间。

其次，代理包括委托代理、法定代理和指定代理，委托合同仅仅是委托代理的基础关系。委托合同是产生委托代理权的基础关系。委托授权行为是被代理人将代理权授予代理人的行为，是委托代理产生的直接根据。委托合同是产生委托代理授权的前提和基础，但委托合同的成立和生效，并不当然地产生代理权，只有在委托人作出授予代理权的单方行为后，代理权才发生。

再次，代理的内容，是代理人以被代理人的名义实施法律行为，而委托合同的受托人，既可根据委托实施法律行为，亦可根据委托实施非法律行为。根据我国民法通则，代理人必须以被代理人的名义为法律行为，为受托人既可以委托人名义为法律行为，亦可以自己的名义为法律行为。

我国民法通则对代理已经做出了明确的规定，而合同法将委托与代理加以区分，进一步明确了委托法律关系和代理法律关系的内涵，严格界定了委托合同的概念。

1.1.3 直接代理和间接代理

显名代理奠定了大陆法系代理制度的基础，并由此导致了直接代理和间接代理的区别。

大陆法系主要在民法中规定了直接代理，而在直接代理中采纳了严格的显名或公示原则，我国民法通则第63条规定：公民、法人可以通过代理人实施民事法律行为。代理人在代理权限内，以被代理人的名义实施民事法律行为。被代理人对代理人的代理行为，承担民事责任。

在一些国家的商法典中规定了间接代理。所谓间接代理，它是与直接代理相对应的，在传统民法中，间接代理也称为行纪，但我国实际上承认此种代理为间接代理。合同法第402条规定："受托人以自己的名义，在委托人的授权范围内与第三人订立的合同，第三人在订立合同时知道受托人与委托人之间的代理关系的，该合同直接约束委托人和第三人，但有确切证据证明该合同只约束受托人和第三人的除外。"这里，合同法尽管是将代理人以自己的名义所从事的法律行为规定在委托合同之中，但实际上，合同法又确认其是一种代理关系。由于这种代理又不同于民法通则所规定的直接代理，可见，合同法是将这种代理作为间接代理加以规定的。

1.1.4 隐名代理和间接代理

有观点认为间接代理就是隐名代理。该观点根据合同法的规定认为，委托代理可以分为直接代理和间接代理，前者为代理人以被代理人名义进行的代理，又称为显名代理，后者为代理人以自己的名义进行的代理，又称为隐名代理，并据此将合同法第402、403条的规定称为间接代理。

严格来说，隐名代理的概念必须追溯至其辞源加以解释。以代理人的责任承担方式或者本人身份的公开状况为准，英美法系中的代理可以分为三种类型：公开本人身份的代理、隐名代理和不公开本人身份的代理。

1.1.4.1 显名代理或公开本人身份的代理（agency for a named principal）

这种代理指既明示为本人利益，又明示以本人名义而表示意思或接受意思表示的代理。在这种情况下，代理人同第三人进行商事活动时，既公开本人的存在，也公开其姓名。

1.1.4.2 隐名代理或不公开本人身份的代理（agency for an unnamed principal）

这种代理指不明示以本人名义，但明示为本人利益而表示意思或接受意思表示的代理。在这种情况下，代理人在订约时表示有代理关系的存在，表明自己的代理人身份，公开本人的存在，但不指出本人的姓名。

1.1.4.3 不公开本人身份的代理（agency for an undisclosed principal）

这种代理指既不明示以本人名义，也不明示为本人利益，而以自己的名义表示意思或接受意思表示的代理。在这种情况下，代理人事实上得到本人的授权，有代理权，但他在订约时根本不披露有代理关系一事。既不公开本人是否存在，也不指出本人是谁，而以自己的名义进行商事活动。

可见，英美法系中的显名代理与大陆法系中的直接代理完全相同，而英美法系中的隐名代理、不公开本人身份的代理大致上相当于大陆法系中的间接代理。

1.1.5 间接代理与行纪

有的著作将行纪、居间和经纪称为"代理的衍生形式"。但实际上，在大陆法系中，行纪和居间均属于契约制度的范畴，行纪关系、居间关系必须以契约形式而存在，与代理制度在法律性质上并不相干，学者对它们的"相似性"也只是做一般比较法意义上的研究。

传统民法通常将以自己的名义对外从事的民事法律行为称为行纪。在大陆法系中一般将间接代理称为行纪关系。所谓行纪关系，在我国合同法理论上也称为"信托合同"，根据我国合同法第414条，指行纪人以自己的名义为委托人从事贸易活动，委托人支付报酬。在行纪合同关系中，委托对方为自己从事贸易活动，并为此向对方给付报酬的当事人为委托人，接受委托为对方从事贸易活动，并为此而获得报酬的当事人为行纪人。行纪是指行纪人以自己的名义为委托人从事贸易活动，委托人支付报酬的合同。关于行纪合同，本书将在"商务经纪与代理合同"部分进行论述。

我国合同法将间接代理规定在委托合同之中，而不是规定在行纪合同之中，这主要是为了强调间接代理与行纪的区别。

①在间接代理制度下，虽然代理人是以自己的名义订立合同的，但在符合合同法第402条规定的间接代理的条件下，被代理人有权介入该合同中，享有权利和承担义务，第三人也有权选择被代理人作为合同的相对人。而行纪关系是由两种独立的法律关系构成的，因此，两个合同应当分别履行，委托人只能向行纪人提出合同请求，第三人也只能向行纪人提出请求。

②行纪合同都是有偿的，行纪人通常都是专门从事行纪业务的经纪人，在行纪合同中，委托人应当向行纪人给付报酬，而在间接代理中则不一定是有偿的。

③行纪涉及两种独立合同关系，一是行纪人以自己的名义与第三人之间订立的合同，二是行纪人与委托人之间订立的委托合同。委托人并不参与前一种合同关系，而只参与后一种合同关系。在间接代理的情况下，尽管也涉及两种法律关系，但并不一定在任何情况下都涉及两种合同关系。如果在内部关系中只存在单方授权，则由此产生的只能是间接代理而不能是行纪。

1.1.6 表见代理

1.1.6.1 关于表见代理构成要件的两种观点

一种为单一要件说，或相对人无过错说，即相对人对无权代理的发生无过错是构成表见代理的唯一特殊要件。这种观点认为，表见代理的成立，不以被代理人主观上具有过失为必要要件。即使被代理人没有过失，只要客观上有使相对人对于代理权的存在与否陷入错误判断的客观情形，即可成立表见代理。相对人对无权代理的发生无过失，主要表现在客观和主观两个方面。

另一种为双重要件说，或被代理人有过错而相对人无过错说。这种观点认为，表见代理的成立必须同时具备两个条件：一是本人以自己的过失行为使相对人确信代理人有代理权；二是相对人不知也不应知代理人无代理权。在相对人须无过失这一点上，双重要件说与单一要件说并无很大区别，同样认为构成表见代理必须具有使相对人相信无权代理人具有代理权的客观情况，相对人主观上对无权代理为善意且无过失。所不同的是，这种观点对产生使相对人相信无权代理人具有代理权的客观情况的原因做了进一步的区分，将由于本人过错造成这种客观情况单独抽出来作为表见代理的另一个特殊构成要件。所谓本人过错，是指由于本人的过错行为使表现在外的客观事实呈现出行为人具有代理权的假象，这种假象足以造成相对人误认为行为人有代理权。

1.1.6.2 表见代理的种类及在现实生活中的表现

表见代理即为无权代理,就无代理权这一点,表见代理的发生与狭义无权代理并无不同,主要产生于没有代理权的代理、超越代理权的代理和代理权终止后的代理三种情况下。但是,由于本人存在某种过错和具有使无过错相对人确信行为人具有代理权的事实方面与狭义无权代理有所差异,因而构成表见代理。现将三种表见代理分述如下:

(1) 没有代理权的表见代理

从代理权一开始就不存在,但行为人仍以本人名义进行活动这方面来看,与其他无权代理是相同的。这种无权代理之所以构成表见代理,主要是由于本人明示或者默示的行为致使相对人确信行为人具有代理权,而与之为民事行为,尽管事实上本人并未授予其代理权,仍构成表见代理。这种表见代理在现实中主要表现为以下几种情况:

①本人向相对人声明授予他人以代理权,但事实上并未授权。在这种表见代理中,本人的声明方式,既可以是直接的(如当面或发信),也可以是间接的(如由他人转达);相对人既可以是特定的,也可以是不特定的。

②本人将具有代理权证明意义的文件印鉴交于他人,使他人得以凭借其以代理人身份实施代理活动。如果说第一种情况是本人直接向相对人做出已授权的通知,在这种情况下,则是由他人(代理行为人)来向相对人表示本人已授权。这种表示的客观依据就是本人的印章、合同章、单位的空白合同证明信、空白委托书、空白合同文本等。

③允许他人挂靠经营、以自己的名义从事活动。

④允许他人作为自己的分支机构进行活动。

⑤允许承包人以自己的名义从事活动。

⑥知道他人以自己的名义实施民事行为,而不作否认。

(2) 超越代理权的表见代理

行为人具有某种代理权,但因其超出代理权限而从事代理活动,就其越权代理的事项而言,仍属无权代理。法律要求被代理人可能对代理权限有所限制,但有时不能为第三人所了解,而表现在外的客观情况,如能使善意相对人误信行为人就其所为事项具有代理权,与其为民事行为,从而构成表见代理,本人自应承担越权表见代理的法律后果。这就是现代代理制度中"代理权的限制不得对抗善意相对人"的原则。

(3) 代理权终止后的表见代理

行为人本来享有代理权,但由于某种原因导致代理权已经终止,在这种情况下,他仍然以代理人身份从事代理活动,此时其代理行为已属无权代理。如果因被代理人的过失,使善意第三人不知代理权已经终止,仍认为行为人有代理权,则可构成表见代理。主要有以下两种情况:

①代理期间届满或代理事务完成后的代理。凡书面委托代理的授权委托书或有关授权通知均应按照法律规定载明代理时间和代理事务,如果本人没有具体做出规定,自然是一种过失行为,即使其与代理人之间对代理权的消灭事由有过约定,只要善意第三人不知这种情况,仍与代理人为民事行为,则构成表见代理。

②本人取消委托后的代理。代理权可以依本人的意思而被撤销,这种撤销行为属单方法律行为,撤销通知到达代理人即发生法律效力——代理人丧失代理权。为了避免原代理

人向他人实施无权代理行为，本人理应采取收回代理证书，通知第三人，或者发布撤销代理权的公告等措施。如果本人没有这样做，致使相对人不知代理权被撤销，仍与代理人为民事行为，则构成表见代理。

1.2 代理的概念和特征

1.2.1 代理的概念

代理，是根据被代理人的委托授权，并在被代理人确定的代理权限范围内，代理人以被代理人的名义独立地与第三人作出意思表示，由此产生的法律效果直接由被代理人承受的一种法律制度。授权或委托他人实施法律行为的人称为被代理人或本人；受被代理人委托为其实施法律行为的人称为代理人；与代理人进行法律行为，法律效果归结为被代理人（本人）与其之间权利义务的人则称为相对人或第三人。

法律效果包括：

①代理行为所产生的权利义务。

②代理行为所取得的其他利益。

③代理人因过失造成的不利后果及损失。

④代理人执行事务时，因过失而给第三人造成损失的赔偿责任。

【案例1.1】甲需购买房屋一间，但他对如何确定房屋地段、质量不甚了解，便委托房产专业人士乙代为购买，并写下委托书：

自委托书出具之日起3个月内，甲委托乙购买S市范围内房屋一间，三房两厅，总价50万元以内。

签名：甲 ××××年××月××日。

乙拿着甲的委托授权书，按照甲的要求在S市找到一房源，并以甲的名义与开发商丙签订房屋买卖合同。

在这个案例中，甲就是被代理人或本人，乙就是代理人，丙就是第三人或称相对人。甲的委托书书面内容就是代理人乙的代理权限范围。代理的结果是甲和开发商丙之间达成买卖房屋的法律关系，而不是乙和开发商丙达成房屋买卖关系。

代理制度是一项极其重要的民事法律制度。它的实行使人们可以不用亲自进行民事法律行为而由其信赖的代理人进行，并同样可以享受由此代理的法律效果，使公民、法人及其他经济组织能利用他人的能力和专业知识进行民事活动，实现自己的权益，打破自身能力或精力的局限。代理制度大大地扩大了人们参与各种经济、民事活动的机会。

1.2.2 代理的特征

为了说明代理的基本特征或代理的构成要件，以区别于其他类似的代理行为，我国法律及法理一般以代理人的活动为中心，将代理概括为以下特征：

（1）代理人是以被代理人名义为被代理人的利益而进行的代理行为

以谁的名义进行法律行为，就意味着谁是权利义务的承担者。代理人的任务，是代替被代理人行使法律行为，只有以被代理人的名义进行代理活动，才能使被代理人成为该行为权利义务的承担者。

所谓代理人以被代理人名义实施法律行为，是指代理人在订约、履约、谈判等代理活动中以被代理人的名义进行，一般使用"代表我的委托人"等词句，或注明自己为代理人，告诉对方自己的被代理人是谁，表明自己是代理人，所实施的法律行为是代理行为，对代理人发生法律效力。

（2）代理行为是具有法律意义的行为

代理人的代理行为能使被代理人与第三人设立、变更、终止民事权利义务关系，产生一定的法律效果。如果不产生法律效果，虽然在形式上是受人委托进行某项活动，但不产生民法上所规定的代理。例如，代理人代替被代理人订约、运输、诉讼、纳税等活动，能发生法律上的权利义务关系，产生法律效果，具有法律意义，是法律上规定的代理行为；再如，张某帮助李某校阅稿件、整理资料或甲代乙捎带一封信、一件衣服等活动，就不能发生法律上的权利义务关系，即不属于代理行为。即使与代理相关，如宴请客商、接受客商宴请、陪同客商旅游等社交行为，因不具有法律意义，也不是代理行为。

（3）代理人必须在代理权限范围内从事代理活动

由于代理人从事代理活动的法律后果由被代理人承担，对被代理人的利益影响巨大。因此，当被代理人委托代理人为其进行代理活动时，必然要确定一个代理权限范围，对代理人设立一些限制条件，以对代理人的代理行为进行约束。代理人必须在该代理权限范围内相当谨慎地从事代理活动，而不能任意地予以发挥。代理人在代理权限范围内从事代理活动不管给被代理人带来利益或损失，均由被代理人来承担。而超越代理权限范围的代理活动，则或者根据被代理人的意思进行追认，或者根据法律或委托合同约定承担相应的法律责任。

（4）代理人在代理权限范围内独立进行意思表示

虽然代理人以被代理人的名义，在被代理人授权范围内从事代理活动，但代理人的活动并不必事事都要请示被代理人，而是可以在授权范围内独立进行意思表示。独立意思表示，是指代理人在代理活动中，可以在代理权限内，对代理事项根据自己的经验、知识、专业性独立决定并表达意思。代理人不是传话人，他可以根据实际情况，自主决定如何向第三人进行意思表示，也可以自主决定是否接受第三人的意思表示。代理的该特征把代理和居间很好地区别开来。居间只是在当事人之间进行介绍，促使双方达成交易或缔约，双方成立民事法律行为过程，并没有居间人自己的意思；而代理则是以代理人的意思表示为被代理人设定权利义务。

（5）代理人进行代理行为的法律效果直接归属于被代理人

代理人进行的代理行为，目的并非使自己受到其法律后果的约束，而是以被代理人的名义进行，法律后果由被代理人承受。代理人在代理权限内实施的一切代理行为所发生的权利、利益、义务、责任、损失等，均由被代理人承担。如果代理人所进行的民事行为是无效的，请求人民法院撤销的权利也属于被代理人。

代理关系包含三种：被代理人与代理人的关系，这是代理权关系；代理人与第三人的关系，这是代理行为；第三人与被代理人的关系，则是法律效果的归属问题，即代理行为所产生的法律关系的权利义务由谁承担的问题。

1.2.3　代理人的资格

所有的民事主体都可以称为被代理人，包括无民事行为能力的人和限制民事行为能力的人。但是被代理人授权他人代理时，其自身必须具有相应的民事权利能力，否则被代理人所进行的民事行为被视为无效。

【案例 1.2】某已进入破产程序的公司，它的民事权利能力是进行破产清算和清理债权债务，如该公司委托律师代为追索债权，该代理是有效的。但它已经不具备从事经营的民事权利能力，不再具备委托他人从事经营方面代理行为的主体资格，因此，它委托他人购买生产物资、开拓市场等行为是无效的。

自然人和法人都可以充当代理人。自然人充当代理人时，应当具备完全民事行为能力。因为在代理进行的民事法律行为中，代理人是行为人，所以必须有相应的完全民事行为能力。关于限制民事行为能力的人是否可以称为委托代理中的代理人，我国法律没有明确的规定。但是从理论上说，只要代理行为的民事法律行为与限制民事行为能力人的年龄、智力和精神健康状况相适应，或征得法定代理人的同意，应当认为可以称为代理人。根据有关规定，法定代理和指定代理的代理人不能是限制民事行为能力人。

法人充当代理人时，需注意不得超过其民事行为能力范围，特别是法律有特别规定的商事代理，非经商业登记，不得从事该代理。例如对于证券代理买卖，不具有证券业务资格的商事特别法人，不得从事该业务。

1.2.4　代理的适用范围

代理的适用范围，是指哪些行为或事务可以由代理人代理。传统的代理通常是指民事代理，但所代理的行为并不一定都是民事法律行为，它适用于民事、刑事、商事诸方面。

一般的民事法律行为都可以代理，但是依照法律规定或按照当事人的约定，应当由本人亲自进行的民事法律行为，不得代理。如遗嘱、结婚等具有人身性质的行为不能代理。

被代理人无权进行的行为不得代理。如被代理人无权处分的财产，不得代理进行处分。

违法的事项也不得代理。由于以违反法律的事项为内容的民事行为是无效的，不发生法律效力，所以"代理"进行违法事项根本不存在将法律后果归属于被代理人的问题。如果代理人和被代理人都明知代理事项违法，却仍然施行，则表明双方是共同进行违法行为，应当共同承担民事责任。

随着社会经济关系的不断发展，商务代理的范围愈来愈广泛，几乎适用于所有的商事行为，它包括合同中的代理、购销关系中的代理、工商登记代理、经营管理中的代理、外贸关系中的代理、知识产权中的代理、商务谈判代理、企业融资代理、企业破产清算代理，证券、期货代理，不动产买卖和租赁代理，保险代理，税务代理，广告代理，外商投资代理，保付代理，货运代理等。

1.3 代理的分类

1.3.1 法定代理、指定代理和委托代理

根据代理权产生的根据不同，可将代理分为法定代理、指定代理和委托代理。

代理权是代理活动的全部基础，是代理行为的依据；代理权，是代理活动的资格，代理权的有无决定着代理行为是否有效。因此根据代理权来分类，是代理中最根本、最重要的分类。

1.3.1.1 法定代理

法定代理，是指根据法律规定而产生的代理，无需被代理人的委托授权，代理权及代理的范围均由法律直接规定。

法定代理主要适用无民事行为能力人或限制行为能力人。法定代理产生的基础在于被代理人与代理人之间存在的血缘关系、婚姻关系、组织关系，与被代理人的意思表示无关。我国民法通则第16条规定：未成年的父母是未成年人的监护人。第14条规定：无民事行为能力人、限制民事行为能力人的监护人是他的法定代理人。凡基于血缘关系、婚姻关系，由法律直接规定的代理，属于法定代理。此外，法定代理还可以基于工会与其会员的组织关系，由法律直接规定产生。如我国劳动法规定，工会可以代理会员签订集体劳动合同和参加有关劳动报酬、劳动保护、劳动争议诉讼等。

法定代理是为了保护未成年人和精神病人的利益，使他们也可以从事民事法律行为，参加民事法律关系，从而实现他们的利益。

1.3.1.2 指定代理

指定代理一般是在没有委托代理人和法定代理人的情况下，根据法院或其他指定机关的指定，为无民事行为能力人和限制民事行为能力人设定的代理。根据民法通则，有权指定代理人的包括：①人民法院；②未成年人的父母所在单位或精神病人所在单位；③未成年人或精神病人所在地的居民委员会或村民委员会。

1.3.1.3 委托代理

委托代理，是指基于被代理人委托授权而产生代理权的代理行为。授权书或委托书一般要写明代理人的姓名、名称，委托事项（或代理事项），代理权限和期限，并由授权人签名或盖章。如果授权书对授权不明而使第三人遭受损失的，被代理人应当向第三人承担民事责任，代理人负连带责任，但代理人的这种连带责任是一种补充的连带责任。

在代理制度中，委托代理占据着极为重要的地位，它与商品经济须臾不可分离，是商务活动中最基本的代理形式。委托代理有如下特征：

（1）授权是单方法律行为

即只要被代理人作出单方的授权意思表示，代理人就取得了代理权。

这包括四个方面的含义：①被代理人进行授权，无须征得代理人同意便可成立；②委

托授权既可以单方意思表示成立，也可以单方意思表示变更或撤销，即被代理人随时可撤回其授权的意思表示，使代理权归于消灭；③代理人可随时放弃或辞去代理权；④代理权直接由授权行为发生，委托合同及其他有关法律关系的无效或终止，不能导致代理权的消灭。

委托授权与委托合同既有联系又有区别。其联系是，在实际生活中，一般先有委托合同，然后才进行授权；如果委托合同中已经包含了授权条款，被代理人就不必另行授权。其区别在于：委托授权，是确定代理人有权以被代理人的名义进行活动，其活动的效果归于被代理人。而代理权不过是被代理人赋予代理人的一种资格，代理人取得这一资格即可进行代理活动，无需双方达成协议。委托合同则是委托人与受托人双方设立、变更和终止权利义务的协议，它必须确定委托人和受托人双方的权利义务，是双方法律行为。因委托合同的有无与代理权的产生没有内在的必然联系，所以，委托合同关系不等于代理关系。它们是两种不同性质的法律关系，委托授权一产生，代理行为就已经成立，不受委托合同的影响。

【案例1.3】某企业与其部门采购经理之间有劳动合同关系，但是并不表示该经理自然取得企业代理人资格，能代表企业外出签订合同，而是需要企业另外的特别授权。如果该企业在书面授权采购经理对外签订采购合同后，该企业与采购经理的劳动合同由于种种原因而终止，而企业又没有向采购经理收回授权，也没有向第三人明确表示终止授权，那么该采购经理在劳动合同终止而代理权没有收回期间，以企业名义与第三人签订的采购合同，仍应合法有效，该法律效果由企业与第三人承担。

（2）授权方式多种多样

一般口头、书面、公正等方式，均可发生法律效力。代理权书面授权方式，称为代理委托书或代理证书，它属于代理人具有代理权的法律文书，其内容须有明确的委托事项和权限范围。

代理权授权方式无论是口头，还是书面或公证的，通常有两种授权方式：

①明示授权。即指被代理人以明示的方式授予被代理人的代理权。委托授权虽然既可以采取书面形式，也可以采取口头形式，但在实际生活中，法人之间、公民之间、公民与法人之间和公民与公民之间涉及金额较大的委托代理，其授权均采取书面形式。"书面"包括介绍信、证明、信件、公文等书面文件。委托书是否需要公证，则完全由被代理人自行选择，未公证的委托书与已公证的委托书，具有同等法律效力。

②默示授权。即根据被代理人的一定行为而推定具有授权的意思表示。例如，李某经常让张某代替他向王某订购货物，并如数向王某支付货款。根据被代理人李某接受张某订购货物，向王某支付货款的行为而推定李某具有授权的意思表示。张某以被代理人李某的名义，与王某进行买卖活动，其法律效果直接归于被代理人李某。这种形式的代理，在英美法系中，称为"不容否认的代理"。

（3）授权范围根据实际需要确定

按照授权范围的不同，委托授权有以下几种：

①一次性授权。即只授予代理人实施某一特定行为的代理权限，该事务完成后，代理权随之消灭。

②特别委托。即授予代理人在某一期限内实施同一类行为的代理权限，通常采用专门委托书。例如，甲公司委托乙商场代销电视机，授予3年销售期限，无需每年、每次授权。

③总委托。即授予代理人实施与某一特定事务有关的各种法律行为的代理权限，通常采用全权委托。

1.3.2 本代理和复代理

根据代理人对被代理人授予的代理权是由代理人亲自完成，还是再转委托他人为依据，可将代理分为本代理和复代理。

1.3.2.1 本代理和复代理的含义

本代理是指代理人对被代理人授予的代理事项通过自己的行为亲自完成。

复代理则是指代理人为被代理人的利益将其所享有的代理权转托他人行使。

因代理人的转委托而享有代理权的人，称为复代理人。

1.3.2.2 复代理成立的要件

复代理是实现代理目的的补充手段，由于日常生活中代理人能力限制或不可预料的特殊情况发生，使得复代理成为一种客观需要。但复代理在法律上有严格的限制，复代理的成立有以下两个要件：

一是要有本代理的存在。复代理是以本代理为基础的代理，没有本代理，就不存在复代理。

二是转委托须经被代理人同意，或者被代理人在授权范围内明确表示可以转委托。

在一般情况下，代理人须亲自完成代理事项，但我国民法通则第68条规定了在下列三种情况下，代理人为了被代理人的利益需要进行转委托的，转委托有效：①事前征得被代理人同意；②事后经被代理人追认；③在紧急情况下，为了保护被代理人的利益而进行的转委托。所谓紧急情况，是指最高人民法院《关于贯彻执行〈民法通则〉若干问题的意见》中规定的由于疾病、通信联络中断等特殊原因，委托代理人自己不能办理事项，又不能与被代理人及时取得联系，如不及时转委托代理人，会给被代理人的利益造成损失或者扩大损失的情况。

1.3.2.3 复代理的特征

（1）由代理人选任复代理人

转委托虽然须经被代理人同意，但复代理人却是由代理人选任的。这样，代理人可以监督复代理人的代理行为，如发现复代理人不能胜任代理职责时，可撤销对复代理人的转委托。

（2）复代理权不得超越代理人的代理权

复代理权以本代理权为基础，不得超越本代理权，否则，属于无权代理。但由于代理人可以将部分代理权转委托给复代理人，因此，复代理权可以小于本代理权。

（3）复代理人并非代理人的代理人，而是被代理人的代理人复代理人虽然由代理人选任，但其代理行为仍然是以被代理人的名义进行的，其代理行为的法律效果仍然直接归于被代理人。所以，复代理人是被代理人的代理人，而不是代理人的代理人。

未经被代理人同意，代理人擅自转委托的，应对由此造成的损失负赔偿责任。因委托代理人转委托不明，给第三人造成损害的，第三人可以直接要求被代理人赔偿损失。被代理人承担民事责任后，可以要求委托代理人赔偿损失，复代理人有过错的应当负连带责任。

在法定代理中，法定代理人的转委托权不存在任何限制。指定代理中的代理人一般没有转委托权，除非由于紧急情况而转委托。

1.3.3 直接代理和间接代理

根据代理人是否以本人的名义进行代理活动，可将代理分为直接代理和间接代理。根据我国合同法规定的直接委托与间接委托，相应的有直接代理和间接代理。直接代理就是代理人以被代理人的名义与第三人进行民事活动的代理。间接代理就是代理人以自己的名义处理委托事务，其法律效果直接或间接归属于委托人。

1.3.4 一般代理和特别代理

根据代理权限的范围不同，可将代理分为一般代理和特别代理。对代理权限无特别限制的，称为一般代理；对代理权范围有特别限制的，即被限定在一定范围或一定事项的某些方面的，称为特别代理。

1.3.5 单独代理和共同代理

根据享有同一代理权人数的不同，可将代理分为单独代理和共同代理。单独代理，是指代理权为一人享有所进行的代理行为；共同代理，是指代理权为两人以上享有所进行的代理行为。共同代理人可以各自行使代理权，也可以约定按多数原则行使代理权。数个委托代理人共同行使代理权的，如果其中一人或数人未与其他委托代理人协商，其所实施的行为侵害被代理人权益的，由实施行为的委托代理人承担民事责任。

1.4 代理权的行使和终止

代理权是能够据之进行代理并使行为的效力直接归属于被代理人的权限。代理权并不属于民事权利，而是一种权限或法律地位。在代理关系中，代理权非常重要，代理人的地位、代理民事法律行为的范围都取决于代理权。正因为如此，代理人应正确行使代理权。

1.4.1 代理权的行使

1.4.1.1 代理人行使代理权应尽的义务

（1）必须为被代理人的利益尽职尽责，并及时向被代理人报告代理进程

代理，就是代替被代理人处理事务，代理人既然接受了代理任务，就必须考虑如何实

现被代理人的利益，而且应考虑如何实现被代理人的最大利益。为此，代理人必须勤奋工作，竭尽其能力与经验，圆满地完成代理任务。我国民法通则第66条第2款规定，代理人不履行职责而给被代理人造成损失的，应承担民事责任。这里所说的"不履行职责"，既包括代理人怠于处理代理业务，又包括代理人的代理活动违反代理义务。凡代理人不履行职责，给被代理人造成损失的，应承担民事责任。

（2）必须在授权范围内，从事代理活动

代理人的代理权来源于被代理人的授权，他虽可独立进行意思表示，但其独立意志要受被代理人意志的限制。代理权限范围，其实就是被代理人的意志范围，超出代理权限范围的代理行为，属于违背被代理人的意志的越权代理，通常也会损害被代理人的利益。

越权代理，一般包括数量越权代理和性质越权代理两种。例如，被代理人授权代理人购买100台彩色电视机，代理人却购买了150台，其中50台彩电属于数量越权代理；被代理人授权代理人销售100套服装，代理人却将其中10套服装样品一同销售，这10套服装样品属于性质越权代理。

（3）必须亲自进行代理，不得擅自转委托

在复代理中已经阐述过，代理关系是建立在被代理人对代理人信任的基础上的。因此，通常只能由代理人亲自进行代理，代理人不得将代理权擅自转委托他人代理。

在实际生活中，代理人不能亲自代理，转委托他人代理，通常是经被代理人同意或出现不得已事由。不得已事由，一般是指自然人为代理人患病、外出，或法人为代理人停业、撤销等情形。除此以外，一概由代理人亲自进行代理。凡代理人擅自转委托无效，由代理人自行承担行为后果。

（4）必须收取规定的报酬，不得接受正常报酬以外的其他利益

这里所说的其他利益，一般是指接受贿赂、秘密利益、回扣、好处费、酬劳费以及其他非法利益。代理人除收取委托合同中规定的报酬及有关费用外，不得私自贪占正常报酬以外的其他利益。

（5）必须对为被代理人保管的财产，尽职尽责地妥善保管

在代理活动中，如果代理人负责保管被代理人的财产，必须妥善保管好。凡擅自使用所保管的财产，必须承担赔偿责任。如果被代理人将其财产授予共同代理人保管，除被代理人有特殊要求或对不同的代理人授予了不同代理权外，共同代理人必须共同履行保管职责。

（6）代理人应当履行其保密义务

代理人在执行代理事务过程中知晓被代理人的个人秘密或者商业秘密，不得向外界泄露，或利用它同被代理人进行不正当竞争。

1.4.1.2 不得滥用代理权

代理制度的确立为公民和法人等民事主体实现自己的民事权利，参加社会各种民事、经济活动提供了极大的方便。但凡事有利亦有弊，少数代理人钻代理制度的空子，滥用代理权时有发生。滥用代理权，是指代理人利用享有代理权的有利条件，损害被代理人利益、他人利益、国家利益和公共利益的行为。滥用代理权通常有下列种类或表现：

（1）代理他人与自己进行民事活动——自己代理

代理他人与自己进行民事活动，是指代理人利用被代理人名义，与自己进行民事行为，它可以发生于多种代理活动中。例如，甲公司委托乙公司为其购买一台数控机床，乙公司在未得到甲公司同意的情况下，以甲公司的名义与自己（乙公司）订立购销合同，把自己生产的一台数控机床卖与甲公司。很明显，乙公司的行为系滥用代理权。代理人与自己交易，称为自己代理。自己代理，代理人难免有损害被代理人利益的机会。例如，甲商店委托乙商店出卖一批货物，结果代理人自己压低价格购进，这就为代理人提供了损人利己的机会，而且在代理关系上，代理人与相对人实际是一个人，无第三人的实际存在，违背了代理制度的本质，属于滥用代理权，为法律所不允许。

（2）代理双方当事人为同一法律行为——双方代理

代理双方当事人为同一法律行为，是指在同一民事行为中，代理人同时为法律关系双方当事人的代理人。代理人同时代理双方当事人，进行同一民事行为，在代理行业中也时有发生。倒如，甲接受乙的委托，为其购买一辆摩托车，随后又接受丙的委托销售一辆摩托车，甲遂以乙、丙双方的名义订立购销摩托车合同。这种情况，属于滥用代理，因为交易双方的利益难免发生冲突，一个要卖高价，一个要买便宜，而由一人操纵包办，就会顾此失彼，危及被代理人的利益。再如，在同一个诉讼案件中，聘请同一律师既为原告的代理人，又为被告的代理人，就无法兼顾双方的利益，处理难以公平、合理。

（3）代理人与第三人恶意通谋的法律行为——利己代理

代理人与第三人恶意通谋的法律行为，是指代理人背着被代理人与第三人私下串通所进行的侵犯被代理人利益的行为。例如，王某和李某系同一进出口公司干部。因工作需要，公司委派王某去深圳办事处工作一年。王某临行时，将自己的一台32英寸国产彩色电视机委托给李某保管和使用。3个月后，王某写信给李某，说自己在深圳又买了一台彩电，家里一台可以适当价格卖掉。该公司的刘某得知此消息后，要买又不愿多出钱，便对李某说，你可写信给王某，告诉他彩电显像管坏了，图像不清，要他降价。李某考虑到与刘某关系不错，且有求于刘某，便按刘某的意思写信给王某。王某回信说，如果显像管真的坏了，可以降价卖掉。于是，李某就以低价将王某的彩电卖给了刘某。在这一买卖关系中，很明显，代理人李某与第三人刘某有意串通，使被代理人王某蒙受损失。从此案例中可知，凡代理人与第三人恶意串通所为的行为无效力，由代理人和第三人负连带责任。

1.4.1.3 严禁违法犯罪

在代理过程中，少数不法分子以代理的名义，进行违法活动，有的构成一般违法行为；有的则构成犯罪。在代理活动中，犯罪活动通常有以下几种：

（1）介绍贿赂活动

介绍贿赂，是指在行贿人与受贿人之间进行沟通、撮合，使行贿与受贿得以实现的行为。在代理活动中，代理人介绍贿赂，主要有两种情况：

①代理人为了便于完成代理任务或为了在介绍贿赂过程中自己侵吞部分贿赂。例如，代理人接受被代理人的请托，向第三人某国家工作人员交付贿赂款2万元，但代理人将其中1万元截留下来，将其余的1万元交给某国家工作人员。

②被代理人或第三人为了代理交易得以实现或为了索贿，请托代理人进行介绍贿赂活动。例如，被代理人请托代理人向第三人转达行贿或索取贿赂的意图，或请托代理人安排

贿赂交易的场所等。

凡由代理人为行贿与受贿的实现创造条件，促成贿赂行为的实现，就构成介绍贿赂。我国刑法第392条规定，向国家工作人员介绍贿赂，情节严重的，处三年以下有期徒刑或者拘役。

（2）进行行贿活动

行贿，是指为了谋取不正当利益，给予国家工作人员、集体经济组织工作人员或者其他从事公务活动的人员以财产的行为。在我国，目前因行贿而谋取大量不正当利益的案件屡有发生。一些单位和个人把行贿视为"敲门砖"、"万能钥匙"，为了获取不法利益而不惜动用国家、集体的财物行贿。在这种"贿赂风"的影响下，有的代理人为了获取某种经济情报和其他有关信息，或者为了疏通某些关系渠道，便于进行代理活动，常常采取各种形式向国家工作人员或有关人员行贿。例如，某经纪公司接受某个外商的委托，为其在国内投资的项目联系合作伙伴。为了完成该项受托业务，该公司的具体经办人员千方百计搜寻国内与该项目有关的生产和技术资料，不惜拿出巨款向国家有关主管部门的工作人员行贿，以致触犯刑律。

在代理关系中，既有自然人充当代理人，也有法人充当代理人。因此，在代理活动中，既有个人行贿，也有法人行贿。个人行贿，又称为自然人行贿；法人行贿，又称为单位行贿。从行贿内容看，又分为一般行贿和经济行贿，商务代理活动中所发生的行贿，一般表现为经济行贿。

我国刑法第389条规定：为谋取不正当利益，给予国家工作人员以财物的，是行贿罪。在经济往来中，违反国家规定，给予国家工作人员以财物，数额较大的，或者违反国家规定，给予国家工作人员以各种名义的回扣、手续费的，以行贿论处。第390条规定：对犯行贿罪的，处五年以下有期徒刑或者拘役；因行贿谋取不正当利益，情节严重的，或者使国家利益遭受重大损失的，处五年以上十年以下有期徒刑；情节特别严重的，处十年以上有期徒刑或者无期徒刑，可以并处没收财产。

（3）参与走私活动

走私，是指违反国家海关法规，非法运输、携带、邮寄货物、货币、金银或其他物品进出国（边）境，逃避海关监督、检查、偷逃关税，破坏国家对外贸易管制的行为。自20世纪80年代以来，走私犯罪活动在我国日益猖獗，屡禁不止。其主要原因是由于走私物品倒卖、经营的丰厚利润刺激了某些人，使他们胆大妄为，铤而走险。少数代理人为了牟取非法利益，也插手其中，充当走私物品交易的中介或参与走私物品的经营之道。例如，我国东南沿海地区走私汽车等物品的活动猖獗之时，就有代理人积极充当中介活动，为走私汽车从沿海销往全国各地而奔忙，因此，受到国家有关部门的查处。特别是在进出口代理业务中，代理人参与走私活动居多。

（4）进行销售伪劣商品活动

根据全国人大常委会《关于惩治生产、销售伪劣商品犯罪的决定》的规定，凡生产、销售伪劣商品，对人体健康造成一定危害后果的行为，属于生产、销售伪劣商品的犯罪行为。伪劣商品，是指在生产、销售中掺杂、掺假的质次或不合格产品。凡假药、劣药，不符合国家卫生标准的食品和其中掺入有毒、有害非食品原料的食品；不符合保障人体健康和国家标准、行业标准的医疗器械、医用卫生材料；不符合保障人身、财产安全和国家标准、行业标准的电器、压力容器、易燃易爆产品或者其他不符合保障人身、财产安全和国家标准、行业标准的产品；假农药、假兽药、假化肥或者失去使用效能的农药、兽药、化肥、种子；不符合卫生标准的化妆品等，皆为伪劣商品。代理一般不介入生产领域而在流通领域。因此，代理人一般不从事生产伪劣商品的违法犯罪活动，主要在流通领域，涉及经营、营销、运输、外贸等行业。如果代理人明知道被代理人委托其推销伪劣商品，仍然接受代理，使伪劣商品得以销售，给第三人或消费者造成危害，代理人的行为就构成销售伪劣商品罪。

我国刑法第 2 编第 3 章第 1 节"生产、销售伪劣商品罪"共列 11 条规定，犯生产、销售伪劣商品罪的，视其伪劣商品的种类、情节及其造成的不同后果，给予不同的刑罚处罚，直至判处死刑。

（5）进行泄露国家秘密活动

根据我国保守国家秘密法第 2 条规定，国家秘密是指关系国家的安全和利益，依照法定程序确定，在一定时间内只限一定范围的人员知悉的事项。该法第 9 条规定，国家秘密包括下列秘密事项：

①国家事务重大决策中的秘密事项；

②国家建设和武装力量活动中的秘密事项；

③外交和外事活动中的秘密事项以及对外承担保密义务的秘密事项；

④国民经济和社会发展中的秘密事项；

⑤科学技术中的秘密事项；

⑥维护国家安全活动和追查刑事犯罪中的秘密事项；

⑦经国家保密行政管理部门确定的其他秘密事项。

代理人，在代理活动中向被代理人或第三人所提供和使用的信息、资料、数据等，均为公开的，不涉及国家秘密。但是，在代理实际活动中，有的代理人却违反国家保密法的规定，泄露国家机密。他们或利用国家机密投机取利而出卖秘密；或为了显示自己消息灵通而泄密；或碍于亲戚、朋友的情面相送机密。个别人甚至将国家秘密故意扩散传播出去，被境外的机构、组织和人员所窃取。

根据刑法第 282 条规定，以窃取、刺探、收买方法，非法获取国家秘密的，处三年以下有期徒刑、拘役、管制或者剥夺政治权利；情节严重的，处三年以上七年以下有期徒刑。非法持有属于国家绝密、机密的文件、资料或者其他物品，拒不说明来源与用途的，处三年以下有期徒刑、拘役或者管制。第 219 条规定，侵犯商业秘密，给商业秘密的权利人造成重大损失的，处三年以下有期徒刑或者拘役，并处或者单处罚金；造成特别严重后果的，处三年以上七年以下有期徒刑，并处罚金。

所谓商业秘密，是指不为公众所知悉，能为权利人带来经济利益，具有实用性并经权利人采取保密措施的技术信息和经营信息。侵犯商业秘密包括：（1）以盗窃、利诱、胁迫或者其他不正当手段获取权利人的商业秘密；（2）披露、使用或者允许他人使用以不正当手段获取权利人的商业秘密；（3）违反约定或者违反权利人有关保守商业秘密的要求，披露、使用或者允许他人使用其所掌握的商业秘密。明知或者应知以上所列的情形，获取、使用或者披露他人的商业秘密，以侵犯商业秘密论处。

1.4.2　代理权的终止

代理权的终止，是指代理人接受被代理人授予的代理权已消灭、不复存在。代理权终止有多种多样的原因，而不同类型的代理，其代理权的终止，又有不同的情况。

1.4.2.1　委托代理的终止

（1）代理期限届满或代理任务完成

委托代理一般都有代理期限，有效期届满，代理权自动终止，或者代理期限虽未届满，但代理任务已经完成，代理权即在期限尚未届满前终止。代理权终止，标志着代理人与被代理人之间代理关系即告结束，代理人应将完成任务的情况及时告知被代理人或向被代理人作报告。

（2）委托人撤销代理权或代理人辞去委托

因委托人的委托授权行为是单方法律行为，委托人不必征得代理人同意，可以随时撤销代理权，终止代理关系。代理人也可以随时辞去委托，终止代理权。

【案例1.4】甲与乙律师事务所订立一份委托合同，约定：乙指定该所某律师为甲代理甲借贷案件的一审诉讼，代理费为2000元。如果甲无故取消委托，代理费不予退还。如果乙无故取消代理，不管乙已经做了多少代理工作，代理费全额退还给甲。

在该案例中，甲可以在一审诉讼时，不需任何理由就可以单方面提前取消乙律师事务所某律师的诉讼代理权，但是不管乙律师事务所是否为甲完成代理事务，甲都无权要求乙律师事务所退还代理费。同样，乙律师事务所也可以单方面不经过甲的同意取消代理，但是不管该所是否已为甲做了大量工作甚至已经代理参加庭审，乙律师事务所都应全额退还代理费给甲。

代理权的撤销或辞去，都应事前告知对方，以免给对方造成损失。

（3）被代理人作为公民死亡或法人消灭

代理权是代理人与被代理人之间在相互信任的基础上形成的。被代理人作为公民死亡或作为法人人格消灭，代理权理应终止。但有下列情形的，代理行为有效：

①代理人不知道被代理人死亡的；

②被代理人的继承人均予承认的；

③被代理人与代理人约定到代理事项完成时代理权终止的；

④在被代理人死亡前已进行，而被代理人死亡后为了被代理人继承人的利益继续完成的。

（4）代理人死亡

代理权是一种法律上的资格，并非财产权利，它不被继承，所以代理人死亡后，代理权随之终止。

（5）代理人或被代理人丧失民事行为能力

代理人必须具备完全民事行为能力，丧失了与进行代理行为相适应的民事行为能力，代理权也即终止。

被代理人委托授权代理人进行代理活动，是出于一种信任关系，被代理人丧失民事行为能力后，就不存在信任关系了。同时被代理人丧失民事行为能力后，也无能力对代理人的行为进行监督，所以，被代理人丧失民事行为能力后，代理权也应归于消灭，只有经被代理人的监护人同意，代理人才可以继续行使代理权。

1.4.2.2 法定代理和指定代理的终止

（1）被代理人取得或恢复民事行为能力

法定代理和指定代理的目的，是为了保护无民事行为能力人或限制民事行为能力人的利益。如果作为未成年人因成年而取得民事行为能力，或作为精神病人因恢复精神健康而恢复民事行为能力，那么，原法定代理人或指定代理人就无存在的必要，代理关系也随之终止。

（2）被代理人或代理人死亡

法定代理权是一种法律上的资格，既不能转让，也不能继承，所以，代理人一旦死亡，代理权即行终止；被代理人死亡后，法定代理权或指定代理权也应随之终止。只有在代理人为了被代理人继承人的利益，继续完成代理事务的情况下，其代理行为才有效。

（3）代理人丧失行为能力

（4）指定代理人的人民法院或者指定单位取消指定

（5）一定的婚姻、血缘关系的解除

法定代理是基于婚姻、血缘关系，由法律直接规定的。如果代理人与被代理人之间的监护关系因夫妻离婚、收养关系的发生和收养关系的解除而不复存在，则法定代理权也失去存在的基础，即归于消灭。

1.4.2.3 代理权终止后代理人应尽的义务

代理权终止后，代理人不得再以被代理人的名义活动，否则为无权代理。

在必要和可能的情况下，向被代理人或者其继承人、遗嘱执行人、清算人、新代理人等就其代理事务以及有关财产事务作出报告和移交。

委托代理人应向被代理人交回代理证书及其他证明代理权的凭据。

1.5 无权代理

1.5.1 无权代理的概念和特征

无权代理是指行为人欠缺代理权，却仍以他人的名义实施民事行为，并旨在将法律后果归属于被代理人本人的代理。

无权代理的主要特征在于：

首先，行为人实施的法律行为，符合代理行为的表面特征，但不符合代理的实质特征。代理的表面特征是行为人以被代理人的名义进行民事行为，代理的实质特征是代理的民事法律效果必然归属于被代理人。

其次，行为人对所实施的代理行为不具有代理权。无权代理的事实由本人或相对人主张时，亦由他们负举证责任。

无权代理分为广义的无权代理和狭义的无权代理。广义的无权代理包括表见代理和狭义的无权代理。狭义的无权代理包括除表见代理以外的欠缺代理权的代理。从法律规定来看，表见代理主要从保护善意第三人的利益出发，而狭义的无权代理的相关法律规定则更多地考虑被代理人的利益。

1.5.2 无权代理发生的原因

1.5.2.1 自始没有代理权

行为人从来没有代理权，却以他人的名义从事民事行为。

1.5.2.2 超越代理权

代理人虽然有被代理人的授权，但其在以被代理人的名义进行民事行为时，超越了被授予的权限，实际上等于没有代理权却以他人名义进行民事行为。

1.5.2.3 代理权已经终止，仍然以被代理人名义进行民事行为

代理人曾经有过代理权，但后来发生了代理权终止的事由，而其仍以被代理人的名义进行代理活动。

1.5.3 狭义的无权代理

1.5.3.1 狭义无权代理的概念

狭义无权代理是指行为人根本没有代理权，且其无权代理行为也不可能使相对人信赖其有代理权，而以被代理人的名义所为的代理。

1.5.3.2 狭义无权代理的效力的确定

发生狭义无权代理行为后，该行为效力处于不确定状态，其是否有效，后果归谁，根据被代理人本人或相对人的意思表示来确定。

（1）被代理人的追认权和拒绝权

无权代理行为发生后，法律赋予被代理人追认权和拒绝权。

①追认权。即指在善意第三人未撤回其意思表示前，或第三人催告期限尚未届满前，被代理人对无权代理行为有追认的权利。无权代理行为本来对被代理人不发生法律效力；如果无权代理行为经被代理人追认，就成为有权代理行为，对被代理人发生效力。被代理人的追认具有追溯力，即一经被代理人追认，无权代理人的代理行为自始有效。

②拒绝权。即指被代理人有权通知第三人，表示其对无权代理行为不予承认。无权代理行为发生后，在一定时间内，处于一种效力不确定状态，只要被代理人对此不予理睬，不予追认，则其行为不能对被代理人发生法律效力。

追认权和拒绝权都只需本人单方面意思表示即可生效，属于形成权。

（2）第三人的催告权和撤回权

无权代理行为经被代理人追认即发生法律效力；拒绝追认便不能发生效力，这有利于保护被代理人的利益。但是，对于无权代理行为也不可忽视第三人的利益。为了保护第三人的利益，法律赋予第三人催告权和撤回权，与追认权和拒绝权相对应。

①催告权。即指第三人有权向被代理人发出催告通知，限其在一定期限内（合同法规定为一个月）答复是否追认无权代理行为。如果超过限定期限被代理人未予答复，则视为拒绝追认，无权代理人的代理行为不对被代理人发生效力，此后即丧失了追认的权利。催告权可以避免被代理人无期限拖延追认，使无权代理人的代理行为效力长期处于不确定状态，使第三人蒙受损失。

②撤回权。即指第三人有权在被代理人追认前，撤回与无权代理人所为意思表示，即解除与无权代理人所为的法律行为。第三人一旦撤回其意思表示，被代理人不得再追认。第三人撤回意思表示，无论是向被代理人或代理人作出，具有同等的法律效力。但是，第三人为法律行为时，已知或应知对方为无权代理人，则丧失其撤回权。

催告权和撤回权只需相对人（第三人）单方面意思表示即可生效，属于形成权。

1.5.3.3　无权代理的法律效果

无权代理人与第三人实施的法律行为，如果不为被代理人追认或被第三人撤回，对此产生的后果，则由无权代理人承担法律责任。其条件是：

①代理人不能证明自己有代理权。证明的举证责任由无权代理人承担，第三人不承担举证责任。

②第三人不知道无权代理人没有代理权，即为善意第三人。如果第三人为恶意，即第三人明知行为人无代理权仍与其实施法律行为，则与无权代理人共同承担无权代理行为所产生的法律后果；如果第三人不知道无权代理人无代理权有过失的，第三人也应就其过失负相应的责任。

1.5.4　表见代理

1.5.4.1　表见代理的概念

表见代理应属于广义的无权代理，是指行为人没有代理权，但因无权代理人与被代理人之间的关系具有外表授权的特征，使善意相对人有理由相信行为人有代理权而与其进行民事法律行为，从而使该行为的后果由被代理人承担的代理制度。所谓的外表授权，是指被代理人的言行使善意第三人相信被代理人已授权给无权代理人，而实际上被代理人未授权。

表见代理的法律规定维护了市场经济交易行为的安全、稳定和公平，有利于保护相对人的利益，并且在相对人选择履行时不会由于代理人的责任而毁掉一项交易，符合民法所倡导的鼓励交易与效率原则。

1.5.4.2　表见代理的构成要件

表见代理从形式上具有有权代理的全部要件，并同时符合以下几个构成要件：

（1）客观上存在使得善意第三人相信无权代理人拥有代理权的依据

这是成立表见代理的客观要件。具体可表现为：

①行为人没有代理权，但被代理人的某种行为造成一种授权的假象，从而被代理人须对其授权行为负责。

【案例 1.5】如甲公司被代理人将加盖公章的空白合同书交给或出借给乙，当乙以甲公司名义与第三人签订合同时，第三人没有理由怀疑行为人没有代理权，因而与乙签订合同，则合同产生的法律后果应由甲公司承担。

②行为人虽然有代理权，但代理权被限制，而被代理人的行为足以使善意第三人相信代理权未被限制，或者从客观情势判断，善意第三人无从知道代理权被限制的事实。

【案例 1.6】 甲公司内部规章制度规定部门经理对外可签订 100 万元以下的合同。该公司经理乙与丙公司洽谈业务，甲公司出具授权委托书，授权乙签订合同，但授权书未明确标的限额，该公司经理乙与丙公司签订了 200 万元标的的合同。甲公司拒绝承认合同有效。由于丙公司无从知道甲公司内部规章制度，因此，该合同虽然超出甲公司内部规定的标的，仍对甲、丙公司有效。

③代理人与被代理人之间的代理关系已经终止，但由于被代理人的行为足以使善意第三人相信行为人代理权仍然存在的假象，或者善意第三人无从知晓代理权已经终止的事实。如代理关系终止后，被代理人未采取必要措施公示代理关系终止的事实，并收回代理人持有的代理证书，以致造成第三人不知代理关系终止而仍与代理人进行民事法律行为。

（2）第三人善意且无过失

即第三人无从知道无权代理人不拥有代理权，这种不知情不是由于第三人的疏忽所致。第三人相信代理人的行为属于代理权限内的行为，且第三人并无过失，即第三人已尽了充分的注意，仍无法否认行为人的代理权。如果是第三人因轻信代理人有代理权而签约或者因疏忽大意而未对行为人的代理资格或者代理权进行审查而相信行为人的代理权，则表见代理不能成立，被代理人对此不承担相应后果。

（3）无权代理人与第三人所为的法律行为，合乎法律行为的一般要件和代理行为的表面特征

行为人与第三人实施的行为本身不存在应属无效或者应撤销的内容。如果该民事行为本身就不具备民事法律行为的有效要件，则不能产生表见代理的法律效果。另外表见代理从形式上具有有权代理的全部要件。对于某些行为人采用各种非法手段如盗窃、伪造、假冒等取得代理凭证而与第三人进行交易的，即使第三人是善意且无过失的，亦不成立表见代理，应由无权代理人自己对其行为负责。因为行为人取得代理权凭证行为的非法性与设立表见代理的宗旨以及民法的公平、正义理念相违背，公平、正义理念以及人类社会的伦理道德的价值与利益显然比善意第三人的利益更为重要，更应予以保护。

1.5.4.3 表见代理的几种情形

其一，被代理人明知他人以自己的名义实施民事法律行为，而不作否认表示。它主要是指被代理人曾表示过将代理权授予无权代理人，虽没有正式授予，但被代理人已知无权代理人表示为他的代理人而不反对。这里所说的"不反对"应包括默示和推定等形式，凡出现其中一种形式，就可构成表见代理，无权代理人所为的行为，应由被代理人承担责任。

【案例 1.7】 A 影视公司（以下简称 A 公司）张贴招聘工作人员启事，无业人员刘某去报了名。A 公司见刘某会说、机灵，并听他说能拉赞助，便答应先留下试用，帮助公司联系业务。刘某先同 A 公司业务人员王某一起持 A 公司介绍信到 B、C 电影学校联系演出，后由刘某一人去联系并签订了合同，收取 B、C 电影学校押金 15000元。时隔不久，刘某将押金私用后下落不明，致使演出不能成行。于是，B、C 电影学校向 A 公司要求退还押金，A 公司以刘某非 A 公司职员为由，拒绝承担责任。

解析

在这一案例中，刘某同 A 公司业务人员王某持介绍信去 B、C 电影学校联系演出，后虽由刘某一人去联系并签订合同，但 A 公司并未制止刘某的行为，使第三人 B、C 电影学校有充分理由相信无权代理人刘某的代理权，由此构成表见代理，A 公司应负责赔偿 B、C 电影学校的经济损失，然后再向刘某追索。

其二，将可以证明代理权的介绍信、空白合同书或印鉴等交于他人，他人据此以代理人身份实施民事法律行为。这类情形，在我国商务活动中极为常见，如一些法人的供销科长、供销员、采购员拿着空白介绍信、合同书满天飞，并未根据授权范围签订合同，有时甚至由他们再转委托他人代签合同。当他们代签的合同对本企业有利时，企业的领导人就认可；当他们代签的合同对本企业不利时，企业领导人就以无代理权或超越代理权为由，拒绝认可和履行。为了保护第三人的利益，严肃合同制度，应根据表见代理制度追究其法律责任。

【案例 1.8】 甲市 A 粮油议价经销公司（以下简称 A 公司）经理沈某委托去乙市办事的 B（个体）贸易商行（以下简称 B 商行）经理刘某，将该公司的营业执照副本和盖有该公司合同专用章的空白合同转交给 A 公司驻乙市办事处的孙某，刘某到达乙市数日后，便持 A 公司的营业执照和空白合同文本与 C 工厂签订供给 10 万公斤豆粕合同。随后，C 工厂按合同约定，将 10 万元定金款汇入 B 商行账户。后因刘某组织货源不成，致使合同无法履行。C 工厂要求刘某双倍返还定金 20 万元。因 B 商行倒闭，C 工厂便找到 A 公司，经理沈某以该合同非该公司授权所为拒绝承担责任。

解析

在此案中，刘某持有 A 公司的营业执照和空白合同文本，这些具有公信力的文件，足以使第三人 C 工厂相信无权代理人刘某具有代理权。此行为具备表见代理的构成要件，刘某的行为应由 A 公司承担责任。如 C 工厂诉至法院，法院可责令其债务先由被代理人 A 公司承担，然后 A 公司可向刘某追偿。

其三，代理人在代理权被撤销和终止后，代理人实施无权代理或越权代理民事法律行为。它包括两种情况：①代理权撤回或终止后，第三人不知情，仍与原代理人进行民事法律行为。②代理人就代理权限以外的事项与第三人进行民事法律行为，而第三人不知情。出现两种情形中任何一种，即构成表见代理，第三人可向被代理人提出请求权。

1.5.4.4　表见代理的效力及后果

（1）表见代理对被代理人的效力

被代理人因表见代理人的行为而与相对人之间产生民事法律行为，并受该民事行为约束，享有相应的权利和义务，被代理人不得行使狭义无权代理的撤销权和抗辩权，也不得以表见代理人的过错为理由拒绝接受表见代理的后果。

（2）表见代理对相对人的效力

相对人对表见代理的行为后果具有一定的选择权，可根据表见代理接受与被代理人之间的民事法律关系以及由此产生的权利义务关系；也可以行使撤销权，撤销由表见代理产生的民事行为。

需要注意的是，在代理行为符合表见代理构成要件的情况下，相对人仍对被代理人提出催告要求追认，这时应认定该行为已经转化为狭义无权代理，如果本人拒绝追认，则该行为无效，相对人不得再依据表见代理的法律规定主张行为有效。

1.6　间接代理制度

在新合同法生效之前，我国仅在民法通则中规定了直接代理制度。民法通则规定：代理人在代理权限内，以被代理人的名义实施民事法律行为，被代理人对代理人的代理行为承担民事责任。也就是说，代理人在为其被代理人为代理行为时，只有使用被代理人的名义，其行为才能对被代理人发生法律效力。我国新合同法作为一部较为完备、详细的法律，自1999年10月1日起生效。新合同法在代理制度中，增加了间接代理制度。

1.6.1　间接代理的含义

1.6.1.1　间接代理的概念

间接代理制度，是指行为人以自己的名义为被代理人实施法律行为，该行为的法律效果间接归属于被代理人的法律制度。行为人在与第三人发生法律关系时，第三人有可能知道行为人与被代理人之间的代理关系，也有可能不知道行为人与被代理人之间的代理关系。在间接代理的情况下，由于代理人是以自己的名义对外行为的，在法律上仍然是代理人和第三人之间发生的合同关系，只有以后因被代理人行使介入权和第三人行使选择权，才可能使被代理人直接承受代理行为的后果。

1.6.1.2　间接代理与直接代理的区别

间接代理与直接代理有代理制度的共性，如都需要被代理人的委托和授权。委托和授权构成代理人与被代理人之间的内部关系，在代理人以被代理人或自己的名义与外界产生联系时，形成真正的代理关系。但是间接代理与直接代理之间亦存在显著的区别，具体表现在：

（1）对外以代理人还是被代理人的名义

间接代理是代理人以自己的名义，但为被代理人的利益考虑，对外从事法律行为；而直接代理是直接以被代理人（本人）的名义对外从事法律行为。这是两者之间最主要的区别。

（2）代理效果是否直接对被代理人产生效力

间接代理是代理人以自己的名义对外行为，其行为的外部关系仍然是代理人与第三人之间发生的法律关系。只有第三人在订立合同时知道受托人与委托人之间的代理关系的，该合同才直接约束委托人和第三人；或者受托人由于第三人的原因对委托人不履行义务的，由受托人向委托人披露第三人，委托人因此可以行使受托人对第三人的权利；或者，受托人因委托人的原因对第三人不履行义务，受托人应当向第三人披露委托人，第三人因此可以选择受托人或委托人作为相对人主张其权利。也就是说，只有在被代理人行使介入权或第三人行使选择权，才可能使被代理人直接承受代理行为的结果。而直接代理只要代理人是在授权范围内合法行使代理权，其代理行为就直接对被代理人产生效力。

1.6.2 间接代理制度建立的起因和来源

在大陆法系国家的民法典中，没有关于间接代理制度的明文规定，但设计了行纪制度，行纪是指行纪人以自己的名义为委托人从事贸易活动，委托人向其支付报酬的制度。行纪人对其与第三人订立的合同直接享有权利、承担义务。另外，大陆法系对行纪人承担的义务以及行纪人资格都有很严格的规定，如其规定只有经批准取得法人资格的组织才能从事行纪活动。

在英美法系国家的判例法中则有着灵活的隐名代理制度。所谓隐名代理制度，实际上就是代理人在与第三人签订合同时，可以不公开其委托人的姓名，但可以以后披露委托人的姓名，委托人与第三人之间由此建立法律关系的一种制度。如果代理人既没有揭示自己的代理人身份，又没有披露被代理人的姓名，则代理行为的法律效果直接归属于代理人。但未被披露的被代理人有介入权，在一定条件下可参与、干涉代理人与第三人所为的交易，进而为权利请求或接受权利请求。同时，为了保护第三人的合法利益，还赋予第三人选择权，第三人可以根据代理人和被代理人的资信状况、偿还能力等选择由谁承担法律义务。

随着国际经贸交易的日益频繁，关于经贸代理领域的问题也随之增多，国际统一司法协会针对代理问题起草了《代理统一法（草案）》、《代理合同统一法公约》、《国际货物销售代理公约》、《运输代理人统一公约》等国际公约。其中，《代理合同统一法公约》就是调整间接代理关系的。该公约规定代理人以作为佣金代理人为职业，且必须从事货物买卖合同，被代理人可以向作为第三人的买方或卖方行使请求权，但该请求权必须从属于第三人可以向佣金代理人提出的一切抗辩。在未履行合同项下义务的情况下，第三人有权向被代理人主张该买卖合同项下的利益，但被代理人可以向佣金代理人提出抗辩的情况除外。

1983 年通过的《国际货物销售代理公约》也规定，代理人在授权范围内代表委托人行事，而且第三人知道或应该知道代理人是以代理身份活动时，代理人的行为直接对被代理人与第三人生效。如果第三人不知道也无从知道代理人是以代理身份行事，代理人在授权范围内代表委托人作出的行为仅对代理人有约束力，但被代理人有直接介入权。

从上述规定中可以看出，国际公约对有些问题采纳了大陆法系的观点，对另一些问题却采用了英美法系的制度，而有些问题在糅合两大法系的法律制度的同时，又对其作出必要的限制。这为不同国家之间的经贸交往提供了便利，也加快了两大法系的融合进程。

我国民法尚未规定间接代理的制度。但是根据我国对外开放和国际贸易的需要，1991年我国外贸部发布的《关于对外贸易代理制的暂行规定》，1994 年全国人大常委会制定的《中华人民共和国对外贸易法》，都确立了外贸代理制度。根据上述规定，无外贸经营权的当事人委托有外贸经营权的公司、企业进出口商品，双方需签订委托协议，受托人以自己的名义与外商签订合同。可见，我国的外贸代理制实际上就是间接代理制度。新合同法在起草和制定中，为适应经济的发展，根据我国固有的法律体系，适当借鉴了英美法系的先进法律制度，将有关的间接代理制度充实进我国的合同法立法之中，使间接代理在法律上有了相应的依据。

1.6.3　间接代理的构成以及法律后果

1.6.3.1　第三人知道代理关系的间接代理

第三人知道代理人关系的间接代理应符合以下构成条件：

①受托人向第三人表明了自己的代理人身份并以自己的名义与第三人订立合同。

②受托人是在委托人的授权范围内与第三人订立合同。如果受托人超越代理权限，同时又以自己的名义订立合同，则该合同纯属受托人的个人事务，与委托人完全无关。即使第三人不知道受托人越权处理，但因为受托人是以自己的名义订立合同，因此也不构成表见代理。所以，一旦有确切证据证明该合同存在此种情形，则合同仅约束受托人和第三人，对委托人不产生任何效力。

③第三人确知委托人的真实身份。这种情况可以是受托人明确告知其与委托人之间存在代理关系，也可以是代理人虽然未表明被代理人究竟是谁，但是，第三人根据实际情况（如委托人也参加过合同谈判等）能够判断出合同另一方是委托人。对于符合上述条件的间接代理，由于第三人确知委托人是谁，因此间接代理应该产生与直接代理相同的法律后果，即合同直接对第三人和委托人发生效力，委托人可以根据受托人与第三人之间签订的合同直接请求第三人履行一定的行为，或者接受第三人的履行，也可以在对方违约的情况下直接请求对方承担责任，或者直接向对方承担责任。当然，如果受托人在与第三人缔约时明确规定该合同仅约束受托人与第三人，不对任何其他人发生约束力，则根据合同自由原则，应认为合同仅对第三人与受托人发生效力，即使第三人在缔约时知道委托人，该合同也不能对委托人生效。

1.6.3.2　订立合同时未披露委托人的间接代理的效力

受托人与第三人签订合同时，对于第三人不知道受托人与委托人之间的代理关系，受托人也未披露委托人的情况，合同法规定了委托人的介入权和第三人的选择权。未披露委托人的代理根据当事人的选择不同发生以下不同的法律后果：

（1）合同所设定的权利义务由受托人与第三人直接享有和承担

因为受托人在并未说明代替其他人处理事务的前提下，以自己的名义与第三人订立合同，所以第三人并不知道受托人与委托人之间的委托关系。在第三人看来，自己就是与第三人进行交易。因此，第三人只对受托人行使合同权利并履行合同义务。委托人在接受第三人的履行后，再将其财产及利益转交给委托人。委托人一般不能直接向第三人行使权利。

（2）委托人可以对合同行使介入权

委托人的介入权是指当受托人因第三人的原因对委托人不履行合同义务时，委托人进入受托人与第三人之间的合同关系，直接向第三人主张合同权利。委托人介入合同后，未披露委托人的代理转化为直接代理，发生与直接代理相同的法律效果。根据合同法的规定，委托人介入发生的前提为：第一，受托人因为第三人的原因而不能履行对委托人的义务。因为第三人不能对委托人履行合同义务，因而使得受托人违反委托合同。第二，受托人向委托人披露了第三人，以便委托人能够直接行使合同权利。需要注意的是，受托人的披露义务不是一种法定的强制性义务，如果受托人不披露，则表明受托人自愿向委托人承担责任，而不愿意使第三人直接向委托人承担责任。第三，委托人向第三人表明自己的委托人身份。委托人在向第三人证明受托人实际上是为自己在订立合同这一事实后，就可取代受托人成为合同当事人。

符合介入权的法定条件，委托人就可以行使介入权介入合同，直接对第三人行使合同权利。同时，第三人对受托人主张的抗辩也同样可以向委托人主张。但是，并非只要受托人披露了第三人，委托人就可以行使介入权，法律还规定了介入权的除外情况，即第三人与受托人订立合同时如果知道该委托人是不会订立合同的，则委托人不得介入合同。这是因为在未披露委托人的代理中，第三人是本着对受托人的信赖而与之交易的，如果他当初知晓受托人是代替委托人订立合同，可能会因为对委托人的不信任而拒绝签约。所以，为合理保护第三人的利益，法律规定以此作为委托人介入权的例外。但此除外条件应由第三人举证予以证明。

（3）第三人可以行使选择权

第三人的选择权是指受托人因委托人的原因对第三人不履行合同义务的，在受托人向第三人披露委托人后，第三人可以选择委托人或者受托人作为相对人来主张权利。但是第三人选定相对人以后就不能再予以变更。

第三人选择权发生的法定条件为：

①须在未披露委托人的合同中才得存在。

②受托人因为委托人的原因而不能对第三人履行合同。在此情况下，受托人应当对第三人披露委托人，以减轻自己的责任。在受托人向第三人披露委托人以后，第三人可以选择受托人或者委托人作为合同的相对人，这就是第三人的选择权。第三人如继续选择受托人为相对人，则受托人仍为合同的当事人，由他向委托人转交从第三人处取得的财产。如果第三人选择委托人为合同相对人，则委托人可以对第三人主张他对受托人所享有的抗辩，同时，委托人还可以主张受托人对第三人的抗辩。依据法律规定，第三人不得变更选定的相对人，即第三人的选择权只能行使一次，一旦选定，不得反悔，以使合同关系稳定。

2 商务经纪与代理制度

大陆法系国家商法典，一般从主体角度规制商务代理，并称其为代理商。然而，从商事行为的角度看，商务代理是一种特殊的商事法律制度，其具有区别于民事代理的特征。在现代市场经济社会中，商务代理普遍存在。因而，对商务代理制度的研究有很高的制度价值。然而，我国民法通则和合同法对代理制度的规定均未区分民事代理和商务代理，鉴于我国目前法律规定上的缺失，本章将研究重点放在对国外商务代理制度的考察与分析上。

2.1 商务代理

2.1.1 商务代理的概念

代理制度是随着社会经济关系的发展而逐渐发展的。近代资本主义的发展使商品交易频繁，商业活动复杂，这就使代理制度最终形成并得到充分的发展，尤其重要的是，商务代理制度由于满足了经济活动中节省交易成本和方便快捷的需要，在现代商品社会发展更为迅速，成为许多国家商法中的一项重要内容。

在大陆法系民商分立的国家中，立法上对于代理有民事代理和商务代理之分，分别在其民法典和商法典中确立了有关代理制度的规定。例如，法国民法典第十三编"委托"中的第 1984~2010 条对民事代理做了规定；而其商法典在"商人编"中对商务代理做了规定，并于 1958 年 12 月 25 日专门颁布了第 58~1345 号《关于商务代理人的法令》，1991 年 6 月 25 日又颁布了第 91~593 号《关于商业代理人与其委托人之间关系的法律》。日本民法典在"债编"中以委任合同的形式对代理制度作了规定；同时日本商法典在第一编"总则"的第 7 章专门规定了代理商。

英美普通法国家虽没有严格的民事代理和商务代理之分，但代理制度已经成为一项单独的法律制度。英国早在 1889 年就制定了专门的《商务代理法》。1971 年又专门制定了《代理权利法》。美国 1953 年 8 月 6 日专门制定了《商法典修订法》（《商业代理法》），美国法学会在 1957 年专门起草了《代理法重述》。此外，还在财产法、合同法和公司法等制度中对代理制度作了规定。

一般来说，代理是指代理人依据被代理人授予的代理权，以被代理人的名义与第三人进行法律行为,而其法律后果直接归属于被代理人的行为。而商务代理与一般民事代理却有着不同的含义,例如,德国商法典第84条第1款规定:代理商是指一种独立的商事经营者,它接受委托,固定地为其他企业主促成交易,或者以其他企业主的名义缔结交易。法国在1991年专门制定的《关于商业代理人与其委托人之间关系的法律》中规定:商业代理人是指不受雇佣合同约束,以制造商、工业商、商人或其他商业代理人的名义,为他们的利益谈判,并通过签订购买、销售、租赁或提供服务的合同,且将其作为独立的经常的职业的代理人。在美国,商务代理主要是在行业惯例范围和代理权限范围内所从事的专项商务代理,如代销商(即代办商)、代销保证人(即保付商行)、各类经纪人、特权代办、拍卖人等实施的代理行为。

可见,不同国家对于商务代理的定义不尽相同,但概括来说,可以做出如下定义:商务代理是代理商非受雇佣合同的约束,以自己的名义或以委托人的名义,为委托人买或卖或提供服务,并从中获取佣金的经营性活动。

在我国,商务代理活动在经济活动中起着重要作用,但我国至今没有关于代理商或商务代理行为的专门立法,只在民法通则的第4章第2节与合同法第3章的第47~49条对代理制度作了规定,此外,合同法第21章的第396~413条还对包含了代理合同的委托合同作了一些规定。在司法实践中,对于商务代理也适用这些规定,这些着眼于民事代理的规定很多方面都难以满足商务代理发展的要求,因而,研究商务代理制度,对于我国相关立法和实践的完善,有着重要意义。

2.1.2 商务代理的特征

商务代理作为代理制度中的一项特别规定,是适应商品经济活动的需要,在民事代理的基础上发展起来的。它又与民事代理有一定的区别。它在制度特点上体现了商法精神,适应了商事活动的需要,相较于其他代理制度,具有以下特征:

(1)商人性

商法中的商务代理实际是指专门从事各种商务代理活动的独立的职业代理商。他们主要是专门为生产商和其他商人从事商品销售、货物采购、财产租赁、拍卖、保付、各种经纪(如证券、保险、航运、房地产等)专利权转让、财产管理等与商事有直接联系的中间活动的代理商。代理商是以商业代理为职业的人,从其行为方式上可将其归入一种特殊的独立的商人范畴。因而,要取得代理商的资格,首先必须取得商人资格。这就把商务代理与一般职务代理和民事代理区别开来。

(2)职业性

代理商的代理营业活动在时间上具有连续性和持续性。而专利、商标、证券、保险、保付等商务代理活动,都需要专门的知识和技能,这就要求经营者是具有职业性的代理商。而民事代理多为临时性的活动,即使是基于亲权或监护权而产生的法定代理,也只是在被代理人偶尔产生代理需要时才实际发生。因此,民事代理并非一种职业行为。

(3)独立性

商务代理关系中代理商的法律地位是独立的,它与委托人之间并非隶属关系,这一点不同于职业代理的商业使用人,一些国家的法律中对此有明确规定。如德国商法典第84

条第 1 款即明确规定，代理商是独立的商事经营者。这种独立性具体体现在：

①代理商有独立的经济利益。在一般民事代理中，代理人是为被代理人的利益活动，没有自己独立的利益追求。而商务代理中，代理商是一个独立的经营主体，可同时为几个厂商和用户的代理人，并通过代理活动向被代理人收取佣金作为自己的经济来源，其经营活动实行独立的经济核算，因此具有自己独立的经济利益诉求。

②商务代理人的权利是独立的权利。商务代理人不同于商业使用人，不受雇佣合同的约束，而委托合同较之一般民事代理在权限上又具有更大的灵活性，不必严格按照商人的职权与行为方式从事职务活动，而是灵活地决定其活动，行为过程中拥有明显独立的权利。

③代理商有自己独立的商号、独立的营业场所、独立的账簿，并独立进行商事登记，是一个完全独立的商事主体。

④代理商可以以自己的名义与第三人从事本人所委托的事项，在商事活动中具有独立的身份。

⑤从责任制度来说，在商务代理中，当第三人的合法权益受到侵犯时，他可以选择是向本人求偿，还是向代理商求偿。这也是商务代理独立性的体现。

可见，商务代理虽以本人与代理人之间的委任关系（内部关系）为基础，但代理权一经确立，就成为一种独立的权利。这种独立性，不仅相对于内部关系，而且更体现在外部关系的效力上。这种效力不仅可以使代理商独立行使代理权（尤其在间接代理和隐名代理的情况下），而且使得第三人不必关注本人的情况，只需了解代理人的资信，使商事交易更为便捷。

（4）代理形式的灵活性

商务代理既有直接代理，又有间接代理；既可隐名代理，又可显名代理；既可以是明示授权，又可以是默示授权；既可以是事前授权，又可以是事后追认；既可以采用委托书方式授权，又可以采取追认和客观必需的授权。如此灵活的制度，适应了现代商事活动复杂多变的需要。

（5）有偿性

民事代理中有有偿代理，但很多是无偿代理。而商务代理合同是为双方共同利益而订立的，代理人有权按交易的数量和价值抽取佣金，因此商务代理都是有偿代理，这也是代理商营业所得的主要来源。对此，德国商法典第 87 条第 1 款规定：代理商对在合同关系期间成立的、应归因于其从事的活动的或与其作为客户为同一种类的交易争取到的第三人成立的一切交易，均享有佣金请求权。

（6）原则上不受"自己代理"和"双方代理"的限制

为保护被代理人和第三人的合法利益，民事代理制度中都规定代理人不能为自己的利益以被代理人的名义同自己缔结契约，也不能同时担任为双方当事人的代理人为同一法律行为。此即属于滥用代理权主要类型的"自己代理"和"双方代理"之法律禁止。对此，法律一般都赋予代理无效或被撤销的效果，而商务代理中却原则上不受此限制。如英国1889 年的代理商法规定，如果代理商经委托人同意掌握商品或商品凭证，只要不损害委托人的利益，代理人自己可以将委托人的货物买下，也可以与自己代理的其他人进行交易。

(7) 连续性

民事代理中，由于代理关系是一种具有严格人身属性的法律关系，代理人死亡时，代理关系也随之终止。而商务代理却不因代理商企业主的死亡而使代理权终止，因而具有更强的连续性。

2.2　代　理　商

代理商是专指受他人委托，代理商品经销、货物采购及提供经纪中介服务，从中获取佣金，为委托人促成交易和缔结交易的，固定、独立、职业的商务经营者。

与一般商务主体不同，代理商所从事的是间接商务行为，即为从事生产经营的直接商务行为提供中介服务和条件的行为。实际上，在商务活动中，除了代理商，还有很多类型的为其他商人、企业服务的商务活动辅助人员，主要包括商务中间人和商务企业雇员等商业辅助人（也可称为商业使用人），前者除了代理商，还包括居间商、行纪商。他们的性质、活动方式及法律地位都有不同，现将代理商与这些商务活动辅助人员进行区别，以明确商务代理制度的适用范围。

2.2.1　居间商

大陆法系国家商法中，居间商是指为获取佣金而从事契约缔结的促成活动的商务主体。如德国商法典第 93 条第 1 款规定：不是根据某一契约关系而受他人委托，而是以其为职业，促成他人订立有关商品、有价证券购买或销售契约、保险契约、货物运输契约、船舶租赁契约，以及商务交易中其他标的物契约的行为人，享有居间商的权利，并承担其义务。

居间商也是一种独立的商务主体，但居间商只是缔约中介，仅仅是为缔约双方提供缔约信息和机会，居间商不以自己或他人的名义缔结契约，不直接介入缔约的任何一方，也不负有对契约的履行去主动地尽自己努力的义务，对于其所从事的商务促成活动以及这种活动导致的结果并不负有义务。而且，在商务居间中，只有当缔约双方达成协议并达到一定的法律效果时，居间商才有资格获取佣金。因此，订约委托人除了在居间商履行了自己的中介活动并达到预期的法律结果后应当向居间商支付佣金外，不再负有向居间商支付其他费用补偿的义务。这一规定与大陆法系国家民法中关于民事居间人报酬请求权的规定不一样，也与我国合同法第 427 条关于居间人必要费用请求权的规定不一样。

2.2.2　行纪商

根据德国商法典第 383 条，行纪商是以自己的名义为他人（委托人）购买或销售货物、有价证券，并以此作为职业性经营的商务主体。

与代理商一般以被代理人的名义从事商务行为不同，行纪商必须以自己的名义为委托人实施交易行为，但行纪商的行纪行为所产生的交易结果不是为了行纪商本人，而是为了委托人。由于行纪商以自己的名义从事商务行为，因此，他是契约关系中的当事人，行纪商与第三人之间有直接的权利义务关系，而第三人与委托人之间则不存在直接的、当然的权利义务关系。但行纪行为之履行对委托人产生经济后果。而且，行纪商与第三人之间订立的契约以及因这种契约而产生的权利和义务，也可以直接转让给委托人，并由委托人承担最后的交易结果。

2.2.3 商务企业雇员

最初一些国家商法中商务代理包括两类：一是通过各种代理商（即商务代办）实现的代理，二是由商业企业雇员实现的代理。商务企业职员所实现的代理属于职务代理或业务代理。这种代理实际上是建立在雇佣关系基础上的隶属关系，其代理权限由法律加以规定，并由其业主明确授予代理权。虽然在许多国家的法律中对职务代理都作了专门规定，但它与专门的代理商制度是有区别的。法国商法典规定，代理商不受雇佣合同约束。日本商法典也将代理商与商业使用人区分对待，在同一章的不同节中予以专门规定。可见，现代各国商法大多将代理与商业辅助人区别开来。

根据德国商法典第 59 条规定，商务企业雇员是指"为了佣金受雇于商务企业担任商务经营业服务的人"。这类人员属于企业的职员或雇佣人员，他们根据劳务契约而在企业从事由企业主所指派的商务经营服务工作。他们本身不是商务主体，而只是商务主体进行商务活动的辅助者，其性质、法律地位和与受雇企业的关系等主要适用劳工法中的有关规定，故各国商法中一般不作规定，只是对有特别授权的雇员才作出专门规定。

2.3 经 纪 人

经纪人，是指以合法身份在市场上为买卖双方介绍交易获取佣金的中间商人。他既无商品所有权，又无现货，只是为买卖双方提供价格、产品及市场信息，为促成买卖双方洽谈业务起媒介作用。

在德国，经纪人被视为商务代理的一种，吉尔克在其《商法论》一书中称："经纪人是间接代理人。"英美普通法国家认为经纪人是代理商的一种。《布莱克法律词典》解释经纪人是"有偿雇佣的讨价还价和签订合同的代理人"。

我国《经纪人管理办法》第 2 条将经纪人定义为：经纪人，是指依照本办法的规定，在经济活动中，以收取佣金为目的，为促成他人交易而从事居间、经纪或者代理等经纪业务的公民、法人和其他经济组织。我国合同法规定了委托合同、行纪合同和居间合同，明确了代理人、行纪人和居间人的关系，但其与经纪人又有区别。

2.3.1 经纪人与代理人的区别

（1）服务对象不同

代理人与经纪人虽均为服务性的辅助人，但代理人是规定在一定期限内，以特定委托人为服务对象，其服务范围较窄，与当事人之间往往是一种较固定的、连续性的业务关系；经纪人则不同，其服务对象比较广泛，没有特定对象，可以为任何人从事中介活动，而且与当事人无固定联系，大多是一次性业务。

（2）法律后果不同

经纪人是以自己的名义从事经纪活动的，其法律后果由经纪人自己承担；代理人通常以被代理人的名义从事代理活动，其代理行为的法律后果由被代理人承担。

严格来讲，商务活动中的经纪人，属于间接代理中的代理人范畴。

2.3.2 经纪人与行纪人的区别

经纪人与行纪人都是以自己的名义从事活动，但他们的活动范围不同。行纪人是接受他人委托，专门从事动产、有价证券买卖的商人，可见，行纪人的业务范围限制在动产和有价证券买卖。而经纪人的活动范围非常广泛，这一点在经纪人的种类中可以得到说明。

经纪包括行纪，行纪本身是一种经纪活动；间接代理也包括行纪，行纪人需要有特殊资格，这是行纪区别于其他形式间接代理的一个重要标志。其关系将在"商务经纪与代理合同"一章进行深入论述。

2.3.3 经纪人的种类

商品现货交易经纪人。即指专门从事商品现货交易中介业务而收取佣金的商人，通常分为一般经纪人和交易所经纪人。

证券交易经纪人。即指在证券市场上为买卖双方充当中介，代理买卖而收取佣金的商人。证券经纪人是证券买卖的中间桥梁，接受客户委托，代理客户买卖证券，收取佣金，是证券市场的主要构成者。

期货交易经纪人。即指在期货市场上，接受客户委托，为买卖双方充当中介，代理买卖而收取佣金的商人。

金融市场经纪人。即指为资金供求双方充当媒介而收取佣金的商人。

劳务市场经纪人。即指为劳务供求双方充当媒介而收取佣金的商人。

房地产市场经纪人。即指收集、加工房地产市场信息，熟悉房地产市场行情，代理客户进行房地产投资或交易，以收取佣金的中介人。房地产经纪人以传播有关房地产信息为基础，以促成房地产交易为目的，以提供相关信息为辅导，活跃在房地产市场，促进房地产交易活动。

科技市场经纪人。即指在科技市场上为科技成果的转让与吸收、科技成果的嫁接与辐射充当中介的商人。随着科技市场的发展，科技市场经纪人在开拓技术市场、密切科技与经济的结合、推动技术成果商品化方面发挥越来越大的作用。

保险市场经纪人。即指在保险市场上为连接保险需求与保险供给的一种中间商，是使保险供给与需求联合起来形成现实的保险关系的经营者。

文化市场经纪人。即指在文化市场上为文化生产和文化需求之间开展中介服务而获取佣金的商人。包括文化艺术经纪人、出版经纪人和体育经纪人等。

2.4　商务代理法律关系

商务代理法律关系是指基于代理商的代理行为而形成的代理商与被代理人之间的内部

法律关系，以及代理商和被代理人与第三人之间的外部法律关系。前者基于商务代理契约而成立，后者则基于商务买卖契约或其他商务行为契约而成立。

2.4.1　代理商与被代理人之间的内部法律关系

被代理人与代理商之间的内部法律关系，通常由代理双方所签订的商务代理契约的约定及商法典中涉及代理商权利义务的有关规定共同决定，代理合同确定双方的权利义务和代理商的权限范围，商法则对双方的必要权利义务作了强制性规定。

2.4.1.1　代理商的主要义务

（1）代理商必须为被代理人的利益，尽力促成或达成交易

代理商作为专业中间商人，有义务密切观察市场行情，培养与顾客之间的关系，在市场中树立信誉，必须尽其全力促成交易的成功。

（2）代理商对被代理人负有报告义务

德国商法典第86条第2款规定：代理商必须告知企业主必要的信息，特别是必须将每一项交易介绍和每一项交易达成的情况及时告知企业主。报告的内容取决于被代理人与代理商之间的约定以及被代理人的客观情况。如果由于代理商的过错未能将商务交易的重要情况及时告知被代理人，致使被代理人不能及时安排交易而导致损失，代理商应对被代理人承担损害赔偿责任，包括对正常情况下被代理人应获得利润的赔偿。

（3）代理商对被代理人负有忠实义务

由于代理契约在很大程度上包含一种信任关系，代理商对被代理人还负有忠实义务。这种忠实义务主要包括：

①代理商必须接受被代理人的指示，按照被代理人的要求，与第三人签订交易协定。当然，由于代理商的独立性，被代理人的指示权限必须限于一定的范围，不可妨碍代理的独立性。

②代理商对被代理人负有保密的义务，必须为被代理人保守有关经营销售情况的秘密。

③代理商必须按照正常程序和方法，保管被代理人委托代管的货物，必要时应对这些物品予以保险。如果由于代理商的过失致使被代理人所交付的货物被窃或损坏，代理商应对此承担损害赔偿责任。

④向被代理人清结账目。代理商有义务保持代理交易账目正确、清楚，按规定或按被代理人的要求清结账目。

⑤代理商从事涉及竞业禁止条款的商业活动时，一般需征得被代理人的同意。代理商从事代理业务期间，是否可以同时从事与代理内容相关的经营，通常取决于该活动是否影响被代理人的利益（包括直接影响和间接影响）。如果代理商的活动涉及被代理人的利益，基于对被代理人利益的保护和诚实信用，一般有必要征得被代理人的同意。

⑥其他忠实义务：主要包括代理人不得受贿或密谋私利，不得与第三人串通损害被代理人的利益。

2.4.1.2　代理商的权利

（1）代理商对被代理人享有佣金请求权

被代理人必须根据代理合同付给代理商报酬，这是被代理人的最主要义务。代理商的报酬主要由双方在签订代理协议时予以明确。即使在没有约定的情况下，代理商为被代理人进行了特殊事务的照料或提供了特殊劳务，根据各国商法的一般规定及司法实践，代理商也可以向被代理人提出佣金请求权。

除约定外，对于代理商履行代理义务的正常业务支出和营业费用，被代理人是不给予偿还的。这是因为代理商作为一个独立的商人，必须自己承担在正常经营活动中所消耗的费用。这一点与民事代理不同。但是，当代理商执行被代理人所交付的特定任务而支出额外费用，或因此受到损失，被代理人要给予补偿。例如，根据被代理人的指示，代理商受托与第三人进行诉讼所支付的费用和所受的损失，被代理人必须给予偿还。

（2）代理商有权要求被代理人对自己的代理活动予以支持和协助

①代理商可以要求被代理人对其所委托的代理业务提供必要的资料和情报，如样品、图样、价格表、广告印刷品、交易条件等。

②当被代理人改变其所委托代理商代理的业务内容时，应及时将变更事项通知代理商，否则代理商有权要求其承担由此造成的损失。

如果被代理人不给付报酬或不补偿费用，代理人可以留置其所占有的被代理人的财产。

2.4.2　代理商及被代理人与第三人之间的法律关系

如果代理商是以被代理人名义同第三人缔约，该合同就是第三人同被代理人之间的合同，合同的权利义务直接归属于被代理人，由其直接对第三人负责，代理商与第三人之间并不存在直接的契约关系。代理商作为代理媒介，是被代理人的消极代理人。当然，如果被代理企业没有授予代理商代理权，而代理商以被代理企业的名义从事了代理活动，根据商法的规定，代理商就要承担无权代理的责任。

然而，如果代理商以自己名义同第三人缔约，即隐名代理的场合，不管代理商是否事先得到被代理人的授权，这个合同都被认为是代理商与被代理人之间的合同，代理人必须承担一切后果。这时，代理商同第三人发生关系，代理商必须把他同第三人签订合同产生的权利义务转移给被代理人。在现代市场经济条件下，代理商对第三人承担责任，从代理理论和实践上都是一种创新，因为第三人往往与代理商有固定的贸易交往而存在信任，其不愿意与被代理人直接交易，特别是适应现代市场经济要求的承担特别责任的各种代理，如保险代理商、证券代理商、运输代理商、广告代理商、保付代理商等。在这类代理中，一方面，代理商与第三人之间的信任与信赖，为承担特别责任代理提供了牢固的基础；另一方面，通过法律、贸易惯例和协议，能使代理商与被代理人的关系规范化，使对第三人承担个人责任的代理商的权益得到有效保护。例如，运输代理商对第三人承担责任，依据是贸易惯例；保险代理商对第三人承担责任，依据是法律；保付代理商对第三人承担责任，依据是合同。被代理人的权益也在相应的法律、惯例、合同中得到了有效的保护。

2.4.3　代理法律关系的终止

代理法律关系的终止，是指根据协议、法律，代理商不再具有代理权的法律制度。代理法律关系终止的最直接后果是代理商失去了代理权。然而，商务代理不同于民事代理，其终止的法律后果也更为复杂，通常为充分保护代理商的利益，鼓励代理业的发展，现代商法要求，在某些情况下，被代理人终止代理合同必须对代理商予以补偿。主要有以下几种情况：

①在代理关系终止后，被代理人在与代理商曾经介绍给他的客户的交易中获得重大利益。

②代理商由于代理合同的终止将失去佣金，这种佣金如果不是因为代理合同终止，原本根据代理商介绍的客户所已签订的合同或将来签订的合同，代理商应能得到佣金。

③依据各种相关情况，基于诚实信用原则，对代理人应当给予补偿。被代理人对代理商的补偿主要有两种，一是佣金补偿，二是竞业禁止延续补偿。

3 商务代理合同

3.1 合同概述

3.1.1 合同的订立

合同法第 13 条规定："当事人订立合同,采取要约、承诺方式。"

3.1.1.1 要约

(1) 要约的概念及成立条件

要约,是指一方当事人向对方提出的订立合同的确定的建议和要求。即"希望和他人订立合同的意思表示"。要约又称为发价、发盘。

要约应当符合下列规定:第一,内容具体确定;第二,表明经受要约人承诺,要约人即受该意思表示约束。

(2) 要约的生效

对于要约生效时间的规定,依要约的送达方式不同而不同。采用直接送达的方式发出要约的,记载要约的文件交给受要约人时即为到达;采用普通邮寄送达要约的,以受要约人收到要约文件或者要约送达受要约人信箱的时间为到达时间;采用数据电文形式发出要约的,以电文进入收件人的指定系统的时间,或在未指定接收信息的系统情况下电文进入收件人的任何系统的首次时间作为要约的到达时间。

(3) 要约的撤销

要约一旦发出即对要约产生约束力,但为了保护双方当事人的利益,法律又规定已发出的要约可以撤回或撤销。合同法第 17 条规定,要约撤回的条件是撤回要约的通知应当在要约到达受要约人之前或者与要约同时到达受要约人。

但是,下列情形下,要约不得撤销:①要约人确定了承诺期限或者以其他形式明示要约不可撤销;②要约人有理由认为要约是不可撤销的,并已经为履行合同做了准备工作。

3.1.1.2 承诺

(1) 承诺的概念

承诺,是受要约人完全同意要约人的建议和要求,即"受要约人同意要约的意思表示"。表明各方就合同的主要条款达成协议,合同成立。

（2）承诺的要件

有效的承诺应具备以下要件：

①承诺必须由受要约人向要约人作出。要约是要约人向特定的受要约人发出的，受要约人是要约人选定的交易相对方，只有受要约人才能取得承诺的权利。承诺是对要约的同意答复，是受要约人与要约人订立合同，当然要向要约人作出。

②承诺的内容应当与要约的内容一致。受要约人对要约的内容作出实质性变更的，为新要约。承诺对要约的内容作出非实质性变更的，除要约人及时表示反对或者要约表明承诺不得对要约内容作出任何变更的除外，该承诺有效，合同内容以承诺的内容为准。

③承诺应当在要约确定的期限内到达要约人。受要约人超过期限发出承诺的，除要约人及时通知受要约人应该承诺有效的以外，否则为新要约。要约没有确定承诺期限的，承诺应当依照下列规定到达：要约以对话方式作出的，应当即时作出承诺，但当事人另有约定的除外；要约以非对话方式作出的，承诺应当在合理期限内到达。

④承诺一般以一定的方式作出。在通常情况下，承诺应当以通知的方式作出，但根据交易习惯或者要约表明可以通过行为作出承诺的除外。

（3）承诺期限的计算

对于承诺生效时间，合同法规定：承诺通知到达受要约人时生效。承诺不需要通知的，根据交易习惯或者要约的要求作出承诺的行为生效。承诺生效时合同成立，即承诺生效的时间为合同成立的时间，当事人就从此时开始享有合同权利，同时承担合同义务。

承诺也是可以撤回的。承诺的撤回是指受要约人阻止承诺发生法律效力的意思表示。由于承诺一经送达要约人即发生法律效力，合同即刻成立，所以撤回承诺的通知应当在承诺通知到达之前或者与承诺通知同时到达要约人。

3.1.2 合同的效力

合同的效力，又称合同的法律效力，是指已成立的合同具有的法律拘束力。合同的成立与合同的效力不同，合同成立与否取决于当事人之间是否就合同内容达成一致，而合同具有怎样的效力取决于法律作出怎样的评价。合同成立之后，既可能因符合法律规定而生效，也可能因违反法律规定或意思表示不完全而无效，可变更或可撤销。

3.1.2.1 合同的生效

（1）一般合同的生效

合同生效，是指合同所产生的法律上的约束力。合同生效后就意味着：①在当事人之间产生法律效力。合同一旦成立生效后，当事人依法受合同的拘束，此为合同的对内效力。②对当事人以外的第三人产生一定的法律拘束力。合同一旦生效后，任何单位和个人都不得侵犯当事人的合同权利，不得非法阻挠当事人履行义务，此为合同的对外效力。③合同生效后的法律效果还表现在当事人违反合同的，将依法承担法律责任。

合同生效应具备以下条件：①行为人具有相应的民事行为能力；②行为人的意思表示真实；③不违反法律或者社会公共利益。

合同生效的时间，根据合同法的规定，有三种情况：①依法成立的合同，自成立时生效；②法律、行政法规规定应当办理批准、登记等手续生效的，依照其规定；③附条件生效。

（2）特殊合同的生效

①超越能力订立的合同。根据合同法第 47 条规定，限制民事行为能力人订立的合同，经法定代理人追认后，该合同方可有效，但纯获利益的合同以及与其年龄、智力、精神健康状况相适应而订立的合同，不必经法定代理人追认。限制民事行为能力人签订的合同，法定代理人应在一个月内予以追认。法定代理人未作表示的，视为拒绝追认。

行为人没有代理权、超越代理权或者代理权终止后以被代理人名义订立的合同，未经被代理人追认，对被代理人不发生效力，由行为人承担责任。此时，行为人与第三人订立的合同并非无效，只是此合同对被代理人不发生效力。以被代理人名义订立合同，当事人一方有理由相信行为人有代理权的，合同对被代理人发生效力，由被代理人承担责任。

法人或者其他组织的法定代理人、负责人超越权限订立的合同，除相对人知道或者应当知道其超越权限以外，该代表行为有效，由法人、其他组织承担责任。

②附条件和附期限的合同。当事人对合同的效力可以约定附条件和附期限。

附生效条件的合同，自条件成立时生效；例如，甲与乙约定，如果甲购买到房屋，就由乙装修，甲乙之间的装修合同的效力就取决于甲是否能够买到房屋。附解除条件的合同，自条件成立时失效。例如，甲与乙约定，如甲将来从单位分得住房，就解除双方之间的房屋租赁关系。根据我国法律规定，当事人为自己的利益不正当地阻止条件成就的，视为条件已成就；不正当地促成条件成就的，视为条件不成就。

附生效期限的合同，是指合同当事人约定一定的期限作为合同效力发生或终止的条件的合同。其中，附生效期限的合同，自期限届至时生效；附终止期限的合同，自期限届满时失效。

3.1.2.2　合同的无效和撤销

（1）无效合同

无效合同是指已经成立，但因其欠缺有效要件而被确认无效的合同。

无效合同不发生法律效力，是指不发生该合同当事人所追求的法律后果，而不是指无效合同不发生任何其他意义上的法律效果。

合同无效是指合同自始、绝对、当然不发生法律效力。自始无效是从合同成立时就无效；绝对无效是确定无疑地无效；当然无效是指合同无效不以任何人主张和法院、仲裁机构的确认为要件。

合同无效并不一定是全部无效，有的只是部分无效。部分无效，不影响其他部分的效力，其他部分仍然有效。

我国合同法规定了导致合同无效的五种情形：①一方以欺诈、胁迫的手段订立合同，损害国家利益的；②恶意串通，损害国家、集体或者第三人利益的；③以合同形式掩盖非法目的的；④损害社会公共利益的；⑤违犯法律、行政法规的强制性规定的。

（2）可变更、可撤销合同

可变更、可撤销合同，是指欠缺合同生效要件，一方当事人可依照自己的意思使合同的内容变更或使合同的效力归于消灭的合同。可撤销合同是一种相对无效的合同，其效力取决于当事人的意志。

按照我国法律规定，导致合同可能变更或撤销的有：①因重大误解订立的合同；②在显失公平的情况下订立的合同；③一方以欺诈、胁迫的手段或者乘人之危，使对方在违背真实意愿的情况下订立的合同。

具备上述条件的合同最终是否被撤销取决于享有撤销权的人以及撤销权人在撤销期限内是否行使撤销权。

撤销权人是指：在因欺诈、胁迫而订立的合同中的受欺诈人、受胁迫人，在因重大误解而订立的合同中的误解人，在显失公平的条件下订立合同的受到重大不利之人。

撤销权人应及时行使其权利。如果具有撤销权的当事人自知道或者应当知道撤销事由之日起1年内没有行使撤销权，则其撤销权归于消灭。

3.1.2.3 效力待定的合同

效力待定的合同，是指合同欠缺有效条件，能否发生当事人预期的法律效力尚未确定，只有经过有权人的追认，才能化欠缺有效要件为符合有效要件，发生当事人预期的法律效力；有权人在一定期间内不予追认，合同归于无效。效力待定的合同主要有：

（1）限制民事行为能力人订立的合同

限制民事行为能力人订立的合同，经法定代理人追认后，该合同有效。但纯获利益的合同或者与其年龄、智力、精神健康状况相适应而订立的合同，不必经法定代理人追认。

相对人可以催告法定代理人在1个月内予以追认。法定代理人未作表示的，视为拒绝追认，合同被追认之前，善意相对人有撤销的权利。撤销应当以通知的方式作出。

（2）无代理权人以他人名义订立的合同

行为人没有代理权、超越代理权或者代理权终止后以被代理人名义订立的合同，未经被代理人追认，对被代理人不发生效力，由行为人承担责任。但相对人有理由相信行为人有代理权的，该代理行为有效。例如，相对人见到了行为人所持的有效的某法人的介绍信，则应认定行为人与该单位之间代理关系有效。

相对人可以催告被代理人在1个月内予以追认。被代理人未作表示的，视为拒绝追认。合同被追认之前，善意相对人有撤销的权利。撤销应当以通知的方式作出。

（3）法定代理人、负责人超越权限订立的合同

法人或其他组织的法定代表人、负责人超越权限订立的合同，除相对人知道或者应当知道其超越权限的以外，该代表行为有效。

（4）无处分权人处分他人财产的合同

无处分权的人处分他人财产，经权利人追认或者无处分权的人订立合同后取得处分权的，该合同有效。

3.1.3 合同的变更、转让与终止

3.1.3.1 合同的变更

合同的变更是指在合同成立以后至未履行或未完全履行之前，依据法律规定或当事人的约定对合同内容进行的修改和补充。

合同的变更应根据法律的规定或者当事人的约定。合同的变更主要是通过当事人的协商产生；但有的时候，也可以依据法律的规定产生。例如合同法第54条规定，一方当事

人有权请求人民法院或者仲裁机构对重大误解或者显失公平的合同进行变更。

合同内容的变更可能是合同标的的变更，也可能是履行地点、履行方式的变更，还可能是合同履行期的提前或延期、违约责任的重新约定、当事人给付价款或者报酬的调整、合同担保条款以及解决争议方式的变化，等等。当事人对合同变更的内容约定不明确的，推定为未变更。

合同的变更必须遵守法定的形式。对合同的变更，法律要求采取一定方式的，须遵守该要求。

3.1.3.2 合同的转让

合同转让，是指合同当事人依法将合同的全部或者部分权利义务转让给他人的合法行为。合同的转让是合同主体的变更，而合同的内容并不发生变化。

按照转让的内容和原因的不同，合同的转让可划分为三种类型。

（1）合同权利的转让

合同权利的转让，是指不改变合同权利的内容，由债权人将权利转让给第三人的行为。债权人可以将合同权利全部转让，也可以将合同权利部分转让。

我国合同法规定债权人可以将合同权利转让给第三人，但下列三种情况除外：

①根据合同性质不得转让。当事人与任何关系订立的委托合同、雇佣合同及赠与合同等都属于合同权利不得转让的合同。

②按照当事人的约定不得转让。合同是双方当事人协商一致的结果，只要是双方当事人依法订立的、约定不得转让的，合同就受法律保护。

③依照法律规定不得转让。法律禁止的行为属于一种强制性的规定，属于必须履行的义务，如果违犯则属于违法行为，违法行为的结果会导致合同转让的无效。

债权人转让权利是法律赋予的一项权利，但债权人和债务人之间存在合同关系，债权人转让权利的行为会给债务人的履行造成一定的影响，因此在债权人享有权利时应给其增加相应的义务，同时赋予债务人新的权利，以保护债务人的利益。根据合同法的规定，债权人转让权利的，应当通知债务人；未经通知，该转让对债务人不发生效力。

（2）合同义务的转移

合同义务的移转，是指合同中的债务人将自己应履行的义务转移给第三人的行为。债务人可以将合同义务全部转移，也可以将合同义务部分转移。

债务人转移义务的主效条件是经债权人同意，未经债权人同意，债务人转移合同义务的行为对债权人不发生效力。债权人有权拒绝第三人向其履行，同时有权要求债务人继续履行义务。有的合同转移义务还应当依照法律、行政法规的规定办理批准、登记等手续，这样才能保障转移义务行为最终的法律效力。

（3）合同权利义务的全部转让

合同权利义务的全部转让，是指原合同的一方当事人经对方同意，将其合同权利和义务一并出让给合同外第三人的情形。根据合同法规定，合同权利义务的全部转让包括两种情形：

①当事人一方经对方同意，将自己在合同中的权利和义务一并转让给第三人，即依据当事人之间的约定而发生的权利义务的全部转让。

②当事人订立合同后合并的，由合并后的法人或者其他组织行使合同权利，履行合同义务；当事人订立合同后分立的，除债权人和债务人另有约定，由分立的法人或者其他组织对合同的权利和义务享有连带债权，承担连带债务。这是法律对权利义务全部转让所作的强制性规定。

3.1.3.3 合同的终止

合同的终止，是指当事人双方终止合同关系，合同确立的当事人之间的权利义务关系消灭。合同终止的后果是消灭了当事人之间既存的权利义务关系。

根据合同法的规定，合同终止有七种法定原因。

（1）债务已经按照约定履行

合同是当事人为达到其利益要求而达成的协议。合同目的的实现有赖于债务的履行。债务按照约定履行，一方面可以使合同债权得到满足，另一方面也可以使合同债务归于消灭，产生合同权利义务终止的后果。

（2）合同解除

合同解除，是指合同成立后，因当事人一方的意思表示或者双方的协议，而使基于合同发生的权利义务关系终止的行为。

合同解除限于有效合同，无效合同、可撤销合同不发生合同解除；合同解除还须具备法律规定的条件，非依法律规定，当事人不得随意解除合同。

合同的解除有两种类型：

①协议解除。协议解除是指当事人通过协商一致解除合同关系。合同法规定了两种情形：一是在合同履行或者履行过程中，当事人协商一致，可以解除合同，即事后协商解除；二是在订立合同时当事人就可以约定解除合同的条件，一旦条件成熟，有解除权一方的当事人就可以解除合同，又称事前约定解除。

②法定解除。法定解除是指合同成立后，在没有履行或者在履行过程中，当事人一方行使法定解除权而终止合同。法定解除与协议解除的主要区别在于法定解除是当事人一方行使法定解除权的结果，是一种单方的法律行为，在法定解除条件出现时，有解除权的一方可以直接行使解除权，不必经过对方的同意；而协议解除是双方的法律行为，并非一方行使解除权的后果。

合同法第94条规定了五种法定解除的条件：（a）因不可抗力致使不能实现合同目的；（b）在履行期限届满之前，当事人一方明确表示或者以自己的行为表明不履行主要债务；（c）当事人一方迟延履行主要债务，经催告在合理期限内仍未履行；（d）当事人一方迟延履行债务或者有其他违约行为致使不能实现合同目的；（e）法律规定的其他情形。如合同法第268条规定的定作人可以随时解除承揽合同，第410条规定的委托人或者受托人可以随时解除委托合同等。

（3）债务相互抵销

债务相互抵销，指当事人互负到期债务，以自己的债权充抵对方的债权，使自己的债务与对方的债务在等额内消灭。抵销有法定抵销和协议抵销两种。

法定抵销，是指合同当事人双方互负到期债务并且该债务的标的物种类、品质相同，任何一方当事人作出相当数额的债务同归消灭的意思表示。当事人主张抵销的，应当通知对方，通知到达对方时生效；并且抵销不得附加条件或者期限。

协议抵销，是当事人双方经协商一致而发生的抵销。它只是要求当事人互负债务，而不论债务是否到期，也不论标的物种类、品质是否相同。

（4）债务人将标的物提存

提存是指由于债权人的原因，债务人无法向对方交付合同标的物时，债务人将该标的物交给提存部门而消灭合同的制度。根据合同法的规定，提存的原因有四种：

①债权人无正当理由拒绝受领；

②债权人下落不明；

③债权人死亡未确定继承人，或者债权人丧失民事行为能力未确定监护人；

④法律规定的其他情形。

提存的效力为标的物提存后，毁损、灭失的风险由债权人承担；提存标的物的孳息归债权人所有；提存费用由债权人负担。

发生提存后，除债权人下落不明的以外，债务人应当及时通知债权人或者债权人的继承人、监护人。

发生提存后，债权人对提存物有领取权，即"债权人可以随时领取提存物"。但债权人领取提存物的权利，必须自提存之日起 5 年内行使，若不行使即归于消灭，提存物在扣除提存费用后归国家所有。

（5）债权人的免除

债权人的免除，是指债权人以消灭债务人的债务为目的而抛弃债权的意思表示。债权人可以免除债务人部分债务，亦可免除其全部债务，其合同的权利义务因此而部分或全部终止。

（6）债权债务的混同

债权债务的混同，就是指合同的债权人和债务人同归一人，从而使合同关系消灭。债的关系须有债权人和债务人同时存在时方能成立，当债权人和债务人合为一人时，债权债务就当然消灭。在现实生活中，由于资产重组、兼并等导致合同权利义务归于一人的法律事实经常发生，所以混同只是一种事实，并不需要当事人进行任何意思表示。

（7）法律规定或者当事人约定终止的其他情形

合同终止，虽然当事人之间的权利义务关系消灭，但当事人根据诚实信用原则，根据交易习惯仍具有通知、协助、保密等义务。

3.2 委 托 合 同

3.2.1 委托与代理的区别

委托合同签订以后，受托人根据合同为委托人办理委托事务，必然要和第三人发生联系，并且受托人往往是以委托人的名义从事活动，实际行为的后果也归属委托人。这里实质上形成了一个代理关系，因此，委托和代理之间有着密切的关系。法国民法即把受托人代理委托人处理事务视为委托合同的当然效力。德国民法典把委托作为合同的一种放在债编中，而将代理作为一项民事基本制度放在总则编中，这种立法体例为以后各国民法典所效仿，如日本民法典、苏联民法典等。

委托为受托人代为处理委托事务的合同，对于委托处理的事务范围，合同法未明确规定，学者们论述也不一致。① 第一种观点认为，事务的种类并无限制，凡个人的事务均可委托他人办理；第二种观点认为，这里的事务仅指法律行为，如买卖、出租等能够产生法律上权利义务后果的行为，其他的不能产生法律上权利义务后果的事务，如代写书信、代办登记等，不属于委托的范围。委托合同是一种很古老的合同形式，凡自己不能处理的事务请人代劳均归属于委托之列，后随着社会的发展，各种特定的合同形式从中分化出来，如保管合同、劳务合同、承揽合同等，其实都源于委托合同。委托合同作为请别人帮助自己从事一定事务的最一般的合同形式，还有其存在价值。无论法律行为抑或非法律行为，如不能由其他形式的合同来完成，则可以由委托合同涵盖。所以，我们认为，无论法律行为，还是非法律行为，均可委托他人代为办理。

代理，依照民法通则第 63 条规定，指代理人在代理权限内，以被代理人的名义实施民事法律行为，而由被代理人对代理人的行为承担民事责任。人的知识、能力都是有限的，其活动还要受到时间和空间的限制，当事人仅凭自己的行为往往不能充分享受进行自由商品交换的权利。法律规定民事主体可以借助他人的行为进行民事活动，使被代理人可以同时在不同的地点与多个相对人订立合同，同时也避免了其专业知识、能力的不足，这正是代理制度与商品经济的内在联系之所在，也是代理制度存在的价值所在。② 上述代理的立法定义和理论价值阐述已经清楚地表明，代理实际上是解决代理人在何种条件下可以以被代理人名义与第三人从事法律行为，以及引起的法律后果归属问题。

如果说委托合同强调的是委托人与受托人之间就处理一定事务而达成的协议，属于内部关系；代理则更注重受托人与第三人从事交易时是否有授权，法律后果能否归属于被代理人，属于外部关系。代理权的取得，可以说，是通过被代理人的意思表示或法律直接规定赋予代理人以被代理人名义进行民事活动的资格。基于这一资格，代理人所为的行为由被代理人直接承担后果。③ 通过以上分析，委托和代理之间的关系就很明确，委托是委托人和受托人之间就代办事务达成的协议，如果代办事务涉及第三人而又希望行为后果直接归属于委托人，那么委托人（被代理人）就授权受托人（代理人）以委托人名义从事活动，即受托人取得代理权。委托合同是内部关系，基础法律关系，用以解决委托事务的确定，受托人的报酬、责任等问题。代理权属于外部关系，派生法律关系，用以确定代理人能否以被代理人名义行事，行为后果能否归属于被代理人。

代理权的授予一般都存在内部委托关系，但代理权授予毕竟为一种独立的法律关系，其产生方式有很多种：第一，依法律规定当然发生。民法通则第 14 条，未成年人父母对未成年人的法定代理权，合同法第 47 条规定，限制行为能力人的法定代理权人的许可权，即属此类。第二，依法院或其他有权机关指定发生。如民法通则第 21 条，人民法院为失

---

① 王家福：《民法债权》，法律出版社 1991 年版，第 723 页。
② 佟柔：《民法总则》，中国人民公安大学出版社 1990 年版，第 262 页。
③ 张新宝：《代理权若干问题研讨》，载《法学研究》1987 年第 6 期。

踪人所指定的财产代管人在不损害失踪人利益的范围内有权指定代理人。第三，依本人授权行为发生，即依被代理人的单方法律行为授权而发生。一般情况下，被代理人有特定的事由才将代理权授予代理人，即具有基本法律关系，如委托合同。第四，依"外表授权"而发生。即指具有授权行为之外表或假象，而无实际授权。法律为维护交易安全、公平和善意第三人利益，认可外表授权为发生代理权的法律事实，如表见代理。第五，依某种紧急情况而发生。在某种紧急情况下，无需被代理人授权，法律直接授予当事人以代理权。例如船长、承运人、保管人在某种紧急情况下可作为货主的代理人处分其货物。

根据上面的分类，因存在委托这一内部关系而产生的被代理人对代理人的授权，属于基于被代理人意思而授予代理权。但根据被代理人意思而授予代理权的内部关系，并非仅有委托一种，如被代理人和代理人之间存在雇佣、合伙、承揽等其他基本关系，代理人同样可以获得代理授权。雇佣、合伙、承揽等关系中同样有代理人以被代理人名义从事活动，并将后果归属于被代理人的必要。

前面我们说明了，委托是受托人帮助委托人处理事务的合同，并且可能因与第三人为交易而产生授予代理权的必要，那么，是否每个委托关系都必然附随产生代理权授予？答案是否定的。

委托事务，如前所述，范围非常广泛，包括法律行为以及非法律行为，而根据我国民法通则的规定，代理仅指代理人以被代理人名义实施民事法律行为的行为。显然，对于受托人经委托所从事的非民事法律行为不会产生代理权的授予，如代写书信、代办签证等。基于委托关系可能产生代理权授予的只能是一些产生法律上权利义务后果的事务，如签订合同。

这里有一点需要注意的是，代理人所为代理行为的性质，我国民法通则界定为"民事法律行为"，但德国民法典第144条，我国台湾地区"民法典"第75条，均定义为"意思表示"。众所周知，意思表示虽是民事法律行为的内在本质，但与"民事法律行为"毕竟是两个不同概念。意思表示是表意人内在意思的外化表现，并不一定构成民事法律行为，产生权利义务后果。如合同，即需双方意思表示一致方构成一种民事法律行为，产生合同法上权利义务关系。当事人有意思表示还需加上特定形式才能构成民事法律行为，产生法律上权利义务。代理人代理被代理人事务，只进行一定意思表示或接受一定意思表示，如发出要约、接受承诺、提出条件等，并不一定构成民事法律行为，产生权利义务后果。在实际中，一般均把上面情形作为代理权的行使表现，但立法上又把代理权限定在所谓民事法律行为上，造成了混乱。

综上所述，代理权的授予与委托关系实属两种不同的法律关系，且各有适用领域，并非一一对应。委托关系成立需委托人和受托人之间的合同关系，代理权的授予则仅需被代理人的单方授权行为，两者并列，并不必然互为因果。如某甲受某厂委托，购买一批货物，虽签订委托合同，并规定质量、价格、佣金等内容，但某厂并未给甲出具授权委托书或介绍信。则甲如以某厂名义订立合同即为无权代理，只有在某厂出具授权委托书之后，甲才能以某厂名义订立合同，而将后果直接归属某厂。

委托和代理虽分属内部关系、外部关系或基础关系、派生关系，但它们在法律效力上是否有关联，则不无疑问，即作为授权原因行为的委托法律关系不成立、无效或撤销时，其授权行为效力是否受影响？如委托合同无效，或为委托人解除，授权行为当然无效抑或尚需另外一个撤销授权的行为？如采前者即为授权行为无因说，采后者即为授权行为有因说。

我国台湾地区"民法典"第107条第1项规定："代理权之消灭，依其所由授予之法律关系定之。"学说上认为系采有因说。① 我国民法通则第69条规定："有下列情形之一的，委托代理终止……被代理人取消委托或者代理人辞去委托。"委托关系取消，代理即终止，我国立法似采有因说，如委托关系不成立、无效、撤销，代理权即行终止。在实践过程中，如某人被取消了委托关系，而仍利用手中的授权证书以原被代理人名义进行活动，法院应审查是否有可构成表见代理的客观情形，否则，应认定为无权代理。这也是出于对被代理人利益的保护和简化法律关系的考虑。

委托人必须对委托事务具有权利能力，否则委托事务的后果无法归属于委托人，委托无效。如某人委托他人购买军火，其本身并不具备拥有军火的权利能力，则此委托合同当然无效。但受托人不一定要对委托事务具有权利能力，如某人受国家之托购买军火，则完全合法有效。

委托人不一定需具备行为能力，道理是显而易见的，如委托人能够自己办理事务，自然不需要求助他人，但委托合同的签订还是需要法定代理人的认可。至于受托人是否要有行为能力则观点不一。德国民法典第165条规定："由代理人所为的意思表示或向代理人所为的意思表示，不因代理人为限制行为能力人而影响其效力。"台湾地区"民法典"第104条与德国法相同。日本民法典第102条则更加明确地规定："代理人无须为有能力人。"处理非法律行为事务，不以受托人的行为能力为必要，是完全可以理解的，在某些情况下，限制行为能力人甚至无民事行为能力人有特殊技能，可以完成特定事务。但在为一定意思表示或受一定意思表示而赋予代理权时，也不强调代理人的行为能力就令人不解了。

胡长清先生解释说："不知法律对于限制行为能力人自为或自受意思表示，不予以完全之效力者，乃在保护限制行为能力人本身之利益，若夫限制行为能力人代本人为或受意思表示，则系直接对于本人发生效力，换言之，即其所为或所受之意思表示，仅是以拘束本人，而不足以拘束为或受此意思表示之代理人，故代理人所为或所受意思表示之效力，自不因其为限制行为能力人而受影响焉。"② 代理的后果归属于被代理人，强调代理人的行为能力并因代理人为限制行为能力人而使代理无效，实际上即限制了被代理人的行为能力范围，从逻辑上讲，这是可以说得通的。但我们需要注意到，行为能力实质上是行为人智力水平、社会认识达到一定程度的法律承认。只有达到一定行为能力才可能正确认识事物、评价后果，否则，根本不可能在社会立足，维护自己的合法权益，更不用说以自己的能力去帮别人处理事务，实现利益。所以，我们认为，要充当代理人还是要以完全民事行为能力为必要，否则，代理人无法担当起处理委托事务的重任，为一定意思表示或接受一定意思表示。所以，委托合同中委托人可以是无民事行为能力人或限制民事行为能力人，

① 胡长清：《中国民法总论》，中国政法大学出版社1997年版，第306页。
② 胡长清：《中国民法总论》，中国政法大学出版社1997年版，第307页。

只要订立合同时取得法定代理人的许可即可，但如果委托事务中涉及代理问题，则受托人必须是完全民事行为能力人，否则，委托合同无效。

【案例 3.1】1997 年 3 月 21 日，刘轶渡（一审原告，二审上诉人）与某商业储运公司（一审被告，二审被上诉人）达成口头协议，由原告委托被告代理将 8 吨菠萝自昆明运往重庆的铁路运输手续，费用为 1700 元。双方对发货时间和提货时间未约定。原告按约定于当天下午及次日上午交付 1700 元费用，同时将 8 吨菠萝交付被告。被告随后为其办理了货运手续。1997 年 3 月 28 日，该批货自昆明发往重庆。货运单上托运人为商业储运公司，收货人为原告，货物名称为菠萝汁。同年 4 月 2 日，原告在重庆东站提货，8 吨菠萝全部霉烂变质，为此还花去垃圾清理费 500 元。后原告起诉，要求商业储运公司承担责任。另查明：原告购买菠萝费用为 18400 元，运至昆明运费为 2600 元，重庆提货费为 620 元，在重庆期间住宿费为 1200 元。

解析

本案系委托人因受托人未妥当履行受托事务致委托人受损而要求赔偿案。从案情看，双方对委托代办货运手续这一口头协议无异议，且双方已实际履行，根据合同法第 36 条规定，双方的口头协议有效。对本案处理结果有实质影响的是对本案法律关系性质的认定。

原告与商业储运公司之间是委托合同还是仅仅存在代理关系？我们认为，从原告主张商业储运公司赔偿的关系上说，应当首先确认商业储运公司的行为性质是作为受托人处理委托事务的行为。因为委托合同是安排委托人与受托人之间内部关系的协议，而委托代理所要解决的问题是关于受托人与第三人签订的合同的效力归属问题，属于外部关系，尽管第三人的存在能解释一些问题，但毕竟第三人与委托人或受托人之间的关系不是本案争议的焦点，可以忽略不计。更何况，本案也不属于间接代理的情况，因为，在隐名代理的场合，第三人须知晓代理关系的存在；在不公开本人身份的场合，须有本人的介入或第三人行使选择权，而本案不具备这些构成要件。从本案的案情介绍来看，双方之间显然建立了委托合同关系；委托事项为代办货运；委托人的义务是交纳代办费用，交付运输货物；受托人的义务是接收货物并妥善办理铁路运输手续，安全、妥当地发运货物。本案受托人未妥当履行该义务，作为专业代办货运的法人，明知按铁路规定不能采用集装箱方式运输，却采用了这种方式，而在办理铁路运输手续时隐报品名，将菠萝写成菠萝汁，致使菠萝霉变。受托人未妥善履行受托义务，此为其应承担民事责任的主要原因所在。因此，商业储运公司接受原告的委托，以自己的名义为原告办理铁路运输，并收取了相关代办费，双方形成委托运输关系。商业储运公司未能妥当履行受托义务，导致所运货物发生毁损，应承担相应的民事责任。

3.2.2 委托代理在大陆法系和英美法系中的区别以及我国立法的种类

委托合同订立以后，受托人获得委托人授权进行代理活动，代理人行为时可能有三种情况：①以被代理人名义从事活动，并明确指出被代理人的身份；②以自己名义从事活动，但代理人表明或通过一定方式表明是为被代理人利益进行活动；③以自己名义从事活动，既不披露被代理人身份，也不明示或暗示是为被代理人利益进行活动，外人也无法知晓代理人是为被代理人利益从事活动这一事实。大陆法系与英美法系，由于历史传统、文化背景、理论渊源等方面的不同，导致在对代理种类划分、后果认定方面存在着一系列差异。

大陆法系一般将委托代理分为两种情况，即直接代理和间接代理。

（1）直接代理

所谓直接代理是指代理人为了被代理人的利益，并以被代理人的名义与第三人从事活动，其法律后果直接归属于被代理人。这里显然包括了委托代理中可能出现的第一种情形，那么，对于第二种情形，即通过一定方式可以表明被代理人的存在时，能否也算作直接代理？根据大陆法系的立法与学说，应当说是可以的。德国民法典第 164 条第 1 款："……意思表示系明示以被代理人名义而为，还是根据情况可以断定系以被代理人的名义而为，并无区别。"荷兰民法典第 367 条也规定："代理人可以为隐名本人行事，但代理人应当在法律规定、合同约定或者习惯确定的期限内，或者合理的期限内（缺乏法律规定、合同约定或者习惯时），披露本人的身份。"①

这种情况下，不仅代理人明确公开被代理人的身份，即便通过一定方式表明或暗示存在着被代理人的，也视为直接代理，由被代理人完全承担代理行为后果。如我国一些进出口公司在代理被代理人与外商进行贸易时，代理人一般写上"代表本人"，让对方知道他的代理人身份，但并不具体公开本人是谁。

（2）间接代理

所谓间接代理是指代理人为了被代理人的利益，以自己的名义与第三人从事活动，第三人完全不知道背后存在着代理关系，其代理后果间接地归属于被代理人。如某甲受某乙委托购买某物，在与商场的买卖关系中，甲始终以自己名义从事活动，商场无法得知其内部的委托关系，这种情形是否可归于代理？大陆法系对此予以否认，德国法律不承认间接代理属于代理的一种，台湾地区民法典也持相同的观点。②

虽然大陆法系不包括间接代理情形，但德国商法典、台湾地区"民法典"明确、单独规定了行纪制度。德国商法典第 383 条把行纪人定义为："以自己的名义为委托人购买或销售货物、有价证券，并以其作为职业性经营的人。"现实生活中的信托商店、寄卖（买）店以及我国外贸代理制度均属于行纪的范畴。行纪的法律后果归属一般通过受托人和委托人之间的一项转移有关法律后果的合同加以确定。这样，行纪实际上包括了三层关系：①委托人和行纪商之间的委托关系；②行纪商和第三人之间的买卖关系；③行纪商和委托人转移行为后果的合同。③

---

① 徐海燕：《间接代理制度比较研究》，载《外国法译评》1998 年第 4 期。

② 胡长清：《中国民法总论》，中国政法大学出版社 1997 年版，第 301 页。

③ ［德］罗伯特·霍恩：《德国民法导论》，楚建译，中国大百科全书出版社 1996 年版，第 256 页。

　　不公开被代理人身份的代理情形，在现实生活中，最常见的表现形式是行纪，但也不排除非行纪人隐去代理人身份而直接以自己名义与第三人从事活动的情况出现。此时，在大陆法系，既不能归属于民法典的代理，也不能归属于商法典的行纪，于法无明文规定，不能不说是一个缺陷。此时只能认定代理人为合同当事人，由其承担全部法律后果，再通过代理人和被代理人之间内部关系加以解决，徒增了社会关系的复杂性，对被代理人利益保护也不充分。

　　英美法系在代理理论上和大陆法系存在着不同，以代理人的责任承担方式或者被代理人身份的公开状况为标准，一般将代理分为三类。

　　（1）显名代理或公开本人姓名的代理

　　表明是为被代理人利益，明确以被代理人名义从事代理活动，既公开自己的代理人身份，也公开被代理人的身份。这种情况下，代理的后果当然完全归属于被代理人。

　　（2）隐名代理或不公开本人姓名的代理

　　指代理人表明有被代理人存在，但不指明被代理人是谁，身份如何。第三人只知道代理人是替某人处理事务，但究竟为谁不清楚。代理人在代理活动中只表明自己是代理人。但"按照英国的判例法，代理人在同第三人缔约时，如仅在信封抬头或在签名后加列'经纪人'（broker）或'经理人'（manager）字样，是不足以排除其个人责任的，而必须以清楚的方式表明他是代理人，如写明'买方代理人'（as agent for buyer）或'委方代理人'（as agent for seller）等。至于他所代理的买方或卖方的姓名或公司的名称则可不在合同中载明"。[①]

　　对于隐名代理的法律后果归属问题，英国和美国并不一致。英国法律认为，在这种隐名代理情形下，代理人与第三人所订合同仍是被代理人与第三人之间的合同，应由被代理人负责，而代理人对该合同不承担个人责任，一般来讲，隐名被代理人有权取得合同的权利义务关系。但也有一些判例和代理法专家主张由代理人对代理活动承担法律后果，或至少由代理人和隐名被代理人共同承担责任。《美国代理法》（第2版）第321节却提出这样一个规则："除非代理人与第三人另有约定，代理人对其所订立合同承担个人责任，即使是在披露了被代理人身份之后也是如此。"这种观点的理论基础在于：第三人其实是一直在与显露的代理人从事交易，如允许隐藏的被代理人直接承受合同后果，对于第三人来说，缺少信任的基础和选择的自由，所以，应允许第三人要求代理人作为合同当事人。

　　在英美法系中，显名代理、隐名代理与大陆法系中直接代理内容是相当的，但法律后果却存在差异。隐名代理的法律后果，在英美法系中，除另有约定外，归属于代理人；而在大陆法系，类似情况依直接代理规则归属于被代理人。

　　（3）不公开本人身份的代理

　　指不以被代理人名义从事活动，也不表明存在被代理人，而完全以自己名义与第三人进行交易，代理人事实上尽管已经得到授权，但并不披露这一点，第三人从外表判断其能认为代理人是为自己利益进行活动。在这种情况下，原则上代理后果应当由代理人承担，再通过代理人和被代理人之间的内部关系，移转给被代理人，但也不排除在一定情况下被

　　————————————

　　① 徐海燕：《间接代理制度比较研究》，载《外国法译评》1998年第4期。

代理人可以直接介入代理关系或者第三人直接要求被代理人承担责任。

通过上面的分析可以看出，大陆法系、英美法系之间就代理的内涵和外延是有巨大差异的。我国民法通则第63条第2款规定："代理人在代理权限内，以被代理人名义实施民事法律行为。"将代理人行为限定在必须"以被代理人名义"，即完全公开被代理人身份，故学者认为，我国只承认直接代理，而不承认间接代理。① 实际上，如强调必须以"被代理人名义"才能算作代理，则代理人仅指出存在被代理人而为的行为仍不能认定为代理，民法通则的代理概念与大陆法系传统概念相比，实际上更为狭窄。

随着社会生活的发展，民法通则中的代理规定显然不能应付社会之需。现实生活中，有些代理活动并不以被代理人的名义进行。如外贸代理中，外贸公司并不以被代理人的名义进行对外贸易活动；代理别人参加拍卖中的竞买，被代理人往往不愿显名；证券交易中的经纪人并非为自己购买证券；人们在商店替别人买东西，也不以被代理人的名义。为适应社会现实，因此，法律规定代理人不一定必须以被代理人的名义进行交易活动。为规范外贸活动，我国对外经济贸易部（现已并入商务部）1991年9月20日发布了《关于对外贸易代理制的暂行规定》，其中第1条规定："如代理人以被代理人名义对外签订合同，双方权利义务适用民法通则有关规定；如果代理人以自己名义对外签订合同，双方权利义务适用本暂行规定（即代理人对外商承担合同义务享有合同权利）。"该规定既承认以被代理人名义所为的代理，也承认了以自己名义所为的代理的合法性，使我国立法体系突破了民法通则关于代理的限制。

合同法第396条只规定"由受托人处理委托人事务"，未强调必须以委托人的名义。第402条、403条更直接指明受托人可以自己名义从事代理活动。第402条规定"订立合同时，第三人知道存在代理关系的"，第403条则规定"订立合同时，第三人还未知道存在代理关系的"。从上面条文规定的情形看，我国合同法大大突破了民法通则的体系，也一反大陆法系的传统，不但规定显名代理、隐名代理，还规定了不公开本人身份代理，大胆借鉴了英美法系的代理概念体系。显名代理时，代理后果直接归属于被代理人。隐名代理时，根据第402条规定，"该合同直接约束委托人和第三人，但有确切证据证明该合同只约束受托人和第三人的除外"，即原则上被代理人和第三人作为合同当事人，代理人退出合同关系，但如果存在约定或合同性质决定只能约束代理人与第三人的除外。不公开本人身份代理原则上由受托人承担合同责任，但在一定情况下被代理人可以介入合同，或者第三人可以选择由被代理人承担责任。

大陆法系代理概念中不包括行纪，所以，各国一般都对行纪单独立法，而英美法系承认不公开本人身份代理，故没有单设行纪制度。我国合同法第22章设专章规定了行纪制度，这样使我国代理制度在大陆法系传统上借鉴英美法理论，又有所创新。在大陆法系，行纪是作为一类特殊商务制度加以规定的，如德国、日本均在其商法典中作了规定。行纪商是专以自己名义为他人，即委托人，买卖动产或证券，并据此收取佣金的独立商人。② 作为一项特殊商务制度，其当然存在着许多特别规定，所以，我国合同法将它独设专章

① 梁慧星：《民法总论》，法律出版社1996年版，第220页。

② ［德］罗伯特·霍恩：《德国民法导论》，楚建译，中国大百科全书出版社1996年版，第22页。

规定也是可以理解的。考虑到行纪合同和委托合同的关系，在适用法律时，应将行纪合同作为委托合同的一种特殊情形。根据合同法第 414 条，行纪是特指行纪人，如信托商店、寄卖商店、外贸公司等，以自己名义为委托人专门从事贸易活动，而非其他一般事务所形成的委托关系。其法律规定应依"特殊条款优先于一般条款"规则加以适用，即优先适用行纪合同的规定，只有在行纪合同未规定的情况下，依合同法第 423 条，"本章没有规定的，适用委托合同的有关规定"。对于其他的第三人不知情而代理人以自己名义所从事的非贸易代理活动应适用委托合同的有关规定。

【案例 3.2】 甲建筑公司为承建某项建设工程，委托乙物资公司购买 2000 吨钢材，乙物资公司以自己的名义与丙钢铁公司签订了一份买卖合同，合同中注明乙公司为甲建筑公司购买，由丙钢铁公司直接向甲建筑公司发货，货到后 10 日内付清全部货款。此后，丙钢铁公司按照约定的时间向甲发出了合同中约定型号、规格的钢材2000 吨，同时告知甲支付货款。由于此时钢材价格回落，甲建筑公司以该合同非其签订为由拒绝收货，并告知丙应向乙索要货款。丙钢铁公司要求乙履行合同，乙公司则以该合同应由甲履行为由加以拒绝。由于协商未果，丙钢铁公司诉诸法院，要求甲履行合同，接收钢材，并支付货款。

解析

本案涉及受托人以自己的名义与第三人订立的合同的效力。我们认为，甲公司应当履行乙公司与丙公司订立的合同，接收丙公司发来的钢材，并支付价款。

受托人为委托人办理的委托事务，可以是法律行为也可以是事实行为。在委托事务为法律行为时，受托人一般是以委托人的名义与第三人订立合同的，但受托人也可以自己的名义与第三人订立合同。受托人以委托人的名义与第三人订立合同的，发生直接代理，委托人为该合同的当事人，直接享受合同权利和承担合同义务。而在受托人以自己的名义与第三人订立合同时，则属于间接代理，对此种情况下的合同是否约束委托人有不同的规定。合同法第 402 条规定，受托人以自己的名义，在委托人的授权范围内与第三人订立的合同，第三人在订立合同时知道受托人与委托人之间的代理关系的，该合同直接约束委托人和第三人，但有确切证据证明该合同只约束受托人和第三人的除外。根据这一规定，受托人以自己的名义在授权范围内与第三人订立合同的，第三人在订立合同时知道受托人与委托人之间的代理关系，委托人就自动介入该合同，委托人直接享有合同权利并承担合同义务，但是如果有确切证据证明该合同只约束受托人与第三人的，则该合同对委托人没有约束力，委托人不能直接享有合同权利，也不承担合同义务。

在本案中，乙公司以自己的名义代理甲公司与丙公司订立合同，但在订立合同时丙公司就知道甲公司与乙公司之间的代理关系，乙公司订立合同未超越代理权限，也没有确切证据证明该合同仅约束乙公司与丙公司。因此，该合同在甲公司与丙公司之间直接发生效力，甲公司有权也应当接收丙公司发出的钢材，并应向丙公司直接支付货款。

3.2.3 不公开本人身份代理中的介入权、选择权和抗辩权

不公开本人身份代理中，代理人以自己名义从事活动，第三人无法知晓存在于幕后的被代理人而与代理人进行交易，随之产生的后果自然由代理人承担。但代理人的行为毕竟是受被代理人的委托而作出，最终也是为了满足被代理人需要，所以，完全将被代理人抛在合同关系之外，对被代理人或第三人利益的保护是不完备的，也不利于简化社会关系，及时、迅速了结交易。所以，英美法系在由代理人承担合同责任的原则下，也设立了一系列的例外事由，允许被代理人直接介入合同或者允许第三人直接要求被代理人承担责任。我国合同法在借鉴英美法系代理概念的同时，也规定了这些例外情形。具体来讲，主要有三种例外，即被代理人的介入权、第三人的选择权、被代理人或第三人的抗辩权。

3.2.3.1 被代理人的介入权

英美法系认为，只要代理人在未被披露的被代理人授权范围内缔结合同，又确有证据证明存在着未公开身份的被代理人，则被代理人可以行使介入权、行使合同权利、承担合同责任。被代理人原则上在任何情况下均可以行使介入权，一旦行使介入权，其法律地位和显名代理及隐名代理中被代理人相同。但存在着两种例外，被代理人不能行使介入权。

（1）未被披露的被代理人行使介入权与合同中的明示或默示条款相抵触的

合同中如果已经明确地排除了被代理人的介入权，则被代理人不得行使此项权利。英国法院在 1887 年"英国互保协会诉耐维尔"一案中确立了这一原则。在某些情况下，合同的某些条款暗示代理人是合同中的真正当事人，幕后不存在被代理人，被代理人此时同样不能行使介入权。最早在 1848 年"胡贝尔诉亨特"一案中，代理人自称为货船所有人，并以交易中唯一当事人的身份与船主订立了一份租船合同，后来，法院以代理人已经暗示不存在被代理人，自己是唯一合法当事人为由否定了被代理人的介入权。当代理人以"物主"或"所有权人"的身份缔结合同时，可以默示推定幕后不存在被代理人，而排除被代理人的介入权。相反，如果代理人未以"财产所有人"身份订立合同，就不会排斥被代理人的介入权。如 1919 年"德拉格伯恩公司诉莱德烈克泛大西洋公司"一案中，代理人自称为"船舶承租人"，法院认定并不影响未公开身份的被代理人行使介入权，不能成立默示推定其为真正的当事人。

（2）第三人是基于信赖代理人的人身因素而与其缔约的

当事人有订立合同的自由，有挑选缔约对象的权利。虽然市场经济以获得财产利益为主要目的，但人精神上的好恶同样重要，当事人完全可能以缔约对象为标准而决定合同订立与否。在某些情况下，对象的不同也决定了合同履行可能性的大小。如果一概允许被代理人直接介入，行使合同权利，实际上是置第三人于不顾，剥夺了他选择合同当事人的自由。所以，当代理人的身份构成第三人订立合同的基础时，应当限制被代理人的介入权。具体来说有两种情况：

①积极意义上的限制。若代理人的人身因素是第三人与代理人订立合同的唯一基础，第三人只想与代理人订立合同，而不愿和其他任何人订立合同，则被代理人不得行使介入权。在"格雷尔诉当斯供应公司"一案中，第三人与代理人订立购买木材合同的目的，就是为了抵销对于代理人的债权，所以法官否认了被代理人的介入权。

②消极意义上的限制。如果第三人对于身份不公开的被代理人十分反感，知道是被代理人在幕后委托的话便不会订立合同，那么，这时被代理人同样不能行使介入权。但一般情况下，要以代理人存在欺诈，故意欺骗第三人，隐瞒被代理人时方能成立。在"阿克贝诉斯顿"一案中，代理人在第三人询问是否存在某被代理人时，明确加以否认，法院认定成立阻止被代理人的介入权。而在"戴斯特诉冉代尔"一案中，代理人在第三人未询问的情况下，也未明确表示是某人的代理人，后法官判决，虽存在第三人讨厌被代理人事实，但因代理人未进行欺诈性的陈述，故认定不能成立阻止被代理人介入权。

我国合同法第403条第1款也对本人介入权加以规定：受托人以自己名义与第三人订立合同时，第三人不知道受托人与委托人之间的代理关系的，受托人因第三人的原因对委托人不履行义务，受托人应当向委托人披露第三人，委托人因此可以行使受托人对第三人的权利，但第三人与受托人订立合同时如果知道该委托人就不会订立合同的除外。和英美法系传统理论相比，合同法要求在代理人因第三人原因对被代理人不能履行义务时，应当向被代理人披露第三人，被代理人因此也才有权要求介入合同关系。这和传统理论规定被代理人任何时候都可以要求介入有一定区别。但考虑到实践意义，两者并无大的区别，在第三人履行义务的情况下，被代理人是否介入意义也不大。在被代理人介入权除外事由上，合同法只规定"第三人与受托人订立合同时如果知道该委托人就不会订立合同的除外"，表明对于基于人身信任关系而订立的合同，不论是积极的限制，还是消极的限制，均可成立排除被代理人介入权，并且也不要求以代理人的欺诈性陈述为构成要件，只要存在这一客观事实即可。合同法未规定合同明示或暗示排除被代理人介入权的情形。在实际操作中，如何弥补这一不足？我们认为，对于合同明示排斥被代理人介入权的约定，按照合同自由原则，当事人的约定在不妨碍公序良俗、诚实信用的基础上为有效成立，具有法律约束力，当事人的约定，法律应予承认。对于默示的排除条款，可以对"第三人与受托人订立合同时如果知道该委托人就不会订立合同"这一规定加以扩张解释，第三人之所以订立合同就是因为代理人表明其是所有人，真正的合同当事人，否则，第三人知道实情就不会订立合同，所以，在代理人表明自己是财产所有人时，同样应排除被代理人的介入权。

3.2.3.2 第三人的选择权

英美法系认为，被代理人享有介入权，与之对应，第三人在得知被代理人身份以后可以享有选择权，既可以要求代理人承担责任，也可以要求被代理人承担责任，但在选定之后，不得变更。第三人行使选择权的结果，只能要求代理人或被代理人承担责任，而不能要求他们承担连带责任，并且决定以后就不能更改。其理论基础在于：第三人仅仅是和一个当事人进行交易，基于公平的考虑，只能要求代理人或者被代理人承担责任，不能要求他们同时承担责任。并且第三人的选择是自由的，不能以自己抉择错误而使利益没有实现为理由再一次进行选择，如果选择的对象不能履行合同，只能算作正常的商业风险，由决策人自己承担，不能再转嫁。

合同法也规定了第三人的选择权，第403条第2款规定，受托人因委托人的原因对第三人不履行义务，受托人应当向第三人披露委托人，第三人因此可以选择受托人或委托人作为相对人主张其权利，但第三人不得变更选定的相对人。合同法对于第三人的选择权也加以了限制，只能在"受托人因委托人的原因对第三人不履行义务时，受托人应当向第三人披露委托人"，第三人也才有权选择。和传统理论中第三人任何时候都可以选择相比较，有一定限制，但实践意义上区别不大。同样，在第三人选定了权利请求对象以后，也不得再予以变更。

3.2.3.3 第三人和被代理人的抗辩权

合同法第 403 条第 3 款规定，委托人行使受托人对第三人的权利时，第三人可以向委托人主张其对受托人的抗辩。第三人选定委托人作为其相对人的，委托人可以向第三人主张其对受托人的抗辩以及受托人对第三人的抗辩。此条规定和英美法系传统理论是一致的。具体而言，所谓抗辩是指可以对抗对方请求的正当理由，可能是一种客观事实，亦可能是一种权利。前者如合同不成立、合同未生效、诉讼时效经过等，由于存在这些事实，请求人无权要求对方履行义务，在请求人提出要求时，对方当事人自可提出这些事实予以抗辩。后者如不安抗辩权、同时履行抗辩权、先诉抗辩权等，请求人虽存在合法的请求履行的权利，但对方当事人可以这些抗辩权为抵销，拒绝履行自己的义务而不失合法性。合同法第 403 条第 3 款用词是"抗辩"，显然包括了事实抗辩和权利抗辩两种。凡一切第三人向受托人行使的拒绝履行请求的抗辩理由都可以用来对抗委托人。凡一切委托人对受托人可以行使的抗辩理由，和受托人对第三人的抗辩理由，委托人均可以用来对抗第三人请求。英美法系规定这种抗辩的理由在于：他们认为代理活动中委托人、受托人、第三人之间只存在一个合同关系，即受托人或委托人与第三人的合同关系，受托人和委托人之间不存在大陆法系所谓的内部关系。受托人的代理权来源于委托人的单方授予。代理人的行为等同于被代理人的行为，也就是说"通过他人去做的行为视同自己亲自做的一样"。[①] 这样，原来由受托人和第三人订立的合同，现在合同主体虽换成了委托人，但合同仍然是原来的合同，权利义务关系的内容、性质并未改变。所以，原来第三人对于受托人的抗辩现在可以直接对抗委托人，原来委托人对于受托人的抗辩和受托人对第三人的抗辩现在可以统统由委托人用来对抗第三人。

有一点需要补充的是，在英美法系传统中，第三人除了可以行使抗辩权以外，还可以向代理人主张抵销权，即便被代理人已经介入合同关系，成为新的当事人，但如果第三人在知道被代理人存在之前就取得了对代理人的抵销权，那么，他仍当然地有权抵销被代理人的货款支付请求权。"拉伯恩诉威廉·姆斯"一案就说明了这一情况。这一制度的原理同样来源于英美法系代理性质的"等同论"，既然是同一个合同关系，第三人对于代理人的抵销权不因被代理人的介入而消灭。这时被代理人的地位类似于代理人的权利受让人地位，被代理人的权利被第三人抵销以后可取得对代理人的追偿权。

【案例 3.3】 委托人甲家用电器公司（以下简称被告）委托乙贸易代理公司（以下简称受托人）与丙贸易公司（以下简称原告）订立电器销售合同。双方当事人在委托合同中约定："受托人在与第三人订立家用电器销售合同时，应当以受托人名义签订；在发生受托人与第三人之间的纠纷时，在任何情况下，应当先由受托人向第三

---

① ［英］施米托夫：《国际贸易法文选》，赵秀文译，中国大百科全书出版社 1993 年版，第 131 页。

人承担责任，然后再根据委托人应当承担的责任，由委托人向受托人承担责任。"在合同签订后，受托人便按照委托合同的约定，以自己的名义与原告订立了电器销售合同。但是，由于委托人没有向受托人交货，因而受托人不能依照买卖合同向原告交货。原告遂以受托人不履行合同为由，要求受托人履行合同并赔偿损失。受托人指出，自己是为被告作外贸代理，由于委托人未依约向其交货，因而亦无法向其交货。原告遂要求被告履行合同并赔偿损失，并诉诸法院。但被告拒绝赔偿，其所持的主要理由是：第一，受托人以其自己的名义与第三人签订货物销售合同，并且在订立合同时，原告并不知道被告与受托人之间的代理关系，因而该合同只能约束受托人与原告，被告与原告之间没有直接的权利和义务关系，原告不能直接要求被告履行合同和赔偿损失。第二，在被告与受托人之间的委托合同中也明确规定，在发生受托人与第三人之间的纠纷时，应由受托人先行承担责任，因此，被告有权拒绝原告的诉讼请求。

解析

在本案中，原告享有选择权，有权选择作为委托人的被告为相对人，向其主张权利。在本案中，被告认为，受托人以自己的名义与原告订立货物销售合同，并且在订立合同时，原告并不知道被告与受托人之间的代理关系，因而该合同只能约束受托人与原告，被告与原告之间没有直接的权利义务关系，原告不能直接要求被告履行合同。被告的这一主张虽然具有一定合理性，但是不能以此否定原告的选择权。我国合同法第402条规定，受托人以自己的名义，在委托人的授权范围内与第三人订立的合同，第三人在订立合同时知道受托人与委托人之间的代理关系的，该合同直接约束委托人和第三人。由于本案的原告在订立合同时并不知道被告与受托人之间的代理关系，所以，合同不能直接约束原告与被告。但是，也正是由于原告在订立合同时不知道被告与受托人之间的代理关系，原告才依据合同法第403条第2款的规定，享有选择受托人或者被告作为相对人的权利。在本案中，受托人与原告订立买卖合同，是为委托人处理事务，为被告销售家电。受托人没有向原告履行合同约定的交货义务，其原因是被告没有依约向受托人交付货物。根据合同法第403条第2款的规定，受托人因委托人的原因对第三人不履行义务，受托人应当向第三人披露委托人，第三人因此可以选择受托人或者委托人作为相对人主张其权利。因此，本案的原告有权作为委托人的被告为相对人，向其主张权利，要求其履行交货义务。

在本案中，被告提出的第二个理由是，被告与委托人之间的委托合同中也明确规定，在发生受托人与第三人之间的纠纷时，应由受托人先行承担责任。我们认为，被告的这种理由不能对抗原告，不能成为委托人的抗辩事由。根据合同法第403条的规定，第三人选择委托人作为相对人的，委托人享有两种抗辩权，即委托人对受托人的抗辩权和受托人对第三人的抗辩权。委托人对受托人的抗辩权是基于委托合同产生的，而受托人对第三人的抗辩权是基于受托人与第三人订立的合同而产生的。无论是哪种抗辩权，其抗辩事由均应限制在是否违约以及是否存在免责事由上。至于本案中被告与受托人关于责任承担的约定，并不属于委托人对受托人的抗辩问题，因此，被告不能以之对抗原告。同时，这种约定也仅是被告与受托人之间的内部约定，对第三人并不能发生效力。

3.2.4　受托人的义务

3.2.4.1　受托人按照委托人的指示处理委托事务的义务

受托人处理委托事务既是受托人的一项义务，也是他享有的一项权利。受托人在处理委托事务时，如果委托人有指示，则受托人应依据委托人的指示而实施行为，处理委托事务。委托人的指示可以在订立合同时作出，也可在合同代理后作出。委托人的指示依据其性质可分为三种类型：一是命令性指示，对于这些指示，受托人不得变更；二是指导性指示，对于这些指示，受托人可以酌情予以裁量；三是任意性指示，对于这种指示，受托人享有独立裁量的权利，对委托事务的处理可因势而定。①

受托人办理委托事务不能违背委托人的指示，不能超出委托人委托的权限范围；受托人非有紧急情形，不得任意变更委托人的指示。在需要变更委托人的指示时，应当经过委托人同意。我国合同法第399条规定，受托人应当按照委托人的指示处理委托事务。需要变更委托人指示的，应当经委托人同意；因情况紧急，难以和委托人取得联系的，受托人应当妥善处理委托事务，但事后应当将该情况及时报告委托人。

在紧急情况下，受托人可以变更委托人指示的范围如何，在理论上存在不同的看法。一种意见认为，只有在委托人的指示为指导性指示时，才能允许委托人变更；② 而对于命令性指示，则不允许受托人变更。另一种观点则认为，无论委托人的指示是指导性的还是命令性的，都应当允许受托人变更。③ 从我国合同法的规定来看，法律并没有区别委托人的指示，也没有指出何种指示不允许受托人变更。因此，可以认为，无论委托人的指示属于何种指示，因情况紧急，无法征得委托人同意，受托人都可以变更委托人的指示，以妥善处理委托事务，但事后应将情况及时通知委托人。

受托人在办理委托事务时，应尽必要的注意义务。如果受托人怠于注意即为有过失，由此给委托人造成损失的，受托人应承担损害赔偿责任。世界各国或者各地区民法对受托人处理委托事务的注意程度存在不同的要求。法国、意大利民法根据委托合同是否为有偿而确定受托人的注意程度。如根据法国民法典第1992条、意大利民法典第1710条的规定，当委托合同为无偿合同的，则受托人在处理委托事务时应尽处理与自己事务相同的注意；当委托合同为有偿合同的，则受托人在处理委托事务时应尽善良管理人的注意。而日本民法则不区分委托合同是否有偿，均要求受托人在处理委托事务时应尽善良管理人的注意。我国合同法是根据委托合同的有偿与否而决定受托人的注意义务并决定其过错性质。我国合同法第406条规定："有偿的委托合同，因受托人的过错给委托人造成损失的，委托人可以要求赔偿损失。无偿的委托合同，因受托人的故意或者重大过失给委托人造成损失的，委托人可以要求赔偿损失。受托人超越权限给委托人造成损失的，应当承担赔偿损失。"由此可见，在我国法律中，有偿委托合同中的受托人因自己的过错造成委托人损失的，应承担损害赔偿责任；无偿委托合同中的受托人因故意或者重大过失造成委托人损失

---

① 郭明瑞、王轶：《合同法新论·分则》，中国政法大学出版社1997年版，第305页。
② 郑玉波：《民法债编各论》（下），三民书局1996年版，第431页。
③ 郭明瑞、王轶：《合同法新论·分则》，中国政法大学出版社1997年版，第306页。

的，应承担损害赔偿责任；受托人超越委托权限造成委托人损失的，无论其是否具有过错，均应承担损害赔偿责任。

【案例3.4】李某委托做股票生意的孙某为其买卖股票。双方当事人约定，由孙某为李某代为办理甲公司股票买卖事宜，每日的交易价格超过前日15%的，应经过李某同意，李某提供资金1万元，孙某保证1年内为李某赚回5000元。孙某收到李某的资金后，开始为李某买卖甲公司的股票。不过过了一段时间以后孙某发现仅仅购买甲公司的股票很难在1年内赚到5000元，而此时乙公司的股票涨势很好，于是孙某就决定买进乙公司的股票。不料，此后乙公司的股票一直下跌，至1年后，不仅未赚到钱，而且赔进去了5000多元。此时，李某要求孙某返还本金和赢利，孙某将实情告诉给李某。李某要求孙某至少应返还给他本金1万元，孙某则以股市行情并非为自己控制为由，只同意将剩余的5000元退给李某。由于双方当事人无法协商一致，李某遂向法院起诉，要求孙某返还购买股票的本金1万元。

解析

本案涉及受托人处理委托事务时应承担的按照委托人指示处理委托事务的义务。李某与孙某之间达成的协议属于委托合同，孙某为受托人，李某为委托人。在委托合同中，受托人的基本义务乃是为委托人处理委托事务。在处理委托事务的过程中，受托人应按照委托人的指示处理委托事务。不管委托人的指示是在合同订立时作出的，还是在合同订立后作出的，受托人都不能变更委托人的指示。如果确实需要变更委托人指示的，应经委托人同意。我国合同法第399条规定，即使在紧急情况下，难以和委托人取得联系，受托人变更委托人指示的，也应当妥善处理委托事务，并在事后将该情况及时报告给委托人。在本案中，李某委托孙某买卖甲公司的股票，双方当事人之间的委托合同中已经有了委托人的明确指示，但受托人孙某在处理委托事务中，却擅自变更了李某的指示而购买了乙公司的股票，从而造成了李某的损失。孙某从事股票买卖应当知道股市的风险，他虽然不是故意给李某造成损失的，但他擅自改变李某的指示和要求是故意的，孙某对李某损失的发生不能说没有故意和重大过失。因此，尽管孙某与李某之间的委托合同即使是无偿的，孙某也应承担损害赔偿责任。

3.2.4.2 受托人亲自处理委托事务的义务

受托人原则上应亲自处理委托事务，不得将自己受托的事务擅自转托他人处理。只有经过委托人同意或者在紧急情况下为维护委托人的利益不得不转托他人处理时，受托人才可将受托办理的事务转托第三人处理。受托人未经委托人同意而擅自转委托，造成委托人损失的，受托人应承担损害赔偿责任。

关于转委托，我国合同法第400条规定：受托人应亲自处理委托事务。经委托人同意，受托人可以转委托。转委托经同意的，委托人可以就委托事务直接指示转委托的第三人，受托人应当对转委托的第三人的选任及其对第三人的指示承担责任。转委托未经同意的，受托人应当对转委托的第三人的行为承担责任，但在紧急情况下受托人为维护委托人的利益需要转委托的除外。

根据这一规定，转委托只能在下列情况下发生：第一，委托人同意。在委托人同意的情况下，受托人可以将委托事务转托给第三人。转委托经委托人同意的，受托人与第三人之间形成转委托关系，但受托人与委托人之间的委托合同仍然有效。委托人可以就委托事务直接指示转委托的第三人，受托人就第三人的选任及其对第三人的指示承担责任。如果委托人未经同意而转委托，受托人应当对转委托的第三人的行为承担责任。

第二，情况紧急。为了维护委托人的利益，因紧急情况而来不及通知委托人时，受托人可以将委托事务转委托给第三人。因情况紧急而转委托必须具备以下构成要件：其一，必须有紧急情况。紧急情况又称为不得已的事由，是指受托人因不得已的事由而不能亲自处理委托事务，如中止处理委托事务必然会给委托人造成损失。其二，必须为维护委托人的利益。这是委托人通过委托合同选任受托人协助处理事务的根本目的。其三，必须有转委托的必要。如不转委托，处理事务的中断将损害委托人的利益。与经委托人同意的转委托不同的是，我国法律就次受托人的选任、对次受托人的指示以及受托人是否对委托人承担责任没有作出规定。对此，仍应以受托人的注意义务以及按照委托人的指示处理委托事务的义务进行检验。在对次受托人的选任上，应考虑紧急情况因素对受托人注意义务的影响，如可选择次受托人的范围以及对委托人利益损害的程度等。但是，受托人所知晓或者应知晓的次受托人的品格可能对委托人利益的损害，不能超过因紧急情况而中止委托事务的处理对委托人造成的损害。受托人不能不加甄别地选任次受托人，只是因紧急情况可以降低受托人的注意义务的程度。受托人对次受托人的指示，仍负有不得擅自变更委托人指示的义务，如果需要对委托人的指示进行变更，应符合情况紧急而变更指示的要件，否则不应免除受托人对次受托人的指示负有的责任。

受托人将委托事务转委托给第三人处理，没有经过委托人同意，并且也不符合情况紧急而发生的转委托的要件的，转委托在委托人与第三人之间不发生效力，亦即委托人与第三人之间不发生直接债权债务关系。该第三人的行为应视为受托人的行为，因该第三人的行为而给委托人造成损失的，由受托人基于委托合同向委托人承担责任。而受托人与第三人之间仍受委托合同的约束。

3.2.4.3 受托人的报告义务

在委托合同中，受托人是为了委托人处理委托事务，因而，受托人有义务让委托人了解其处理委托事务的情况。委托人对受托人处理委托事务的了解，主要是通过受托人的报告来实现的。根据我国合同法第401条，受托人的报告义务包括以下两种：

第一，按照委托人的要求报告委托事务的处理情况。在委托事务处理过程中，如果委托人要求受托人报告委托事务的处理情况，则受托人应履行报告义务。受托人也可主动履行报告义务，而不必经委托人的要求。在委托人没有要求受托人报告的情况下，如果有报告的必要，受托人亦应履行报告义务。因此，受托人的这种报告义务以委托人的要求或有必要为限。委托人不要求报告或者没有必要报告的，受托人可不予以报告。受托人的这种报告义务，并非强制性的，当事人可以特别约定报告的时期，也可以约定减轻或者免除委托人的报告义务。如果受托人怠于报告，并造成委托人损失的，受托人应承担赔偿责任。

第二，委托合同终止时，受托人应当报告委托事务的结果。受托人的这种报告义务的内容是报告委托事务的结果，即受托人应向委托人报告办理事务的全过程，并提交有关的必要证明文件和材料。这种报告义务不以委托人的要求为限。在委托合同终止时，受托人应当向委托人报告委托事务的结果。一般来说，受托人的这种报告义务包括两种情形：一是委托事务完毕时的报告义务，即在委托事务终止时，受托人必须向委托人报告事务处理完成的情况。二是委托合同解除时的报告义务。在委托合同解除时，委托事务尚未终止，受托人应当向委托人报告合同解除前委托事务的处理结果，以便委托人及时采取措施，处理尚未了结的事务。如果受托人没有履行上述报告义务，造成委托人损失的，受托人应当承担赔偿责任。

【案例3.5】 2008年12月，某证券公司与甲公司签订一份《委托理财合同》，约定：某证券公司在甲公司的证券账户内开立资金账户，并将甲公司委托的1亿元自有资金存入该资金账户（股票买卖只能在该账户内进行）进行股票投资，委托期限为1年；某证券公司在委托期限内应定期向委托人报告资产状况，并应尽谨慎勤勉的管理义务，否则导致委托方的委托资产损失，应承担赔偿责任。委托期间，某证券公司未向甲公司汇报资产状况，甲公司亦未提出询问。2009年12月，委托合同到期，适逢股市受挫，本案委托资产亏损达18%。甲公司认为，证券公司未根据合同规定按期向其汇报资产状况，具有过错。遂向法院起诉，要求某证券公司承担资产损失。法院判决驳回甲公司的诉讼请求。

解析

在本案中，某证券公司将甲公司委托的资金存入其账户，以甲公司的名义从事投贷管理，双方是委托合同关系。根据法律规定和合同约定，本案受托人应承担的义务包括以下几项：

（1）谨慎管理义务

合同约定，某证券公司应谨慎和勤勉地进行投资管理。此为法律上所指的"谨慎义务"，亦称为"善管义务"或"注意义务"。这里的"谨慎"，是指具有通常注意能力之人在相同的地位与状况下，所应行使的注意程度，也就是要求受托人需具备善良管理人的谨慎品质。因委托理财高度专业化的特点，我们认为，对于资产受托管理人的谨慎管理义务，关键是确定谨慎的标准。标准如果定得过宽，等于虚化了谨慎管理义务，使受托人的行为失去约束而将委托人利益置于危险之下。但是，谨慎管理义务的衡量标准亦不能定得过苛，因为市场风险是随时随地都存在的，要求受托人在经营受托资产过程中只赢利而无任何损失，是不可能的。

（2）报告义务

合同约定，某证券公司在委托期限内应定期向委托人报告资产状况。合同法第401条亦规定，受托人应当按照委托人的要求，报告委托事务的处理情况。

（3）谨慎管理义务与报告义务的关系

对于谨慎管理义务与报告义务的关系，认识不一。一种观点认为，报告义务就是对抽象的谨慎管理义务的具体化，报告义务含于谨慎管理义务之中；另有观点认为，报告义务是有别于谨慎管理义务且与其并列的另外的义务。我们同意后一种观点，理由在于：尽管谨慎管理义务与报告义务有着密切联系，但谨慎管理义务与报告义务毕竟是法律为受托人设定的两种不同性质的义务。谨慎管理义务侧重的是受托人所必然应履行的义务,而报告义务则侧重说明受托人作为合同一方根据合同约定及委托人要求而履行的义务。合同法在规定该义务时,同时亦规定报告义务因委托人的要求而发生,并当然存在。基于合同约定及委托人要求发生的报告义务,已非谨慎管理义务的程度要求所能涵盖的。因而,只有坚持谨慎管理义务与报告义务的并列与统一,才能全面体现法律对受托人的要求。

按照要求报告委托事项是受托人的义务之一。违反合同义务的当事人应承担违约责任,赔偿因违约所造成的损失,然而在委托理财合同没有约定违约金的情况下,受托人承担责任的范围往往很难界定。受托人未尽报告义务,侵犯了委托人的知情权,而其是否会对委托资产造成损害,则不无疑问。委托资产在受托人的管理下,只要受托人尽到谨慎管理义务,则无论其是否履行报告义务,均不会对委托资产产生实质影响,履行报告义务与委托资产损失结果之间,并无因果关系。然而,如果不对未尽报告义务的受托人进行相应的制裁,无疑是放纵其对委托人权益的漠视。我们认为,未尽报告义务应区分当事人的主观状态:在受托人未按约定报告委托事项的情况下,委托人可发出通知,要求受托人在一定期限内履行报告义务,如受托人无正当理由仍未履行,且委托资产有损失的,可要求其在一定范围内承担委托资产损失的赔偿责任;而在受托人未按约定及时报告委托事项的情况下,如果委托人并不积极主张权利,不向受托人发出履行通知,则可认为委托人怠于行使权利,此时如没有其他违约情节,不必要求受托人对委托资产损失承担责任。

3.2.5 委托人支付报酬的义务

在我国法律中,委托合同可以是有偿的,也可以是无偿的。如委托合同是有偿的,则委托人有向受托人支付报酬的义务。这也是受托人的一项权利。委托人支付报酬的标准和期限,应依据合同约定而定,合同没有约定的但依据习惯或者委托性质应当由委托人支付报酬的,委托人也应支付报酬。

委托人支付报酬的时间,各国民法一般采取"后付主义",即受托人只能于完成委托事务后才能请求支付报酬。如日本民法典第648条第2款,受任人应支付报酬时,非于履行委任之后,不得请求报酬。我国合同法也采取了报酬的"后付主义"。根据合同法第405条的规定,受托人完成委托事务的,委托人应当向其支付报酬。由此可见,受托人只有在完成委托事务后,才有权请求委托人支付报酬。

在委托事务尚未处理完毕而委托合同终止时,如果终止非因可归责于受托人的事由所致,则受托人可依据完成的处理事务部分,请求委托人支付报酬。日本民法典第648条第3款规定,委任因不应归责于受任人的事由,于履行中途终止时,受任人可以按其已履行的部分请求报酬。我国合同法第405条也规定,因不可归责于受托人的事由,委托合同解除或者委托事务不能完成的,委托人应当向受托人支付相应的报酬。这里的"相应的报酬",是指委托人支付的报酬应与受托人完成的委托事务相适应。具体的数额应根据委托事务的性质和难易程度、委托人完成委托事务的情况、受托人付出的劳务、委托人受益的程度等，综合加以确定。

【案例 3.6】被告因与他人发生交通事故损害赔偿案，委托原告代理诉讼，双方签订委托代理合同，约定：原告特别代理被告参加诉讼，办案中费用由被告负担。案件审结后按协议收取代理费，如要不回赔偿费，原告不收任何费用。合同签订后，原告指派在册律师方某参加案件诉讼。法院判决被告获赔 25040 元。在诉讼和执行过程中，方律师按照合同约定履行了义务，并积极配合法院将案件执结。被告将执行回的赔偿费 14040 元（在诉前已支付 11000 元）支取后，未按合同约定支付代理费，原告遂向法院起诉，要求被告按合同协议的数额给付代理费。被告答辩认为，法院判决的 25040 元，其只拿到了 14040 元，此不符合合同约定，不应当向原告支付代理费。法院经审理认为：原、被告签订的委托代理合同合法有效，被告应如约履行义务，并按实际追回赔偿费数额参照代理合同协议收取代理费的比例支付原告委托代理费。依照《中华人民共和国合同法》第 405 条、第 60 条，《最高人民法院关于适用〈中华人民共和国合同法〉若干问题的解释（一）》第 2 条的规定，判决被告向原告所在律师事务所给付代理费 1400 元。

解析

本案之委托代理系律师代理中的"风险代理"，即律师在与当事人签订代理合同时，并不预先收取代理费，而是约定以律师为当事人从诉讼中获取预定利益后，再按约定的数额支付代理费。这种代理方式对委托人而言，可以避免花钱又输官司的后果；对代理律师而言，能够增强其责任心，避免出现收取代理费后又疏于履行代理义务的情形。双方当事人在自愿、协商的基础上签订的协议，根据合同自由的原则，合同内容只要不违法即为有效。因此，法院认定该委托代理合同合法有效。代理合同签订后，原告指派律师参加诉讼，通过法院判决，被告获得 25040 元赔偿费，代理律师又配合法院将案件执结，使被告最终取得了全部赔偿费。可见，代理律师按合同约定履行了代理义务，根据权利义务对等原则，有权获取合同规定的报酬。本案争议的焦点在于合同约定的代理律师"如要不回赔偿费，不收任何费用"应如何理解。被告认为，法院判决 25040 元，其只拿到 14040 元，不符合合同约定，不应支付代理费。法院判决 25040 元是律师通过代理行为为被告争取到的赔偿费数额，该数额包括被告先期获得的 11000 元和执行取得的 14040 元，这说明律师通过代理又为被告争取到了 14040 元赔偿费，此应是代理的实际结果，不属要不回赔偿费的问题，被告应按此结果以协议收费的比例向原告给付代理费。法院参照代理合同协议收取代理费比例，对照实际取得赔偿数额确定其应付费是合理合法的。

3.2.6 委托合同在委托人或受托人死亡、丧失民事行为能力或破产之后的法律效力

合同法第 411 条规定，委托人或受托人死亡、丧失民事行为能力或者破产的，委托合同终止，但当事人另有约定或者根据委托事务的性质不宜终止的除外。从上面规定可以看出，委托合同中如果一方当事人缺位，则委托合同消灭。有一些合同，当事人一方缺位以

后，其继承人可以继承其合同权利义务，合同关系并不因此而消灭。如买卖合同、保管合同、运输合同，一方当事人缺位以后，可由其权利义务继受者继续行使权利、履行义务，合同关系继续存在。有些合同，当事人的缺位则必然导致合同关系的终止，如租赁合同、承揽合同、居间合同等。这类合同之所以随之终止是因为其订立是建立在当事人信任的基础上，正是由于存在当事人之间的相互信赖，当事人之间才订立合同。一方当事人缺位，虽可能有其权利义务的继受者，但人身信赖关系是不可能移转的，随着当事人的缺位，合同基础丧失，合同当然随之消灭。委托合同以请求受托人处理一定事务为内容，事务处理的好坏、满意程度完全依赖于受托人的人身性质，同时受托人之所以接受委托，很大程度上也是因委托人而定。所以，委托合同是一个典型的以当事人之间人身信赖为基础的合同，如果一方当事人缺位则必然导致委托合同终止。

具体而言，委托人或受托人死亡或破产，主体地位不复存在，其权利义务由于委托合同的人身属性不能移转，所以必然导致委托合同消灭，对于这一点很好理解。至于受托人，如丧失民事行为能力，则委托合同消灭，同样也可以理解。在一般情况下，受托人需在处理委托事务时对外进行一些活动，为一定意思表示，这些活动自然要以行为人具有行为能力为基础，故行为能力的丧失应构成合同基础的丧失，导致合同的终止。但委托人丧失民事行为能力也导致委托合同终止，我们认为立法上缺少理由。当事人之所以要委托他人处理事务，就是因为自己能力所限，非借助他人力量不可，完全民事行为能力人尚需订立委托合同，无民事行为能力人则更需订立委托合同，不论何人都是希望借助受托人以实现自己的目的。可见，委托人民事行为能力之有无在委托合同中并非必需的要素。即使委托人原有民事行为能力，而后丧失，其民事权利能力尚存，物质上、精神上的需要尚存在，委托事务还是需要他人加以完成，这时若宣布委托合同消灭，对于委托人来说，有百弊而无一利。自己丧失行为能力不能完成一定事务，又不能委托他人代为完成，此将致使委托人完全不能在社会上立足。

合同法这一规定是和台湾地区"民法典"第550条相一致的，"委任关系，因当事人一方死亡、破产或丧失行为能力而消减"。但学者们提出了异议，"余则以为不问法定代理、意定代理，其代理权均不应依本人之丧失行为能力而消灭"[1]。日本民法典第653条规定："委托因委托人或受托人死亡或破产而终止。受托人受禁治产宣告时（类似于丧失民事行为能力），亦同。"很明显，日本民法未将委托人丧失民事行为能力作为委托消灭的事由。在司法实践中，遇到委托人丧失行为能力时不要轻易认定委托合同消灭，而应尽量适用合同法第411条后半段的除外情形，对委托合同效力予以保留。

委托人或受托人死亡、丧失民事行为能力或者破产并不一定使委托合同绝对终止，合同法第411条后半段规定了一些除外情形，即"但当事人另有约定或者根据委托事务的性质不宜终止的除外"。如果当事人在订立委托合同时约定了一定期限，或约定以一定事务处理完毕为限，或约定不因死亡、丧失民事行为能力、破产为终止事由，则在此情形下，委托合同不随之终止。另外，若依委托事务的性质不宜终止的，委托合同也不消灭，如委托事务为日常零售业，或为流水生产线中的一部分，这些事务一旦停止，后果将无法

---

① 胡长清：《中国民法总论》，中国政法大学出版社1997年版，第314页。

挽回，所以依性质不能终止，应由委托人或受托人的继受人继续履行合同，成为合同主体，并有权决定合同的延续与否，这里是委托合同继受禁止的一个例外。

委托人和受托人并非总处于一处、时刻相伴，一方死亡、丧失民事行为能力、破产，对方并不一定能够立即知晓，期间必然有一定的时间差。按照合同法第 411 条规定，这时委托关系已经终止，受托人已经无权处理委托人事务，但是，受托人往往处于无知状态，可能还继续为委托人工作。如果认定委托关系消灭，则期间的行为后果只能由受托人承担，这显然对于受托人不利。台湾地区"民法"第 552 条规定："委任关系消灭之事由，系由当事人之一方发生者，于他方知其事由，或可得而知其事由前，委任关系视为存续。"德国民法第 672 条、673 条也有类似的规定。我国《最高人民法院关于贯彻执行〈中华人民共和国民法通则〉若干问题的意见（试行）》第 82 条规定："被代理人死亡后有下列情况之一的，委托代理人实施的代理行为有效：①代理人不知道被代理人死亡的。……"结合社会实践情况，在适用合同法时，对于因当事人一方引起委托关系消灭的，在对方获悉前，应视为委托关系存在。具体条文可以适用《最高人民法院关于贯彻执行〈中华人民共和国民法通则〉若干问题的意见（试行）》的规定。

因委托人死亡、破产而终止委托关系时，为了照顾委托人的利益，各国法律一般均要求受托人继续处理委托事务，直至委托人的继受人接管。德国民法第 672 条第 2 款规定："如委任关系消灭，在因拖延会引起危险时，在委任人的继承人或法定代理人能有其他处理方法之前，受任人应继续处理已移交的事务，委任关系视为继续存在。"我国合同法第 412 条也作了类似规定："因委托人死亡、丧失民事行为能力或者破产，致使委托合同终止将损害委托人利益的，在委托人的继承人、法定代理人或者清算组织承受委托事务之前，受托人应当继续处理委托事务。"比较我国立法和德国立法，内容虽大致相当，但性质上却有差别。德国法认为委任关系继续存在，则受托人的义务源于委托关系，属于约定义务。我国立法既已承认委托合同终止，但又顾虑委托人利益而要求受托人继续处理事务，委托关系业已不复存在，约定义务自然无从谈及，那么，此受托人的义务定性只能是法定义务，属于委托合同终止以后的法定的后契约义务。

因受托人死亡、丧失民事行为能力或破产而终止委托时，为了照顾委托人的利益，各国一般也均要求受托人的继受人继续处理委托事务，直至委托人接管之前。德国民法第 673 条第 2 款规定："如委任关系消灭，受任人的继承人应立即通知委任人，在拖延会引起危险时，在委托人能有其他处理方法之前，应继续处理已移交的事务。委任关系视为继续存在。"我国合同法第 413 条也作了类似规定："因委托合同终止将损害委托人利益的，在委托人作出善后处理之前，受托人的继承人、法定代理人或者清算组织应当采取必要措施。"依德国民法典，此时受托人的继受人的义务来源于一个继续存在但主体已经变更的委托关系，仍属约定义务。但我国合同法未如此理解，其是在委托合同终止后法定要求受托人的继受人在一定情形下继续处理委托事务，性质上应当视为合同终止以后的后契约义务，并且扩张至非合同当事人——受托人的继受人。

【案例3.7】 孙某系养貂能手，养貂每年收入近10万元。孙某的朋友毕某也从事养貂业务，但因不懂技术，不仅貂皮质量不高，而且貂还经常死亡。毕某与孙某经过协商，达成如下协议：毕某委托孙某每周一次到其养貂基地进行指导，帮助饲养，孙某不收报酬。合同签订后，孙某认真履行合同，使毕某所养的貂成活率大大提高，貂皮质量也有所提高。孙某每次到毕某养貂基地指导时，毕某都备酒热情款待。一次，孙某在毕某处吃过饭后，开摩托车回家，中途被汽车撞死。孙某的家属得知后即将孙某出事的消息通知毕某。在孙某去世后，毕某饲养的貂由于缺乏正确的饲养方法，有的貂开始厌食，皮毛也失去了光泽。孙某的儿子得知后，便前去帮助饲养。由于孙某的儿子家住得较远，每次到毕某家都要花近50元的车费。虽然毕某每次也备酒相待，但孙某的儿子也为此花去了近400元的车费。为了帮助毕某渡过难关，孙某的儿子碍于父亲的面子，放弃了多次到外地讲学的机会，损失近千元。在毕某另外找到技术员后，孙某的儿子即不再去毕某处指导，并要求毕某报销这些费用，但遭到孙某的拒绝，双方为此发生争议，孙某的儿子遂起诉至法院。

解析

在本案中，孙某与毕某之间的关系属于委托合同关系。由于受托人孙某遭车祸死亡，因此，孙某与毕某之间的委托合同终止。受托人的继承人在受托人死亡后及时通知了委托人，但由于委托人一时没有找到合适的技术指导，致使其所饲养的貂出现厌食、皮毛失去光泽等现象。为了避免毕某遭受损失，孙某的儿子及时采取措施，为毕某无偿提供技术指导，直到毕某找到了合适的技术员，防止了毕某的损失。可以说，孙某的儿子已经尽到了其应尽的义务，其行为符合合同法的规定。根据合同法的规定，因受托人死亡致使委托合同终止的，受托人的继承人应当及时通知委托人；因委托合同终止将损害委托人利益的，在委托人作出善后处理之前，受托人的继承人应当采取必要措施。由于孙某与毕某之间的委托合同是无偿的，因此，孙某的儿子继续帮助毕某饲养貂不应要求支付报酬。不过，孙某的儿子为了避免毕某的损失而采取必要措施所支出的费用，毕某应予以返还。

3.3 行纪合同

3.3.1 行纪合同概述

行纪合同是从委托合同中独立出来的定型化合同。在罗马法时期，尚未有专门的行纪所，行纪事务主要通过委托代理的方式完成。到欧洲中世纪，随着国际贸易发展，代理制度逐渐暴露其弊端，行纪制度应运而生，出现了专门受他人委托以办理商品购入、贩卖或其他交易事务并收取一定佣金的行纪人。行纪人接受他人委托，以自己名义直接与相对人实施交易行为，再将其结果移转给委托人，使委托人可利用行纪人的信用、知识、能力、资产等为其服务，从而便利委托人进行各种贸易活动，特别是需要特殊知识、专业技能的交易活动。并且，委托人无需暴露其身份即可享有与第三人为交易的利益。在我国，自汉代起即有经营行纪业务的行栈，或称牙行。民国民法曾设专章对行纪予以规定。经过中华人民共和国成立初期一段时间的衰微后，自改革开放以来行纪业又兴盛起来，并在经济生活中发挥重要作用。然而我国目前并无关于行纪合同的基本立法规定，只是在 1994 年 5 月 12 日颁布的对外贸易法及 1991 年 8 月 29 日对外经济贸易部颁布的《关于对外贸易代理制度的暂时规定》中，就外贸活动中的行纪制度作了一些规定。合同法第 22 章以专章对行纪进行规定，适应了经济发展的需要。

行纪合同，又称信托合同，是行纪人以自己的名义为委托人从事贸易活动，由委托人支付报酬的合同。在行纪合同中，以自己的名义从事贸易活动的一方称为行纪人，向行纪人给付报酬的一方称为委托人。

行纪合同具有以下法律特征：

（1）行纪人是接受他人委托，专门从事动产、有价证券买卖的商人

法律往往对行纪人的资格、业务范围有严格限制，并对其业务活动实施专门的监督和管理。有不少人将行纪等同于间接代理，我们认为不妥当，因为行纪仅为间接代理的一种形式。所谓间接代理，系相对于直接代理而言，是行为人以自己的名义代他人与第三人实施法律行为，由此发生的后果间接归属于该他人的行为。间接代理这种法律形式既可运用于商人的营业活动，又可运用于非商人的民事活动，如请他人代购物品。当间接代理由商人运用于营业活动时即为行纪，因此间接代理既包括行纪，也包括非行纪范畴。行纪人的特殊资格是行纪区别于其他形式间接代理的一个重要标志。

（2）行纪人以自己的名义与第三人实施法律行为

行纪合同为提供服务的合同。在行纪合同中，行纪人接受委托人委托，为其提供服务或劳务，然而行纪人提供的服务非一般服务，而是与第三人实施法律行为。如卖出或买入动产、有价证券或进行其他商业上的交易。行纪人买入动产、有价证券的，称为经收行纪；卖出动产、有价证券的，称为经售行纪。

行纪人与第三人实施法律行为，非以委托人而是以自己的名义进行的。在通常情况下，行纪人并不披露委托人之存在，更不公开委托人的姓名或名称，第三人根本不知行纪人是为委托人利益进行民事活动。在行纪人与第三人实施法律行为从而发生的法律关系中，行纪人与第三人为当事人，由行纪人和第三人享有或承担该法律关系所生之权利或义务，此与通常的买卖合同当事人地位无异。如在经收行纪中，第三人为出卖人，仅得向行纪人收取价金而不得向委托人提出请求。因此，发生纠纷后，承担法律责任的主体亦为行纪人和第三人。合同法第 421 条规定，行纪人与第三人订立合同的，行纪人对该合同直接享有权利、承担义务。行纪人与第三人间法律关系不对委托人直接发生效力，委托人与第三人不发生任何直接关系，除非行纪人将合同转让给委托人，委托人不得对第三人主张权利，第三人也不得对委托人主张权利。因此，纵使委托人因第三人不履行债务受到损害，委托人不能对第三人起诉，而只能向行纪人提出请求。故合同法第 421 条第 2 款明确规定，第三人不履行义务致使委托人受损害的，行纪人应承担赔偿责任。当然，行纪人承担责任后可向第三人追偿。行纪的这一特征使行纪属于间接代理，从而与直接代理不同。

由此可得知：

①在经收行纪中，买入物所有权属于行纪人。行纪人在将其移转于委托人之前，可以转让给第三人或以之设定质权，虽然此行为对委托人将构成违约，但对第三人该行为仍有效。如果行纪人破产，委托人不得请求将此财产划归其所有。行纪人将该物所有权移转于委托人后，委托人才取得所有权。

②在经售行纪中，行纪人对于委托人移交其出卖之财产并不取得所有权，因此行纪人破产时，委托人可以向破产管理人取回其所移交的财产。但是，当行纪人将此项财产让与第三人后，委托人即丧失所有权。

③行纪人处理委托事务所获得的债权，归属于行纪人，只是行纪人将该项债权让与委托人后，委托人始取得债权。如甲之行纪人乙以耕牛卖于丙，甲仅于乙让与其价金债权后，始可对丙提出请求。但是行纪人若违反此义务，将债权让与第三人或在债权上设定质权，该行为并非无效。

（3）行纪人为委托人的利益与第三人实施法律行为

行纪人虽以自己名义与第三人实施法律行为，并且与第三人直接发生权利义务关系，然而行纪人并非为自己利益办理事务，因此行纪制度与直接代理、居间等均属于"为他人利益或影响他人权利"的民事行为，① 行纪人实施法律行为的过程中应考虑委托人的利益，并将其结果归属于委托人，如将执行委托事务所收取的金钱物品交付给委托人，将取得的债权移转给委托人。

（4）行纪合同为双务有偿合同、诺成合同、不要式合同

行纪人有为委托人办理动产、有价证券买卖或其他商务交易的义务，委托人有支付报酬的义务，双方的义务相互对应，为双务合同。行纪人以为委托人办理行纪事务为营生并收取报酬，故行纪合同为有偿合同。行纪合同仅需行纪人与委托人意思表示达成一致即成立，并不需交付标的物，并且无需履行特别的手续，采用特别的形式，因此为诺成合同和不要式合同。

行纪合同与委托合同有许多相似之处，如均属于提供服务或劳务的合同，受托人均需处理委托事务等。因此，许多国家的立法都明确规定，除行纪合同另有规定外，可以准用委托合同的规定。合同法第423条亦有相同内容的规定。但是，行纪合同与委托合同是不相同的，两者具有如下区别：

①行纪合同中所指事务，法律对其范围有特别规定，仅限于动产、有价证券买卖以及其他商务交易活动；委托合同中所指事务范围广泛，不以上述商务交易活动为限。

②行纪合同的一方当事人即行纪人有特殊资格，即为专事动产、有价证券买卖的商人；委托合同的当事人则无此限制。

③行纪合同为有偿合同；委托合同可以为有偿，也可以为无偿。

④行纪合同中，行纪人只能以自己的名义进行活动，由此发生的法律后果由其承担，行纪人与第三人订立的合同不能对委托人直接发生效力；委托合同中，受托人以委托人的名义进行活动，其与第三人订立的合同可对委托人直接产生效力。

居间合同与行纪合同也存在一些共性，如都是有偿合同，且行纪人和居间人均有特殊

---

① 李开国：《民法基本问题研究》，法律出版社1997年版，第207页。

主体资格，但是，它们也不相同，具有如下区别：

①行纪合同中，行纪人受托办理的事务为民事法律行为；居间合同中，居间人所办理报告订约机会或充任订约媒介事务，本身不具有法律意义。

②行纪合同中，行纪人只能从委托人处取得报酬；而在居间合同中，居间人在为订约媒介居间时，可以从委托人和其相对人双方取得报酬。

③行纪合同中，行纪人有将处理事务的后果移交给委托人的义务和报告义务，而居间合同中，居间人并无此义务。

行纪与直接代理也不相同，主要区别如下：

①行纪人以自己名义实施法律行为，其法律后果间接归属于委托人。行纪人直接承担与第三人实施法律行为之后果，然后依与委托人之约定转移给委托人。而在直接代理中，代理人以本人名义实施法律行为，其法律后果直接归属于本人。

②行纪人为依法登记专事商务交易活动的主体；而代理人无特殊身份，凡具有民事权利能力以及民事行为能力之法人、自然人皆可充任。

③行纪行为之范围由法律规定，而直接代理行为范围广泛，为依法律规定或依其性质不适于代理的行为以外的一切民事法律行为。

④行纪都为有偿法律行为，行纪人要向委托人主张报酬的给付，但间接代理则不一定为有偿法律行为。

【案例 3.8】公民戚某委托该市新东安图画社购买某著名画家雷某的一幅名为《雾霭》的获奖油画作品，价值 50 万元。双方于 1999 年 12 月 25 日订立委托合同，约定分二期付款。合同签订以后，戚某便向图画社汇去 25 万元。2000 年 1 月，图画社经理程某与画家雷某达成一份书面购画协议，购买正在图画社展出的《雾霭》油画，价值 40 万元，合同订立以后，图画社向雷某交付 5 万元订金。2000 年 5 月，图画社经理程某涉嫌伤害罪，被司法机关逮捕，有三位债权人同时起诉该图画社，画家雷某得知该情况后，遂派人前往程某家中取回其油画，并提出立即退还 5 万元定金。戚某得知该情况后，在法院起诉图画社，请求返还其已经支付的 25 万元购画款，并且同时起诉画家雷某，要求其返还《雾霭》油画。

解析

本案的关键在于戚某是否可以依据间接代理的规定向雷某提起诉讼？戚某、图画社和雷某之间到底适用行纪关系还是间接代理关系？

就本案来说，我们认为本案不应适用间接代理，原告戚某也不能行使油画所有权及合同介入权，其根据在于：

间接代理的成立存在合同法第 402 条的第三人在订立合同时知道受托人与委托人之间的代理关系的，以及合同法第 403 条的第三人不知道受托人与委托人之间的代理关系而受托人披露的两种情况。

合同法第 402 条规定，第三人在订立合同时知道受托人与委托人之间有代理关系，成立间接代理关系，该合同直接约束委托人和第三人。但本案中，图画社与画家雷某订立合同时，本人戚某虽然肯定知道第三人雷某的存在，但雷某未必知道真正的购画人戚某的存在，以及戚某与受托人图画社之间有代理关系，他所知道的买家只是订立合同的图画社。因此，不能适用合同法第402条成立间接代理关系。

合同法第403条规定：受托人以自己的名义与第三人订立合同时，第三人不知道受托人与委托人之间的代理关系的，受托人因第三人的原因对委托人不履行义务，受托人应当向委托人披露第三人，委托人因此可以行使受托人对第三人的权利，但第三人与受托人订立合同时如果知道该委托人就不会订立合同的除外。该条确定了委托人的介入权，所谓委托人的介入权，是指在当受托人因第三人的原因对委托人不履行合同义务时，委托人得以进入受托人与第三人之间的合同关系，直接向第三人主张合同权利。根据法律规定，委托人行使介入权还必须具备以下条件：

第一，受托人因为第三人的原因对委托人不履行义务，或者说受托人不履行对委托人的义务的原因在于第三人。在本案中，第三人雷某已经将油画交付给图画社，不存在违约的事实，违约是图画社本身原因造成的，应当由其向委托人负不能完成委托合同的责任，而不能归责于第三人，否则对第三人不公。由于图画社本身的失误，导致其与画家雷某订立的合同有不能履行的危险，雷某在此情况下对图画社占有的油画实行追及取回，并无不妥。由于图画社也没有向雷某披露真正的买家戚某，雷某无从行使选择权，而只能以预期违约和取回油画的方式实行救济，以保障自己权利。如允许戚某此时行使介入权，请求返还油画，则40万元价款的支付风险将由画家雷某承担，风险分配显然是不合理的。即便是间接代理制度允许戚某可以主张合同上的权利，但也必须依照合同负有支付价款的义务，不得以其已交付图画社25万元主张免除，这25万元价款的返还风险应由本人戚某负担，否则，雷某可以主张抗辩拒交油画。

第二，受托人向委托人披露第三人。所谓披露义务，是指在受托人以自己的名义与第三人订立合同时，如果第三人不知道委托人与受托人之间的代理关系，而因为第三人或委托人的原因造成受托人不能履行义务，则受托人应当向委托人或第三人披露造成其违约的第三人或委托人。此处所说披露必须是明确告知了具体的第三人以后，委托人才能行使介入权，向第三人提出请求。虽然披露可能减轻代理人的责任，但基于商业秘密、受托人与委托人之间的合同约定以及其他商业上的需要，受托人完全可以不予披露。如果受托人不披露，则不适用间接代理的规定，而应适用行纪的规定。本案中，代理人也没有完成披露义务，为披露行为。

第三，第三人与受托人订立合同时，不存在如果知道该委托人就不会订立合同的情形。

综上所述，本案三方关系应当认定为行纪关系，而非间接代理。但在第三人不知道代理关系的情况下，发生了因为委托人的原因而使行纪人不能履行对第三人的合同义务的，或者受托人因委托人的原因而对第三人不履行义务的，如果受托人向委托人披露第三人，或者受托人向第三人披露委托人，则合同法第403条所规定的委托人的介入权和第三人的选择权可否准用于行纪合同中的委托人和第三人？有人认为，行纪人应当向第三人披露委托人，第三人可以要求委托人履行合同义务或主张合同上的权利。这将发生间接代理与行纪的竞合，委托人或第三人可以在间接代理和行纪之间进行选择。为了防止因为委托人的原因造成行纪人不能履行义务，合同法单独设立了一些对行纪人予以保护的规定。因为行纪人能够独立地承担责任，在许多情况下，没有必要再由委托人介入或者由第三人选择。

关于间接代理与行纪的关系，可以说是间接代理适用中最为复杂的问题之一。所谓行纪是指行纪人以自己的名义为委托人从事交易活动，委托人支付报酬的合同。在大陆法系中一般将间接代理归入行纪关系，行纪关系涉及两个合同关系：一是委托人与行纪人之间的委托合同关系，如委托行纪人购买货物或出售货物；二是行纪人与第三人之间的买卖合同关系，如行纪人接受委托以后，以自己的名义向第三人购买货物或向第三人出售货物。行纪合同的特点在于它是由三方当事人和两个合同关系组成的，两个合同相互结合才构成了完整的行纪关系，单纯看任何一个合同都不是行纪，如果将行纪认为是行纪人与委托人之间的委托合同，则这种关系已经由委托合同调整足矣，法律就没有规定行纪的必要。

传统代理是指代理人在代理权范围内，以本人的名义独立与第三人为民事行为，由此产生的法律效果直接归属于本人的法律制度。所谓间接代理，是指代理人以自己的名义从事法律行为，并符合合同法关于间接代理构成要件的规定，它是与直接代理相对应的。大陆法系国家民法一般将间接代理规定为行纪，民事代理原则上以显名主义为准，但我国合同法在此基础上有所突破，承认符合间接代理要件的属于传统民法的行纪行为可构成间接代理，此种代理也为代理的一种。例如我国合同法第402条和第403条都规定，第三人在订立合同时知道受托人与委托人之间的代理关系的，第三人不知道受托人与委托人之间的代理关系的，都确认此种符合间接代理要件的法律行为为代理。当然，此种代理不同于民法通则所规定的直接代理，在法律上将其称之为间接代理。

应当看到，尽管合同法设立了间接代理制度，但这种制度与行纪仍存在一定的相似性。一方面，无论是间接代理还是行纪合同，代理人或行纪人都是以自己的名义对外订立合同的；另一方面，这两种制度都涉及两种法律关系，尤其是对内都涉及委托合同关系问题。正是因为这种相似性，许多学者认为，间接代理在本质上仍然是行纪。但间接代理与行纪是有本质区别的，主要表现在：

①在间接代理制度下，虽然代理人是以自己的名义订立合同，但本人有权介入其所订立的合同，享有权利和承担义务，第三人也有权选择本人作为合同相对人。

从法律效果上说，由于行纪关系是由两个独立的法律关系构成的，因此，合同应当分别履行，委托人只能向行纪人提出合同请求，第三人也只能向行纪人提出请求。传统大陆法行纪关系中，委托人不能凭行纪人同第三人订立的合同直接向第三人主张权利，必须由行纪人再进行一个债权让与行为把前一个合同的权利转移给他，才能对第三人主张合同权利。如德国商法典第392条规定："对于因行纪人所成立的行为而发生的债权，委托人只有在让与后才可以向债务人主张。"根据我国合同法第421条规定，"行纪人与第三人订立合同的，行纪人对该合同直接享有权利，承担义务。第三人不履行义务致使委托人受到损害的，行纪人应当承担损害赔偿责任，但行纪人与委托人另有约定的除外"。通常行纪人直接与相对人发生买卖关系，无论是购进还是卖出，行纪人都要支付货款或交付货物，如果确实因为委托人的原因或者第三人的原因造成行纪人不能履行义务，也只能由行纪人根据合同的相对性承担相应的违约责任，然后再由行纪人向委托人和第三人追偿。但如果选择间接代理，行纪人就可以向委托人提出请求，而行纪人也可以向第三人提出请求。在间接代理中，本人享有介入权，无须间接代理人把权利转让给他即可行使介入权介入原合同关系，直接对第三人主张权利，第三人一旦发现了未披露的本人，也可以直接对本人起诉。通过本人介入权和第三人选择权的制度安排，第三人和本人可以突破合同相对性的限制，绕开代理人，直接向对方主张权利，同时直接受间接代理人所订立的合同的拘束。

②在涉及一方当事人破产的情况下，间接代理和行纪的区别将表现得非常明显。例如，甲委托乙向丙购买一幅名贵的油画，其法律关系如下：

第一，如果甲向乙交付了货款，乙将该货款支付给了丙，丙已经将该油画交付给了乙。但在乙尚未将该油画交付给甲之前，乙宣告破产。在行纪的情况下，由于形成两个独立的法律关系，所以，第三人向行纪人交付货物，其所有权移转给行纪人，本人并不能取得货物的所有权，在此情况下，如果行纪人破产，本人对该货物并不享有取回权，其只能基于货款不能得到返还而以债权人的身份与其他债权人一同参加破产分配。正如古德哈特等所指出的："允许身份不公开的本人向第三人直接付款至为公平，特别是在代理人是代理商（factor），不能向第三人支付价款时尤为如此。在那种情形下，如果代理人破产，本人又不被允许直接从第三人那里获得价款，本人只能从代理人的破产财产中获得微薄清偿，毫无疑问，第三人愿意直接向本人付款，代理人的其他债权人没有任何正当理由从本人自己的货款中受益。"但在间接代理的情况下，情况则完全相反。由于代理人事实上是为本人的利益而订立合同的，合同的权利将由本人承担，所以，当第三人已经交付货物给代理人，并且因交付行为而发生了货物所有权的移转。但货物所有权并不移转给代理人，而移转给本人。此时，间接代理人应视为委托人的受领辅助人，其受领第三人的给付，给付利益应归属于委托人。这样，当代理人破产，本人对该货物就享有取回权，而不是以一般债权人的身份参加破产分配。

第二，如果甲向乙交付了货款，乙将该货款支付给了丙，丙在将该油画交付给乙之前，宣告破产。如果本案是一个行纪关系，那么合同关系只是发生在乙与丙之间，所以甲不能够以丙的债权人的身份参与破产财产的分配。但如果本案是一个间接代理关系，则在乙披露以后，甲可以行使介入权，从而可以以丙的债权人的身份参与破产财产的分配。

第三，甲委托乙向丙购买油画，丙在将该油画交付给了乙之后，乙将该画交付给了甲，但由于甲未向乙交付货款，乙并没有把货款支付给丙，甲宣告破产。如果本案是一个行纪关系，则在丙向乙交付油画以后，该油画的所有权将直接移转给乙，再由乙转移给甲，所以丙不能直接向甲主张追及权，其价金请求权只能根据合同相对性向行纪人乙主张。如果本案是一个间接代理关系，则乙是完全以甲的代理人的身份购买油画，其从事购买行为的效果都要由甲承担，因此丙将该油画交付给了乙，如果因为甲的原因造成乙不能履行对丙的债务，丙可以行使选择权，请求甲承担责任，参与破产分配，同时也可以要求乙支付货款。丙也可以约定油画所有权的移转以支付价金为条件，以甲没有支付货款为由认为油画的所有权没有移转，而主张追及权将该油画取回。

③行纪合同都是有偿的，通常行纪人都是专门从事行纪业务的经纪人，所以在行纪合同中，委托人都要向行纪人给付报酬。而在间接代理中则不一定是有偿的，既可能是有偿

的也可能是无偿的。当然如果我们将合同法第 402、403 条的规定认为仅仅适用于外贸代理或商务代理，则这种合同都是有偿的。但先行立法没有规定这种情况仅适用于外贸代理或商务代理。在这种情况下，这种合同并不一定都是有偿的。

④行纪涉及两个独立合同关系，一是行纪人以自己的名义与第三人之间订立的合同，合同法第 421 条规定："行纪人与第三人订立合同的，行纪人对该合同直接享有权利、承担义务。"二是行纪人与委托人之间订立的委托合同。在这类合同中委托人参与该合同关系。在间接代理的情况下尽管也涉及两种法律关系，但并不一定在任何情况下都涉及两个合同关系。因为在间接代理的情况下，其单方授权可能是基于其他的基础关系，或只有单方授权而无委托合同的情况也是存在的。甲授权乙向丙购买电脑 10 台，乙以自己的名义与丙签订了购买电脑的合同。但甲与乙之间并没有就委托合同的内容如期限、报酬等达成协议。在订约时，乙曾向丙表示，该批电脑是为甲购买的。由于丙交付电脑以后，甲没有向乙交付货款，乙也没有向丙付款。丙行使选择权，要求甲承担违约责任，而甲认为其没有与乙达成委托合同，双方为此发生争议。尽管甲与乙没有达成委托合同，但有授权存在，在这种情况下，如果丙行使选择权，则可以按照间接代理处理。

3.3.2 行纪人的义务和权利

3.3.2.1 行纪人的义务

根据我国合同法的规定，行纪人应履行如下义务：

（1）以自己的费用处理委托事务的义务

合同法第 415 条规定，行纪人处理委托事务支出的费用，由行纪人负担，但当事人另有约定的除外。行纪人办理委托事务，往往会支出必要的费用。如委托物仓储费、运输费、更换包装费，缔约之居间费等，这些费用概由行纪人承担。因为行纪人所收取的报酬中往往包含了其所支出的这些费用。当然，如果行纪人与委托人对处理委托事务的费用另有约定的，则从其约定。

（2）依委托人指示处理委托事务的义务

行纪人应依委托人指示处理委托事务，除遇有紧急情事并可推知委托人若知有此情事亦允许变更其指示外，行纪人不得变更委托指示。行纪人擅自变更委托人指示的，委托人可以请求损害赔偿，也可否认行纪人与第三人行为对其发生效力。

委托人指定了一定价格的，行纪人应遵照执行。合同法第 418 条第 1 款规定，行纪人以低于委托人指定的价格卖出或以高于委托人指定的价格买入的，应当经委托人同意，未经委托人同意，行纪人补偿差额的，则该买卖对委托人发生效力。依此规定，行纪人未经委托人同意即以低于指定卖价卖出或高于指定买价买入，属于违反指示，除非行纪人补偿差额，否则委托人可不承认该买卖对其发生效力。此处所说的指定价格，是指指定了确切数额。如果仅表示希望而未具体指定或虽经具体指定而行纪人逾越其指定在交易上为正当时，行纪人不负补偿差额或赔偿损失的义务。同条第 2 款又规定，行纪人以高于委托人指定的价格卖出或以低于委托人指定的价格买入，可以按约定增加行纪人的报酬。没有约定或约定不明确的，依本法第 61 条的规定仍不能确定的，该交易利益归属于委托人。此处所说的指定价格不仅指确切数额，委托人仅表示希望但未具体指定亦包括在内。但是，委托人对价格有特别指示而不允许行纪人任意变更的，委托人可以拒绝承认该买卖对其发生效力。

（3）保管和处置委托物义务

行纪人占有依委托人指示买入或卖出的物品时，应当妥善保管。行纪人在保管中，应尽善良管理人注意；非经委托人同意不得由自己或使第三人使用委托物；原则上应当亲自保管不得使第三人代为保管，保管的方法场所等有约定的，行纪人不得变更。因行纪人保管不善，委托物损毁灭失的，行纪人应承担赔偿责任。对于委托物，除非委托人另有指示，行纪人无办理保险的义务。委托人未指示投保，行纪人自动投保的，为无因管理；委托人指示投保，行纪人未投保，属于违反指示，行纪人应对委托物的意外毁损灭失承担赔偿责任。依据第417条之明文规定，委托物交付给行纪人时有瑕疵或容易腐烂、变质的，经委托人同意，行纪人可以处分该物；和委托人不能及时取得联系的，行纪人可以合理处分。行纪人为保护委托人利益应与保护自己利益为同一处置即为"合理处分"。所谓应与保护自己利益为同一处置不同于与处理自己事务为同一注意，应依照客观情形判定，如委托出卖之物为动物，到达行纪人时染病，行纪人应设法治疗；又如委托出卖之物为鱼鲜水果等易变质之物，行纪人应迅速变卖。处理方法并无固定标准，但是行纪人应将委托物视同己物以最有利于委托人的方法进行处理，不得以行纪人处理自己事务一向极为疏忽为借口而推卸责任。否则，违反第417条"合理处分"之本意。

（4）其他义务

委托人与行纪人之关系，为委托合同关系，因此除本章有特别规定外，可以准用委托合同的有关规定。主要表现为：

①行纪人的注意义务。行纪人办理委托事务时，应尽善良管理人的注意，即以通常商人之注意办理其交易行为。

②行纪人报告义务。行纪人应向委托人报告委托事务处理情况。

③交付财产，移转权利的义务。行纪人应将执行委托事务所收取的金钱物品及其孳息交付给委托人，行纪人以自己名义为委托人取得的权利应移转委托人。

3.3.2.2 行纪人的权利

根据我国合同法的规定，行纪人享有如下权利：

（1）报酬请求权

行纪合同为有偿合同，行纪人为委托人办理委托事务，自得请求委托人支付报酬。报酬俗称佣金。行纪人于何时能请求支付报酬，有不同观点和立法例。一种观点认为，行纪人只有与第三人缔结合同后方可请求支付报酬，但有例外：①行纪业务无从进行系基于委托人个人原因，如委托人破产，行纪人仍可请求支付报酬；②行纪业务无从进行系基于其他原因，有时依习惯，行纪人亦可请求支付报酬。如经售行纪中，委托人撤回出卖委托，依习惯，行纪人可请求支付报酬。① 另一种观点认为，报酬请求以交易行为完结为条件。行纪人仅与第三人成立交易合同不能请求支付报酬，只有第三人依合同实行了给付，行纪人才能请求支付报酬，但是行纪业务不可归责于行纪人事由而终止，如委托人撤回委托或

---

① 梅仲协：《民法要义》，中国政法大学出版社1998年版，第435页。

宣告破产，行纪人仍可请求支付报酬。德国商法、瑞士债务法采此立法例。如在经收行纪中只有买入物品已由第三人交付给行纪人或已直接交付委托人时，行纪人才有权向委托人请求支付报酬；在经售行纪中只有在出卖物品的价款已由第三人交与行纪人或直接交付委托人时，行纪人才有权请求支付报酬。我国合同法第422条规定，行纪人完成或者部分完成委托事务的，委托人应当向其支付相应的报酬。即行纪人完成或部分完成委托事务时才享有报酬请求权。但是"完成"或"部分完成"是指行纪人与第三人订立的合同成立，抑或第三人不仅与行纪人订立合同，且依合同实行了给付。不无疑问，我们认为，行纪人报酬请求权于第三人实施给付后发生为各国立法之通例，而且也是行纪合同与居间合同区别之一，因此采纳第二种观点较为合理。此外，为保护行纪人利益，根据合同法的规定，委托人逾期不支付报酬的，行纪人对委托物享有留置权。行纪人的留置权如同仓储合同中仓管人的留置权，亦属于合同法第84条第2款规定的"其他合同"之列。

（2）对委托物的提存权

合同法第420条规定，行纪人按照约定买入委托物的，委托人应当及时受领。经行纪人催告，委托人无正当理由拒绝受领的，行纪人依照本法第101条的规定可以提存委托物。委托物不能卖出或者委托人撤回出卖，经行纪人催告，委托人不取回或者不处分该物的，行纪人依照本法第101条的规定可以提存委托物。提存制度之设定，在于使债的关系终止，债务人从债务的不利和负担中脱离出来。因此，本法所规定的条件成就，行纪人即可行使提存权。如果委托物不适于提存或者提存费用过高的，行纪人可依法拍卖或变卖委托物，提存所得价款。

（3）介入权

合同法第419条规定了行纪人的介入权。所谓行纪人介入权，又称行纪人自约权，[1]是指委托人委托行纪人出卖或买入有价证券或其他有市场定价的物品，除委托人有相反意思表示外，行纪人可以自己名义充当买受人或出卖人的权利。

关于行纪人介入权的性质，有不同学说，一为代理买卖契约说，认为行纪人行使介入权是行纪人代理委托人与自己缔结买卖契约。该学说缺陷十分明显，因为代理人代理本人与自己订立合同为自己代理，为法所禁止。二为直接买卖契约说，认为行纪人与委托人之间直接成立买卖契约。合同法规定，行纪人只需在符合一定条件时即可行使介入权并不需取得委托人的同意，此与委托人和行纪人直接成立合同须经委托人作出承诺的意思表示迥然不同，因此该说不可采。三为形成说。认为介入权仍法律规定的结果，非基于当事人意思，行纪人行使介入权为单独行为而非合同的要约，不过在此情形，应适用关于买卖的规定而已。此说为我国台湾地区通说。

行纪人行使介入权必须具备以下两个条件：①行纪人受委托买卖之物限于货币、股票等有公示价格的商品。因为此类物品有一定市价不能任意抬高或降低，双方不会发生利害冲突。②委托人无相反的意思表示。即委托人于事先特别约定，不允许行纪人介入，则行纪人不能行使介入权。上述委托物虽有市价，但市价并非恒久不变，如果行纪人故意选择有利于己的时期介入，则会损害委托人的利益。因此，法律还应规定，委托物之市价以委

---

① 欧阳经宇：《民法债编各论》，汉林出版社1978年版。第181页。

托人指示而出卖或买入时之市价为准。所谓指示出卖或买入时之市价，如果委托人有具体指定，如依某交易所或市场某日某时市价，应依其指定；如果无具体指定，应依委托实现时即介入交易所或市场市价确定。行纪人行使介入权后，因其买卖有价证券或其他有市价物品的行为仍属于履行委托事务，因此仍可以请求委托人支付报酬。① 所以合同法第419条第2款为此规定。

此外，德国商法、瑞士债务法及我国台湾地区"民法"规定了介入权拟制。所谓介入权拟制即符合上述法定条件时，行纪人仅告知委托人订立合同的情事，并不告知委托人他方当事人姓名，视为行纪人负担该方当事人义务，即视为行纪人行使介入权。

3.3.3　委托人的介入权和第三人的选择权

所谓委托人的介入权，是指委托人在一定条件下参与行纪人与第三人所签订的合同，直接对第三人行使请求权或诉讼请求权的权利。

在合同法起草过程中，曾有数稿对此作出规定，后来又予以删除。我们认为，我国合同法应当借鉴此项制度。委托人的介入权不同于行纪人的介入权，行纪人介入权为大陆法系代理法固有制度，然而大陆法系原则上并不承认间接代理中委托人的介入权，委托人介入权系英美法系代理法中的制度。因此，我国合同法草案关于委托人介入权的规定是从英美法而来。行纪制度系大陆法系诸国数百年商品交换、经济流转的经验演变的产物。依大陆法系传统理论，行纪过程分为两个合同，一为委托人与行纪人的行纪契约；一为行纪人与第三人的执行契约。② 有的学者称之为二人合同结构。行纪人与第三人为执行契约之当事人，虽然真正的交易人为委托人与第三人，然而委托人不与第三人发生任何关系，故使委托人介入执行契约违背基本法理，为异端邪说。而在英美法系，衡平法思想使英国法学家们从思想上泰然地接受以自己名义但又代表他人行动的人直接创立了他人与第三人之间的契约。③ 英美法系中，代理人地位、作用有限，可以实际取代，而不是如同大陆法系间接代理人角色固定得太死，责任重大，且无多少法律上回旋余地。④

大陆法系的行纪方式尽管有许多可资利用的独到之处，然而却有其缺陷。行纪人与第三人订立合同后，如果第三人违反合同，则真正的利益受损方为委托人而非行纪人，然而因为委托人与第三人并无法律关系存在，并不对第三人享有权利，因此不得行使损害赔偿请求权，只有行纪人才替最终的违约受害人即委托人针对第三人行使损害赔偿请求权。这就产生了利益与请求权相分离的现象。在我国对外贸易中，生产企业担心因其无对外商的直接损害求偿权，从而在外商违约时不能向外商要求赔偿和进行仲裁、诉讼。因此，合同法草案借鉴了英美法系中不公开本人身份代理中委托人的介入权，将委托人与第三人直接

---

① 我国台湾地区"民法"第558条、德国商法第984条第3项、瑞士债务法第426条第1项有相同的规定。

② 范健：《德国商法》，中国大百科全书出版社1995年版，第253页。

③ ［英］施米托夫：《国际贸易法文选》，赵秀文译，中国大百科全书出版社1993年版，第397页。

④ 舒扬：《外贸代理的法律调整分析》，载《现代法学》1996年第1期。

联系起来。委托人享有介入权，有权介入行纪人与第三人所订立的合同，并直接对第三人行使请求权，并可对第三人起诉。同时，如果本人行使了介入权，自己就得对第三人承担合同债务和责任。但是，委托人并不是在任何情况下皆可行使介入权。在下列两种情况下，委托人不得行使介入权。

第一，委托人行使介入权与合同的明示或默示条款相抵触，如果行纪人在其与第三人订立的合同中明确排除委托人介入权，则委托人不得行使介入权。对于明示的排除条款比较容易理解，但是如何辨别委托人的介入权已为合同的默示条款排除了，1848年的"胡贝尔诉亨特案"是这方面的最早案例。在该案中，原告的代理人自称为货船所有人，并以交易中唯一本人的身份与被告订立了一份租船合同，之后原告向被告提起违约之诉。但法院认为，在本案中不能采信口头证据，不能认为代理人实际上代表他缔约，正如魏特曼法官指出的，在对合同标的主张权利时，如果口头证言与书面合同的条款发生冲突，那么口头证言不予采信。法院强调，合同形式就是排除本人行使介入权的手段。最后法院驳回了原告的介入权。此后的判例对此案进行了解释认为：当代理人默示地表明他是唯一的本人而缔约时，未公开身份的本人不享有介入权。因此，当代理人以"物主"或"所有权人"的身份缔约时，可以推定他默示地作出了在其身后不存在本人的承诺。相反，有的判例认为，如果代理人缔约时自称为"承租人"，那么"承租人"的提法和"缔约人"的提法都是消极代理；而且采纳表明代理人是代理未公开身份本人而缔约的口头证据。

第二，第三人是基于信赖代理人的人身因素而与其缔约。如果第三人非常注重代理人的人身因素，如自身技能和支付能力等，身份未公开的本人不得行使介入权。在这种情况下，代理人的人身因素是第三人与代理人缔约的唯一基础，第三人往往明确地只想和代理人缔约，而不愿意和其他任何人缔约。有时，第三人和代理人缔约并不注重代理人的人身因素，而是对身份不公开的本人十分反感，如其知道本人的身份或知道代理人是在代理本人而行事，就绝对不愿意与其缔约。在这种情形下，英美法院通常认为第三人的这种理由不能阻止本人行使介入权。

第三人知道了委托人以后，享有选择权。具体而言，他可以要求委托人或行纪人中的任何一人履行合同，也可以向委托人或行纪人起诉。但是第三人一旦选定了要求其中一人承担义务后，就不能改变主意，对另外一人起诉。

【案例3.9】王某为从事贸易的个体户，李某与王某约定，由王某为李某代销18方砚台。李某要求代销的最低总价为人民币31400元，王某以总价款的20%收取手续费，另扣除总价款的17%作为代为李某缴纳的增值税。协议签订后，王某当即给付李某1万元，余额9782元议定以后再付。至约定的时间，李某向王某索要欠款，王某称，18方砚台的成交价只有2.5万元，扣除约定的手续费和税款，只能付给李某5750元。王某向李某出具了她与购买人订立的销售合同。李某认为，王某无权改变代销的指示，要求王某支付欠款9782元。为此，双方当事人之间发生纠纷。李某遂向法院提起诉讼，要求王某支付9782元欠款。

解析

本案所涉法律原理是行纪人按照委托人的指示进行行纪活动的义务。行纪人的基本义务是以自己的名义为委托人从事贸易活动，也就是为委托人出卖或者购买物品。行纪人尽管是以自己的名义与第三人订立合同，但其是为委托人的利益进行贸易活动，因此行纪人在处理委托事务时，不仅必须亲自办理委托的贸易事务，而且应当选择对委托人最有利的条件，除了为委托人的利益外，不得擅自变更委托人的指示。委托人对于行纪人指示的主要内容就是买入或者卖出的价格。合同法第418条规定，委托人对价格有特别指示的，行纪人不得违背该指示卖出或者买入。委托人对卖出或者买入指示有最低价或者最高价的，行纪人应当在该指示的范围内卖出或者买入。行纪人低于委托人指示的价格卖出或者高于委托人指示的价格买入的，应当经过委托人的同意；未经委托人同意，行纪人补偿其差额的，该买卖对委托人发生效力。行纪人高于委托人指定的价格卖出或者低于委托人指定的价格买入的，可以按照约定增加报酬；没有约定或者约定不明的，又不能依据其他方法确定的，该利益属于委托人。

在本案中，李某委托王某出卖砚台，并指定了最低价格。依据合同法第418条的规定，王某以低于该指定的最低价格卖出时，应经过李某同意；未经李某同意的，王某只有补偿其差额，该买卖合同才对李某发生效力。因此，因王某擅自以低于指定的价格卖出，其仍应按照约定的数额向李某给付价款。

3.4　居间合同

3.4.1　居间合同的概念与特征

居间是一古老行业，希腊罗马时期即有其制。延自近代，法国商法典率先设置了居间人的规定。德国民法规定了居间合同，又在商法典中规定了商务居间。日本民法无商务居间的规定，但在商法上设有关于以商行为媒介从事居间营业的规定。瑞士债务法并不区分民事居间与商务居间而对居间进行了统一规定。我国古代就有居间，居间人被称为互郎或者牙行、牙纪。中华人民共和国成立以前，当时的民法曾仿效瑞士债务法体例专门规定了居间。改革开放以后，居间活动在我国十分活跃，证券变易、商品买卖、货物运输、出租赁用、职业婚介等领域均出现各种形式的居间人，从而也导致居间纠纷日益增多。然而，在合同法颁布以前，我国并无关于居间的规定，这不仅导致居间行业运行状态混乱，而且使法院在处理居间纠纷时处于无法可依的困境。现行合同法第23章对居间作出了专门规定，适应了经济发展的需要。合同法对居间的规定，主要涉及居间合同的概念、居间人以及委托人的权利义务等。

居间合同，是指居间人向委托人报告订立合同的机会或提供订立合同的媒介服务，委托人支付报酬的合同。在居间合同中，承担报告订立合同机会或提供订立合同的媒介服务义务的一方为居间人，支付报酬的一方为委托人。

居间合同具有以下特征：

（1）居间合同为一方当事人为他方当事人报告订约机会或充当订约媒介的合同

居间合同为提供服务或劳务的合同，但此种服务为报告订约机会或充当订约媒介，所谓报告订约机会，是受委托人之委托，寻觅及指示可与订约之相对人，以供订约之机会。

提供报告订约机会服务之居间人，称为指示居间人或报告居间人。所谓充当订约媒介，是指斡旋于双方之间为之说合使双方自行订立契约。提供订约媒介服务的居间人，称为媒介居间人。在居间合同中，居间行为表现为充任订约的媒介或报告订约机会。居间人既非以自己名义为之，也非以委托人名义进行活动，因此居间人不过是居于交易双方当事人之间起介绍、协助作用之中间人。

（2）居间合同为独立有名合同

对于居间合同的性质，有委托契约说、雇佣契约说、承揽契约说诸种不同的观点。我们认为，居间合同有其特殊性，与委托、雇佣、承揽皆有不同，应为一种独立的契约。居间与委托的区别，本文稍后有论述，于此不赘述。在居间合同中，居间人不仅要提供居间服务，并且要因其行为使委托人与第三人之间的合同成立，即居间人的行为需有成果，此与雇佣合同不同。并且，居间人行为之成果并非直接使委托人与第三人之间的合同成立，而仅是委托人与第三人间合同成立之原因和前提。委托人与第三人之间的合同能否成立，为委托人与第三人的自由，与居间人的意思无关，因此也不同于承揽。综观世界各国，大多数国家的民商立法均承认居间为一独立的合同和有名合同，如德国民法将居间与委托、雇佣等并列规定。我国合同法以专章对居间合同进行规定，此其为独立合同、有名合同的明证。

（3）居间合同为有偿合同、诺成合同及不要式合同

居间人以从事居间活动，收取报酬为营业，委托人委托居间人办理居间事务，需要向居间人支付报酬，故居间合同为有偿合同。当然委托人是否支付报酬与居间人能否取得报酬往往具有不确定性，这是因为只有居间人的居间活动达到目的，委托人才有支付报酬的义务，如果委托人与第三人之间的合同不能成立，则居间人不能取得报酬请求权，因此，居间人报酬的取得是附有一定条件的，但是，这并不能否认居间合同的有偿性。

诺成合同是双方当事人意思表示一致即可成立的合同。在居间合同中，委托人与居间人意思表示一致，居间合同即可成立，因此居间属于诺成合同。有人认为，只有委托人与第三人之间的合同因居间人的行为而成立，委托人才支付报酬，即以报酬取得的附条件性为由否认居间合同为诺成合同。我们认为，委托人支付报酬与居间合同成立是两个不同的问题，委托人支付报酬的行为是居间合同成立后委托人履行义务的行为，而不是居间合同的成立要件。此外，对于居间合同的订立，法律并不要求采用一定形式履行一定手续，故为不要式合同。

居间合同与委托合同以及行纪合同均属于提供服务的合同，委托人均需完成一定的委托事务，但是，居间与委托及行纪并不相同。居间与委托有以下区别：

①居间合同中，居间人的行为仅限于提供订约机会或充任订约媒介，而在委托合同中，委托人的行为范围广泛，事实行为以及法律行为均无不可。

②居间合同为有偿合同，而委托合同既可为有偿也可为无偿。

③居间合同中，居间人的资格受特殊限制，即为经核准登记从事居间业务的自然人、法人或其他组织，而在委托合同中，委托人的身份并无特别限制。

④居间合同中，居间人报酬请求权的发生以委托人与相对人间的合同因居间行为而成立为前提，并且在媒介居间中，居间人即使只受一方当事人委托，也可请求委托人之相对

人给付报酬。而委托合同中，委托事务虽未处理完毕，受托人即可就其已处理部分请求报酬，并且，受托人只能请求委托人支付报酬。

⑤居间合同中，居间人为实施居间行为而支出的费用，原则上不得请求偿还；而委托合同中，受托人可以请求预付或偿还处理委托事务支出的必要费用。

居间与委托代理有以下区别：

①居间合同中，居间行为为报告订约机会，当然，居间人可经特别授权代他人订立合同，但此时应认为居间人同时具有代理人身份；而在委托代理中，代理行为系民事法律行为。

②居间合同中，居间人非以委托人名义，也非以自己的名义进行活动；而委托代理人系以委托人的名义进行民事活动。

③居间合同中，居间人资格有特殊限制；而委托代理中，代理人并无特殊身份，凡是有民事权利能力、行为能力之人皆可为代理人。

④居间合同中，当居间人为订约媒介时，可请求委托人及其相对人支付报酬；而在代理中，代理人只能依其与委托人之基础合同关系向委托合同关系人请求支付报酬。

【案例3.10】2009年3月5日，甲进出口公司拟在上海成立分公司，遂委托张某代理有关业务。不过，由于各种原因，分公司一直未能登记成立。4月5日至6日，张某与乙机电公司、丙百货公司两个单位的人到进出口公司总部，商谈买卖钢材事宜。4月9日，甲进出口公司委托张某代理与乙机电公司、丙百货公司签订钢材买卖合同，丙同时委托张某代理进出口5万吨钢材的报关手续。在委托时，进出口公司与张某口头商定，报关费为总货款的10%并实行包干。4月20日，乙机电公司、丙百货公司分别按照合同约定，将10%预付货款共计1200万元汇入甲进出口公司的代理人张某的个人账户用作报关、边贸等费用。12月10日，进出口公司进口的钢材1万吨运抵南京码头，张某从收到的预付款中支付200万元办理了该批钢材的报关手续。后来甲进出口公司原计划进口的其余钢材由于种种原因不再进口，遂向张某催还剩余的代理报关费。然而，张某以1200万元系中介劳务费为由拒不退还。

解析

本案涉及甲进出口公司与张某之间的民事法律关系究竟是委托代理关系还是居间关系的问题。我国合同法第424条规定，居间合同是居间人向委托人报告订立合同的机会或者提供订立合同的媒介服务，委托人支付报酬的合同。在居间合同中，提供交易媒介的一方为居间人，给付报酬的一方为委托人。就本案而言，有观点认为，甲进出口公司与张某之间的关系是居间关系，其理由是张某代两家客户与甲进出口公司签订钢材买卖合同，他是通过自己的劳动促成了甲进出口公司与两家客户之间的生意，使得甲进出口公司获得利润，张某的行为符合居间合同的特征。乙丙两家客户汇入张某的款项，应作为甲进出口公司给付张某的中介劳务费。我们认为，甲进出口公司与张某之间的民事法律关系是委托代理关系而不是居间关系。委托代理是指本人由于主观或者客观原因不便亲自实施民事法律行为而委托他人在一定权限内以本人的名义实施民事法律行为。

就本案而言，张某带两家客户到甲进出口公司总部以后，由甲进出口公司与客户商谈，后来委托张某代表甲进出口公司在钢材买卖合同上签字并加盖了甲进出口合同的公章，由此可见，张某是代表甲进出口公司而非独立于甲进出口公司之外；并且钢材买卖合同中特别注明，合同签订后，两家客户要分别汇入总货款的10%到张某在南京开设的账户上，作为张某代理甲进出口公司钢材报关的报关、边贸等费用，其代理性质较为明显。不仅如此，甲进出口公司进口钢材时，是以自己的名义与外商签订合同的，已经实际进口1万吨，张某在报关时，也是以甲进出口公司的名义进行申报的。由于甲进出口公司与张某之间属于委托代理关系，因此，张某代理甲进出口公司进出口钢材1万吨，按照总价款2400万元的10%计算代理报关费用240万元，由甲进出口公司承担，其他部分款项960万元以及利息应由张某返还给甲进出口公司。

3.4.2 居间人的义务与权利

3.4.2.1 居间人的义务

根据我国合同法的规定，居间人主要应承担以下义务：

（1）如实报告义务

居间人在从事居间活动时，对于有关订立合同的事项，应就其所知，向委托人如实报告。这是居间人的一项主要义务。在居间活动中，对于订约有关的事项，如相对人的订约能力和信用状况、相对人将用于交易的标的物的存续状态等，居间人应就其所知据实告知委托人。根据德国有关判例和学说，居间人依据诚实信用原则，就一般关于订约有影响的事项虽然不负有积极的调查义务，然就其所知事项，负有报告委托人的义务。我国合同法第425条规定，居间人应当就有关代理合同的事项向委托人如实报告。

从我国合同法的规定来看，居间人仅对委托人负有如实报告的义务。有学者认为，在指示居间合同中，居间人只对委托人负有如实报告的义务，而对于相对人，居间人则没有报告的义务；在媒介居间合同中，居间人无论是同时受相对人委托，还是未受相对人的委托，居间人都负有向双方如实报告的义务。对此，我国台湾地区"民法"第567条规定，居间人关于订约事项，应就其所知，据实报告于各方当事人。我们认为，上述观点虽然在大陆现行合同法中尚无规定，但从理论上而言，这一观点是相当合理的，因为在媒介居间的情况下，如果居间成功，则居间报酬是由订约当事人双方平均负担的。既然居间人从双方当事人平均取得报酬，自然应当对各方当事人负有如实报告的义务。

如果居间人故意不履行如实告知义务或者提供虚假情况，损害委托人利益的，居间人不仅不能请求支付报酬，而且要对委托人承担损害赔偿责任。我国合同法第425条规定，居间人故意隐瞒与订立合同有关的重要事实或者提供虚假情况，损害委托人利益的，不得要求支付报酬并应当承担损害赔偿责任。

（2）尽力进行居间服务

居间人是否负有尽力的义务，在理论上存在着不同的看法。一种观点认为，居间人不负有尽力的义务。因为居间人是以达到居间目的为取得报酬条件的，居间人不尽力，达不到居间目的，不过是不能取得报酬而已，不能再承担其他责任。另一种观点认为，居间人应负尽力的义务。因为居间人接受了委托，就应从维护委托人的利益出发，尽力促成交易，而不得随意地消极对待其接受的居间事务。我们认为，依据诚实信用原则，居间人应负有尽力的义务，尽力促成交易。至于尽力的标准，应依据居间的内容和当事人的约定以及交易习惯确定。例如为报告订约机会进行居间的，按照委托人的指示寻找依据其资格和倾向有希望与委托人订约的人，并向委托人指明该人，即为已经尽力。

（3）保密义务

在居间合同中，居间人对在为委托人完成居间活动中获悉的委托人的有关商业秘密以及委托人提供的其他各种信息、成交机会等，应当依据合同的约定和法律的规定保守秘密。居间人违反保密义务，造成委托人损害的，居间人应承担损害赔偿责任。

3.4.2.2 居间人的报酬请求权

居间人的报酬，通常称作居间费。委托人是否给付报酬及其数额，应由委托人和居间人约定。如果双方当事人以口头或书面形式明确表示应给付报酬和给付多少报酬，则遵从其约定。如果当事人未约定报酬，居间人可否请求支付报酬？德国民法以及我国台湾地区"民法"均规定，如果居间人不受报酬就不可能报告订约机会或为订约媒介时，推定双方已对报酬作出约定，居间人有报酬请求权。对此问题，我国合同法第426条规定："对居间的报酬没有约定或者约定不明确，依本法第61条的规定仍不能确定的，根据居间人劳务合理确定。"依此规定，如果双方当事人未约定报酬的，委托人仍应支付报酬。因此，我国法律对于当事人未约定报酬时，居间人可否享有报酬请求权的规定，与其他国家的规定有所差异，依这些国家的规定，当事人未约定报酬的，只有符合法定条件，居间人才取得报酬请求权，而我国法律对居间人的报酬请求权的行使并无限制，这是完全贯彻居间合同有偿性的结果。

居间人的报酬完全由当事人约定，虽符合合同自由原则，然而，却易导致显失公平、触犯公认的伦理价值等后果。为克服约定报酬的弊端，大陆法系各国规定了"约定报酬酌减制度"，即约定报酬高于居间人所服劳务的价值以致显失公平时，法院可因委托人的声明而酌情予以减少报酬数额。台湾地区"民法"第572条规定："约定之报酬较居间人所任务之价值，为数过巨，失其公平者，法院得因委托人之请求酌减。"适用此制度，往往需要以下条件：①委托人或相对人向法院提出申请；②约定数额过高，客观上显失公平；③报酬尚未给付，若委托人已给付报酬，可视为其已抛弃减额请求权，不得再请求酌减报酬数额。对于第③项条件的适用范围，各国立法规定颇不一致。台湾地区"民法"适用于所有类型的居间，瑞士债务法限于雇佣居间及不动产买卖居间，德国民法则限于雇佣居间。

在婚姻居间中，居间人可否享有报酬请求权？依瑞士债法、德国民法以及我国台湾地区"民法"的规定，当事人就婚姻居间约定报酬的，该约定无效，其原因在于"盖婚姻结合，重在双方当事人自由意志，恐居间人因贪图报酬而勉强说合，则婚姻难期美满"。但是，在婚姻居间中，若委托人允诺向居间人为赠与的，由于赠与与支付报酬不同，应为有效。因婚姻而约定报酬，并非与公共利益抵触，很难说具有违法性。各国民法一般规定，如果委托人基于约定已经给付报酬的，则委托人不能请求返还。在婚姻居间中，如果双方当事人约定了报酬的，则该约定无效，但该条款无效，并不影响合同中其他条款的效力，居间合同仍为有效。

居间人于何时能行使报酬请求权，各国立法颇不一致，日本商法规定居间行为终了之后，居间人即可请求报酬；德国商法、我国台湾地区"民法"规定，居间人以契约因其居间而成立之后，方可请求报酬。我们认为，居间人的使命是为委托人提供订约机会或充当订约媒介，以促进委托人与相对人建立合同关系，是就其劳务结果而非劳务的给付享有报酬请求权。如果居间人实施居间行为后，委托人与相对人之间的合同未成立，或者虽然成立但并非居间人报告或媒介所致，则居间行为实属无益之举，居间人不应请求支付报酬。因此，我国合同法第 426 条规定："居间人促成合同成立的，委托人应当按照约定支付报酬。"我国合同法对居间人请求支付报酬的期限的规定，与德国及我国台湾地区"民法"同出一辙，均以居间人促成合同成立作为居间人行使报酬请求权的时间点和条件。如果居间人未促成合同成立，则不得请求支付报酬。依此规定，我们认为，居间人得于下述条件成就之后行使报酬请求权：

（1）委托人与相对人之间的合同成立

合同成立的标准因合同种类不同而不同。如诺成合同，其成立时间为双方合意之时；要物合同为标的物交付之时；采用书面形式的合同，由双方签字盖章合同才成立；要求办理登记的合同，双方当事人办理完登记手续后合同成立；附条件及附期限合同，其成立标准为条件成就或期限到来之时。居间人行使报酬请求权，以合同成立为标准，至于合同成立以后是否履行或者是否被解除在所不问。当然，如果合同的不履行是由于居间人虚假介绍所致，则居间人不得请求报酬，已获得报酬的，应予以返还。

（2）委托人与相对人成立的合同为有效合同

如果委托人与相对人之间的合同无效或被撤销，则合同视为自始不成立，居间人不得请求报酬。如果合同的无效或被撤销是由于居间人的过错所致，并且造成委托人或相对人损失的，居间人应负担赔偿责任，如居间人介绍无行为能力人与委托人签订合同，由此给委托人造成的损失，由居间人赔偿。

（3）委托人与相对人所成立的合同，是委托人所委托的合同

如果委托人与相对人成立的合同，非委托人所委托的合同，居间人不得请求报酬。如委托人所委托的是成立一项租赁合同，但委托人与相对人因居间人之行为成立的是一项买卖合同，则因买卖合同并非委托人所委托，居间人不得行使报酬请求权。

（4）委托人与相对人成立的合同与居间人之行为有因果关系，即委托人与第三人成立的合同为居间人行为之结果

委托人与第三人之间的合同如果非因居间人的行为而成立，居间人当然不能请求支付报酬。不过，法律关于居间人报酬请求权行使条件的规定并非强行性规定，如果当事人之间有相反的约定的，居间人应依约定行使权利。如当事人约定，即使委托人与相对人的合同没有成立，居间人也得请求支付报酬，或者只有在委托人与相对人合同完全履行后，居间人方可请求支付报酬。

对于报酬的给付人，因居间种类不同而有异。在报告居间或指示居间中，居间人仅为委托人报告订约机会，并不与相对人直接交涉，完全为委托人利益而活动，因此应由委托人支付。在媒介居间中，不管居间人是接受双方委托还是接受单方委托，居间人斡旋于委

托人与相对人之间，为他们说合，促成他们自行成立合同，因居间行为而得益的是合同双方当事人，可以认为相对人与居间人间存在默示的居间契约，因此，我国合同法第426条规定，因居间人提供订立合同的媒介服务而促成合同成立的，由该合同当事人平均负担居间人的报酬。

【案例3.11】1997年7月14日，货主唐某委托某县安通服务部业主王某联系货车往河南民权县发运大豆。7月17日，王某在黑龙江省齐齐哈尔市找到空车配货车主。该车到达佳木斯市后，王某用电话通知了唐某领车装货。此后，王某、唐某及车主三方签订了一份"货物运输协议书"，该协议中约定"三方签字后货主将车领走，服务部即完成介绍任务"，"甲方不押车，途中损失各负其责。"唐某给付车主运费1800元，车主付给居间人王某服务费300元。货物运走时唐某没有押车，三日后接货方没有收到货物。经查，车主提供给王某的各种行车证照等手续都是虚假的，唐某实际损失3.2万元，车费1800元。

解析

我们认为，居间人王某和委托人唐某应根据各自责任的大小，承担相应过错责任。这主要是基于以下理由：第一，从本案三方所签订的协议来分析，该协议中约定"三方签字后货主将车领走，服务部即完成介绍任务"，"甲方不押车，途中损失各负其责"。本案协议书明确了三方的权利义务关系，货主唐某应承担押车的责任，而唐某却放弃押车，导致货物被骗，依据过错推定原则，唐某应承担主要过错责任。第二，根据合同法第425条规定的居间人的主要义务，居间人必须从诚实信用的原则出发，忠实履行自己的居间职责，并且有如实向委托人报告有关订立合同的事项之义务。在本案中，居间人王某应对订约的有关事项和相对人的信用状况，就其所知情况据实报告给委托人，而王某却对相对人各种行车手续及资信程度审查不细，导致委托人唐某被骗，根据过错责任推定原则和举证责任倒置法则，王某没有举出充分证据证明自己没有任何过错，故其应承担部分过错责任。

4 工商登记代理

4.1 企业登记代理人

企业登记代理人一般是指企业登记代理机构。企业登记代理机构是指接受委托、从事企业登记代理经营活动的企业法人或者其他中介服务机构。工商行政管理机关负责指导和监督企业登记代理机构的活动。

4.1.1 企业登记代理机构的登记管理

4.1.1.1 设立条件

企业登记代理机构除应当符合《企业法人登记管理条例》及其施行细则、《中华人民共和国公司法》、《公司登记管理条例》规定的条件外，还必须有三名以上具有企业登记代理资格的专职业务人员。

其他中介机构申请开展企业登记代理业务，应当有三名以上具有企业登记代理资格的专职业务人员，未办理企业法人登记的，应向工商行政管理机关申请开业登记；已办理企业法人登记的，应申请办理在经营范围中增加企业登记代理业务的变更登记。据此，所有从事企业登记代理业务的机构均纳入了企业法人登记管理的范围。非公司制企业登记代理机构适用《企业法人登记管理条例》及其施行细则的规定，公司制企业登记代理机构适用《公司登记管理条例》的规定。

4.1.1.2 登记管辖

企业登记代理机构的登记管辖，依照《企业法人登记管理条例》或者《公司登记管理条例》的规定执行。

企业登记代理机构为非公司企业法人的，一般实行国家工商行政管理局和地方各级工商行政管理局分级登记和属地登记管理的原则。

企业登记代理机构为公司的，有登记权的公司登记机关是国家工商行政管理局，省、自治区、直辖市工商行政管理局以及市、县工商行政管理局。

各级工商行政管理机关登记哪一种类的企业登记代理机构可依照《企业法人登记管理条例》和《公司登记管理条例》的有关规定执行。

4.1.1.3 登记程序

企业登记代理机构的登记类型也分为开业登记（企业登记代理机构是公司的，称为设立登记）、变更登记和注销登记。登记的一般程序是：

①申请人将应提交的文件、证件和填报的登记注册申请书提交给登记主管机关；

②登记主管机关就提交的文件、证件和填报的登记注册申请书的真实性、合法性、有效性进行审查，并核实有关登记事项；

③登记主管机关在一定期限内做出核准登记或不予核准登记的决定。经审查核准登记的，登记主管机关应及时通知申请发给、换发或者收缴企业法人营业执照或营业执照；经审查不予核准登记的，登记主管机关应及时通知申请人，发给《登记驳回通知书》。

4.1.2 企业登记代理的授权行为规范

根据《企业登记代理机构管理暂行办法》（以下简称《暂行办法》）的有关规定，企业登记代理的授权行为是要式行为，即授权行为应采用书面授权委托书的形式。授权委托书必须载明代理人的姓名或者名称、代理事项、代理权限或期间等，并由委托人签名或盖章。企业登记代理的书面形式和必备内容并不是可以由当事人任意选择的。

如果委托书授权不明，委托人应当向第三人承担民事责任，代理人负连带责任。委托书授权不明，意味着根据委托人的意思表示，无从判断代理人的行为究竟是无权代理行为还是有权代理行为。法律为了维护代理制度的信用和第三人的利益，推定委托书授权不明的行为是有权代理。委托书授权不明的代理行为可能包含：代理人与委托人双方的过错，委托人没有按法律规定完备授权委托书的各项内容；代理人知道委托书授权不明，却没有表示异议而接受授权。因此，代理人应与委托人一起向第三人承担连带责任。如果代理人不履行职责而给被代理人造成损害的，应当承担民事责任。代理人不履行职责的直接后果是使应该发生的代理行为没有发生，间接后果是使委托人可以通过代理关系得到的利益没有得到，或者委托人可以通过代理关系避免的损失没有避免。代理人不履行职责的民事责任是一种损害赔偿责任，因此，存在损害事实是责任要件之一。如果仅有职责的不履行，而没有委托人损害事实的发生，是无从追究代理人损害赔偿责任的。但是，委托人可以要求代理人承担继续履行的责任。

4.1.3 企业登记代理机构的业务管理

（1）企业登记代理机构应当接受工商行政管理机关的指导和监督

这是因为，工商行政管理机关是国家主管企业登记的行政机关，企业登记代理机构所从事的企业登记代理活动就是将委托的代理事项交由登记主管机关审查，登记主管机关依法作出核准登记或不予核准登记的决定的过程，企业登记代理机构与工商行政管理机关构成代理行为关系。工商行政管理机关据以审查企业登记申请文件真实性、合法性、有效性的依据，正是企业登记代理机构办理企业登记代理业务时应遵循的法律、行政法规、部门规章和规范性文件。无疑，在工商行政管理机关的指导和监督下，企业登记代理机构将提高业务水平、提高工作效率、提高服务质量，从而增强竞争力，也才能更好、更有效地发挥中介作用。

（2）企业登记代理机构的业务范围

企业登记代理业务贯穿于企业登记的始终，从有关法律法规的咨询到办理各项登记申请，都存在于代理关系之中。具体而言，企业登记代理机构可以接受委托，办理下列业务：

①代写企业登记所需文书，要求填报内容不含虚假成分，形式有效，这是企业登记申请的形式要件；

②代办企业登记和代写企业年度报告；

③提供企业登记事务咨询；

④担任企业登记事务顾问。

（3）需要的证件

企业登记代理机构代办企业登记或者企业年检申请时应当向登记机关出示或者提交下列证件。

①企业登记代理机构的营业执照副本或者加盖发照机关印章的营业执照复印件。企业登记代理机构的营业执照，是其市场准入的"通行证"，更是其从事企业登记代理业务的合法证明和前提条件。如果没有营业执照，企业登记代理便无从谈起。加盖发照机关印章的营业执照复印件与营业执照正、副本具有同等法律效力。

②委托人出具的授权委托书。如前所述，企业登记代理属于要式的委托代理，授权委托书须载明代理人的姓名或名称、代理事项、代理权限或期间等，并由委托人签名或盖章后方为有效。

③企业登记代理机构指定或授权的人员的证明文件及该人员的《企业登记代理资格证书》。

在企业登记代理关系中，作为代理人的是企业登记代理机构。办理具体企业登记申请事务的，是企业登记代理机构指定或授权的人员。此种指定或授权亦应采取书面形式，该人员须是受聘于该代理机构的具有《企业登记代理资格证书》的专职业务人员。

（4）企业登记代理机构办理代理业务，不受行政区域的限制

其直接效果是可以使企业登记代理机构拓宽经营渠道、打破地区界限，从而健全竞争机制，有利于形成行业规范，有利于中介机构的发展。

（5）企业登记代理机构有权依照委托合同约定收取报酬

企业登记代理机构从事经营活动也是以营利为目的的，其收取报酬是以与委托人签订的委托合同的约定为依据的，即这一报酬是基于合同双方意思表示一致而产生的。但是，这种报酬不得违反国家法律、法规和政策，即不能超越于法律之上而设定收费项目和标准，只能在核定的范围和标准之内作出约定。

4.2　设立登记

4.2.1　企业名称申请登记

4.2.1.1　工商行政管理机关对企业名称实行分级登记管理

国家工商行政管理总局主管全国企业名称登记管理工作，并负责核准下列企业名称：

①冠以"中国"、"中华"、"全国"、"国家"、"国际"等字样的；

②在名称中间使用"中国"、"中华"、"全国"、"国家"等字样的；

③不含行政区划的。

地方工商行政管理局负责核准前款规定以外的下列企业名称：

①冠以同级行政区划的；

②同级行政区划放在企业名称字号之后、组织形式之前的。

国家工商行政管理局授予外商投资企业核准登记权的工商行政管理局核准外商投资企业名称。

除国务院决定设立的企业外，企业不得冠以"中国"、"中华"、"全国"、"国家"、"国际"等字样。在企业名称中间使用"中国"、"中华"、"全国"、"国家"、"国际"等字样的，该字样应是行业的限定语。使用外国（地区）出资企业字号的外商独资企业，可以在名称中间使用"中国"字样。

4.2.1.2　申请企业名称结构

企业名称应当由行政区划、字号、行业、组织形式依次组成，法律法规另有规定的除外。例如，北京安泰新世纪信息技术有限公司，"北京"为行政区划；"安泰新世纪"为字号；"信息技术"为行业；"有限公司"为组织形式。

（1）行政区划

①企业名称中的行政区划是本企业所在地县级以上行政区划的名称或地名。

②具备下列条件的企业法人，可以将名称中的行政区划放在字号之后、组织形式之前：

（a）使用控股企业名称中的字号。

（b）该控股企业的名称不含行政区划。

（c）使用外国（地区）出资企业字号的外商独资企业，可以在名称中间使用"中国"字样。

（2）字号

企业名称中的字号应当由两个以上汉字组成，行政区划不得用作字号，但县以上行政区划地名具有其他含义的除外。企业名称可以使用自然人投资人的姓名作字号。

（3）行业

①企业名称中的行业表述应当是反映企业经济活动性质所属国民经济行业或者企业经营特点的用语。企业名称中行业用语表述的内容应当与企业经营范围一致。企业经济活动性质分别属于国民经济行业不同大类的，应当选择主要经济活动性质所属国民经济行业类别用语表述企业名称中的行业。

②企业名称中不使用国民经济行业类别用语表述企业所从事行业的，应当符合以下条件：

（a）企业经济活动性质分别属于国民经济行业5个以上大类；

（b）企业注册资本（或注册资金）1亿元人民币以上或者是企业集团的母公司；

（c）与同一工商行政管理机关核准或者登记注册的企业名称中字号不相同。

③企业为反映其经营特点，可以在名称中的字号之后使用国家（地区）名称或者县

级以上行政区划的地名。上述地名不视为企业名称中的行政区划。例如，北京×××四川火锅有限公司、北京×××韩国烧烤有限公司。"四川火锅"、"韩国烧烤"字词均视为企业的经营特点。

④企业名称不应当或者暗示有超越其经营范围的业务。

（4）组织形式

依据公司法、中外合资经营企业法、中外合作经营企业法、外资企业法申请登记的企业名称，其组织形式为有限公司（有限责任公司）或者股份有限公司；依据其他法律、法规申请登记的企业名称，组织形式不得申请为"有限公司（有限责任公司）"或"股份有限公司"，非公司制企业可以申请用"厂"、"店"、"部"、"中心"等作为企业名称的组织形式。例如，"北京×××食品厂"、"北京××商店"、"北京××技术开发中心"。

4.2.2　有限责任公司的设立登记

4.2.2.1　有限责任公司的设立条件

（1）股东符合法定人数

法定人数包括法定资格和所用人数两重含义。法定资格是指公司法规定的设立有限责任公司的股东人数。公司法对有限责任公司的股东限定为不得超过 50 人。国家授权投资的机构或者国家授权部门可以单独投资设立国有独资的有限责任公司。

（2）有符合公司章程规定的全体股东认缴的出资额

新公司法取消了对有限责任公司注册资本最低限额的规定，该注册制为认缴制，公司的注册资本为在公司登记机关登记的全体股东认缴的出资额，但法律、行政法规以及国务院决定对有限责任公司注册资本的最低限额有较高规定的，从其规定。

（3）股东共同制定公司章程

制定有限责任公司章程，是设立公司的重要环节，公司章程由全体出资者在自愿协商的基础上制定，经全体出资者同意，股东应当在公司章程上签名、盖章。

（4）有公司名称

建立符合有限责任公司要求的组织机构，设立有限责任公司，除其名称应符合企业法人名称的一般性规定外，还必须在公司名称中标明"有限责任公司"或"有限公司"。建立符合有限责任公司要求的组织机构，是指有限责任公司组织机构的组成、产生、职权等符合公司法规定的要求。公司的组织机构一般是指股东会、监事会、经理或股东会、执行董事、一至二名监事、经理。股东人数较多，公司规模较大的适用前者，反之适用后者。

（5）有固定的生产经营场所和必要的生产经营条件

4.2.2.2　有限责任公司的设立登记程序

名称预先核准登记→查询→填表→核准

开业登记→填表→审核→发照

4.2.2.3　有限责任公司设立登记应提交的文件

有限责任公司设立登记，应向公司登记主管机关提交下列文件：

（1）公司董事长或执行董事签署的《公司登记申请书》

（2）全体股东指定代表或共同委托代理人的证明

它是指全体股东在股东成员中指定某个成员作为到公司登记机关申请设立登记的代表，或者全体股东共同委托股东以外的人来代理股东进行申请登记注册活动的证明文件，该文件的形式应是委托书，该委托书应由全体股东盖章或者签字。股东是法人的，应加盖印章，股东是自然人的，应签署姓名。

（3）公司章程

公司章程是公司设立的重要文件。其内容应齐备，符合公司法规定的各项要求。

（4）具有法定资格的验资机构出具的验资证明

法定验资机构出具的验资证明是表明公司注册资本真实、合法的证明。具有法定资格的验资机构应是经注册的会计师事务所或审计师事务所。具有法定资格的验资机构出具的验资证明，应是会计师事务所或审计师事务所出具的验资报告。验资报告应明确载明股东人数、出资方式、出资额及该公司所有股东认缴的资金总额，该资金总额必须全额存入该公司在银行开设的临时账户。其中以实物、工业产权、非专利技术或者土地使用权出资的，应同时提交经注册的资产评估事务所出具的资产评估报告。

（5）股东的法人资格证明

法人资格证明是指具有法人资格的单位或企业能证明自己的法人资格的文件。如加盖企业登记机关印章的营业执照复印件，社团法人的社团法人登记证等。能证明自然人身份的，应当是居民身份证或其他合法的身份证明。

（6）独资企业、合伙企业投资人或全体合伙人同意投资入股的文件及加盖原登记机关印章的营业执照复印件

（7）载明公司董事、监事、经理姓名、住所的文件以及有关委派、选举或者聘用的证明

这里应提交两种文件：一种是载明公司董事、监事、经理的姓名、住所的文件；一种是有关委派、选举或者聘用为公司董事、监事、经理的证明文件。

公司的董事、监事、经理均是自然人，所以，能载明其姓名和住所的文件应是其居民身份证或其他合法的身份证明。因此，应提交其居民身份证等身份证明的复印件。

公司的董事、监事、经理的产生方式应根据公司章程而定。国有独资公司董事会成员由国家授权投资的机构或者国家授权的部门委派或更换；如果是选举产生，则应提交股东会决议，该决议由出席会议的股东盖章或签署姓名。经理由董事会聘任，因此应提交董事会决议或董事长签署的载明其聘任经理事项的聘任书。

（8）公司法定代表人的任职文件和身份证明

有限责任公司的法定代表人为公司的董事长或执行董事，其任职文件应根据公司章程的规定而定。其任职可以由董事会选举产生或者指定产生。因此，有限责任公司的法定代表人的任职文件应是股东会议或董事会决议或者载明国家投资部门或授权部门指定任职的文件。

公司法定代表人应提交其居民身份证复印件或其他合法的身份证明。

（9）企业名称预先核准通知书

设立有限责任公司，应当由全体股东指定代表或者共同委托代理人向公司登记机关申

请名称预先核准。对于符合规定准予使用的名称，公司登记机关发给公司《企业名称预先核准通知书》。预准的名称保留期为 6 个月。

（10）公司住所证明

公司住所是租赁用房的，需提交房主的房屋产权登记证的复印件或有关房产权的证明文件及租赁协议。

公司的住所是股东作为出资投入使用的，则提交股东的房屋产权登记证明或有关房屋产权证明的文件及该股东出具的证明文件。

除上述十种文件外，法律、行政法规规定设立有限责任公司必须报经审批的，还应当提交有关部门的批准文件。如设立国有独资公司的，需提交国家授权投资的机构或者国家授权的部门的证明文件及对设立公司的批准文件，设立期货经纪公司，应提交中国证券监督管理委员会的批准文件。

4.2.3 股份有限公司的设立登记

4.2.3.1 股份有限公司的设立条件

（1）发起人符合法定的资格，达到法定的人数

发起人的资格是指发起人依法取得的创立股份有限公司的资格。发起人可以是自然人，也可以是法人。设立股份有限公司，必须达到法定的人数，应有 2 人以上 200 人以下的发起人，但发起人中须有过半数的人在中国境内有住所。

（2）有符合公司章程规定的全体发起人认缴的股本总额或者募集的实收股本总额

股份有限公司采取发起设立方式设立的，注册资本为在公司登记机关登记的全体发起人认缴的股本总额；采取募集方式设立的，注册资本为在公司登记机关登记的实收股本总额。法律、行政法规以及国务院决定对股份有限公司注册资本的最低限额有较高规定的，从其规定。

发起人可以用货币出资，也可以用实物、工业产权、非专利技术、土地使用权作价出资。发起人以货币出资时，应当缴付现金。发起人以货币以外的其他财产权出资时，必须进行评估作价，核实财产，并折合为股份，且应当依法办理其财产权的转移手续，将财产权由发起人转归公司所有。

（3）股份发行、筹办事项符合法律规定

股份发行、筹办事项符合法律规定，是设立股份有限公司所必须遵循的原则。

股份的发行是指股份有限公司在设立时为了筹集公司资本，出售和募集股份的法律行为。这里讲的股份的发行是设立发行，是设立公司的过程中，为了组建股份有限公司，筹集组建公司所需资本而发行股份的行为。设立阶段的发行分为发起设立发行和募集设立发行两种。发起设立发行是指由公司发起人认购应发行的全部股份的行为；募集设立发行是公司发起人只认购公司应发行股份的一部分，其余部分向社会公开募集，并由社会公众认购该股份的行为。

股份有限公司的资本划分为股份，每一股的金额相等。公司的股份采取股票的形式。股份的发行实行公开、公平、公正的原则，但必须同股同权，同股同利。同次发行的股份，每股的发行条件、发行价格应当相同。

以发起方式设立股份有限公司的，发起人以书面形式认购公司章程规定发行的股份后，应随即缴纳全部股款。以募集方式设立股份有限公司的，发起人认购的股份不得少于公司股份总数的 35%，其余股份应当向社会公开募集。发起人向社会公开募集股份时，必须依法经国务院证券管理部门批准，并公告招股说明书，制作认股书，由依法批准设立的证券经营机构承销，签订承销协议，同银行签订代收股款协议，由银行代收和保存股款，向认股人出具收款单据。招股说明书应载明下列事项：

①发起人认购的股份数；

②每股的票面金额和发行价格；

③无记名股票的发行总数；

④认股人的权利、义务；

⑤本次募股的起止期限及逾期未募足时认股人可以撤回所认购股份的说明。

（4）发起人制定公司章程，并经创立大会通过

股份有限公司的章程，是股份有限公司的重要文件，其中规定了公司最重要的事项，它不仅是设立公司的基础，也是公司及其股东的行为准则。因此，公司章程虽然由发起人制定，但以募集方式设立股份有限公司的，必须召开由认股人组成的创立大会，并经创立大会决议通过。

（5）有公司名称，建立符合公司要求的组织机构

名称是股份有限公司作为法人必须具备的条件。公司名称必须符合企业名称登记管理的有关规定，股份有限公司的名称还应标明"股份有限公司"字样。

股份有限公司必须有一定的组织机构。对公司实行内部管理和对外代表公司。股份有限公司的组织机构是股东大会、董事会、监事会和经理。股东大会是由股东组成的公司权力机构，公司的一切重大事项都由股东大会作出决议；董事会是执行公司股东大会决议的执行机构；监事会是公司的监督机构，依法对董事、经理和公司的活动实行监督；经理由董事会聘任，主持公司的日常生产经营管理工作，组织实施董事会决议。

（6）有固定的生产经营场所和必要的生产经营条件

固定的生产经营场所是股份公司设立的必要条件；必要的经营条件也是不可或缺的。

4.2.3.2　股份有限公司设立登记应提交的文件

股份有限公司的设立登记，应当由董事会向公司登记主管机关提交下列文件：

①公司董事长签署的《公司设立登记申请书》。

②国务院授权部门或者省、自治区、直辖市人民政府的批准文件，募集的股份有限公司还应当提交国务院证券管理部门的批准文件。

③创立大会的会议记录。

股份有限公司的创立大会是指以募集方式设立的股份有限公司成立之前，由认股人参加，决定是否设立公司并决定公司设立过程中的重大事项的会议。创立大会的决议事项应包括：审议发起人关于公司筹办情况的报告；通过公司章程；选举董事会成员；选举监事会成员；对公司的设立费用进行审核；对发起人用于抵作股款的财产的作价进行审核。创立大会有权依法作出不设立公司的决议。

④公司章程。

⑤筹办公司的财务审计报告。

发起人在筹办公司的过程中所使用的费用，出自公司财产。如果发起人虚报或因用筹办费用会使公司财产减少，损害其他投资者的利益，那么，应当对筹办公司的财务进行审计。

⑥具有法定资格的验资机构出具的验资证明

具有法定资格的验资机构为经注册的会计师事务所和审计师事务所。其验资证明是会计师事务所或审计师事务所出具的验资报告，验资报告中应当载明股东名称或姓名，股东的出资方式、出资额，公司实收资本额，公司在银行开设的临时账户等内容。其中以实物、工业产权、非专利技术或者土地使用权出资的，应同时提交有关的财产评估报告和依法办理财产转移手续的有关文件。以工业产权、非专利技术作价出资的金额不得超过股份有限公司注册资本的20%。

⑦发起人的法人资格证明或者自然人身份证明。

发起人的法人资格证明是证明发起人法人资格的文件。发起人是企业法人的，应提交加盖其登记主管机关印章的执照复印件；发起人是其他法人的，应提交能够证明其法人资格的有关文件。如社团法人需提交社团法人登记证明；发起人是自然人的，应提交其居民身份证复印件或者其他合法身份证明。

⑧载明公司董事、监事、经理姓名和住所的文件以及有关委派任用或者聘用的证明。

载明公司董事、监事、经理姓名和住所的文件是其居民身份证，因此应提交其居民身份证复印件或其他合法身份证明。

股份有限公司的董事、监事由股东大会选举产生，因此应提交股东大会关于选举公司董事、监事的股东大会决议，由符合法定表决权的股东签名或盖章。公司经理由董事会聘任，因此应提交董事会关于聘任公司经理的董事会决议或聘任书。

⑨公司法定代表人的任职文件和身份证明

股份有限公司的法定代表人为公司的董事长，由董事会以全体董事的过半数选举产生。因此，公司法定代表人的任职文件应提交董事会决议。

公司法定代表人的身份证明应提交其居民身份证复印件或其他合法身份证明。

⑩企业名称预先核准通知书。

股份有限公司在发起设立或募集设立时，首先应向公司登记机关申请名称预先核准。公司登记机关对符合规定、准予使用的名称，发给《企业名称预先核准通知书》，预先核准的名称保留期为6个月。

⑪公司住所证明。

股份有限公司的住所是租赁的，应提交房主的房产证明文件和租赁协议。房产证明文件应是房屋产权登记证复印件，在建住所可以是有关房产的投资证明、开工许可证等证明文件。

住所是发起人作为股份投入使用的，应提交发起人的房屋产权登记证复印件及其他有关房产证明文件，并应提交发起人士的出资说明。

⑫股份有限公司的经营范围有法律、行政法规规定必须报经审批项目的，应提交国家有关部门的批准文件。

4.2.4　非公司企业法人开业登记条件

4.2.4.1　开业登记的前置性审批

企业法人开业的前置性审批，在企业法人开业登记注册中，占据着十分重要的位置，对企业法人的成立起着决定性的作用。它是企业法人申请登记注册的先决条件，是企业登记主管机关对企业法人登记注册的前提和依据。

4.2.4.2　企业章程

（1）概念和制定原则

企业法人章程是规定企业法人组织和行为准则的书面文件，经登记注册机关核准后，具有法律效力。企业章程具有规范性、准确性、稳定性、公示性的法律特征，在企业的市场主体资格确认的实体要件中占据着重要地位。

企业法人制定企业章程，必须遵循以下原则：

①章程的内容必须符合国家法律、法规和政策的规定；

②章程所载明的法定事项必须齐全；

③章程应报企业行政主管部门或行业审批机关同意。

（2）章程的法律效力

企业法人章程一经企业登记机关核准，就发生法律效力，表现在：

①企业符合章程的行为受国家法律保护。企业登记主管机关、政府各部门和司法机关负有保障企业法人章程实施的义务。

②企业法人章程对企业具有法律约束力。企业登记主管机关对企业章程的履行行使监督检查的职能。企业法人必须遵循其章程的规定开展经营活动。企业法人如有违反章程的行为，登记主管机关有权依法进行干预和处罚。

4.2.4.3　申请开业登记应具备的条件

企业法人申请开业登记，应具备下列条件：

①有符合规定的名称和章程；

②有国家授予企业法人经营管理的财产或者企业所有的财产，并能够以其财产独立承担民事责任；

③有与生产经营规模相适应的经营管理机构、财务核算机构、劳动组织以及法律或者章程规定必须建立的其他机构；

④有必要的并与其经营范围相适应的经营场所和设施；

⑤有与生产经营规模和业务相适应的从业人员，其中专职人员不得少于8人；

⑥有健全的财会制度，能够独立核算、自负盈亏，独立编制资金平衡表或者资产负债表；

⑦有符合规定数额并与经营范围相适应的注册资金，国家对企业注册资金数额有专项规定的按规定执行；

⑧有符合国家法律、法规和政策规定的经营范围；

⑨法律、法规规定的其他条件。

4.3 变更登记和注销登记

4.3.1 公司变更

4.3.1.1 各类公司变更登记必须提交的文件

①公司授权办理变更登记手续的授权书；

②公司法定代表人签署的《公司变更登记申请书》；

③股东会依据公司法作出的变更有关登记事项的决议；

④修改后的公司章程或章程修正案（股东盖章、签字）；

⑤公司营业执照正、副本。

4.3.1.2 公司变更的其他规定

各类公司变更不同登记事项还应分别提交如表 4.1 所列文件。

表 4.1　　　　　　　　　各类公司变更不同登记事项应提交的文件

变更内容	提交的特别文件
变更名称	名称查询单
变更住所	新住所使用证明（租赁用房的，提交房主的房产证复印件及租赁合同）
变更法定代表人	(1) 公司原法定代表人的免职文件和新任法定代表人的任职文件（根据公司章程规定作出的股东会议决议或董事会决议） (2) 新任法定代表人的履历表 (3) 新任法定代表人的任职资格证明
涉及公司董事、监事、经理发生变动	(1) 有关选举、委派、聘任证明（股东会决议或董事会决议） (2) 董事、监事、经理成员名录和新增成员的身份证复印件
增加注册资本变更	(1) 具有法定资格的会计师事务所出具的验资报告（若以实物、工业产权、土地使用权、非专利技术出资的，还应提交对该出资的评估报告；涉及国有资产的，应由国有资产管理部门对该评估报告确认的文件） (2) 新增股东的法人资格证明或者自然人身份证明 (3) 变动后的股东名录 (4) 国务院授权部门或省人民政府的批准文件（只适用于股份有限公司增加注册资本的） (5) 国务院证券管理部门的批准文件（只适用于股份有限公司以募集方式增加注册资本的）

变更内容	提交的特别文件
减少注册资本变更	(1) 具有法人资格的会计师事务所出具的验资报告 (2) 变动后的股东名录 (3) 公司 90 日内三次在报纸上登载减少注册资本的公告的证明 (4) 公司债务清偿或者债务担保情况的说明
公司经营范围变更	涉及法律、行政法规规定必须报经审批或办理许可的，应提交批准文件或许可证的原件及复印件
营业期限变更登记	(1) 因批准文件或许可证原因加有效期限的，提交新的有效期限内的批准文件或许可证 (2) 因章程规定营业期限到期的，提交修改后的公司章程或公司章程修正案
股权转让变更登记	(1) 股权转让协议 (2) 国有资产管理部门同意转让的文件（出让方为国有企业或国有控股企业） (3) 出让方股东会决议或股东同意转让的文件（出让方为有限公司、股份有限公司、股份合作制企业） (4) 新股东的法人资格证明或者自然人身份证明 (5) 股东名录
中外合资有限公司转为内资企业	(1) 原董事会决议 (2) 省外经委的批准文件 (3) 税务机关、海关出具的完税证明 (4) 原外资企业债券债务清偿或债务担保证明 (5) 股权转让协议 (6) 注册资本发生变化的应提交验资报告 (7) 新股东的法人资格证明或者自然人身份证明 (8) 股东名录（领表，填写变更后股东情况） (9) 其他登记事项发生变化应参照前面相应的内容
有限公司变为股份公司	参照设立登记提交文件
国有企业改建为有限公司	除按公司设立登记提交文件外，还应提交下列文件： (1) 省国资局和省经贸委的批准文件 (2) 企业改制方案以及企业职工代表大会或职工大会同意改制方案的意见 (3) 省国资局出具的产权界定转让文件 (4) 企业资产评估报告及国有资产管理部门的确认文件 (5) 债权债务落实的文件和债权金融机构出具的金融债权保全的证明文件 (6) 原企业的前置审批的有效文件、证件

变更内容	提交的特别文件
分公司的变更登记	（1）公司授权人员办理变更登记手续的授权书 （2）公司法定代表人签署的《分公司变更登记申请书》（领表） （3）分公司营业执照正、副本 （4）公司营业执照复印件（加盖工商局印章，外地的由当地工商局复印、盖章） （5）经营场所变更的，提交新场所使用证明 （6）负责人变更的，提交新负责人的证明文件和对原负责人的免责文件 （7）经营范围变更的，涉及法律、行政法规规定必须报经审批的或办许可证的，应提交批准文件或许可证

4.3.2 非公司企业法人变更登记

4.3.2.1 非公司企业法人变更登记提交的文件

①企业授权人员办理变更登记手续的授权书。

②企业法定代表人签署的《企业法人申请变更登记注册书》。

③变更登记申请报告。

④主管部门的批准文件。

⑤营业执照正、副本。

4.3.2.2 变更不同登记事项还需分别提交下列文件

（1）变更名称提交企业名称查询单

可去相关机构查询。

（2）变更住所提交住所使用证明

是自有房产的，提交房产证原件及复印件；是租赁用房的，提交房主的房产证复印件和租赁合同。

（3）变更法定代表人

①原法定代表人的免职文件和新法定代表人的任职文件；

②对新任法定代表人的任职资格证明。

（4）变更经营范围

涉及法律、行政法规规定必须报经审批的项目或需办理许可证的，应提交有关的批准文件或许可证原件及复印件。

（5）变更注册资金

①验资报告（国有企业的，需提交国有资产产权变动登记表）；

②减少注册资金的，提交企业债务清偿或债务担保情况的说明。

（6）在异地设立分支机构

应申请办理变更登记，经核准后，发给《异地设立分支机构核转通知函》，凭此函和加盖工商局印章的执照复印件到分支机构所在地工商局办理开业登记，提交：

①设立异地分支机构的申请书（说明宗旨、分支机构名称、场所、资金情况、人员、是否独立核算等）；

②负责人的聘任证明；

③加盖工商局印章的营业执照复印件2份。

（7）改变隶属关系的变更

①企业原主管部门和现主管部门签署的交接协议书（包括企业从业人员、资产交接、债权债务、未执行完的合同以及其他遗留问题的具体处理方案）；

②如交接协议系企业签订，则需提交企业主管部门的批准文件。

（8）营业单位变更

①企业授权人员办理变更登记手续的授权书；

②变更登记申请报告；

③主办单位法定代表人签署的《企业申请营业变更登记注册书》；

④营业执照正、副本；

⑤主办单位营业执照副本复印件；

⑥经营场所变更的，提交经营场所的使用证明（租赁合同和房主的房产证复印件）；

⑦经营范围变更的，涉及法律、行政法规规定必须报经审批的或办理许可的，应提交批准文件或许可证；

⑧资金数额变更的，提交主办单位财务部门的证明。

4.3.3 注销登记

4.3.3.1 申请办理注销有限公司、股份合作公司所需文件

①主管单位或股东会对注销公司的决定；

②注销公司发布的公告；

③公司清算组织对公司债权债务的清算报告；

④税务注销登记证明（国有独资公司需提供国资部门对该公司的注销文件）；

⑤公司法定代表人签署同意注销登记的报告；

⑥交回执照正、副本，法定代表人证明书，公司印章；

⑦填写公司注销登记注册书一式三份。

4.3.3.2 申请办理注销分公司所需文件

①公司股东会或董事会对注销分公司的决定；

②公司法定代表人签署同意分公司申请注销登记的报告；

③税务注销证明；

④交回执照正、副本和分公司印章；

⑤填写分公司注销登记表一式三份。

4.3.3.3 申请办理注销国有企业法人所需文件

①企业主管单位的批准文件；

②国资部门的批文；

③企业法人的法定代表人签署同意申请注销登记的报告；

④税务注销证明；

⑤交回执照正、副本，法定代表人证明书，企业印章；

⑥填写企业法人注销登记表一式三份。

4.3.3.4　申请办理注销国有非法人企业所需文件

①主管单位的批准文件；

②企业法人的法定代表人签署同意申请注销登记的报告；

③税务注销证明；

④交回执照正、副本和企业印章；

⑤填写企业营业注销登记注册书一式三份。

4.3.3.5　申请办理注销集体法人企业所需文件

①企业主管单位的批准文件；

②企业法人的法定代表人签署同意申请注销登记的报告；

③税务注销证明；

④交回执照正、副本，法定代表人证明书，企业印章；

⑤填写企业法人注销登记注册书一式三份。

4.3.3.6　申请办理非法人集体企业所需文件

①主管单位的批准文件；

②企业法人的法定代表人签署同意申请注销登记的报告；

③税务注销证明；

④交回执照正、副本和企业印章；

⑤填写企业营业注销登记注册书一式三份。

4.3.3.7　申请办理注销股份合作制法人企业（含股份合作公司）所需文件

①股东大会决议；

②债权债务清理报告及处理结果报告；

③企业法人的法定代表人签署同意申请注销登记注册的报告；

④税务注销登记证明；

⑤交回执照正、副本，法定代表人证明书，企业印章；

⑥填写企业法人注销登记注册书一式三份。

4.3.3.8　申请办理注销私营企业法人所需文件

①出资人对注销企业的决定；

②法定代表人签署同意申请注销登记注册的报告；

③税务注销证明；

④交回执照正、副本，法定代表人证明书，企业印章；

⑤填写企业法人注销登记注册书一式三份。

4.3.3.9　申请办理注销私营非法人企业或分支企业所需文件

①企业法人或企业对注销其分支企业的批文；

②企业法人的法定代表人或负责人签署同意申请注销登记的报告；

③税务注销证明；

④交回执照正、副本和企业印章；

⑤填写私营企业营业注销登记注册书一式三份。

4.3.3.10 申请办理注销个人独资企业所需文件

①投资人或者清算人签署的注销登记申请书；

②投资人或清算人签署的清算报告；

③税务注销证明；

④交回执照正、副本和印章；

⑤填写个人独资企业注销登记注册书一式三份。

4.3.3.11 申请办理注销合伙企业所需文件

①全体合伙人签署的注销登记申请书；

②全体合伙人签署的清算报告；

③税务注销证明；

④交回执照正、副本和印章；

⑤填写合伙企业注销登记注册书一式三份。

5 商务谈判代理

5.1 商务谈判的特点和基本原则

5.1.1 商务谈判的特点

5.1.1.1 商务谈判是以获得经济利益为目的

不同的谈判者参加谈判的目的是不同的,外交谈判涉及的是国家利益;政治谈判关心的是政党、团体的根本利益;军事谈判主要关系双方的安全利益。虽然这些谈判都不可避免地涉及经济利益,但它们往往是围绕着某一种基本利益进行的,其重点不一定是经济利益。而商务谈判则十分明确,谈判者以获取经济利益为基本目的,在满足经济利益的前提下才涉及其他非经济利益。虽然,在商务谈判过程中,谈判者可以调动和运用各种因素,而各种非经济利益的因素,也会影响谈判的结果,但其最终目标仍是经济利益。与其他谈判相比,商务谈判更加重视谈判的经济效益。在商务谈判中,谈判者都比较注意谈判所涉及的重要技术的成本、效率和效益。所以,人们通常以获取经济效益的好坏来评价一项商务谈判的成功与否。不讲求经济效益的商务谈判就失去了价值和意义。

5.1.1.2 商务谈判是以价值谈判为核心

商务谈判涉及的因素很多,谈判者的需求和利益表现在众多方面,但价值则几乎是所有商务谈判的核心内容。这是因为在商务谈判中价值的表现形式——价格最直接地反映了谈判双方的利益。谈判双方在其他利益上的得与失,在很多情况下或多或少都可以折算为一定的价格,并通过价格升降而得到体现。需要指出的是,在商务谈判中,我们一方面要以价格为中心,坚持自己的利益,另一方面又不能仅仅局限于价格,应该拓宽思路,设法从其他利益因素上争取应得的利益。因为,与其在价格上与对手争执不休,还不如在其他利益因素上使对方在不知不觉中让步。这是从事商务谈判的人需要注意的。

5.1.1.3 商务谈判注重合同条款的严密性与准确性

商务谈判的结果是由双方协商一致的协议或合同来体现的。合同条款实质上反映了各方的权利和义务,合同条款的严密性与准确性是保障谈判获得各种利益的重要前提。有些谈判者在商务谈判中花了很大气力,好不容易为自己获得了比较有利的结果,对方为了得到合同,也迫不得已作了许多让步,这时谈判者似乎已经获得了这场谈判的胜利,但如果在拟订合同条款时，掉以轻心，不注意合同条款的完整、严密、准确、合理、合法，就可能会被谈判对手在条款措词或表述技巧上引入陷阱。这不仅会把到手的利益丧失殆尽，而且还要为此付出惨重的代价，这种例子在商务谈判中屡见不鲜。因此，在商务谈判中，谈判者不仅要重视口头上的承诺，更要重视合同条款的准确和严密。

5.1.2 国际商务谈判的特点

国际商务谈判，是国际商务活动中不同的利益主体为了达成某笔交易，而就交易的各项条件进行协商的过程。谈判中利益主体的一方通常是外国的政府、企业或公民（在现阶段，还包括我国香港、澳门和台湾地区的企业和商人），另一方是中国的政府、企业或公民。国际商务谈判是对外经济贸易工作中不可缺少的重要环节。因此，在对外经济贸易活动中，如何通过谈判达到自己的目的以及如何提高谈判效率已成为一门学问，引起了人们的普遍关注。在现代国际社会中，许多交易往往需要经过艰难繁琐的谈判，尽管不少人认为交易所提供的商品是否优质、技术是否先进或价格是否低廉决定了谈判的成败，但事实上交易的成败往往在一定程度上取决于谈判的成功与否。在国际商务活动中，不同的利益主体需要就共同关心或感兴趣的问题进行磋商，协调和调整各自的经济利益或政治利益，谋求在某一点上取得妥协，从而使双方都感到有利，进而达成协议。所以，我们可以说，国际商务谈判是对外经济贸易活动中普遍存在的十分重要的经济活动，是调整和解决不同国家和地区的政府及商业机构之间经济利益冲突的必不可少的手段。

国际商务谈判既具有一般商务谈判的特点，又具有国际经济活动的特殊性，具体表现在：

5.1.2.1 政治性强

国际商务谈判既是一种商务交易谈判，也是一项国际交往活动，具有较强的政治性。由于谈判双方的商务关系是两国或两个地区之间整体经济关系的一部分，常常涉及两国之间的政治关系和外交关系，在谈判中两国或地区的政府常常会干预和影响商务谈判。因此，国际商务谈判必须贯彻执行国家的有关方针政策和外交政策，同时，还应注意国别政策，以及执行对外经济贸易的一系列法律和规章制度。

5.1.2.2 以国际商法为准则

由于国际商务谈判的结果会导致资产的跨国转移，必然要涉及国际贸易、国际结算、国际保险、国际运输等一系列问题，因此，在国际商务谈判中要以国际商法为准则，并以国际惯例为基础。所以，谈判人员要熟悉各种国际惯例，熟悉对方所在国的法律条款，熟悉国际经济组织的各种规定和国际法。这些问题是一般国内商务谈判所无法涉及的，要引起特别重视。

5.1.2.3 应坚持平等互利的原则

在国际商务谈判中，要坚持平等互利的原则，既不强加于人，也不接受不平等条件。平等互利是我国对外政策的一项重要原则。所谓平等互利，是指国家不分大小，不论贫富强弱，在相互关系中，应当一律平等。在相互贸易中，应根据双方的需要和要求，按照公平合理的价格，互通有无，使双方都有利可得，以促进彼此经济发展。在进行国际商务谈判时，不论国家贫富，客户大小，只要对方有诚意，就要一视同仁，既不能强人所难，也不能接受对方的无理要求。对某些外商利用垄断地位抬价和压价，必须不卑不亢，据理力争。对某些发展中国家或经济落后地区，我们也不能以势压人，仗势欺人，应该体现平等互利的原则。

5.1.2.4 谈判难度大

由于国际商务谈判的谈判者代表不同国家和地区的利益，有着不同的社会文化和经济政治背景，各自的价值观、思维方式、行为方式、语言及风俗习惯互不相同，从而使影响谈判的因素更加复杂，谈判的难度更加大。在实际谈判过程中，对手的情况千变万化，作风各异，有热情洋溢者，也有沉默寡言者；有果敢决断者，也有多疑多虑者；有善意合作者，也有故意寻衅者；有谦谦君子，也有傲慢自大、盛气凌人的自命不凡者。不同的表现反映了不同谈判者有不同的价值观和不同的思维方式。因此，谈判者必须有广博的知识和高超的谈判技巧，不仅能在谈判桌上因人而异、运用自如，而且要在谈判前注意资料的准备、信息的收集，使谈判按预定的方案顺利地进行。

5.1.3 商务谈判的基本原则

在实际谈判中，既要保证自己的合理利益，又要争取达到预定目标。无论是引进所需的技术或设备，还是想赢得有关工程项目的承包合同，都不是一件轻松的工作，相反，稍不留意，谈判就会破裂。商务谈判中有三条基本原则十分重要，应加以遵守。

5.1.3.1 尽量扩大总体利益

在谈判中双方应一起努力，首先扩大双方的共同利益，而后再来讨论与确定各自分享的比例，也就是我们常说的"把蛋糕做大"。有的人一说开始谈判就急于拿起刀要去切蛋糕，以为这蛋糕就这么大，先下手为强，如果对方切得多一点，就意味着自己分到的就少一点，于是在蛋糕的切法上大伤脑筋。其实，这种做法并不明智。

谈判的本事，在很大程度上取决于能不能把蛋糕做大，通过双方的努力降低成本、减少风险，使双方的共同利益得到增长，最终使双方都有利可图。项目越大、越复杂，把蛋糕做得更大的可能性也越大。

扩大双方的总体利益，是可能的，在现实中总体利益是客观存在的，而发掘这些现实的潜在利益，却需要双方的合作精神和高超的技艺。比如，两位技艺高超的艺术家共同拥有一块未经雕琢的美玉，美玉被包裹在质朴的岩石中，如果两位艺术家不从整体上发掘美玉的天生丽质，将美玉击碎而后瓜分，很可能双方所得无几。经过整体雕琢，不仅使美玉价值倍增，而且通过这件艺术品，传出艺术家的美名，今后有更多拥有朴实玉石的人会找上门来，以求得到艺术家的合作。

在谈判中，为了扩大双方的总体利益，有时会遇到对传统做法的挑战。当然，对涉及双方的基本原则和立场一般不能作出让步，但对一些传统的规定，则是可以通过谈判予以调整的。

【案例5.1】某国曾向我国某一项目提供了一笔数额较大的政府贷款，根据当时有关规定，贷款合同一经生效，该贷款额就已经全部筹集好并存放在指定银行里，不得挪作他用，借款者则根据需要去提用。为了催促借方按期完成项目的进度，对未提用的部分则需支付承诺费。由于这笔贷款数额很大，而且计划用款时间相当长，前后历经 6 年，经计算，所需支付的承诺费数额将十分可观。有关支付承诺费的计算方法只是一种传统规定而已，不是原则问题，是可以与外方进行谈判的。我方提出，把这笔贷款按年度分成六部分使用，根据工程用款计划，对方按年度将资金先后调拨到位。每一年的额度若没有用完，应按当年未用部分计算承诺费，而以后若干年的贷款额则不计在内。经过谈判，双方认为这样做对彼此都有利，因为对中方来说，不仅可避免支付一笔可观的承诺费，而且可以使贷款的实际使用额增加；而对外方来说，资金逐年到位更容易些，它也可以将其余资金投入其他方面取得效益，从而帮助贷款国降低了成本。于是外方接受了我方的要求。这样我方就节约了几百万美元。可见蛋糕做大了，双方的立场接近了许多，有利于以后谈判的进行。

这个例子仅仅反映了"把蛋糕做大"的某些侧面。其实，能把蛋糕做大的地方比比皆是，比如降低风险，扩大双方利益，而不减少我方利益；扩大我方利益，而不减少对方利益；增加部分开支，而使利益的增长幅度超过开支的增长；减少部分开支，而使利益的减少小于开支的减少。这些因素都是通过谈判者周到全面地分析了经济、技术、金融、贸易等条件后才能达到的。

这些因素的综合平衡，要通过对项目各种条件作出定量分析和系统概括后才能达到。在商务谈判中，如果把一些主要方面的原则先确定好，然后通过双方的努力把"蛋糕"做得足够大，那么其他方面的利益及其划分问题就显得相对容易多了。

5.1.3.2 善于营造公开、公平、公正的竞争局面

在项目谈判中，应避免选择伙伴单一、在一棵树上吊死的现象，要善于营造公开、公平、公正的竞争局面，以利于扩大自己的选择余地，从而在技术方案制定、资金运作、合作伙伴选择等方面获得有利的地位，也有利于打破垄断，避免因不了解情况而陷入被动的局面。

实践证明：营造公开、公平、公正的竞争局面可以赢得谈判中的主动权，争取最有利的合作条件。同谈判对手进行的竞争应该是一种公平竞争，同潜在的合作外商的谈判应该建立在平等互利的基础上，而不应采取轮番压价式的做法。有的谈判者认为，货比三家总是不会错的，于是同时向若干家公司询价，当对方报价后，又以 A 公司的价压 B 公司，以 B 公司压 C 公司，以 C 公司压 A 公司，试图从中得到最有利于自己的价格，这样做看起来很聪明，其实是很不明智的。首先，这种方式，不让对方参与公平竞争，从中选择最合适的合作伙伴，而是用不公平的方式，诱使对方作出让步。其次，这样做又将谈判简易化了，自以为货比三家，以 A 压 B，以 B 压 C，以 C 压 A，岂不知，对手也可串通起来作弄你，把一场本可通过公平竞争取得合理价格的谈判给搞砸了。这种做法是不符合商业道德的，也不符合商务活动的基本准则。

5.1.3.3 明确目标，善于妥协

在谈判中，我们经常会发现，由于双方对同一问题的期望值存在差异，而导致谈判进程受阻。事实上，在很多情况下，大家只要认准最终目标，在具体的问题上完全可以采取

灵活的态度、变通的办法，以使问题迎刃而解。

妥协有些时候是种让步，而在某些时候则仅仅是为了寻求折中的替代方案。这就要求我们不应在自己的立场上固执己见，而应积极去寻找隐藏于各自立场背后的共同利益所在。

【案例5.2】20世纪80年代中期，某国进出口银行向上海市一项目提供数千万美元的优惠贷款，这是这家银行第一次向上海提供优惠贷款，上海则由某投资信托公司出面与这家银行发生业务关系。由于是第一次发生业务交往，该银行对我方公司的性质、实力、信誉不了解，表现相当谨慎。鉴于此，根据对方银行提出的要求，上海市人民政府出具了中文证明信函，表示该投资信托公司是隶属于上海市人民政府的地方国有企业，市政府愿承担因其负债、破产、合并、资产转移等引起的一切责任；同时签发了经过公证的一封内容完全相同的英文信函给该银行负责人。正当办理这笔贷款的时候，该银行因故突然提出要出具一份证明，说明中文函件无效，必须以英文函件为准。这样做，意味着要求我们声明以本国文字形成的文件无效，这是不能接受的。由此引起了一场危机。经商谈，了解到对方是有诚意的，不是节外生枝、故意刁难，只是不久前在这个方面发生了一件不愉快的事，而显得更加小心。从共同的利益出发，我们要显示出诚意，必须提出一个中性的解决方案，主动找到一个可以妥协让步的地方。为此，我们再次以上海市主要官员的名义，出具一封函件，表明该主要官员是中文函件的负责人。信中指出，原来交给贵行的英文函件，是给贵银行的中文函件的正确翻译，可以从贵方的立场出发，以该英文文本作为正式文件来处理有关事务。这不仅回避了以哪个文本为准的问题，而且授予了对方用英文函件进行解释的权利。于是双方在立场上的分歧得以消除，并由此为以后谈判的顺利进行开辟了道路。

当然，并不是什么都可以妥协，在原则问题上是不允许退让半步的。但是，在非原则问题上，如果你能找到可以退让的地方，并在适当的时候运用自如，就说明你的谈判准备得比较充分。通常，一个对国内外情况胸中有数且知己知彼的谈判者更容易找到妥协点。我们不应忘记，我们谈判的出发点毕竟是为了成功而非失败。

5.2　谈判前的准备

要进行一项合同的谈判，就应为谈判做好准备工作，"凡事预则立"讲的就是这个道理。谈判各方为谈判进行一系列筹划、酝酿工作的过程就是我们所说的谈判的准备阶段。谈判的准备阶段不应受到忽视，因为有谋才有成。其实，谈判能否获得满意的成果，往往取决于准备阶段的筹措谋划工作是否充分。任何一个优秀的谈判者，都会注意谈判准备阶段的每一项细微的工作，而谈判的具体方案也是在这一个阶段中就已经开始运筹了。谈判准备阶段需要做的工作很多，归纳起来大致包括如下几个方面。

5.2.1 进行可行性分析

可行性分析又称可行性研究。它是指在进行谈判之前，对可能影响谈判的主客观因素进行调查研究，预测成败得失，以确定其是否可行，为谈判选择方案奠定基础。澳大利亚的 P. R. 汤姆森曾经给投资谈判可行性研究作了如下描述："对一项投资建议书的所有阶段，尽量考虑其细节的一种调查研究，考虑几个可行选择的方案。排除可能性不大的，择取可行性最大的一个，并进行更详细的调查研究。"这一描述不仅适用于投资谈判，也具有普遍意义。

5.2.1.1 信息资料的研究

在谈判工作开始之前，对各种信息资料的掌握要全面。因为对与谈判有关的信息资料的研究是建立在对有关信息资料的搜集与整理的基础上的。掌握的信息资料越全面、分析得越充分，谈判成功的可能性就越大。对可行性研究工作中的信息资料的占有和分析是谈判准备工作的一个重要方面。

市场经济中的主体要适应社会环境的变化。在竞争中站稳脚跟，在交易中获取利益、谋求发展，就必须广泛地搜集各方面的信息，以调整自己的经济方针和策略，信息对谈判者而言是一种宝贵的资源。一名谈判者，在一份合同的谈判中，即使谈判的标的和目标很明确，往往也会受到来自各方面因素的干扰。所以，搜集一些必要的信息是必不可少的，这些信息主要包括：

①政治法律方面的信息。这主要是指与市场经营有关的各种法规及有关的管理机构和社会团体活动的信息。我们处在一个不断发展的经济社会里，国家经济的立法也会不断加强和完善，所以谈判人员必须具有很强的法制观念，对有关的法规和细则都必须有很充分的了解，利用法律来维护自己的权益。

②经济环境的信息。这主要是指市场经济的形势、市场行情方面的信息。每一个谈判人员都要了解整个社会的生产力总体发展水平、社会分工状况、消费收入水平、市场需求及市场竞争状况，这些都将影响商品品质标准、价格高低等诸多方面的问题。

③自然环境的信息。社会的主体要从事交易谈判等经济活动，就离不开一定的自然环境。自然环境的不同决定了产品的原材料供应、运输方式、储存条件及商品的包装、装饰等多方面的差异，所以谈判人员应该对经济活动的自然环境方面的信息做一个充分的了解。

④文化环境的信息。这是指一个国家、地区在民族的文化传统，如风俗习惯、伦理道德观念、价值观念等方面的信息。由于人们处在不同的社会文化背景下成长和生活，各有其不同的基本观念、信仰和生活习惯。谈判人员应该充分了解各国、各地区或各民族的文化背景，以便于研究对方的性格爱好。尊重对方的风俗习惯，这对于维持良好的谈判气氛是十分有益的。

⑤谈判对方的信息。对于谈判对方的信息主要是了解一下谈判对方的合作诚意，对方公司的发展状况，对方公司的资信能力以及谈判对方的资历、地位、谈判风格、对我方的态度以及与我方交往的历史情况。这样，可以使我们尽量做到对对方了如指掌，便于适当采取不同的谈判策略，控制谈判的局势。

⑥谈判话题的信息。在合同谈判中，我们谈判的问题可能是一种商品，一个技术项目，或是一种劳务，等等。这样，谈判人员必须对所谈判的论题有较为专业和较为全面的知识。例如，交易的是商品，那么对商品的性能特点、工艺过程、原材料供应状况、质量标准、价格水平及市场供应状况、需求状况，企业产品市场占有率与市场需求等情况了如指掌。这样，不论是作为卖方或是买方都可以自如地介绍商品或提出质疑。

⑦正确评价自己的信息。正确评价自己，可以使谈判者保持清醒的头脑。在谈判活动中做到避实就虚，以己之长补己之短。正确评价自己，就是要正确估价自己的实力，了解自己的弱点，明确自己的利益目标等。

5.2.1.2　方案的比较与选择

凡是要用谈判手段来解决的问题，谈判各方总是存在着或多或少的分歧，谈判正是要寻找解决这些分歧的最佳方案。谈判之前，谈判者应当拟定出各种解决问题的方案，进行比较、选择，看哪一种方案更能获取最大利益，并能让对方接受，同时还要分析、预测对方可能提出的方案和这些方案对己方利益有何影响以及如何应付的手段和方法。另外，方案的比较与选择还包括己方将派出什么人员、采取哪些手段、运用何种方法等。

5.2.1.3　谈判的价值构成分析

谈判的价值构成是谈判者讨价还价的依据，也是谈判者研究方案、选择方案的基础，谈判的准备阶段要研究的核心问题就是分析预测双方谈判的价值所在以及起点、界点、争执点，进而分析双方之间是否存在谈判的协议区，幅度多大，并由此决定谈不谈和如何谈的问题。

如果谈判者不想因盲目谈判而给己方造成不良的后果，就应在可行性研究中重视对谈判价值构成的分析。

5.2.1.4　各种主客观情况预测

可能影响谈判效果的其他各种主客观因素很多，很难一一列举。可行性研究，就是要根据已知的情况，预测未来的种种情况。推知和预测越是正确，其现实性就越大，选择方案就越科学。由于情况本身在不断发展变化，情况预测应当对一切可变因素进行周密的分析，并根据预测对各种可变性作出假设，才能进行科学的推理。对各种可能发生的情况进行预测分析，可以为比较和选择方案、考虑应付的方法提供依据。因此，情况的预测工作，是谈判准备阶段必不可少的。从某种意义上看，情况的预测工作往往决定谈判的方案比较与选择工作的成败。

5.2.1.5　综合分析，作出结论

综合分析就是在信息资料的搜集、方案的列举、价值构成的分析和各种主客观情况预测的基础上进行总体研究、调整，作出结论就是在总体研究及各种准备工作完成的基础上，分析谈判是否可行，并确定谈判方案。对没有可行性或没有利益的谈判，作出不谈判的结论；对可以谈的谈判，作出采取何种谈判方案的结论，是谈判准备阶段可行性研究的归宿。它要求充分反映和体现上述一些工作的精确性，是可行性研究成果的结晶。所以，它必须建立在科学的基础之上。但是，这时的结论或方案的确定，还仅仅是初步的，它还应随着谈判的发展，不断加以补充和修正。例如，中国某企业与新加坡联合投资兴办北京风华大理石有限公司，事前进行的可行性研究认为，目前国际国内的大理石供过于求，市

场萎缩，应终止谈判。后来中方对此项目作了更深层次的、全面详细的分析研究，了解到国际市场大理石相对饱和，而原料市场尚有潜力，且外商信誉良好，在东南亚、欧美都有健全的销售网。经过对各种信息资料和有关情况的综合平衡分析，认定该项目总体可行，但在投资规模上应适当降低，在国际市场板材看好时再增加投资，最终，该项目谈判方案获得成功，而且后来该企业经营良好。由此可见，谈判准备阶段的可行性研究不应忽略。

5.2.2 了解谈判对象

成功的谈判，不仅在于能够充分地认识自己，也在于准确地预测对方。只有对对方有一个清楚的了解，才能更好地进行谈判工作。在实践中，谈判的对手常常是企业或公司。下面以企业为例，说明这一问题。

第一个方面，要对对方企业有一个总体的认识，这主要包括如下内容：

5.2.2.1 对对方企业总体能力的认识

总体能力是整个企业活动力的体现，它是一个综合指标，主要表现在下面几个方面：

①承受时间的能力。这是指在预定的时间里，企业能否承担预期的全部费用。

②长远的预测能力。这是指企业了解并能控制未来费用变化的能力，即企业的应变能力。

③适应能力。这是指企业的经营方法能因时因地地变化。

④投资能力。也就是企业筹集资金的能力。

⑤自我控制能力。这是指企业在市场上既有竞争能力，又有自我约束、自我调整的能力。

⑥推销及管理能力。这是指企业的产品在市场上是否有完善的销售渠道和开拓市场的能力。

5.2.2.2 对对方企业经济活动的认识

这主要包括以下几个方面：

①对方企业的概况。要求对对方企业有一个全面的了解。首先，应了解企业的性质。国有企业一般经济实力较强，规模较大，信誉较高，但因其受国家制约和影响也较大，所以经营灵活性差；私人企业目前在国内市场上规模较大的不多，相对应的资信情况不够稳定，有些私人企业资信情况较好，而有些则较差。其次，要了解企业的所在地区。一个地区的地理条件和文化背景及经营传统成为一个地区的特点，反过来对企业的影响也很大，所以，我们可以通过对该地区的了解，来判断企业的经营状况。再次，要了解企业的资本属性和规模。这主要是分析该企业是有限责任公司，还是股份制企业，或别的经济组织。由于企业资本的所有者不同，企业的管理权限是不同的，在贸易谈判中的决策人就不同。同时，该企业的规模大小也对谈判产生影响。一般而言，小企业资本决策权一般掌握在所有者手里，决定事情快，管理灵活，但资本有限，做不了大宗交易；大企业资本雄厚，但决策层次多，速度也就慢，会影响谈判的效率。另外，要了解企业的人员、营业额。这主要是了解企业的人员数量、人员结构和经营规模。如企业管理人员的比例、技术人员的比例、营业额中成本与利润的比例、企业人数与营业额的比例等，根据这些资料，可以初步看到该企业的经营管理能力。最后，要了解企业的历史，主要是了解企业经营的时间，长

期以来的营业状况、传统特色、资本的发展变化情况、信誉情况。对这些情况的了解，可以使我们判断它是否可以成为可靠的合作者。

②对方企业生产、出售的产品。企业生产、销售的产品是企业活动的中心，也是企业赖以生存的支柱，所以对企业销售的产品进行分析，对了解企业是很有帮助的。对产品的认识包括以下几个方面：第一，产品的用途。这主要是了解该企业生产的产品是生产资料，还是生活资料，以便明确该企业产品的需要范围及市场潜力。反过来我们可以看到自己的市场和产品的前途。如果我们的谈判对方有发展前途，那么我们也会有好处。第二，该企业产品所处的阶段，这主要是指产品所处的寿命周期阶段。由于产品不断更新换代，所以任何一个产品都有被新产品取代，从而被市场淘汰的危险。产品从被试制成功，推上市场，到被市场淘汰所经过的时间，是产品的经济寿命周期。这主要包括产品的介绍期、成长期、成熟期和衰退期。第三，产品的自然属性，这主要是了解产品商标是否已经注册。产品商标的知名度高低，产品售后服务情况等，通过对这些情况的了解，我们可以掌握产品是否有法律保障，是否有竞争实力，是否可以依赖。第四，产品的发展政策。这主要是了解该企业是否有长远的产品开发计划，有无进行产品改造的能力，这可以反映企业的适应能力和应变能力。

③对方企业的工业设施。企业所拥有的工业设施，反映了企业的实力，这对双方合作是可资借鉴的一个方面。

④对方企业的贸易活动、商情统计。这主要是了解产品出厂后的销售额和同类企业、同类产品在市场上的销售额，从而可以看到企业的推销能力和产品的市场占有率。如果其市场占有率高，那么该企业控制市场局势的能力就高，如果其市场占有率低，那么在市场竞争中处于劣势，或是刚刚进入市场，还未站稳脚跟。

⑤对方企业的经营管理水平。这主要从三个方面来评定：一是企业内部的合作协调关系。主要了解上下级之间的合作关系，企业内部人员的情绪是否稳定以及关系是否和谐。二是企业管理的手段、方法。是用传统的管理方法、凭人力、经验，还是用现代的管理方法和手段，即用现代管理制度和其他先进手段。三是企业的经营宗旨。这要看企业的经营者有无长远的抱负，有无战略眼光；是投机经营者，还是胸怀大志的企业家。这样我们可以分析其合作的动机、诚意，也可能判断这种合作的连续性和持久性，如果是投机者，那么他肯定没有长期合作的动机和诚意。

5.2.2.3　对对方企业财务状况的认识

对对方的财务状况，可通过对其有关资料进行分析，观察其过去的经营情况，展望它的发展趋势，并对其潜力或隐患进行预测和了解。了解对方企业财务状况的基础是财务报表，通过财务报表，我们可以得到有关企业财务状况的各种数据，通过对这些数据加工整理、分析、比较，结合企业的实际情况，我们可以对企业的财务状况作出评价。在评价时主要是利用以下几个有关的指标；

①反映企业偿债能力的指标，主要包括：

流动比率，这是指企业流动资产与流动负债的比率。它表明企业的每元流动负债中有多少流动资产做后盾，如果流动比率大，则说明企业的偿债能力较强，反之则较弱。一般认为流动比例在15%至20%之间较好。

速动比率，是指速动资产与流动负债的比率。速动资产是流动资产扣除存货的余额，在通常情况下，速动比率为 100% 被认为是比较正常的。

②反映资金周转情况的比率主要有：

应收账款周转率，是指销售收入余额与平均应收账款余额的比率。它是反映应收账款余额的合理性与收账效率高低的指标，它表明企业年度应收账款变为现金的次数，反映账款的流动程度，它可以为企业确定账龄和收款方针提供依据，以实际周转与计划周转率比较判断企业客户的信用程度和企业收账工作的好坏。

如果企业应收款的周转期太长，对企业的资金周转不利，但如果太短，则表明企业奉行的是较紧的信用政策，也有可能因此会减少企业的营业额，所以应该结合企业的实际情况进行分析。

存货周转率是指存货余额与周期销货成本的比率关系。它可以用来衡量企业存货的周转速度，表明企业销售能力的强弱，存货周转率高，则说明企业存货的流动性大，企业存货管理效率高，销售能力强。

一般说来，存货的平均周转天数越少越好，但也不能太少。如周转天数太少，则可能会出现货物断档，市场脱销。

③反映企业资产结构的指标主要有：

资产负债率，是指负债占总资产的比率。对于债权人来讲，比率小，则股东权益大，债权人发放贷款的风险小。对于投资者而言，资产负债率高，则企业获利能力强、控制能力强。权益比率是指股东权益占总资产的比率。对债权人来讲，比率越大其贷款的风险越小。对投资者来讲，比率越低，其对企业的控制能力越强，获利能力越高。

④反映企业获利能力的指标主要有：

资本金利润率，是指企业的利润总额与所有者权益总额之比。它可以衡量投资者投入资本的获利能力，资本金利润率越高，说明资本金的收益率越多，投资的效益越好。

营业收入利税率，是指利税总额与营业收入之比，是用于衡量企业营业收入收益水平的指标。这个比率越高，说明企业经营效益越好。

成本费用利润率，是指利润与成本费用的比率，是用来反映成本费用与利润关系的指标，该指标越小，说明企业的经济效益越好。

一方面，通过对对方企业的认识和了解，我们可以更好地决策是否可以与之进行谈判、合作，以及如何合作、在哪些方面进行合作，等等，这无疑对我们的谈判有好处。

另一方面，要对对方进行探察。因为要了解对方的详细情报，就要亲自去探察。例如，在谈判之前，可以派出一般人员到对方企业去摸索情况，收集信息，或者非正式地就谈判事宜进行接洽，看看对方的基本主张和方案有没有新变化和新内容是己方所不了解的。借助这种方式，往往能获得许多对谈判有利的信息，避免己方处于被动之中。

第三个方面，是假设预习。在完成可行性研究并经过进一步探察之后，应在已知的情况下对一些初步形成的谈判方案与构想，进行假设推理和预备练习。从中发现问题，拟定对策，直到己方的谈判方案逐渐成熟完善。这种工作需要在尽可能多地占有信息和资料的基础上，找来助手，拟设谈判对手，进行实战演习，这会使谈判者进一步了解并熟悉对方，尽量把可能出现的问题预料在先，做到胸中有数，避免谈判时出现失误。

谈判的预习不应拘泥于死板的会议或组织讨论的方法。一场生动的排练，比十次冥思苦想仍拿不定主意的会议讨论更有效。但是，假设预习有时会因信息和资料不准，或认识和判断不当，而步入歧途。因此，谈判者应尽力戒用假设预演结果来代替尚未开始的谈判结果。谈判者在心理上应有所防范，最好不要把全部精力附着在一套谈判方案上，还应有应变方案为后盾，才会防止由于假预习的错误而陷入歧途的被动局面。

5.2.3 确定谈判标的

谈判标的是谈判的核心，是一切谈判活动的中心。标的决定当事方的谈判参加人，各方所属企业、公司、部门乃至政府的态度，同时决定谈判的组织准备工作的方式及内容。任何一个谈判手绝不会忽视谈判标的的问题。

在国际商务谈判中，可谈判的标的几乎没有界限。任何可以买卖转让的有形无形的物品或权利都可成为商务谈判的标的。归纳起来主要有：

5.2.3.1 代理合同

销售或采购及货运代理人要求谈判的代理合同。这里有享有独家和非独家、全面与部分、有签字与无签字权之别。各种差异形成不同的代理谈判标的。

5.2.3.2 买卖合同

买卖合同是商务谈判中最常见的谈判，大量的谈判标的是买卖合同。至于买卖的标的，可以是货物、工业产权、有价证券。其性质可以公开也可以保密。

5.2.3.3 合作合同

合作合同，是人们在简单交易之后发展起来的比较高级的贸易形式。它产生的基础反映了人类的进步：由谋求短时间的暴利，到谋求长期稳定的利益。其形式有合作开发或生产，合资经营，补偿贸易，来样、来图、来料加工等。

5.2.3.4 企业兼并合同

企业兼并，依其产生的经济与金融背景条件，派生出多种兼并形式的股权转让。如瑞士瑞好公司，购买美国生物工程有限公司60%的股份；中国国际信托投资公司购买国泰航空公司股份。整个企业的收购，其中有完全改变企业名称的收购，也有保留原来商标、牌号、销售网的收购。

5.2.3.5 咨询顾问合同

咨询顾问合同通常称之为出售智慧，又称"软商品"。它的表现形式有：有结果与无结果责任的咨询；有决定权与无决定权的顾问，如对某项咨询课题，按合约方要求，咨询人可提出多种建设方案，但取舍全在雇主，而他不负所取方案后果的责任。不过，咨询合同中，很少有人愿签带"后果责任"的咨询合同，除非其咨询费高得惊人，具有成功把握。在工程项目的顾问中，有的顾问按合约是可以提意见但不做决定。有的顾问按项目承担人的要求，可以在顾问现场作出决定并要求施行。

5.2.3.6 承包合同

承包合同，多指"一揽子合同"，如"交钥匙"合同。这类合同，可能是工业项目，如工厂建设、土木工程、承建水库、住宅等；农业项目如农场的建设等方面的承建合同。其特点是，承包人按工程项目主人的要求，从选择地点（有的工程项目人已选定地址）、工程设计、建造、试运行直到实现承包合同规定目标后，才将承包工程的经营管理权交给工程主人。人员培训与技术指导，一般也含在承包合同之中。此外，还有以租赁（多以机械或成套生产线做租赁内容）和租船（承租或包租一个航次或一段时期）的合同为谈判标的。

5.2.4　编制谈判工作计划

在可行性研究的基础上，对已经形成的谈判方案的有关内容，应予以工作上的规划和安排，对执行谈判方案的要求、方法和步骤进行计划编制，目的就在于确保谈判方案的贯彻与实施。

编制谈判计划的工作尽管很繁杂、具体，但对于谈判的准备阶段是十分重要的。一个全面、具体、周密的谈判计划，能确保己方谈判工作顺利完成；相反，一个很粗糙的谈判计划，往往会使己方在谈判桌上漏洞百出，十分被动，也难以实现预期的谈判目标。

一个详细、周密的谈判计划，至少应包括以下内容：

①谈判的总体思想、原则和战略。这是统帅谈判全局的核心和灵魂。谈判者应在谈判前的工作安排中，将其作为谈判的大前提，首先予以确定，并在谈判的计划编制中反映出来。

②谈判各阶段的目标、准备和策略。这是谈判计划编制的重点，因为只有具备这些内容的谈判计划才称得上是具备了好计划的条件。

③谈判准备工作的安排。从谈判的准备阶段到谈判正式展开之时有许多工作要做。例如，人员调整、临时训练、礼仪、接待等，都应一一落实，才能给人以训练有素、临阵不乱的好印象。

④提出条件和讨价还价的方法。编制计划中应对己方如何巧妙、合理地向与对方提条件、如讨价还价等有关问题一一落实，才能使己方在谈判桌上有章可循、成竹在胸。

⑤谈判的让步方法、措施与步骤。谈判中的让步是一门科学，应根据谈判方案的需要，在编制谈判计划时，对谈判让步的方法、措施与步骤有所安排。

⑥对各种突变情况的预测与对策。谈判桌上讨价还价、气象万千。谈判计划应对各种突变的情况考虑在内，并制定出相应的对策，才能使己方在谈判桌上不致因情势变化而陷于被动。

⑦对谈判结局的分析与评估。谈判结局受制于双方的竞争，一般是对单方意愿的折扣。编制谈判计划时应预测谈判的结果，分析和评估谈判结局对己方利益的影响。

⑧地点、时间和人员的安排。这些都是谈判前需要确定的具体问题，也是编制的计划中不可或缺的内容。

⑨后方工作的安排。主要指诸如资料的整理、打印、计算、翻译等有关工作，也应在编制谈判计划时考虑在内。

5.2.5　拟定谈判议程

谈判议程是指有关谈判事项的程序安排。它是对有关谈判的议题和工作计划预先编制。在谈判的准备阶段中，己方应率先拟定谈判议程，并争取对方的同意，关于谈判议程由谁确定，并无定法。在谈判实践中，一般以东道主为先，经协商后确定，或双方共同商议。也有单方面主动提出的，这就需要对方同意方能成立。谈判者在谈判的准备阶段中，可根据情况，争取主动、率先提出谈判议程，并努力得到对方的认可。在谈判前，己方率先拟定谈判议程的作用在于：谈判起来轻车熟路，在谈判心理上占有优势，便于己方提前安排工作。如计划出席人员，做好后勤服务等，同时也可以为己方在谈判准备阶段中的假设预演提供依据。

首先，谈判的议程安排依据己方的具体情况，在程序上能避己所短，扬己所长。就是在谈判的程序安排上，保证己方的优势能得到充分的发挥。例如，在购销合同谈判的议程中可以先安排对己方的优质产品进行鉴别，用事实来加强己方的议价能力，这就在程序上给己方提供了先声夺人、扬己所长的机会。避己所短，就是在谈判的程序安排上，避开对己不利的因素。例如，当己方对某种信息尚未获取或某种话题尚不宜触及以及某种情势尚无定局时，可以安排在最后或必要的时间洽谈，以避免使己方陷于被动。另外，还应回避那些可能使对方难堪，因而导致谈判失败的话题，这一切在拟定谈判议程时，理当有所安排。

其次，议程的安排和布局，要为自己出其不意地运用谈判手段埋下契机。对一个谈判者来说，是不应放过利用拟定谈判的机会来运筹谋略的。谈判是一个技术性很强的工作，为了使谈判在不损害他人利益的基础上，达成对己方更为有利的协议，可以随时卓有成效地运用谈判技巧，但又不为人觉察，这才是高手。在谈判议程的拟订中能否为手段的运用创造有利的条件，而又不弄巧成拙，这是一种艺术。

最后，谈判议程的内容要能够体现己方谈判的总体方案。统筹兼顾，要能够引导或控制谈判的速度和方向以及让步的限度和步骤等。一个好的谈判议程，应该能够驾驭谈判，成为己方纵马驰骋的缰绳。但是应当指出，无论谈判的议程编制得多么好，都不会是一劳永逸的事，也不可能使谈判的每一步都不会失利。

所以，谈判者决不应放弃在实际谈判中步步为营的努力，尽管有时可能在局部失利，如果己方能够争取编制出一个好的谈判议程，就会牢牢地把握主动权。

5.3 代理人在商务谈判中的工作技巧

5.3.1 商务谈判中的拖延战术

"争分夺秒"有它的优点，"拖延时间"也有它的用处，两个法宝兼备，是谈判人员应有的谈判艺术。商务谈判中的拖延战术，形式多样，目的也不尽相同，由于它具有以静制动、少留破绽的特点，因此成为谈判中常用的一种战术手段。拖延战术按目的分，大致可分为以下四种：

5.3.1.1 清除障碍

这是较常见的一种目的。当双方"谈不拢"造成僵局时，有必要把洽谈节奏放慢，看看到底阻碍在什么地方，以便想办法解决。

柯南道尔是《福尔摩斯探案集》的作者，生性固执，在写完探案集第四卷后，执意不肯再写，用实际行动，让笔下的福尔摩斯与罪犯莫里亚蒂教授同坠深谷，"一了百了"了。

柯氏的出版商梅斯是个精明人，知道柯氏只是厌倦了这种通俗文学的写作，对于这个给作者带来过巨大声誉和利益的福尔摩斯，柯氏还是情有独钟的，于是梅斯一面牢牢抓住版权代理不放，同时拼命作柯氏的工作，不时向他透露福尔摩斯迷们的种种惋惜不满之情；同时又许以一个故事一千镑的优厚稿酬，双管齐下，一年以后果然有了成果，柯南道尔又重新执笔，让福尔摩斯从峡谷里爬了出来，再演出一段段精彩的探案故事。

试想，如果当时梅斯不是给对方一段缓冲时间，而是心急火燎，不断催逼，恐怕侦探文学史上将会失去一颗亮丽的巨星。

当然，有的谈判中的阻碍是"隐性"的，往往隐蔽在种种堂而皇之的借口之下，不易被人看破，这就更需要我们先拖一拖，缓一缓，从容处理这种局面。

【案例 5.3】 美国 Itt 公司著名谈判专家 D. 柯尔比曾讲过这样一个案例：柯尔比与 s 公司的谈判已接近尾声，然而此时对方的态度却突然强硬起来，对已谈好的协议横加挑剔，提出种种不合理的要求。柯尔比感到非常困惑，因为对方代表并非那种蛮不讲理的人，而协议对双方肯定是都有利的，在这种情况下，s 公司为什么还要阻挠签约呢？柯尔比理智地建议谈判延期。之后从各方面收集信息，终于知道了关键所在：对方认为 Itt 占的便宜比己方多多了！价格虽能接受，但心理上不公平的感觉却很难接受，导致了协议的搁浅，结果重新谈判，柯尔比一番比价算价，对方知道双方利润大致相同，一个小时后就签了合同。

在实际洽谈中，这种隐性阻碍还有很多，对付它们，拖延战术是颇为有效的。不过，必须指出的是，这种"拖"绝不是消极被动的，而是要通过"拖"得的时间收集情报，分析问题，打开局面，消极等待，结果只能是失败。

5.3.1.2 消磨意志

人的意志就好似一块钢板，在一定的重压下，最初可能还能够保持原状，但一段时间以后，就会慢慢弯曲下来。拖延战术就是对谈判者意志施压的一种最常用的办法。突然的中止，没有答复（或是含糊不清的答复）往往比破口大骂、暴跳如雷令人更加不能忍受。

拖延战术作为一种基本手段，在具体实施中是可以有许多变化的，例如一些日本公司就常采取这个办法：以一个职权较低的谈判者为先锋，在细节问题上和对方反复纠缠，或许可以让步一两次，但每一次让步都要让对方付出巨大精力，到最后双方把协议已勾画出了大体轮廓，但总有一两个关键点谈不拢，这个过程往往要拖到对方精疲力竭为止，这时本公司的权威人物出场，说一些"再拖下去太不值得，我们再让一点，就这么成交吧！"此时对方身心均已透支，这个方案只要在可接受范围内，往往就会一口答应。

5.3.1.3 等待时机

拖延战术还有一种恶意的运用，即通过拖延时间，静待法规、行情、汇率等情况的变动，掌握主动，要挟对方作出让步。一般来说，可分为两种方式：

一是拖延谈判时间，稳住对方。例如，1986 年，香港一个客户与东北某省外贸公司洽谈毛皮生意，条件优惠却久拖不决，转眼过去了两个多月，原来一直兴旺的国际毛皮市场货满为患，价格暴跌，这时港商再以很低的价格收购，使我方吃了大亏。

二是在谈判议程中留下漏洞，拖延交货（款）时间。1920年武昌某一纱厂建厂时，向英国安利洋行订购纱机二万锭，价值二十万英镑。当时英镑与白银的兑换比例为1：2.5，二十万英镑仅值白银五十万两，英商见银贵钱贱，就借故拖延不交货。到1921年底，世界金融市场行情骤变，英镑与白银兑换比例暴涨1：7。这时英商就趁机催纱厂结汇收货，五十万两白银的行价，一下子成了一百四十万两，使这个厂蒙受巨大损失。

总的来说，防止恶意拖延，要做好以下几点工作：一要充分了解对方信誉、实力，乃至实施谈判者的惯用手法和以往实迹；二要充分掌握有关法规、市场、金融情况的现状和动向；三要预留一手，作为反要挟的手段，如要求金本位制结汇，要求信誉担保，要求预付定金等。

5.3.1.4 赢得好感

谈判是一种论争，是一个双方都想让对方按自己意图行事的过程，有很强的对抗性，但大家既然坐到一起，想为共同关心的事达成一个协议，说服合作还是基础的东西，因此凡是优秀的谈判者，无不重视赢得对方的好感和信任。

笔者认识这样一位谈判"专家"，双方刚落座不久，寒暄已毕，席尚未温，此君就好客了："今天先休息休息，不谈了吧，我们这儿的风景名胜很多呢。"当谈判相持不下，势成僵局，此君忽然又好客了："不谈了，不谈了，今天的卡拉OK我请。"于是莺歌燕舞之际，觥筹交错之间，心情舒畅，感情融洽了，僵局打破了，一些场外交易也达成了。此君奉行的这一套，据说极为有效，许多次谈不下的业务，经他这么三拖两拖，不断延期，居然不花工夫就完成了。

平心而论，场外沟通作为拖延战术的一种特殊形式，有着相当重要的作用。心理学家认为，人类的思维模式总是随着身份的不同、环境的不同而不断改变，谈判桌上的心理肯定和夜光杯前的心理不一样，作为对手要针锋相对，作为朋友促膝倾谈则肯定另是一番心情。当双方把这种融洽的关系带回到谈判场中，自然会消去很多误解，免去很多曲折。

但是，任何形式的融洽都必须遵循一个原则：私谊是公事的辅佐，而公事决不能成为私利的牺牲品，这关系到一个谈判者的根本素质，这种素质也正是中国谈判者需要下大力培养的素质之一。

5.3.2 商务谈判中的情报

商务谈判是最常见的商业活动之一，在买卖交易、企业兼并、技术引进乃至各种商业冲突中，人们都可能采取谈判的手段来解决问题，所以从某种意义上说，商务谈判就是在谈判的双方进行的情报博弈，在这场博弈中起重要作用的因素不仅仅有谈判者的口才、素质、公司的实力地位，更重要的是各自所掌握的相关情报。这里介绍的几种商务谈判中的一些运用情报策略取得谈判胜利的方法技巧与案例。

5.3.2.1 掌握情报，后发制人

【案例5.4】在某次交易会上，我方外贸部门与一客商洽谈出口业务。在第一轮谈判中，客商采取各种招数来摸我们的底，罗列过时行情，故意压低购货的数量，我方立即中止谈判，搜集相关的情报，了解到日本一家同类厂商发生重大事故停产，又了解到该产品可能有新用途，在仔细分析了这些情报以后，谈判继续开始。我方根据掌握的情报后发制人，告诉对方：我方的货源不多，产品的需求很大，日本厂商不能供货。对方立刻意识到我方对这场交易背景的了解程度，甘拜下风。在经过一些小的交涉之后，乖乖就范，接受了我方的价格，购买了大量该产品。

在商务谈判中，口才固然重要，但是最本质、最核心的是对谈判的把握，而这种把握常常是建立在对谈判背景的把握上的。

5.3.2.2 虚造声势，声东击西

在一条路走不通的时候，我们应该去探索另一种方法，通过各种造势方法，来获取主动权，取得谈判的胜利。

5.3.2.3 掌握环境情报，以静制动，静观其变

在谈判中，不仅要注重自己方面的相关情报，还要重视对手的环境情报，只有知己知彼知势，才能获得胜利。

5.3.2.4 厚积薄发——养兵千日，用兵一时

在平时注意对情报的收集和处理，在谈判中往往能够游刃有余，获得成功。

5.3.2.5 获得有用情报，正确认定价值

在我国的技术引进中，常常为了一些价值低廉的技术付出巨额的投资，在技术转让的谈判中往往不能据理力争，如果在谈判之前多掌握些合理的情报，也许结果会完全不同。

5.3.2.6 掌握历史情报，逼出谈判底牌

【案例5.5】我国某厂与美国某公司谈判设备购买生意时，美商报价218万美元，我方不同意，美方降至128万美元，我方仍不同意。美方诈怒，扬言再降10万美元，118万美元不成交就回国。我方谈判代表因为掌握了美商交易的历史情报，所以不为美方的威胁所动，坚持要求再降。第二天，美商果真回国，我方毫不吃惊，果然，几天后美方代表又回到中国继续谈判。我方代表亮出在国外获取的情报——美方在两年前以98万美元将同样设备卖给匈牙利客商。情报出示后，美方以物价上涨等理由狡辩了一番后将价格降至合理水平。

从某种意义上讲，谈判中的价格竞争也是情报竞争，把握对手的精确情报就能在谈判中的价格竞争中取胜。

5.3.3　商务谈判中的开局策略

5.3.3.1　一致式开局策略

一致式开局策略的目的在于创造取得谈判成功的条件。运用一致式开局策略的方式有很多，比如，在谈判开始时，以一种协商的口吻来征求谈判对手的意见，然后对其意见表示赞同和认可，并按照其意见开展工作。运用这种方式应该注意的是，拿来征求对手意见的问题应该是无关紧要的问题，对手对该问题的意见不会影响我方的利益。另外在赞成对方意见时，态度不要过于献媚，要让对方感觉到自己是出于尊重，而不是奉承。

一致式开局策略还有一种重要途径，就是在谈判开始时以问询方式或者补充方式诱使对手走入你的既定安排，从而使双方达成一种一致和共识。所谓问询式，是指将答案设计成问题来询问对方，例如："你看我们把价格和付款方式问题放到后面讨论怎么样？"所谓补充方式，是指借以对对方意见的补充，使自己的意见变成对方的意见。

5.3.3.2　保留式开局策略

【案例5.6】江西省某工艺雕刻厂原是一家濒临倒闭的小厂，经过几年的努力，发展到产值200多万元的规模，产品打入日本市场，战胜了其他国家在日本经营多年的厂家，被誉为"天下第一雕刻"。有一年，日本三家株式会社的老板同一天不期而至，到该厂订货，其中一家资本雄厚的大商社，要求原价包销该厂的佛坛产品。这应该说是好消息，但该厂想到，这几家原来都是经销韩国、台湾地区产品的商社，为什么争先恐后、不约而同到本厂来订货？他们查阅了日本市场的资料，了解到本厂的木材质量上乘、技艺高超是吸引外商订货的主要原因，于是该厂采用了"待价而沽"、"欲擒故纵"的谈判策略。先不理那家大商社，而是积极抓住两家小商社求货心切的心理，把佛坛的梁、榴、柱，分别与其他国家的产品做比较，在此基础上，该厂将产品当金条一样争价钱、论成色，使其价格达到理想的高度。首先与小商社拍板成交，造成那家大客商产生失落货源的危机感，那家大客商不但更急于订货，而且想垄断货源，于是大批订货，以致订货数量超过该厂现有生产能力的好几倍。

解析

保留式开局策略是指在谈判开始时，对谈判对手提出的关键性问题不做彻底的、确切的回答，而是有所保留，从而给对手造成神秘感，以吸引对手步入谈判。

本案例中该厂谋略成功的关键在于其策略不是盲目的、消极的。首先，该厂产品确实好，而几家客商求货心切，在货比货后让客商折服；其次，是巧于审时布阵。先与小客商谈，并非疏远大客商，而是牵制大客商，促其产生失去货源的危机感。这样订货数量和价格才有可能大幅增加。

注意在采取保留式开局策略时不要违反商务谈判的道德原则，即以诚信为本，向对方传递的信息可以是模糊信息，但不能是虚假信息，否则，会将自己陷于非常难堪的局面之中。

5.3.3.3 坦诚式开局策略

坦诚式开局策略是指以开诚布公的方式向谈判对手陈述自己的观点或想法，从而为谈判打开局面。坦诚式开局策略比较适合于有长期合作关系的双方。以往的合作双方都比较满意，双方彼此比较了解，不用太多的客套，减少了很多外交辞令，节省时间，直接坦率地提出自己的观点、要求，反而更能使对方对己方产生信任感。采用这种策略时，要综合考虑多种因素，例如，自己的身份、与对方的关系、当时的谈判形势等。

坦诚式开局策略有时也可用于谈判力弱的一方。当我方的谈判力明显不如对方，并为双方所共知时，坦率地表明己方的弱点，让对方加以考虑，更表明己方对谈判的真诚，同时也表明对谈判的信心和能力。

5.3.3.4 进攻式开局策略

【案例5.7】日本一家著名的汽车公司在美国刚刚"登陆"时，急需找一家美国代理商来为其销售产品，以弥补他们不了解美国市场的缺陷。当日本汽车公司准备与美国的一家公司就此问题进行谈判时，日本公司的谈判代表路上塞车迟到了。美国公司的代表抓住这件事紧紧不放，想要以此为手段获取更多的优惠条件。日本公司的代表发现无路可退，于是站起来说："我们十分抱歉耽误了你的时间，但是这绝非我们的本意，我们对美国的交通状况了解不足，所以导致了这个不愉快的结果，我希望我们不要再为这个无所谓的问题耽误宝贵的时间了，如果因为这件事怀疑到我们合作的诚意，那么，我们只好结束这次谈判。我认为，我们所提出的优惠代理条件是不会在美国找不到合作伙伴的。"日本代表的一席话说得美国代理商哑口无言，美国人也不想失去这次赚钱的机会，于是谈判顺利进行下去了。

解析

进攻式开局策略是指通过语言或行为来表达己方强硬的姿态，从而获得对方必要的尊重，并借以制造心理优势，使得谈判顺利地进行下去。采用进攻式开局策略一定要谨慎，因为，在谈判开局阶段就设法显示自己的实力，使谈判一开局就处于剑拔弩张的气氛中，对谈判进一步发展极为不利。

进攻式开局策略通常只在这种情况下使用：发现谈判对手在刻意制造低调气氛，这种气氛对己方的讨价还价十分不利，如果不把这种气氛扭转过来，将损害己方的切身利益。本案例中，日本谈判代表采取进攻式的开局策略，阻止了美方谋求营造低调气氛的企图。进攻式开局策略可以扭转不利于己方的低调气氛，使之走向自然气氛或高调气氛，但是，进攻式开局策略也可能使谈判一开始就陷入僵局。

5.3.3.5 挑剔式开局策略

挑剔式开局策略是指开局时，对对手的某项错误或礼仪失误严加指责，使其感到内疚，从而达到营造低调气氛，迫使对方让步的目的。

5.3.4 商务谈判的基本功

5.3.4.1 保持沉默

在紧张的谈判中，没有什么比长久的沉默更令人难以忍受，但是也没有什么比这更重要。另外谈判者要提醒自己，无论气氛多么尴尬，也不要主动去打破沉默。

5.3.4.2　耐心等待

时间的流逝往往能够使局面发生变化，这一点总是使人感到惊异。正因为如此，谈判者常常需要等待，等待别人冷静下来，等待问题自身得到解决，等待不理想的生意自然淘汰，等待灵感的来临。一个充满活力的经理总是习惯于果断地采取行动，但是很多时候，等待却是人们所能采取的最富建设性的措施。成功往往来自关键时刻的耐心。

5.3.4.3　随时观察

在办公室以外的场合随时了解别人，这是邀请"对手"或潜在客户出外就餐，打高尔夫、打网球等活动的好处之一，人们在这些场合神经通常不再绷得那么紧，使得你更容易了解他们的想法。

5.3.4.4　亲自露面

没有什么比这更使人愉快，更能反映出你对谈判的态度。是否亲自露面，就像亲临医院看望生病的朋友与仅仅寄去一张慰问卡之间是有区别的一样。

6 企业融资代理

6.1 企业贷款代理

6.1.1 企业贷款业务

6.1.1.1 自营贷款、委托贷款和特定贷款

根据贷款的性质分为自营贷款、委托贷款和特定贷款。自营贷款，系指贷款人以合法方式筹集的资金自主发放的贷款，其风险由贷款人承担，并由贷款人收回本金和利息。

委托贷款，系指由政府部门、企事业单位及个人等委托人提供资金，由贷款人（即受托人）根据委托人确定的贷款对象、用途、金额期限、利率等代为发放、监督使用并协助收回的贷款。贷款人（受托人）只收取手续费，不承担贷款风险。

特定贷款，系指经国务院批准并对贷款可能造成的损失采取相应补救措施后责成国有独资商业银行发放的贷款。

本章讨论的是自营贷款，也就是商业性贷款。

6.1.1.2 短期贷款、中期贷款和长期贷款

根据贷款期限的长短，分为短期贷款、中期贷款和长期贷款。

短期贷款，系指贷款期限在 1 年以内（含 1 年）的贷款。

中期贷款，系指贷款期限在 1 年以上（不含 1 年）5 年以下（含 5 年）的贷款。

长期贷款，系指贷款期限在 5 年以上（不含 5 年）的贷款。

6.1.1.3 信用贷款、担保贷款和票据贴现

根据借款人提供的担保情况分为信用贷款、担保贷款和票据贴现。

信用贷款，系指以借款人的信誉发放的贷款。

担保贷款，系指保证贷款、抵押贷款、质押贷款。保证贷款，系指按《中华人民共和国担保法》规定的保证方式以第三人承诺在借款人不能偿还贷款时，按约定承担一般保证责任或者连带责任而发放的贷款。抵押贷款，系指按《中华人民共和国担保法》规定的抵押方式以借款人或第三人的财产作为抵押物发放的贷款。质押贷款，系指按《中华人民共和国担保法》规定的质押方式以借款人或第三人的动产或权利作为质物发放的贷款。

票据贴现，系指贷款人以购买借款人未到期商业票据的方式发放的贷款。

6.1.1.4 我国商业银行提供的传统企业信贷业务

（1）流动资金贷款

流动资金贷款是一种短期资金周转贷款，是银行为解决企业在生产经营活动中流动资金不足而发放的贷款。贷款方式分信用贷款和担保贷款两种，而担保的方式则有保证、抵押和质押三种。

办理流动资金贷款的手续相当简便。当然，如果代理人要借款首先应在商业银行开立存款账户并有一定存款及结算往来。

商业银行为了方便客户，对贷款金额大、用款又比较频繁的大客户开办的是一次申请、一次审贷、一年一次定额，在规定的时间和限额内随借、随用、随还的"定额周转贷款"。

（2）固定资产贷款

固定资产贷款是指为解决企业用于基本建设或技术发行项目的工程建设、技术、设备的购置、安装等方面长期性资金需要的贷款。

代理人在申请此类贷款时应注意将有关部门的项目立项文件、项目计划、配套设备清单、物资货源落实情况等以书面材料交递给银行，以便银行审核。

6.1.1.5 新兴信贷品种

（1）项目贷款

项目贷款是指为新建项目提供的贷款，新建项目应有良好的经济效益和社会效益，并且项目贷款人愿意基本上以该项目的生产销售所得作为偿债资金来源并以该项目的所有资产作为抵押。当然，在条件许可的情况下，银行也可以接受其他形式的担保。

（2）银团贷款

银团贷款是由多家银行或金融机构采用同一贷款协议，向一家企业或一个项目提供一笔融资额度的贷款方式。商业银行可分别或同时作为银团贷款的牵头行、安排行、参加行或代理行牵头组织、安排、参加或代理银团贷款。商业银行长期以来在组织国内外银团的经营实践中积累了大量的经验。

（3）购车贷款

购车贷款是商业银行新推出的信贷业务品种，它的发放对象是具有法人资格并且资信良好的出租车公司。在代理人办理此类贷款的过程中，代理人必须将被代理人的出租车公司所购车辆及含出租经营权的车辆牌照作抵押，并且要求汽车贸易商出具信用担保。购车贷款的还款采取按季还本付息方式。

（4）贷款承诺

通常所说的贷款承诺是指单笔贷款承诺，是银行向客户作出的在未来一定时期内按商定条件为该客户提供约定数额贷款的承诺。

由于贷款承诺具有法律约束力，银行要为此承诺准备资金，付出一定的成本，因此，必须向被代理人收取一定数额的承诺费。一般来说，承诺费率可以是限额未用部分的0.25%～0.75%。

贷款承诺协议还要明确贷款承诺的有效期。出具贷款承诺视同发放贷款，因此，贷款承诺的授权与贷款的授权一致，审批程序也一致。

（5）出口卖方信贷

出口卖方信贷是由出口国银行向出口商提供贷款，通过出口卖方信贷，出口商得到由银行垫支的出口货款，进口商则可延期支付应付的货款，但必须承担贷款期内的利息、保险费、手续费等有关费用。凡有法人资格、经国家批准有权经营机电产品出口的进出口企业和生产企业，以及出口成套设备、船舶等其他机电产品合同金额在100万美元以上，并采用一年以上延期付款方式的资金需求，均可申请使用出口卖方信贷贷款。

（6）出口买方信贷

出口买方信贷是由出口国的银行提供进口商的贷款，有两种操作方式：

①由出口方的银行直接贷给进口商，由进口方的银行为进口商提供担保。

②由出口方的银行贷给进口方的银行，再由进口方的银行将贷款转贷给进口商。贷款对象为商业银行认可的中国进口商品的进出口（买方）银行，在特殊情况下，也可以是进口商。

6.1.2　法律文本的准备

6.1.2.1　借款申请书

借款人应当是经工商行政管理机关（或主管机关）核准登记的企（事）业法人、其他经济组织、个体工商户或具有中华人民共和国国籍的具有完全民事行为能力的自然人。

（1）对借款人的基本要求

借款人申请贷款，应当具备产品有市场、生产经营有效益、不挤占挪用信贷资金、恪守信用等基本条件，并且应当符合以下要求：

①有按期还本付息的能力，原应付贷款利息和到期贷款已清偿；没有清偿的，已经做了贷款人认可的偿还计划。

②除自然人和不需要经工商部门核准登记的事业法人外，应当经过工商部门办理年检手续。

③已开立基本账户或一般存款账户。

④除国务院规定外，有限责任公司和股份有限公司对外股本权益性投资累计额未超过其净资产总额的50%。

⑤借款人的资产负债率符合贷款人的要求。

⑥申请中期、长期贷款的，新建项目的企业法人所有者权益与项目所需总投资的比例不低于国家规定的投资项目的资本金比例。

（2）相关资料的提供

借款人需要贷款，应当向主办银行或者其他银行的经办机构直接申请。借款人应当填写包括借款金额、借款用途、偿还能力及还款方式等主要内容的借款申请书并提供以下资料：

①借款人及保证人基本情况。

②财政部门或会计（审计）事务所核准的上年度财务报告，以及申请借款前一期的财务报告。

③原有不合理占用的贷款的纠正情况。

④抵押物、质物清单和有处分权人的同意抵押、质押的证明及保证人拟同意保证的有关证明文件。

⑤项目建议书和可行性报告。

⑥贷款人认为需要提供的其他有关资料。

6.1.2.2 贷款合同的要点

（1）贷款期限

贷款期限根据借款人的生产经营周期、还款能力和贷款人的资金供给能力由借贷双方共同商议后确定，并在借款合同中载明。

自营贷款期限最长一般不得超过10年，超过10年应当报中国人民银行备案。票据贴现的贴现期限最长不得超过6个月，贴现期限为从贴现之日起到票据到期日止。

（2）贷款展期

不能按期归还贷款的，借款人应当在贷款到期日之前，向贷款人申请贷款展期。是否展期由贷款人决定。申请保证贷款、抵押贷款、质押贷款展期的，还应当由保证人、抵押人、出质人出具同意的书面证明。已有约定的，按照约定执行。

短期贷款展期期限累计不得超过原贷款期限；中期贷款展期期限累计不得超过原贷款期限的一半；长期贷款展期期限累计不得超过3年。国家另有规定的除外。借款人未申请展期或申请展期未得到批准，其贷款从到期日次日起，转入逾期贷款账户。

（3）贷款利率的确定

贷款人应当按照中国人民银行规定的贷款利率的上下限，确定每笔贷款利率，并在借款合同中载明。

贷款利息的计收：贷款人和借款人应当按借款合同和中国人民银行有关计息规定按期计收或交付利息。

贷款的展期期限加上原期限达到新的利率期限档次时，从展期之日起，贷款利息按新的期限档次利率计收。

逾期贷款按规定计收罚息。

（4）借款人的权利和义务

①借款人的权利：

· 可以自主向主办银行或者其他银行的经办机构申请贷款并依条件取得贷款；

· 有权按合同约定提取和使用全部贷款；

· 有权拒绝借款合同以外的附加条件；

· 有权向贷款人的上级和中国人民银行反映、举报有关情况；

· 在征得贷款人同意后，有权向第三人转让债务。

②借款人的义务：

· 应当如实提供贷款人要求的资料（法律规定不能提供者除外），应当向贷款人如实提供所有开户行、账号及存贷款余额情况，配合贷款人的调查、审查和检查；

· 应当接受贷款人对其使用信贷资金情况和有关生产经营、财务活动的监督；

· 应当按借款合同约定用途使用贷款；

· 应当按借款合同约定及时清偿贷款本息；

· 将债务全部或部分转让给第三人的，应当取得贷款人的同意；

· 有危及贷款人债权安全情况时，应当及时通知贷款人，同时采取保全措施。

(5) 对借款人的限制

①不得在一个贷款人同一辖区内的两个或两个以上同级分支机构取得贷款。

②不得向贷款人提供虚假的或者隐瞒重要事实的资产负债表、损益表等。

③不得用贷款从事股本权益性投资，国家另有规定的除外。

④不得用贷款在有价证券、期货等方面从事投机经营。

⑤除依法取得经营房地产资格的借款人以外，不得用贷款经营房地产业务；依法取得经营房地产资格的借款人，不得用贷款从事房地产投机。

⑥不得套取贷款用于借贷牟取非法收入。

⑦不得违反国家外汇管理规定使用外币贷款。

⑧不得采取欺诈手段骗取贷款。

(6) 贷款人的权利和义务

①贷款人的权利：根据贷款条件和贷款程序自主审查和决定贷款，除国务院批准的特定贷款外，有权拒绝任何单位和个人强令其发放贷款或者提供担保。在发放贷款时可以行使以下权利：

· 要求借款人提供与借款有关的资料；

· 根据借款人的条件，决定贷与不贷、贷款金额、期限和利率等；

· 了解借款人的生产经营活动和财务活动；

· 依合同约定从借款人账户上划收贷款本金和利息；

· 借款人未能履行借款合同规定义务的，贷款人有权依合同约定要求借款人提前归还贷款或停止支付借款人尚未使用的贷款；

· 在贷款将受或已受损失时，可依据合同规定，采取使贷款免受损失的措施。

②贷款人的义务：

· 应当公布所经营的贷款的种类、期限和利率，并向借款人提供咨询。

· 应当公开贷款审查的资信内容和发放贷款的条件。

· 贷款人应当审议借款人的借款申请，并及时答复贷与不贷。短期贷款答复时间不得超过1个月，中期、长期贷款答复时间不得超过6个月；国家另有规定者除外。

· 应当对借款人的债务、财务、生产、经营情况保密，但对依法查询者除外。

③借款人有下列情形之一者，贷款人不得对其发放贷款：

· 生产、经营或投资国家明文禁止的产品、项目的；

· 违反国家外汇管理规定的；

· 建设项目按国家规定应当报有关部门批准而未取得批准文件的；

· 生产经营或投资项目未取得环境保护部门许可的；

· 在实行承包、租赁、联营、合并（兼并）、合作、分立、产权有偿转让、股份制改造等体制变更过程中，未清偿原有贷款债务、落实原有贷款债务或提供相应担保的；

· 有其他严重违法经营行为的。

6.1.2.3 保证合同的要点

担保合同是主合同的从合同，主合同无效，担保合同无效。债权人与债务人协议变更主合同的，应当取得保证人书面同意，未经保证人书面同意的，保证人不再承担保证责任。担保合同根据不同的担保情况分为保证合同、抵押合同、质押合同。

保证是指保证人和债权人约定，当债务人不履行债务时，保证人按照约定履行债务或者承担责任的行为。具有代为清偿债务能力的法人、其他组织或者公民，可以作为保证人。

（1）以下机构不能作为保证人

①国家机关不得为保证人，但经国务院批准为使用外国政府或者国际经济组织贷款进行转贷的除外。

②学校、医院等以公益为目的的事业单位、社会团体不得为保证人。

③企业法人的分支机构、职能部门不得为保证人。企业法人的分支机构有法人书面授权的，可以在授权范围内提供保证。

④任何单位和个人不得强令银行等金融机构或者企业为他人提供保证；银行等金融机构或者企业对强令其为他人提供保证的行为，有权拒绝。

（2）保证合同的基本内容

①被保证的主债权种类、数额；

②债务人履行债务的期限；

③保证的方式；

④保证担保的范围；

⑤保证的期间；

⑥双方认为需要约定的其他事项。

（3）保证责任的承担

①保证责任在不同保证人之间的分配。同一债务有两个以上保证人的，保证人应当按照保证合同约定的保证份额，承担保证责任。没有约定保证份额的，保证人承担连带责任，债权人可以要求任何一个保证人承担全部保证责任，保证人都负有担保全部债权实现的义务。已经承担保证责任的保证人，有权向债务人追偿，或者要求承担连带责任的其他保证人清偿其应当承担的份额。

同一债权既有保证人又有物的担保的，保证人对物的担保以外的债权承担保证责任。债权人放弃物的担保的，保证人在债权人放弃权利的范围内免除保证责任。

②不同的保证方式和相应的保证责任。当事人在保证合同中约定，债务人不能履行债务时，由保证人承担保证责任的，为一般保证。一般保证的保证人在主合同纠纷未经审判或者仲裁，并就债务人财产依法强制执行仍不能履行债务前，对债权人可以拒绝承担保证责任。除非有下列情形之一的，保证人不得行使前述权利：

债务人住所变更，致使债权人要求其履行债务发生重大困难的；

人民法院受理债务人破产案件，中止执行程序的；

保证人以书面形式放弃前款规定的权利的。

当事人在保证合同中约定保证人与债务人对债务承担连带责任的，为连带责任保证。

连带责任保证的债务人在主合同规定的债务履行期届满没有履行债务的，债权人可以要求债务人履行债务，也可以要求保证人在其保证范围内承担保证责任。当事人对保证方式没有约定或者约定不明确的，按照连带责任保证承担保证责任。

③保证责任的范围。保证担保的范围包括主债权及利息、违约金、损害赔偿金和实现债权的费用。保证合同另有约定的，按照约定。当事人对保证担保的范围没有约定或者约定不明确的，保证人应当对全部债务承担责任。保证期间，债权人依法将主债权转让给第三人的，保证人在原保证担保的范围内继续承担保证责任。保证合同另有约定的，按照约定。保证期间，债权人许可债务人转让债务的，应当取得保证人书面同意，保证人对未经其同意转让的债务，不再承担保证责任。

一般保证的保证人与债权人未约定保证期间的，保证期间为主债务履行期届满之日起6个月。在合同约定的保证期间和前款规定的保证期间，债权人未对债务人提起诉讼或者申请仲裁的，保证人免除保证责任；债权人已提起诉讼或者申请仲裁的，保证期间适用诉讼时效中断的规定。

连带责任保证的保证人与债权人未约定保证期间的，债权人有权自主债务履行期届满之日起6个月内要求保证人承担保证责任。在合同约定的保证期间和前款规定的保证期间，债权人未要求保证人承担保证责任的，保证人免除保证责任。

6.1.2.4 抵押合同

抵押，是指债务人或者第三人不转移对财产的占有，将该财产作为债权的担保。债务人不履行债务时，债权人有权依照本法规定以该财产折价或者以拍卖、变卖该财产的价款优先受偿。前款规定的债务人或者第三人为抵押人，债权人为抵押权人，提供担保的财产为抵押物。

（1）抵押物的范围

下列财产可以抵押：

①抵押人所有的房屋和其他地上定着物；

②抵押人所有的机器、交通运输工具和其他财产；

③抵押人依法有权处分的国有的土地使用权、房屋和其他地上定着物；

④抵押人依法有权处分的国有的机器、交通运输工具和其他财产；

⑤抵押人依法承包并经发包方同意抵押的荒山、荒沟、荒丘、荒滩等荒地的土地使用权。

下列财产不可以抵押：

①土地所有权；

②耕地、宅基地、自留地、自留山等集体所有的土地使用权；

③学校、医院等以公益为目的的事业单位、社会团体的教育设施、医疗卫生设施和其他社会公益设施；

④所有权、使用权不明或者有争议的财产；

⑤依法被查封、扣押、监管的财产。

（2）抵押合同

抵押合同应当包括以下内容：

①被担保的主债权种类、数额；

②债务人履行债务的期限；

③抵押物的名称、数量、质量、状况，所在地、所有权权属或者使用权权属；

④抵押担保的范围。

订立抵押合同时，抵押权人和抵押人在合同中不得约定在债务履行期届满抵押权人未受清偿时，抵押物的所有权转移为债权人所有。

抵押物的登记部门：

①以无地上定着物的土地使用权抵押的，为核发土地使用权证书的土地管理部门为登记部门；

②以城市房地产或者乡（镇）、村企业的厂房等建筑物抵押的，县级以上地方人民政府规定的部门为登记部门；

③以林木抵押的，县级以上林木主管部门为登记部门；

④以航空器、船舶、车辆抵押的，运输工具的登记部门为抵押品登记部门；

⑤以企业的设备和其他动产抵押的，为财产所在地的工商行政管理部门为登记部门。

抵押的范围：

①抵押担保的范围包括主债权及利息、违约金、损害赔偿金和实现抵押权的费用。抵押合同另有约定的，按照约定执行。

②债务履行期届满，债务人不履行债务致使抵押物被人民法院依法扣押的，自扣押之日起抵押权人有权收取由抵押物分离的天然孳息以及抵押人就抵押物可以收取的法定孳息。抵押权人未将扣押抵押物的事实通知应当清偿法定孳息的义务人的，抵押权的效力不及于该孳息。前款孳息应当先充抵收取孳息的费用。

抵押权的实现：

债务履行期届满抵押权人未受清偿的，可以与抵押人协议以抵押物折价或者以拍卖、变卖该抵押物所得的价款受偿；协议不成的，抵押权人可以向人民法院提起诉讼。抵押物折价或者拍卖、变卖后，其价款超过债权数额的部分归抵押人所有，不足部分由债务人清偿。抵押权因抵押物灭失而消灭。因灭失所得的赔偿金，应当作为抵押财产。

同一财产向两个以上债权人抵押的，拍卖、变卖抵押物所得的价款按照以下规定清偿：

①抵押合同已登记生效的，按照抵押物登记的先后顺序清偿；顺序相同的，按照债权比例清偿；

②抵押合同自签订之日起生效的，该抵押物未登记的，按照合同生效时间的先后顺序清偿，顺序相同的，按照债权比例清偿。抵押物已登记的先于未登记的受偿。

③城市房地产抵押合同签订后，土地上新增的房屋不属于抵押物。需要拍卖该抵押的房地产时，可以依法将该土地上新增的房屋与抵押物一同拍卖，但对拍卖新增房屋所得，抵押权人无权优先受偿。依照本法规定以承包的荒地的土地使用权抵押的，或者以乡（镇）、村企业的厂房等建筑物占用范围内的土地使用权抵押的，在实现抵押权后，未经法定程序不得改变土地集体所有和土地用途。

④拍卖划拨的国有土地使用权所得的价款，在依法缴纳相当于应缴纳的土地使用权出

让金的款额后，抵押权人有优先受偿权。

6.1.2.5 质押合同

根据质押物的不同，可以分为动产质押和权利质押。

（1）动产质押

动产质押，是指债务人或者第三人将其动产移交债权人占有，将该动产作为债权的担保。债务人不履行债务时，债权人有权依照本法规定以该动产折价或者以拍卖、变卖该动产的价款优先受偿。前款规定的债务人或者第三人为出质人，债权人为质权人，移交的动产为质物。出质人和质权人应当以书面形式订立质押合同。

质押合同应当包括以下内容：

①被担保的主债权种类、数额；

②债务人履行债务的期限；

③质物的名称、数量、质量、状况；

④质押担保的范围，包括主债权及利息、违约金、损害赔偿金、质物保管费用和实现质权的费用；

⑤质押合同自质物移交于质权人占有时生效；

⑥当事人认为需要约定的其他事项。质押合同不完全具备前款规定内容的，可以补正。

出质人和质权人在合同中不得约定在债务履行期届满质权人未受清偿时，质物的所有权转移为质权人所有。

质权（债权）人的权利与义务：

①质权人有权收取质物所生的孳息。

②质权人负有妥善保管质物的义务。因保管不善致使质物灭失或者毁损的，质权人应当承担民事责任。质权人不能妥善保管质物可能致使其灭失或者毁损的，出质人可以要求质权人将质物提存，或者要求提前清偿债权而返还质物。质物有损坏或者价值明显减少的可能，足以危害质权人权利的，质权人可以要求出质人提供相应的担保。出质人不提供的，质权人可以拍卖或者变卖质物，并与出质人协议将拍卖或者变卖所得的价款用于提前清偿所担保的债权或者向与出质人约定的第三人提存。

③债务履行期届满债务人履行债务的，或者出质人提前清偿所担保的债权的，质权人应当返还质物。债务履行期届满质权人未受清偿的，可以与出质人协议以质物折价，也可以依法拍卖、变卖质物。质物折价或者拍卖、变卖后，其价款超过债权数额的部分归出质人所有，不足部分由债务人清偿。

④质权因质物灭失而消灭。因灭失所得的赔偿金，应当作为出质财产。质权与其担保的债权同时存在，债权消灭的，质权也消灭。

（2）权利质押

可以质押的权利包括：

①汇票、支票、本票、债券、存款单、仓单、提单：以汇票、支票、本票、债券、存款单、仓单、提单出质的，应当在合同约定的期限内将权利凭证交付质权人。质押合同自权利凭证交付之日起生效。以载明兑现或者提货日期的汇票、支票、本票、债券、存款单、仓

单、提单出质的，汇票、支票、本票、债券、存款单、仓单、提单兑现或者提货日期先于债务履行期的，质权人可以在债务履行期届满前兑现或者提货，并与出质人协议将兑现的价款或者提取的货物用于提前清偿所担保的债权或者向与出质人约定的第三人提存。

②依法可以转让的股份、股票：以依法可以转让的股票出质的，出质人与质权人应当订立书面合同，并向证券登记机构办理出质登记。质押合同自登记之日起生效。股票出质后，不得转让，但经出质人与质权人协商同意的可以转让。出质人转让股票所得的价款应当向质权人提前清偿所担保的债权或者向与质权人约定的第三人提存。以有限责任公司的股份出质的，适用公司法股份转让的有关规定。质押合同自股份出质记载于股东名册之日起生效。

③依法可以转让的商标专用权、专利权、著作权中的财产权：以依法可以转让的商标专用权、专利权、著作权中的财产权出质的，出质人与质权人应当订立书面合同，并向其管理部门办理出质登记。质押合同自登记之日起生效。

④依法可以质押的其他权利：权利出质后，出质人不得转让或者许可他人使用，但经出质人与质权人协商同意的可以转让或者许可他人使用。出质人所得的转让费、许可费应当向质权人提前清偿所担保的债权或者向与质权人约定的第三人提存。

6.1.3　贷款归还和展期的办理

借款人应当按照借款合同规定按时足额归还贷款本息。贷款人在短期贷款到期1个星期之前、中长期贷款到期1个月之前，应当向借款人发送还本付息通知单；借款人应当及时筹备资金，按时还本付息。

借款人提前归还贷款，应当与贷款人协商。在无合同特别约定的情况下，贷款人不得向借款人要求提前还款违约金。

不能按期归还贷款的，借款人应当在贷款到期日之前，向贷款人申请贷款展期。是否展期由贷款人决定。申请保证贷款、抵押贷款、质押贷款展期的，还应当由保证人、抵押人、出质人出具同意的书面证明。已有约定的，按照约定执行。

短期贷款展期期限累计不得超过原贷款期限；中期贷款展期期限累计不得超过原贷款期限的一半；长期贷款展期期限累计不得超过3年；国家另有规定者除外。借款人未申请展期或申请展期未得到批准的，其贷款从到期日次日起转入逾期贷款账户。

6.2　融资租赁代理

融资租赁通常的做法是出租人出资购买承租人选定的技术设备或其他物资，作为租赁物出租给承租人，承租人按合同约定取得租赁物的长期使用权，在承租期间，按合同约定的期限支付租金，租赁期满按合同约定的方式处置租赁物。

6.2.1　融资租赁的操作流程

6.2.1.1　由承租人选定供货商和设备

承租人为了达到最有效的融资目的，选择最佳供货人和最适合的设备是关键一步。承租人有能力自行选择的，可自己进行选择，如果承租人没有能力或能力不足以胜任，可委托租赁机构代理选择，租赁机构代理选择结果被承租人认可后生效。

对于设备的选择，中国人民银行的规定为："适用于融资租赁交易的租赁物为固定资产。"这里的固定资产是指"适用期限超过一年，单位价值在规定标准（一般在 2000 元）以上并且在适用过程中保持原有物质形态的资产，包括房屋及建筑物、机器设备、运输设备、工具器具等"。除此之外，其他物件不能作为固定资产。如签订的融资租赁合同将不属于固定资产的物件作为标的物，其所签合同应确认无效。

6.2.1.2　承租人向租赁机构提出书面申请

承租人要填写"设备租赁申请书"，同时提交相关资料。同时，承租人与租赁公司就租期、租金、费率等进行初步协商。

申请租赁需要提交的文件：

① "租赁委托书"，包括委托要求、租赁方式、租赁期限、预计用款金额、保证金、偿还租金次数、期满后的选择

②租赁设备清单

③设备进口许可证、免税批文复印件等

④项目经济效果和偿还租金的资金来源说明

⑤填写"客户信用资料调查表"

· 公司介绍，包括公司的经营特点、市场定位和发展战略等。

· 营业执照复印件。

· 法人代表的身份证明复印件。

· 连续三年会计年度的注册会计师审计报告。

· 连续三年经注册会计师审计的财务报表，包括资产负债表、利润表、现金流量表、固定资产明细表、应收应付账款明细表和负债明细表。

· 过去三个月的财务报表，包括资产负债表、利润表、现金流量表、固定资产明细表、应收应付账款明细表和负债明细表。

· 主要负责人简历，包括姓名、性别、年龄、教育程度、职务、职责、工作经历、特长、职位升迁原因、不良记录等。

· 现有主要设备清单，注明设备原值及现值。

· 其他被调查公司认为必要的说明资料。

6.2.1.3　供货合同的签订

出租人依据承租人选定的设备与供货商协商签订供货合同。如果是直接租赁，承租人和供货商签订租赁合同。

6.2.1.4　融资租赁合同的签订

承租人与出租人就租赁合同的具体内容平等协商达成统一，签订租赁合同，租赁合同应重点协商租金、租金支付的方式、手续费率、租期、利息率等双方的权利、义务。

6.2.1.5　交货

交货是出租人的主要义务。但交货人不一定是出租人，一般都是由供货商直接将承租人选定的设备交给承租人，设备的验收及检验由承租人负责，并在检验验收后向出租人开

立收据，出租人凭收据向供货商支付设备价款。

6.2.1.6 保险设备的投保

这是出租人的义务，出租人可将保险费额计入租金中一并计算，也可由承租人直接向保险公司投保，保费计入成本。

6.2.1.7 支付租金

支付租金是承租人的义务。承租人应按合同约定方式、数额、时间向出租人支付租金，不按期支付应承担违约责任。

6.2.1.8 租期届满出租物的处理

租期届满，对出租物一般采用"退租、续租、留购"三种方式之一处置，比较而言，双方大多采用"留购"方式。

①退租。租赁合同期满，承租人按租赁合同约定的要求将租赁物退还给出租人，由出租人自行处理出租物，由于租赁物在出租期满时一般均已达到使用期限，出租人收回后难以再租或转让，所以，对租赁物期限届满后的处理，一般不采用这种方式。

②续租。在租赁合同期间届满前的合理时间内，承租人应通知出租人，就租赁物的继续租用进行协商，确定续租期限、租金等内容，在融资租赁合同期间届满时签订续租合同。

③留购。承租人支付名义货价后获得出租物的所有权，承租人获得租赁物的所有权后，进行固定资产投资，这种方法对出租人、承租人均有利，所以，融资租赁合同期间届满后，对租赁物的处理一般多采用这种方式。

融资租赁合同的承租人，可以通过这种形式解决企业运作的资金困难，承租人可以采用分期支付租金的手段，一次性获得全部设备，使企业的运作期提前，充分发挥资金的最大效益，因此，融资租赁深受欢迎。

6.2.2 融资租赁合同的概念和特征

6.2.2.1 融资租赁合同的概念

融资租赁合同是融资租赁交易的产物。融资租赁是从英文"finance lease"翻译而来，也常译为金融租赁。根据我国合同法第 237 条的规定，融资租赁合同是指根据出租人对出卖人、租赁物的选择，向出卖人购买租赁物，提供给承租人使用，承租人支付租金的合同。

与一般的租赁合同相比，融资租赁合同是近代社会发达的经济生活所产生的一种新生事物。第二次世界大战之后，美国首创以租赁动产为业务的租赁公司，客观上适应了企业界的需要，融资租赁则是这些租赁公司众多动产租赁中的主要形式。这种信贷方式之所以能受到各方的青睐，其优点在于，对承租人而言，可以经由融资租赁，用较少的资金解决生产所需；对于出租人而言，既可获取丰厚的利润，又有较为可靠的债权保障，因而得到了急速的发展，并于 20 世纪 60 年代传入了德国和日本，迅速成为风靡世界的一种融资方式。[1]

---

[1] 梁慧星：《民法学说判例与立法研究》，中国政法大学出版社 1993 年版，第 180 页；曾隆兴：《现代非典型契约论》，三民书局 1998 年版，第 93 页。

6.2.2.2 融资租赁合同的特征

近年来，我国法院受理的融资租赁合同纠纷案件也逐年增多。为了解决审理案件的法律适用问题，1996年5月27日，最高人民法院颁布了《关于审理融资租赁合同纠纷案件若干问题的规定》，该规定对融资租赁合同的定义、合同纠纷案件的当事人、合同管辖、无效合同的认定和处理以及索赔等问题作出了明确规定。合同法则在借鉴当今各国的立法和我国司法实践经验的基础上首先以法律的形式对融资租赁合同关系进行调整。根据合同法的相关规定，可以将融资租赁合同的特征概括如下：

第一，融资租赁合同的主要机能是融资。融资租赁合同的实现是通过出租人购买并将标的物出租，来达到融资的目的，以使承租人解决一次购买标的物资金不足的难题。从这个角度来看，融资租赁具有借贷的性质，但此时承租人从出租人处取得的并不是租赁物或货币的所有权，而是通过租赁的形式取得租赁物的使用权。出租人之所以取得所有权也仅仅是生财的工具和手段，并非根本目的，同时，出租人也不负责租赁标的物的修理、维护等业务，其不仅要按照承租人对租赁物的选择购买租赁物，还要向特定的出卖人购买所需要的财产；对该财产进行承租，使取得对其的使用收益权，以达到融资效果。在这里需要注意的是，如果承租人租赁的目的不是为了自己使用收益，而是为了出售，就不能成为融资租赁。

第二，融资租赁合同包括两个过程——买卖和租赁，涉及三方当事人——出卖人、出租人（买受人）和承租人。融资租赁合同由出卖人与出租人之间的买卖合同和出租人与承租人之间的租赁合同两个合同组成，这就必然造成三方当事人都同时涉及了买卖和租赁的权利义务关系，并使之复杂化。法律为了当事人交往的便利，就特别地将两个合同的权利义务交错在一起，因此，作为融资租赁合同构成部分的买卖合同和租赁合同，并非完全独立存在、彼此之间毫无干系，两者常常呈现效力上的相互交错。也正因为如此，融资租赁合同才能够成为一个独立的有名合同存在于合同法分则之中，使融资租赁合同成为一种具有买卖和租赁的共性，又不同于买卖或租赁的合同形式。二者效力的相互交错有许多表现，例如，买卖合同中的出卖人不是向买受人现实地履行交付标的物的义务，而是向另一合同中的承租人交付标的物，承租人就因此享有与受领标的物有关的买受人的权利和义务；同样，在出卖人不履行买卖合同中的义务时，承租人就享有一定条件下的请求赔偿损失的权利；买卖合同的双方当事人不得随意变更买卖合同中与租赁合同的承租人有关的条款等规定都是两合同效力交错的表现。

第三，融资租赁合同中的出租人是从事融资租赁业务的公司。合同法并没有对从事融资租赁业务的主体资格做出具体规定，但一般认为，从事该业务的主体、只能是租赁公司，而不能是一般的自然人、法人或其他组织。因此在我国，只有经金融管理部门批准的公司，才有资格订立融资租赁合同，从事融资租赁交易。

第四，融资租赁合同多为诺成性、要式合同和有偿合同。如合同法第238条第1款规定："融资租赁合同的内容包括租赁物名称、数量、规格、技术性能、检验方法、租赁期限、租金构成及其支付期限和方式、币种、租赁期间届满租赁物的归属等条款。"同条第2款规定："融资租赁合同应当采用书面形式。"第248条还规定"承租人应当按照约定支付租金"等。

【案例 6.1】 湖北省甲租赁公司由中国银行湖北省分行做担保，与乙钢铁厂签订了一份融资租赁合同，该合同约定由甲租赁公司为乙钢铁厂进口一套设备供其使用。在使用过程中，设备常常出现故障。起初，乙钢铁厂的技术人员勉强能够排除故障，以后逐渐无能为力。乙钢铁厂无奈之下要求甲租赁公司派员解决问题。甲租赁公司认为自己没有对租赁物进行维修的义务，但如果乙钢铁厂负担费用，则可派人帮助维修，乙钢铁厂声称它的要求有合同依据，因为合同中规定"设备维修问题依行业习惯处理"，毫无疑问，"谁的东西谁来管"这是通行古今中外的一条铁律，乙钢铁厂租用甲租赁公司的设备，甲租赁公司自然要对设备的一切负责。甲租赁公司声称拒绝维修的理由也是根据合同规定，因为合同约定"设备维修问题依行业习惯处理"，不过，它解释的含义却与乙钢铁厂相反，它认为，融资租赁业务中，出租人不承担维修义务，设备的维修、保养等均由承租人自己负担。由于双方当事人无法协商一致，乙钢铁厂遂诉至法院。

从甲租赁公司与乙钢铁厂的约定来看，这是一个融资租赁合同。甲租赁公司根据乙钢铁厂的要求出资进口一套设备，它既是设备的购买人又是设备的出租人，而设备的承租人、使用人是乙钢铁厂。乙钢铁厂之所以认为甲租赁公司有义务维修设备，是把双方当事人之间的融资租赁关系误解为租赁关系。据此，乙钢铁厂将租赁合同中出租人的义务当成融资租赁合同中出租人的义务，向出租人发出了一个错误的请求。融资租赁合同的出租人在交付了租赁物后，既没有对租赁物的管领力，也没有租赁物的使用权、收益权，所剩下的只有对租赁物的期待权。为了维护出租人的这一权利，承租人在租赁期内应当负有保持租赁物完好的义务，维修则是保持租赁物完好状态的方式之一，因此，作为承租人的乙钢铁厂应承担维修义务。

6.2.3 融资租赁与类似合同的区别

6.2.3.1 融资租赁与一般租赁

在融资租赁合同中，租赁公司从出卖人处取得所有权的物品由承租人使用收益，租赁公司向承租人收取租金作为对价，这一点与一般的租赁颇为相似。但深究其法律关系，二者有以下不同之处值得注意：

第一，在一般的租赁合同中，标的物经承租人使用相当期限后，应该返还给出租人，而且在返还给出租人时，仍要保持相当的使用价值。例如，我国合同法第 235 条规定，租赁期间届满，承租人应当返还租赁物。返还的租赁物应当符合按照约定或租赁物的性质使用后的状态。这就是说，房屋租赁合同的承租期限届满，承租人返还的房屋应该能使出租人继续使用或另行出租，否则，在已履行自己的法定维修义务的条件下，出租人有权请求赔偿损失。而在融资租赁合同中，并不一定存在返还租赁物的问题，合同法第 249 条、第 250 条规定了融资租赁合同中租赁物的归属问题，第 250 条规定："出租人和承租人可以约定租赁期间届满租赁物的归属。对租赁物的归属没有约定或约定不明确的，依照本法第 61 条的规定仍不能确定的，租赁物的所有权归出租人。"而在事实上，融资租赁合同的租赁期间与物品的耐用年数大致相同，虽然在租赁期满后租赁物依法要返还给租赁公司，但物的使用价值已经很低，所以此时的返还并无很大意义。① 而在实践中，出租人和承租人也常常约定，在承租期限届满时，租赁物的所有权即移转承租人所有。

第二，在是否具有继续性上二者有所不同。一般的租赁合同具有继续性，其出卖人按期继续收取租金与承租人继续使用租赁物之间是一种对价关系，当承租人不能继续使用租赁物时，可以拒绝支付租金。而在融资租赁合同中，租赁物件系特别为用户之使用目的而购入，租赁公司意图仅从该承租人收回购置设备之成本及预计之利润。租赁公司是以"货物"换取金钱而非以"使用"换取金钱。换言之，租赁公司一旦按照用户的指定购买租赁物件，即已履行自己所负义务，因而有权从该特定承租人收回全部成本与利润，而不论承租人是否继续使用，租赁物件是否有瑕疵及发生毁损灭失危险。租赁物是出租人特别为承租人的使用目的而购买的，出租人的意图仅是从承租人那里收回购买租赁物的成本和预计的利润，出租人在从供货商处买回承租人指定的租赁物时，即有权向其收回全部成本和利润，而不管承租人是否继续使用。因此，可以说融资性租赁合同并不具备传统租赁合同的继续性合同特征。若认为融资租赁合同与租赁合同无本质区别，认定其为继续性合同的话，将导致以下后果，即承租人不继续使用租赁物件时即可拒绝支付租金，或因承租人违约，租赁公司收回租赁物件，承租人之租金给付义务应当然消灭，其结果将彻底摧毁租赁公司缔约的目的与获利的意图，进而妨碍融资性租赁这一新型交易制度之发展。

第三，一般租赁合同的标的物可为动产或不动产，而融资租赁合同的标的物一般为动产。合同法并未对这两种合同标的物的性质进行具体规定，但从融资租赁合同的发展过程来看，这种合同形式是从美国的动产租赁（lease）中分离出来的，它一开始就是动产租赁的一种形式，在现代它又成为一种重要的融资方式。由于在融资租赁合同中，当事人可以任意约定租赁物的归属，不动产在这一点上就存在着障碍，而动产则较为符合所有权自由转让的特征。

第四，出租人是否承担修缮义务及瑕疵担保责任上二者有所不同。对于一般的租赁合同，根据合同法第 220、221 条的规定，出租人应该尽所有权人的义务对租赁物进行维修；而且承租人也可以在租赁物需要维修时要求出租人进行维修，或者要求出租人承担维修所需的费用。但在融资租赁合同中，依照合同法第 247 条第 2 款的规定，承租人应该履行占有租赁物期间的维修义务。

第五，二者租金的性质不同。在一般的租赁合同中，出租人收取租金是作为出让租赁物使用收益权的对价，而融资租赁合同中的租金，主要是为了融资，并不是作为租赁物使用的对价而为给付；出租人购买租赁物的最主要目的，就是将其出租，一方面可以缓解承租人的资金短缺的状况，使其无须购进租赁物即可维持或扩大其生产能力；另一方面借租金的形式回收资金并获取营业利润，租金在这里充分发挥着融资的功能。

第六，两者中的承租人对于租赁物的风险灭失所承担的责任不同。根据合同法第 231 条的规定，在一般的租赁合同中，因不可归责于承租人的事由，致使租赁物部分或全部毁损、灭失的，承租人可以要求减少租金或不支付租金；因租赁物部分或会部毁损、灭失，

---

① 参见曾隆兴：《现代非典型契约论》，三民书局 1998 年版，第 101 页。

致使不能实现合同目的的，承租人可以解除合同。而在融资租赁合同中，因租金具有融资的目的，并不是承租人对标的物使用收益的对价，所以即使标的物因不能归责于承租人的事由毁损灭失，承租人也不能免除给付租金的义务，因此，合同法第 246 条规定："承租人占有租赁物期间，租赁物造成第三人的人身伤害或者财产损害的，出租人不承担责任。"

6.2.3.2 融资租赁合同与分期付款买卖

分期付款买卖合同是指买受人应按照一定期限分批向出卖人支付价款的买卖。融资租赁合同与分期付款买卖之间存在一些相似之处，例如，二者都是将标的物先行支付，价金也都是分阶段支付，在分期付款买卖合同中是分阶段支付货款，在融资租赁中是分阶段支付租金。在其他国家和地区的理论和实践中，也有观点主张其二者之间的相似性，如德国学者 Ebenrotlz 认为，租赁公司对于租赁物件仅限于拥有担保利益。着眼于此，则融资租赁契约的内容，如租赁公司不负交付义务及由承租人负担租赁物件的一切危险等，均可得到合理解释；考虑到这种经济背景，则融资性租赁非常接近于保留所有权的分期付款买卖，其区别仅在于融资性租赁契约无用户将最终取得所有权的预定。但如果将此看做是出于税法上的考虑，那么，没有此项预定的目的仅是为了控制所有权向用户移转，租赁公司并没有作为所有人的经济利益。因此，融资租赁交易的负担分配表现为特殊的三面关系，由此导出强调买卖法的规定，将融资租赁契约分析为保留所有权的分期付款买卖，可以使买卖法对其的适用正当化。融资租赁合同与分期付款买卖之间存在着根本差异，具体表现在以下几点：

第一，融资租赁合同不具有分期付款买卖有偿转让财产所有权的本质。分期付款买卖属于买卖合同的一种，只是与一般的买卖合同在支付价款的方法和让与标的物所有权的时间上有所不同。但它的本质仍是以等价有偿的方式转让财产所有权。虽然买卖标的物在价金全部付清之前仍由出卖人保有所有权，但此时买受人已经以自主占有的意思对其进行占有，可以将其视为实质上的所有人；而在融资租赁合同中，承租人的意图在于以支付租金为代价获得租赁期间内对租赁物的使用收益权，出租人的意图在于收取租金。因此在整个租赁期间内，承租人对标的物的占有仍为他主占有。虽然当事人也可以约定租赁期间届满租赁物归承租人所有，但是，承租人在这时获得所有权的依据是当事人的特别约定，而非融资租赁合同的当然结果。

第二，二者法律关系表现的形式不同。分期付款买卖的法律关系相对简单，一般只由买卖双方当事人构成，并且只包括一份买卖合同，而融资租赁合同则相对复杂，有三方当事人（出卖人、租赁公司和承租人）和两个合同（租赁公司与承租人之间的融资租赁合同、出卖人与租赁公司之间的买卖合同），这两个合同相互交错存在。

第三，二者在有无期待权存在的基础上不同。分期付款合同作为一种特殊的买卖合同，具有以下特点：①债权性。②出卖人在价金完全受清偿前保留所有权。③有与出卖人的所有权处于相对状态并彼此消长关系的买受人的期待权，此期待权是取得所有权的前阶段，若买卖合同的条件成立，此期待权即变成所有权。而在融资租赁合同的整个租赁期间，承租人并无取得租赁物所有权之期待权。①

---

① 梁慧星：《民法学说判例与立法研究》，中国政法大学出版社 1993 年版，第 20 页。

第四，融资租赁合同的租金构成与分期付款买卖的价金构成不同，前者包括物件的买价以及利息、保险费、手续费、利润在内，明显高于后者的总价金。

第五，分期付款买卖一般适用有关法律特别保护消费者利益的规定，如我国台湾地区"民法"第 389 条规定："分期付价之买卖，如约定买受人有迟延时，出卖人得即请求支付全部价金者，除买受人迟付之价额已达全部价金五分之一外，出卖人仍不得请求支付全部价金。"我国合同法第 167 条也规定："分期付款的买受人未支付到期价款的金额达到全部价款的五分之一的，出卖人可以要求买受人支付全部价款或者解除合同。"这些都表现了法律对于消费者的特别保护。

在实际运作中，融资租赁以多种形式存在，目前我国主要有直接租赁、回租、转租和杠杆租赁（也称衡平租赁）等几种方式。其中直接租赁是指由承租人自选所需设备，出租人付款购进，供承租人使用的租赁形式。在约定的租赁期限内，设备所有权归出租人，承租人享有使用权，并按照约定分期支付租金。回租是指承租人将自己所有的物件卖给出租人，同时与出租人签订一份融资租赁合同，再将该物件租回使用的一种租赁形式。在回租情况下，卖方同时也是承租人，买方同时也是出租人。而转租则是指按合同约定，承租人将自己租入的租赁物转租给新承租人使用的一种租赁形式。在转租方式下，承租人同时也是出租人。杠杆租赁，是指出租人一般只出资租赁物全部金额的一部分（一般不低于20%），就获得租赁物的所有权，租赁物的其他金额则以该租赁物为抵押，由金融机构贷款解决的租赁形式。在杠杆租赁中，金融机构提供的是无追索权的贷款，但需出租人以设备、租赁合同和收取租金的受让权作为对该项借款的担保。所谓无追索权的贷款是指当承租人不履行支付租金义务时，作为债权人的该金融机构不得向承租人直接追索债务，只能从出租人的出租资产中得到偿付。

6.2.3.3 融资租赁合同与借款合同

在融资租赁合同与借款合同的关系上，有学者认为，融资租赁合同实际上就是借款合同。法国学者 Calon 在关于不动产租赁的论文中认为，在融资租赁中，承租人所支付的租金并不是使用租赁物的对价，而是偿还租赁公司购买租赁物件所支出的本金和利息，因此主张将融资租赁合同认定为金钱消费借贷合同。德国学者 Borggrofe 认为，融资租赁合同的确是以利用供与为目的，但却不仅是以物的利用可能为中介，更重要的是一种融资的给付，租赁公司所承受的不是买卖危险，而是信用危险，用租赁公司的利用供与及承租人支付这种利用供与的对价，难以说明融资租赁合同的权利义务关系，租赁公司的义务是通过租赁物件的融资；法律关于买卖与租赁的规定均不能作为融资租赁合同的适当判断基准，要解决其判断基准及所生的法律问题，必须将融资租赁理解为一种与信契约。日本学者西川知雄认为，在给予对方当事人的与信行为这一点上，租赁与消费借贷并无差异，概而言之，融资租赁是以租赁物件为中介而对用户的与信行为，其与金钱消费借贷之差别在于金钱消费借贷无租赁物件之中介，所谓消费借贷，乃是金钱及有价证券等消费物的借贷，而融资性租赁则是耐用有形固定资产的贷借，二者对于用户的与信机能及法律上权利义务有许多共同点。所以，二者并无本质不同。此种见解的不妥之处在于忽视了融资租赁合同与借款合同之间的根本区别。这两种合同具有以下区别：

第一，合同主体的区别。融资租赁合同必须是彼此相关的三方当事人分别签订买卖、租赁两个合同，出租人一方面与供货人签订买卖合同，一方面与承租人签订租赁合同，但是两个合同的标的物又是同一的，即供货人从出租人处获得货款，而把设备交给承租人使用，两个合同是各自独立的，签订的目的不同，规定的权利义务也不相同，但"两个合同三方当事人，租赁与贸易不可分"又是融资租赁合同的基本特征，即使在回租合同的情况下，承租人与供货人虽然是合一的，但其是作为两个不同主体出现，而借款合同只涉及出借人与借款人，不涉及第三方。①

第二，借款合同只涉及一定数额金钱的移转交付，而不涉及物件的使用关系。借款人用借入的金钱购买设备，当然享有设备所有权，其使用收益仍以所有权为根据，而与出借人无涉。但融资租赁合同不能无视物件使用关系的存在，且该使用关系属于债权关系的性质，此物件使用关系为融资租赁合同的基本要素。

第三，租金与利息计算不同。借款合同中，借款人依据合同除了向出借人归还借款本金之外，还需要支付利息，利息的计算除了合同约定外，还必须符合国家规定的银行贷款利率的范围，否则超出部分无效。而且本金也是待合同期满时一次性还清，而在融资租赁合同中，承租人向出租人支付的是租金，租金的安排远比单纯地还本付息复杂，其计算包括设备价款、融资利息、银行费用总成本的回收及手续费、保险费等出租人的经营费用以及可得利润等，具体计算则有附加率法、年金法等，租金一般是租期内分几次支付，均等付租或者不均等付租，而且租金一般高于同期银行贷款本息。

【案例6.2】2001年5月，甲租赁公司与乙商贸公司达成由甲租赁公司租赁给乙商贸公司两辆大型豪华旅游客车的意向性协议。同年7月14日，甲租赁公司书面授权公司驻南京市办事处经理杨某与乙商贸公司签订了合同。7月20日，乙商贸公司因急于购买大客车，即以自己的名义与丙客车厂签订了一份购买两辆大客车的购货合同，总价款为56万元。甲租赁公司得知后，对该行为予以认可。7月22日，甲租赁公司与乙商贸公司正式签订了融资租赁合同，杨某在合同上签了字，不过，该合同加盖的是甲租赁公司驻南京市办事处的章。双方当事人之间的合同约定，甲租赁公司与丙客车厂签订购货合同是双方当事人所签订的租赁合同的附件，租赁合同约定，出租人根据乙商贸公司的要求，将车出租给乙商贸公司在某省进行营运。租赁期间，租赁物所有权属于出租人，乙商贸公司享有使用权，但不得对外销售、转让、转租、抵押；租赁期满，乙商贸公司支付10万元的名义货价后，租赁物所有权移转给乙商贸公司，租期为一年半，租金总额为80万元，每半年偿还租金一次。7月30日，甲租赁公司书面确认该合同，并委托该公司驻南京办事处执行。合同签订后，甲租赁公司以某省新技术开发公司的名义，于同月26日向乙商贸公司汇款60万元，注明用途是购买设备，乙商贸公司收款后，付给丙客车厂总货款56万元，购得的客车由乙商贸公司在某省营运。从当年7月30日起至2003年11月1日止，乙商贸公司以手续费、委托费、还款付息等名义向甲租赁公司共支付租金7万元。2003年4月25日，乙商贸公司在某市的电脑技术服务公司明知该车为融资性购车的情况下，单方将车以融资

① 俞宏雷、王立新：《融资租赁与借款合同之比较研究》，载《中外法学》1996年第2期。

方式转租给电脑公司，并约定乙商贸公司有权根据情况收回两台车。乙商贸公司于2003年6月被工商局批准注销，同年12月1日开始清理公司资产。甲租赁公司遂向法院起诉，要求乙商贸公司偿付租金以及迟延利息共计80万元。

解析

就本案而言，我们认为它属于一起融资租赁合同纠纷。这主要是基于以下理由：首先，与丙客车厂签订客车购买合同的乙商贸公司非租赁公司，而在真正的融资租赁合同中，应由出租人以自己的名义购买租赁物。其次，甲租赁公司将60万元贷款汇入乙商贸公司的账户，再由乙商贸公司向丙客车厂付款。出租人在法律上并未履行向出卖人支付价金的义务。因此，将货款汇入商贸公司实际上是一种货币借贷行为。甲租赁公司与乙商贸公司签订的融资租赁合同虽然本身完全符合融资租赁合同的特征，但甲租赁公司的履行行为却不是对融资租赁合同的履行，它的履行实际上是一种借贷行为。再次，乙商贸公司以自己的名义签订购车合同，以自己的名义给付货款，所购得客车的所有权也属于乙商贸公司。

在理论上，融资租赁合同与借款合同之间的区别是较为明显的。它们之间的区别主要体现在，融资租赁合同的双方当事人之间不存在单纯的资金借贷关系，出租人对承租人的资金融通表现为出租设备，承租人直接获得的只是设备使用权而非贷款。不过，由于当事人对融资租赁合同的特征不了解，再加上融资租赁合同具有与借款合同类似的融资功能，因此，实践生活中经常出现融资租赁合同与借款合同的认定发生混淆的问题。合同类型的认定直接关系到案件的处理结果以及当事人的切身利益，因为一旦将当事人之间的融资租赁合同认定为借款合同，该合同将会因企业之间的非法借贷而被认定为无效，其处理结果与融资租赁合同的处理结果大相径庭。我们认为，在司法实践中，区分融资租赁合同与借款合同需要注意以下问题：第一，根据当事人的意思来判断该合同是属于融资租赁合同还是借款合同。私法自治是民商事领域的基本原则之一，合同自由是合同法的基本原则之一，如果当事人所签订的合同明确写明该合同是融资租赁合同，法院应探求当事人的意思，尊重当事人的意思自治，即使合同的部分非主要条款不完全符合融资租赁合同的特征，也不能轻易否认该合同属于融资租赁合同。对于部分条款不符合融资租赁合同性质的，可以依法确认部分条款无效或者依法予以调整，不可轻易否认合同的效力。因为融资租赁合同属于新类型的合同，而且涉及三方当事人，两份合同，法律关系独特而复杂，当事人对其特征不完全了解属于正常现象。第二，判断融资租赁合同性质的依据为合同的法律特征。融资租赁合同与借款合同相比，其功能较多，具有融资、融物和担保等功能，而借款合同的功能则较为单一，仅具有融资功能。如果在一个合同关系中，购买设备的全部价款由出租人支付，出租人在租赁期间对租赁物享有所有权，承租人分批支付租金的方式偿还出租人的本金和利润的，该合同基本就具有了融资租赁合同的法律特征，就应认定为融资租赁合同。在国内融资租赁合同中，有的买卖合同并不是由出租人出面与供货人签订，但买卖的标的物的价款全部由出租人支付，而且出租人与承租人约定设备所有权属于出租人的，如果合同其他条款符合融资租赁的法律特征，也应认定该合同具有融资租赁的性质。如果标的物的价款是由出租人与承租人共同支付的，此时的融资性质不是全面的，而且标的物所有权并非由合同一方当事人所独有，故不具备融资租赁合同的基本特征，可以认定此类合同为借款合同。此类合同的出租人如果具有经营金融业务的资格，可以认定借款合同有效，否则，应认定为企业之间的非法借贷，合同无效。对于无效借款合同，应根据有关法律规定，除了依法判定借款人如数返还借款本金以外，对约定取得和已经取得的利息一般不予保护，并视具体情节将非法所得收缴。

6.2.4　融资租赁合同中标的物的交付

我国合同法第245条规定："出租人应当保证承租人对租赁物的占有和使用。"这就从出租人的义务的角度确认了承租人在租赁期间内享有占有使用租赁物的权利。在融资租赁合同中，尽管承租人是通过融资租赁公司融通资金的，但承租人订立融资租赁合同的根本目的是要取得租赁物的使用权，所以，承租人接受出卖人交付的标的物之后，在租赁期间，承租人对租赁物享有独占的使用权，对使用租赁物所取得的收益可以进行独立地处分。这是承租人基于融资租赁合同而享有的基本权利。从买卖的角度来看，出租人为买方，出卖人虽然将标的物直接交给承租人，但出租人取得标的物的所有权，承租人不能取得标的物的所有权，而仅是取得标的物的使用收益权。出租人对出卖人交付的租赁物虽然享有所有权，但承租人在租赁期间对租赁物得为使用收益，而出租人不能为使用收益，所以融资租赁合同才被称为"租赁"合同。承租人对租赁物的使用收益权，不仅可以对抗出租人的所有权，而且也可以对抗对租赁物享有物权的人的他物权，如出租人将租赁物转让所有权的，融资租赁合同对新的所有权仍然有效，新所有人不得取回租赁物，出租人将租赁物抵押时，出租人的抵押行为不能影响承租人的使用收益权，承租人的使用收益权得对抗抵押权人的抵押权。

我国合同法第239条规定，出租人根据承租人对出卖人、租赁物的选择订立的买卖合同，出卖人应该按照约定向承租人交付标的物，承租人享有与受领标的物有关的买受人的权利。

出卖人的主要权利是向出租人（租赁公司）收取价款。但值得注意的是，此处的出卖人收取价金与一般的买卖合同有所不同，即其收取价款须以先向承租人交付标的物为前提，在标的物被交付之前，出卖人不得向出租人主张价款。

融资租赁合同在法律性质上兼具融资性和传统民事租赁的要素，根据民法上关于租赁的理论，出租人必须负担租赁物的交付义务，即应由出租人将租赁物直接交付给承租人；然而，强烈的融资性并不要求出租人直接向承租人履行交付义务，而是由供货商（出卖人）直接向承租人交付。因此，融资租赁合同中出卖人的主要义务是按照约定及时向承租人交付标的物并对标的物负瑕疵担保责任。出卖人应向承租人而不是买受人（出租人）承担交付义务，这也是其与一般买卖合同的相异之处。出卖人在约定时间内不向承租人交付租赁物，即构成违约行为，应向出租人承担违约责任。

这也就是说，在融资租赁合同中，出租人不必到交付现场确认交付租赁物的存在，亦不必直接向承租人履行交付义务。在实践中，交付一般以承租人向出租人发出租赁物的受领证为准，即当承租人从供应商处取得租赁物且向出租人发出租赁物受领证，视为出租人已履行其交付义务。

【案例6.3】 甲公交公司为了扩大经营规模，与乙租赁公司订立一份融资租赁合同。双方当事人之间签订的合同中约定由乙租赁公司按照甲公交公司的要求，购进10辆大公共汽车，租金自甲公交公司收到租赁车辆之日起计付。乙租赁公司按照甲公交公司提出的供货商和车辆型号、规格与供应商订立购买该批车辆的合同，约定先支付贷款85%，其余的15%在收到甲公交公司收到货物的通知后支付，并规定到货时间为2003年9月1日。后甲公交公司于2003年9月1日收到供货商已发货的通知，办事人员将此情形通知了乙租赁公司，但称"已到货"。乙租赁公司收到甲公交公司的通知，就向供货商支付了剩余贷款。而实际上，甲公交公司于同年的10月1日才收到购进的车辆。因甲公交公司坚持从10月1日支付租金，而乙租赁公司坚持应从9月1日计付租金，双方当事人发生争议。由于无法协商一致，乙租赁公司起诉到法院，要求甲公交公司按照约定支付租金。双方就租金的起算时间发生了争议。①

解析

虽然本案的双方当事人争议的是租金的起算时间，但它实际上关涉到出租人购买租赁物的义务履行问题。由于融资租赁合同的承租人也是以取得对租赁物的使用收益为目的的，因此融资租赁合同的出租人也负有交付租赁物给承租人的义务，但该义务不同于租赁合同中出租人交付租赁物的义务。它们两者之间存在着以下区别：第一，融资租赁合同的租赁物是由出租人应承租人的要求购买的，租赁的标的物与买卖的标的物是同一物；第二，融资租赁合同的租赁物不是由出租人直接交付而是由出卖人即供货商直接交付给承租人的。因此，融资租赁合同出租人的主要义务之一就是按照承租人对供货商及标的物的选择购买租赁物，而不是直接向承租人交付租赁物。出租人虽作为买受人与租赁标的物的出卖人发生买卖关系，但是出卖人是向承租人直接履行买卖的义务。合同法第239条规定："出租人根据承租人对出卖人、租赁物的选择订立的买卖合同，出卖人应当按照约定向承租人交付标的物，承租人享有与受领标的物有关的买受人的权利。"出租人不仅应履行购买租赁物的义务，并且因买卖合同的内容与承租人有直接利害关系，因此，依合同法第241条的规定，出租人根据承租人对出卖人、租赁物的选择订立的买卖合同，未经承租人同意，出租人不得变更与承租人有关的合同内容。若出租人不履行购买租赁物的义务或者擅自变更与承租人有关的买卖合同的内容（如变更出卖人、租赁物等），则出租人应承担违约责任。

为保证承租人能够对租赁物进行使用收益，我国合同法第245条规定：出租人应当保证承租人对租赁物的占有和使用。为保证承租人对租赁物的占有和使用，一方面出租人应将租赁物及时交付给承租人；另一方面出租人要让承租人在租赁期间享有租赁物的使用收益权，不得妨碍承租人的使用收益并且基于其对租赁物的所有权排除第三人的妨碍。但融资租赁合同的出租人一般并不是直接向承租人交付租赁物，而是采取观念交付的方式，即按照合同的约定由出卖人向承租人交付租赁物，承租人于受领出卖人交付的标的物后应将受领的事实通知出租人。因此，只要承租人向出租人发出

---

① 郭明瑞、张平华：《合同法学案例教程》，知识产权出版社2003年版，第198页。

了受领标的物的通知，不论承租人是否受领了标的物，就视为出租人履行了交付的义务，自此时起融资租赁也就生效，承租人就应依约定交付租金。

就本案来说，乙租赁公司按照甲公交公司的要求订立了买卖合同，并且履行了买卖中的全部义务，甲公交公司已通知租赁公司它受领了货物，尽管通知的事实与真实事实不符合，但这既不是乙租赁公司的过错，也不是乙租赁公司能够和应当知道的，因此，基于甲公交公司通知租赁公司受理标的物的事实，乙租赁公司履行了自己购买标的物并保证交付标的物给甲公交公司的义务。由于除当事人另有约定外，融资租赁合同应自承租人收到出卖人交付的标的物之日起生效，所以从作为承租人的甲公交公司通知出租人其收到租赁物之日起，甲公交公司就应依约向出租人乙租赁公司支付租金。

6.2.5 租赁物的瑕疵担保责任

依照一般的租赁合同，出租人应当对租赁物在租赁期间的可使用性作出保证，如合同法第 216 条规定："出租人应当按照约定将租赁物交付承租人，并在租赁期间保持租赁物符合约定的用途。"但在融资租赁合同中，出租人可依法免除这项义务，合同法第 240 条规定："出租人、出卖人、承租人可以约定，出卖人不履行买卖合同义务的，由承租人行使索赔的权利。承租人行使索赔权利的，出租人应当协助。"此条规定的就是承租人向出卖人直接索赔的权利。对于融资租赁合同中租赁物的风险负担，一些国家也都以法律明确认许承租人向出卖人直接索赔权利的存在。如俄罗斯民法典就对此有明文规定，该法第669 条规定，自交付租赁物之时起，租赁物的风险由承租人负担，但融资租赁合同另有规定的除外。在学说和判例上，关于承租人在出卖人不履行买卖合同义务应承担违约责任和出卖人应承担瑕疵担保责任两种情形中，直接向出卖人行使索赔权利的根据和理由，主要有以下几种见解：[1]

第一，两契约收缩的构成。即供应商与租赁公司之间的买卖契约，和租赁公司与用户之间的租赁契约，两契约收缩，合为一体，依完全有效的条款，以租赁公司对用户的担保责任全部免除为前提，由供应商对用户直接负担保责任，用户以物件瑕疵及交付迟延为由，有直接对供应商提起诉讼的资格与利益，此为法国 Vervin 商务法院 1967 年 4 月 18 日判决中所提出的。在该案中，上诉审 Amiens 上诉法院 1967 年 12 月 20 日判决中得到支持。此后为巴黎商务法院 1970 年 5 月 19 日判决、最高上诉法院商务部 1972 年 1 月 3 日判决以买卖契约与租赁契约是不同的两个契约为由，予以排斥。

第二，债务人的交替更改。即租赁契约上的债务人租赁公司，对于债权人用户，用负买卖契约上担保责任的另一债务人供应商替换自己，因此免除自己的瑕疵担保责任。但这种更改要有效，须以当事者明示的意思，尤其是债权人免除债务人责任的明示意思表示为必要。如当事者意思不完全，即不能达成合意，因而受到批评，为最高上诉法院 1977 年 1 月 26 日判决反推翻。

---

① 梁慧星：《民法学说判例与立法研究》，中国政法大学出版社 1993 年版，第 225 页。

第三，为第三人的契约。即依民法关于为第三人契约的理论，认为在缔结买卖契约时，作为要约人的租赁公司对作为受要约人的供应商，有供应商作为卖主所负担保责任利益由第三人（用户）作为受益者享受的约定。因此承认用户对供应商的诉讼权，这种法律构成在法国得到多数判例和学者的支持，在日本的判例、学说中亦有同样的见解。

第四，委任。法国法院多数判例所采取的法律构成，是为第三人的契约并以租赁公司对用户的诉讼委任作为补充，有时亦仅基于委任承认用户对供应商的诉权，依委任构成，用户为租赁公司的受托人对供应商行使诉权，采取委任构成，用户为租赁公司提起诉讼，而实际上用户是为自己的利益。因此，委任构成虽为多数判例承认，在学说上仅受到部分学者的支持。

第五，债权让渡。关于用户直接向供应商行使瑕疵担保请求权的法律构成，法国最高上诉法院最终采取了债权让渡原则，即依契约条款，租赁公司将自己对于供应商的买卖契约上的请求权，转让给用户，用户因此直接对供应商行使瑕疵担保请求权及损害赔偿请求权，但这一让渡要能对抗供应商，应以通知供应商并得到供应商的承诺为必要，实务上对这种承诺的要求较低，只需供应商在物件交付书上签字或订货单上签字即可。债权让渡，从用户以自己名义行使买卖契约上的请求权的结果来看，可以避免上述各种构成的不足，但在对供应商的通知和得到承诺这一要件未能满足的场合，法院仍然采用为第三人契约及委任构成。债权让渡原则对于日本判例和学说亦有影响。

第六，损害担保契约。认为在用户与供应商之间成立损害担保契约，承认用户可直接对供应商追究损害赔偿责任，采用此法律构成的法院判例有，大阪地判昭51、3、26，大阪高判昭53、8、31及其上告审最高判昭56、4、9。此外，日本学者还提出了用户与供应商之间实质买卖关系、融资性租赁为三当事者契约关系等法律构成，迄今未被法院判例所采纳。

我国合同法的规定很明显是采纳了债权让渡原则，这也是与我国融资租赁交易实践相吻合的。我国各租赁公司所使用的合同文本均有租赁公司将购买合同中对卖主的索赔权转让给用户的规定。因此，在出卖人交付的标的物不符合合同约定条件而存有瑕疵时，承租人有权直接向出卖人索赔，但不能向出租人寻求救济。这是因为在融资租赁合同中，租赁物的种类、性能、商标、型号以及出卖人等都是由承租人根据自己的经验选定，然后要求出租人按此要求购买的，在承租人完全自主选择租赁物的情况下，要求出租人对标的物的瑕疵承担责任显然不公平；而且，融资租赁合同最主要的经济功能是向承租人提供融资，在出租人不对出租物的购买提出限制和不对该物进行使用收益时，法律也不能要求其承担瑕疵担保责任。这样，在租赁物不交付、迟延交付或租赁物件有瑕疵时，承租人应依合同法的规定直接要求供货商承担责任。但应注意的是，即使是出租人将索赔权转让给了承租人，出租人仍有应依诚实信用原则负担协助承租人索赔的附随义务，该项义务是法定的。此外，出租人未将对出卖人的索赔权转让给承租人的，该权利仍应由出租人行使。

在我国的司法实践中，也有免除出租人风险负担责任的特约，使租赁物的风险责任归承租人负担。从表面看来，似对承租人设定的责任过重，但在实际上，租赁物一般由出租人（租赁公司）办理保险，需要承租人承担的部分很小。

合同法第244条又明确规定，租赁物不符合约定或者不符合适用目的的，出租人不承担责任，但承租人依赖出租人的技能确定租赁物或者出租人干预选择租赁物的除外。依照该规定，除特殊情形外，免除出租人的瑕疵担保责任。

我国合同法认可免除融资租赁合同中出租人的瑕疵担保责任，同《国际融资租赁公约》的规定正是一致的。《国际融资租赁公约》第 8 条第 1 款中就规定："出租人不应对承租人承担设备的任何责任，除非承租人由于依赖出租人的技能和判断以及出租人干预选择供应商或设备规格而受到损失。"

但应注意的是，在各国的法律实践中，一般都认可在某些特殊情形下，出租人仍应负担瑕疵担保责任，这些特殊情形主要有：一是由租赁公司选择决定供应商、设备种类、规格、型号、商标等的情形，租赁公司不能免责，但租赁公司只是向用户介绍、推荐而用户自己作出选择决定的情形，免责特约仍应有效；二是租赁公司明知有瑕疵而未告知或因重大过失而不知有瑕疵，可因诚实信用原则而使免责特约无效；三是租赁公司与供应商有密切不可分的关系，如租赁公司为供应商的子公司或有相互提携关系的情形，其免责特约亦可能被确认为无效；四是给予用户以救济手段或用户不能行使请求权的情形。我国合同法仅认可前述的第一种情形，即在承租人依赖出租人的技能确定租赁物或者出租人干预选择租赁物时，出租人仍应负瑕疵担保责任。但就法律解释而言，前述的第二种和第四种情形，在我国合同法上也有认可的余地。

【案例 6.4】 乙企业与甲租赁公司签订一份合同，约定由甲租赁公司投资购买德国的一条生产线并出租给乙企业。合同签订后，德国供货商按照约定的日期将生产线设备交付给乙企业，乙企业出具了验收证明并将受领设备的事实通知了甲租赁公司。乙企业利用了该生产线进行生产了一个月后，发现该设备存在严重缺陷，无法进行正常生产使用。乙企业就向甲租赁公司提出，要求减少租金，并由甲租赁公司对该生产线设备进行维修。而甲租赁公司则认为，它只是投资为乙企业购买设备，设备存在缺陷属于供货商的责任，不应由它承担责任。乙企业起诉到法院要求甲租赁公司对设备存在的缺陷承担责任。法院在审理中查明，乙企业向甲租赁公司提出了进口生产线的要求，甲租赁公司根据乙企业的要求而自己决定选择确定购买德国供货商提供的该套设备。

解析

本案所涉及的法律问题是作为承租人的甲租赁公司对乙企业承租的租赁物的瑕疵是否应承担瑕疵担保责任。我们认为，在本案中，甲租赁公司应对乙企业租赁的生产线的瑕疵承担担保责任。

融资租赁合同的出租人是以融物的形式向承租人提供融资的，其主要义务是出资购买租赁物提供给承租人使用收益。出租人与供货商之间的权利义务中与受领的标的物有关的，由承租人承受。在租赁期间，租赁物的维修也要由承租人负责。正因为如此，融资租赁合同的出租人对租赁物的瑕疵一般不负担保责任。合同法第 244 条规定："租赁物不符合约定或者不符合使用目的的，出租人不承担责任，但承租人依赖出租人的技能确定租赁物或者出租人干预选择租赁物的除外。"依照此规定，在承租人依照出租人的技能确定租赁物或者出租人干预选择租赁物的例外情形下，出租人对租赁物的瑕疵应承担责任。一般来说，依赖出租人的技能确定租赁物或者出租人干预选择租赁物主要包括以下情形：第一，由出租人选择决定标的物的种类、规格，型号、商标、出卖人等；第二，出租人迫使承租人选择某标的物或出卖人，或者出租人擅自变更承租人选择的标的物或出卖人；第三，出租人明知标的物有瑕疵而不告知或者因重大过失而不知租赁物有瑕疵；第四，出租人与出卖人之间有密切关系；第五，当事人约定承租人不得向出卖人索赔的。有上述情形时，出租人应对租赁物的瑕疵承担责任，即使当事人间有免除瑕疵担保责任的约定，该约定也无效。

在本案中，甲租赁公司并不是根据承租人的选择决定出卖人，而是自己选择了供货商。从案情看，在租赁物和出卖人的确定上，这属于"承租人依赖出租人的技能确定租赁物或者出租人干预选择租赁物"的情形，因此，根据我国合同法第244条规定，甲租赁公司应当对乙企业承租的该设备不能正常生产的瑕疵承担担保责任。

6.2.6　租赁物造成第三人损害时的民事责任

在承租人占有使用租赁物期间，租赁物可能因种种原因发生损害第三人的人身利益或者财产利益的事件，对此，我国合同法第246条规定，承租人占有租赁物期间，租赁物造成第三人的人身伤害或者财产损失的，出租人不承担责任。根据通说的观点，因租赁物造成的侵权行为可分为以下四种情形：

第一，租赁物为汽车等交通运输工具，因交通事故致使第三人遭受损害，发生交通事故责任。依民法通则第123条的规定，因高速运输工具造成他人损害时，应由高速运输工具的经营者承担无过错责任。在发生交通事故的车辆属于融资租赁的标的物时，究竟应由承租人还是由租赁公司承担损害赔偿责任，关键在于判断谁是高速运输工具的经营者。依据民法学说，判断经营者的标准无外乎两条：运行支配和运行利益。对车辆的运行具有运行支配并享受运行利益的人是经营者，应对车辆造成的他人的损害承担损害赔偿责任。显然，承租人对于车辆的运行拥有运行支配和享受运行利益，应作为经营者承担损害赔偿责任，对此不应存在任何疑义，有疑义的是租赁公司应否承担损害赔偿责任，因为租赁公司为车辆的所有人，它将车辆出租给承租人使用且从承租人处收取租金，应否认为它对车辆的运行也享受运行利益？根据通说的观点，融资租赁合同虽然采取租赁合同的形式，但其实质乃是租赁公司对承租人的融资，所收取的租金实际上是其所投入的资金的分期偿还，与租赁物的使用收益并非对价关系，即使因为不可抗力致使租赁物毁损灭失，承租人不能使用收益，其租金支付义务也不因而消灭，由此可见，所谓租金仅具有形式意义，不能以租赁公司按期收取租金而认定其享受运行利益。因此，租赁公司不应承担交通事故的损害赔偿责任。[①] 因此，在这种情况下，我国合同法规定免除出租人对第三人的侵权行为责任的具体理由和合理性体现在，融资租赁合同中出租人尽管是高速运输工具的所有人，但在承租人占有汽车等交通运输工具期间，不能被认定为是汽车等交通运输工具的经营者。

第二，因租赁物本身具有缺陷而造成他人的人身和财产损害，发生产品责任。根据我

---

① 梁慧星：《民法学说判例与立法研究》，中国政法大学出版社1993年版，第234页。

国民法通则第 122 条的规定，因产品质量不合格致使产品的消费者、使用者遭受人身和财产损害时，应由产品的制造者或者销售者承担无过错责任。在租赁物具有缺陷发生人身财产损害时，承租人既非产品的制造者，也非产品的销售者，当然不应承担损害赔偿责任，应由租赁物的供应商或者制造者承担损害赔偿责任，这是毫无疑义的。租赁公司虽然不是制造者，但依据合同条款，当租赁期届满，承租人取得租赁物所有权时，租赁公司应否作为销售者承担损害赔偿责任，难免会发生疑问。理论上的通说认为，租赁公司不应作为销售者承担损害赔偿责任。其理由如下：其一，融资租赁在实质上是以资金换取收益，而非以商品换取收益，其经济地位接近于金融业者，而不同于出卖人。其二，在融资租赁中，租赁公司不与租赁物直接发生联系，不具有有关的商品知识、信息、检测技术和手段。其三，融资租赁交易的实质，不过是用户从供应商处购买物件，而由租赁公司垫付价款，租赁公司取得所有权乃是作为收回投下的资金的担保，因此实质上买卖关系存在于用户和供应商之间。由此可见，在此种情况下，我国合同法规定免除出租人对第三人的侵权行为责任的具体理由和合理性体现在，融资租赁合同中的出租人既非产品制造者，也非产品销售者，因而无须承担产品责任。

第三，不动产融资租赁的标的物为建筑物时产生的建筑物责任。民法通则第 126 条规定，建筑物或者其他设施以及建筑物上的搁置物、悬挂物发生倒塌、脱落、坠落造成他人损害的，它的所有人或者管理人应承担民事责任。由此可见，在承租人占有租赁物期间，承租人就是建筑物的管理人，此时显然应由作为建筑物管理人的承租人对第三人承担侵权责任，而不应由作为建筑物所有人的出租人对第三人承担责任。

第四，因租赁物侵犯他人知识产权，发生侵犯知识产权责任。因租赁物侵犯他人的知识产权发生侵犯知识产权责任时，考虑到出租人主要负担的是融资功能，其本人既非租赁物的制造者和供应商，也非租赁物的直接使用人，故其不承担责任。[①]

6.2.7 承租人支付租金的义务

融资租赁合同中的承租人和一般的租赁合同一样，要按期向出租人支付租金，对承租人的这一义务以及不履行该义务的后果，合同法第 248 条有明文规定："承租人应按照约定支付租金。承租人在经催告后在合理期限内仍不支付租金的，出租人可以要求支付全部租金；也可以解除合同，收回租赁物。"但是，融资租赁合同中的租金，和一般租赁合同的租金在性质上有根本的区别。在一般的租赁合同中，租金被看做出租人转让标的物使用收益权的对价，即租金具有融物的性质；而融资租赁合同的租金并不是承租人使用租赁物的对价，而应看做出租人向承租人提供金融的对价。

出租人实质上是在通过收取租金回收其向出卖人购买租赁物所支付的价款。它应该被看做是融资的对价而非融物的对价。因此，由于租金自身的特性，使得承租人在以下条件下也须履行支付义务：

第一，即使标的物本身存在瑕疵，承租人也要按约支付租金。这一特征直接由出租人的瑕疵担保免责条款推定而来。按这一条款，出租人对租赁物的瑕疵不承担任何责任。因

---

① 梁慧星：《民法学说判例与立法研究》，中国政法大学出版社 1993 年版，第 233~235 页。

此，即使标的物的瑕疵影响到承租人的使用收益，也不能免除承租人的租金支付义务。

第二，租赁物在租赁期间内因不可归责于双方当事人的原因灭失的情况下，承租人也不能免除租金支付义务。合同法第247条对租赁物的保管、使用义务作了规定："承租人应当妥善保管、使用租赁物。承租人应当履行占有租赁物期间的维修义务。"

融资租赁合同中承租人不按照约定支付租金时，出租人得定相当的期限要求承租人支付。经出租人催告，承租人在规定的期限内仍不支付租金的，出租人可采取以下两种救济措施：

一是请求承租人支付到期和未到期的全部租金。本来承租人是依约定按期交付租金的，对于未到期的租金，出租人无权请求承租人支付。这是承租人享有的一种期限利益。但是，在承租人不依约定按时交付租金，并且经催告仍逾期交付时，则承租人的期限利益丧失，出租人不仅有权请求承租人支付已到期的租金，而且得请求承租人交付未到期的全部租金。我国各租赁公司的合同书中均规定有期限利益丧失条款。

二是解除合同，收回租赁物。出租人不选择请求承租人支付全部租金救济措施的，得解除合同收回租赁物，因为出租人对于租赁物享有所有权，出租人的所有权具有担保其租金债权的功能，所以在因承租人一方违约，出租人解除合同时，出租人得收回租赁物。

在融资租赁交易实践中，当承租人违约不按期支付租金时，出租人在解除合同、收回租赁物的同时，还有权主张损害赔偿金的支付。判例和学说均肯定在承租人违约时，租赁公司有权获得损害赔偿金。因为融资性租赁具有金融的性质，其租金为投下资金之对价，而非物件使用收益的对价，且租赁物件往往不具通用性，为保障租赁公司收回投下资金，出租人在因承租人违约而解除合同之后亦得以损害赔偿金名义收取租金金额。

6.2.8 融资租赁合同终止的法律效果

与租赁合同一样，融资租赁合同也得基于租赁期限的届满、合同的解除等原因而终止。但就合同终止的原因而言，融资租赁合同与租赁合同有一个重大差别，那就是在租赁合同中，如果没有特别约定，一旦租赁物因不可归责于双方当事人的事由归于消灭，租赁合同即终止。在融资租赁合同中，由于租赁物毁损灭失所带来的租金风险经常由承租人负担，因而，即使是租赁物因不可归责于双方当事人的事由而归于消灭，承租人仍应负担支付租金的义务，合同并未终止。两种合同的这一区别是由融资租赁合同的融资属性所决定的。

在租赁期间内，出租人享有租赁物的所有权。这是理解我国合同法关于融资租赁合同因租赁期间届满而终止的法律效果的基本前提。出租人是买卖合同的买受人，自出卖人将标的物交付承租人时起，标的物的所有权即转归出租人享有。在租赁期限内，如同租赁合同一样，标的物的所有权归出租人，承租人只享有标的物的使用权和收益权。由于在租赁期限内，出租人享有租赁物的所有权，所以出租人可以处分租赁物，例如将租赁物转让或者设定抵押权，考虑到我国合同法承认承租人的租赁权具有对抗的效力，而且不因租赁物为动产或者不动产而存在差别，故出租人在租赁期间内不得就租赁物设定质权或者用益物权，如果设定上述权利，承租人得以其租赁权加以对抗。

由于出租人在租赁期间内享有租赁物的所有权，因而在承租人破产时，租赁物不属于破产财产——即用于清偿破产债权的财产，出租人享有取回权。所谓取回权是指因破产管理人所接管的财产中有属于他人的财产，该财产的真正所有人不依破产程序，而直接请求从破产财产中取回该项财产的权利。在一般情况下，破产管理人所依法管理的财产仅限于破产人的财产，但在某些情况下，破产人可能于宣告前基于承揽、租赁、委托、加工等合同或者无因管理等原因而占有他人财产，这些财产在破产宣告后为破产管理人一并接受，由于这些财产的所有人并非破产人，故而不能将其归入破产财产，为了切实保护财产所有人的利益，各国破产法中均规定有取回权制度，允许财产所有人依据一定程序将该财产取回。由此可见，取回权设定的宗旨一方面在于保证财产的真正权利人恢复其权利，另一方面也在于纠正现实破产财产于法定破产财产之间的不一致。一般而言，取回权具有以下特征：

第一，取回权本身是一种实体权利，而非程序权利。取回权并不是由破产法新创设的权利，而是基于所有权派生出的权利，换言之，取回权是以所有权作为其行使基础的，故取回权人在行使其权利时并不依照破产财产分配程序，而是由所有人直接向破产管理人要求取回。

第二，取回权是针对不属于破产财产的特定财产所享有的权利，取回权的标的，或者是特定物或者是特定化的种类物。

第三，取回权是针对破产管理人行使的返还财产请求权，破产管理人的主要职责之一是对破产人的财产进行占有、管理和变价，并且也只能对属于破产人的财产进行占有和管理，如果破产管理人误将不属于破产人的其他人的财产置于自己的控制之下，财产的真正所有人可对破产管理人行使其财产返还请求权。

在理论上和立法中，通常根据取回权的行使依据和取回权人地位的不同，将取回权分为一般取回权和特别取回权。一般取回权的权利行使是依据破产法以外的其他原因，而特别取回权则是权利人根据破产法所规定的原因而行使的权利。在融资租赁合同中，承租人破产时，出租人就租赁物所享有的取回权就属于一般取回权。特别取回权是指第三人的财产因寄托、借贷、租赁等关系而被破产人占有，并被破产管理人依据职权接收而归入破产财产时，该财产的真正权利人有权从破产管理人处取回自己的财产。构成一般取回权必须具备以下要件：

第一，形成取回权的原因必须发生在破产宣告之前并一直持续到破产宣告之后，也就是说，形成取回权的原因是破产人在破产宣告前已经实际占有他人的财产，而这种实际占有关系一直存续于破产宣告之后，该财产的权利人并未因为企业被宣告破产而丧失对这项财产所享有的权利，除非权利人自动放弃了自己的财产所有权，或者是在法律规定的期限内没有行使自己的权利。

第二，取回权人要求行使取回权的对象，是不属于破产财产的特定财产。取回权并不是以整个破产财产作为其优先受偿的对象，而是以破产人占有管理的特定财产，即不属于破产财产范围的他人财产为请求对象；取回权人也只对这些特定财产才能享有取回的权利，因此，要求作为取回权标的物的财产必须在取回权人行使权利时依然存在，如果该财产已经遭到毁损灭失，则其财产所有人不能对破产财产行使取回权，而只能对破产财产享有损害赔偿请求权。

　　第三，取回权人行使取回权必须具备完全的对抗要件，这是破产法中的特有规则，不符合该规则的情况主要有两种：一是在破产宣告前，如果第三人从破产人处取得了某项财产的所有权或者其他权利，但却缺少所有权移转或者债权转让所必需的登记公告、通知、承认或者背书等对抗要件时，则第三人对该项财产就不能行使取回权，这些因不具备对抗要件而不能行使取回权的财产，仍属于破产财产，仍应由破产管理人进行管理和分配；二是在破产宣告前，如果破产人与出卖人签订了买卖不动产的协议并办理了不动产转让权利的登记手续，则出卖人不得以未移转标的物的实际占有为由请求取回标的物，这时，即使破产人没有付清价款，所有权依然已经移转，但需要由破产管理人依据破产法的规定和破产人的实际情况，决定解除合同还是继续履行合同。由此可见，作为取回权人行使取回权的基础是取回权人必须对应取回的财产享有完全的、排他性的权利。

　　一般取回权得以产生的法律基础在于所有权权能的分离，在融资租赁合同中，具体表现为租赁物所有权与占有、使用、收益权能的分离。出租人作为取回权人行使财产取回权必须依据破产分配程序以外的方法向破产管理人为之，但如果破产管理人经审查后并未将该财产并入破产财产，而是交由破产人自由处分时，则取回权人可以直接针对破产人行使权利。当破产管理人对取回权人取回的标的物或者权利本身是否存在有争议时，应依据普通的诉讼方法请求法院确定。如果破产管理人承认取回权人的权利，则可依据一定程序将标的物交还于取回权人。为了限制破产管理人权利的滥用，保护普通破产债权人的利益，许多国家或者地区的破产法均规定，破产管理人欲承认取回权人的权利时，应经监察人同意，如果监察人未同意的，应经法院核定。破产管理人如果已经将取回权的标的物让与他人时，该标的物的权利人根据所有权的追及效力也可以对第三人行使追索权，即使该物已经辗转于他人之手，权利人也可追及其物而主张权利，如果应取回的财产已经因破产管理人或者破产人的行为遭受损害时，取回权人有权请求予以损害赔偿。详言之，如果该项损害发生在破产宣告之前，且由于破产人的行为所致，该项损害赔偿请求权应作为一般破产债权而受偿，如果该项损害行为发生在破产宣告之后，是破产管理人的行为造成的，则其损害赔偿请求权可以作为破产费用而优先受偿。

　　以出租人对租赁物所有权为前提，在租赁期间届满时，出租人和承租人可以约定租赁期间届满租赁物的归属。对租赁物的归属没有约定或者约定不明确，依照合同法第61条的规定仍不能确定的，租赁物的所有权归出租人享有。

　　我国合同法之所以作如此规定，主要是考虑到融资租赁合同兼具融物与融资双重属性，而且是以融资为主要目的，以融物为手段。出租人保有租赁物的所有权，在根本意义上仅是为了担保租金债权的实现。一旦承租人有迟延或者不履行支付租金义务的情况出现，出租人即可基于其对租赁物所享有的所有权取回租赁物，用租赁物的残存价值折抵承租人应支付的租金。由此可见，如同融资租赁合同中融物在本质上仅是实现融资目的的手段一样，出租人在融资租赁合同保有租赁物的所有权，也仅是其收回购买租赁物的成本并获取营业利润的手段。出租人对租赁物看中的，仅是其所具有的交换价值，至于租赁物的使用价值如何，与其并无太大干系。因而在融资租赁合同中，常会有这样的约定，即于租赁期间届满时，租赁物的所有权转归承租人所有。此项约定，一方面满足了承租人无须一次性支付大笔价金，即可继续对标的物为使用收益的需求；另一方面也免却了出租人占有、保管标的物或为标的物寻找并不太容易寻找的承租人或买受人之累，有时在有特约时，还可以再获取由承租人所支付的一笔颇为丰厚的追加价金。基于以上考虑，我国合同法认可当事人得约定租赁期间届满时租赁物的归属。

【案例6.7】1999年3月，美伦公司为了及时完成对外建设承包工程，委托租赁公司向紫光建筑机械设备厂购买两套塔吊设备，用于高层房屋建设。双方当事人签订的融资租赁合同约定，租赁期限5年，每半年支付一次租金，由美伦公司负责接收和检验塔吊设备。租赁公司支付80%的货款后，紫光建筑机械设备厂于同年10月即将两套塔吊运到美伦公司正在兴建的明珠广场工程所在地。在施工过程期间，美伦公司由于资不抵债，被法院宣告破产，对此，租赁公司就租赁设备主张取回权，反对将设备列入破产财产范围。

解析

本案所涉及的法律问题是，租赁公司是否有权收回美伦公司占有使用的两台塔吊设备，即涉及出租人对融资租赁合同约定的租赁物的所有权归属及收回权行使问题。租赁公司作为该租赁物的所有权人，在租赁合同期满之前，在租金未收回的情形下，为了保障租金债权的实现，有权主张收回权。

6.2.9　融资租赁的代理要点

6.2.9.1　融资租赁合同和买卖合同互为条件

融资租赁合同，一般是由出租人与出卖人签订的买卖合同及承租人与出租人签订的融资租赁合同，即两份合同、三方当事人组成的合同。它是指在约定的期间内，出租人将资产使用权让与承租人以获取租金的协议。其内容包括租赁物名称、数量、规格、技术性能、检验方法、租赁期限、租金构成及其支付期限和方式、支付币种、租赁期限届满租赁物的归属等条款。这些条款均属融资租赁合同的主要条款。除上述条款外，融资租赁合同还应包括租赁物的交付、使用、保养、维修和保险、担保、违约责任、合同发生争议时的解决方式、合同签订日期和地点等条款。

在融资租赁交易中，签订的买卖合同是融资租赁合同的租赁物的根据，签订的融资租赁合同是买卖合同成立的前提。两者构成联立联动关系，各自具有独立性，但又并不完全独立，而是在一定意义上以对方的存在为条件的。就租赁与买卖的关系而言，融资租赁合同自当事人双方签订合同之日起成立。但合同自承租人收到出卖人交付的标的物时起生效。因此，若买卖合同不成立、无效或者解除，则融资租赁合同也就因标的物的履行不能而解除。同时，买卖合同虽由出租人与出卖人订立，但关于买卖的条件却是由承租人指定的，买卖的标的物是出租人用于租赁的物件，因此，买卖合同在标的物交付前，若融资租赁合同不成立、无效或者解除，买卖合同可以解除，但在当事人协议变更、解除买卖合同时，除合同另有约定外，须出租人、承租人及出卖人三方当事人同意。所以合同法第241条规定："出租人根据承租人对出卖人、租赁物的选择订立的买卖合同，未经承租人同意，出租人不得变更与承租人有关的合同内容。"

6.2.9.2 起租日的认定

融资租赁合同生效后，还有一个对起租日的认定问题。在一般情况下，融资租赁合同和买卖合同自双方当事人签字后生效。但对起租日的确定是以合同签订之日、合同生效之日，还是以物件交付之日呢？实践中，有两种认定：其一，按融资租赁合同当事人约定租赁物件的交付时间为起租日。如融资租赁合同约定租赁物件的交付时间为合同生效时间，在这种情况下，如何把握"交付时间"？首先出租人在收到物件提单后，立即通知承租人领取提单，承租人签收提单后，则视为出租人完成向承租人交付租赁物件，承租人签收提单之日，为合同生效之日，亦即起租日；如承租人在出租人通知日期内未领取提单或拒收提单，其融资租赁合同起租日，应自出租人将提单用挂号寄给承租人，寄出挂号之日为合同生效之日，亦即起租日。其二，在融资租赁合同中，出租人与出卖人签订买卖合同以出租人支付购货款之日为起租日。目前，多数融资租赁公司赞同这种认定。这符合《企业会计准则》的规定。我国财政部于 2001 年以财会（2001）7 号文发布了《企业会计准则——租赁》，其第 4 条第 2 款规定："企业应当将起租日作为租赁开始日。但是，在售后租回交易下，租赁开始日是指买主（即承租人）向卖主（即出租人）支付第一笔款项之日。"对起租日的界定作了明确的规定。

6.2.9.3 融资租赁合同无效的认定

根据合同法第 52 条和最高人民法院《关于审理融资租赁合同纠纷若干问题的规定》对融资租赁合同无效作了如下规定：①出租人不具有从事融资租赁经营范围的；②承租人与供货人恶意串通，骗取出资人资金的；③以融资租赁合同形式规避国家有关法律、法规的；④依照有关法律、法规之规定无效的。

（1）因出租人不具有主体资格签订的合同无效

融资租赁合同的主体在法律上是有特别规定的，融资租赁合同的出租人，应是经中国人民银行批准的非银行金融机构，即金融租赁公司。2000 年 6 月 30 日，中国人民银行发布的关于《金融租赁公司管理办法》第 3 条规定：金融租赁公司组织形式、组织机构适用于公司法的规定，并在其名称中标明"金融租赁"字样。未经中国人民银行批准，其他公司名称中不得有"金融租赁"字样。由此可见，从事融资租赁业务的公司都必须经批准才能设立。融资租赁合同的出租人必须有从事金融租赁的经营范围，否则，其签订的合同无效。这种合同对主体的特殊要求，是由融资租赁合同的特点所决定的。如融资合同中的出租人未经批准其从事金融租赁经营的，其签订的融资租赁合同无效。承租人明知或者应当知道出租人不具有从事金融租赁经营范围的，而与之签订融资租赁合同，亦应确认无效。

（2）承租人与供货人恶意串通，骗取出租人资金的，合同无效

恶意串通是指合同当事人在订立合同过程中，为牟取不法利益合谋实施的违法行为。恶意串通具有两个法律特征：其一，当事人双方是出于故意。这种故意是通过损害他人的利益来获取自己的非法利益；其二，恶意串通的目的是为谋取非法利益。这种非法的利益可以有不同的表现形式。例如，在投标过程中，投标人之间串通、压低标底；在买卖合同中双方抬高价格以获取贿赂等。恶意串通一般都损害了国家、集体或第三人的利益。融资

租赁合同主要是承租人以租赁物为目的的合同，承租人的意思表示是否真实直接关系到融资租赁合同的效力。在订立融资租赁合同时，承租人意思表示不真实，或与供货人串通搞欺诈，骗取出租人资金的，则该合同无效。

（3）以融资租赁合同形式规避国家有关法律、法规的违法合同无效

当事人如订立融资租赁合同，违反法律、行政法规的强制性规定，合同应确认无效。这是因为法律、行政法规包含强制性规定和任意性规定。强制性的规定排除了当事人的意思自治，即当事人不得在合同中恶意排除法律、行政法规强制性规定的范围，法律、行政法规中的强制性规定是指法律、行政法规中的规定人们不得为某些行为或者必须为某些行为。如不得通过订立合同从事诈骗、行贿受贿等触犯刑律的行为；不得订立有偷税、漏税、逃汇、套汇等违反税收征管、外汇管理合同；不得利用融资租赁合同与借贷合同的相似特征，订立假融资租赁合同。常见的名为融资租赁实为借款的假融资租赁合同可归纳为以下几种情况：

①订立融资租赁合同时，没有订立买卖合同，甚至没有购买标的物的打算，有的虽订有买卖合同，但仅仅是写在纸上的。双方签订融资租赁合同，约定由出租人与供货人订立买卖合同，由承租人确认，但只是格式合同，出租人根本没有按约定与供货人订立买卖合同，承租人也不要求有租赁物，而是通过签订融资租赁合同的形式骗取资金。

②当事人虽然既签订了融资租赁合同，又签订了货物买卖合同，但出租人根本没有履行买卖合同，只按融资租赁合同约定将融资租赁款交给承租人，承租人也不要租赁物件，只按融资租赁合同约定支付租金。实际出租人与承租人签订融资租赁合同只是形式，承租人的目的是借款。

③名为出售回租，实为借款，按出售回租的要求，承租人应将其所购机器或设备出售给融资租赁公司，双方通过交易，使机器或设备的所有权发生转移，此时两者之间是买卖关系；然后融资租赁公司又将所购机器或设备回租给承租人。承租人与出租人签订出售回租合同的目的是解决资金困难，同时为了返回原有的机器或设备。这样，双方出售回租租赁关系成立。承租人按融资租赁回售租赁合同约定支付融资租金。在审判实践中，在审理出售回租的案件中发现有的案件承租人为了获取融资租金，竟采取欺骗手法，用虚假的购物发票，虽该票据记载购买某种设备，但融资租赁公司疏于了解，仅凭发票就支付了购货价款。实际上是明为回租，实为借贷。

（4）依照法律、法规规定认定合同无效

这里所指的法律是全国人大及其常务委员会颁布的法律，如当事人订立合同时违反了刑事法律；行政管理法规是指由国务院颁布的法规，如我国的税收征管、外汇管理的法规。法律、法规有强制性的规定和禁止性的规定。如申请设立中外合资的融资租赁机构，应经所在地人民银行分行、外经委（厅局）审批上报。由中国人民银行总行会同对外经济贸易部联合审批，经批准设立的融资经营机构，由中国人民银行颁发《经营金融业务许可证》，并由外经贸易部颁发"进出口许可证"，然后凭上列证件到工商行政管理部门登记注册，领取企业法人营业执照。上述这些规定就是法律、法规作的强制性规定，如当事人违反了法律强制性规定，其所签订的合同应确认无效。法律、法规禁止性的规定是指规定人们不得为某些行为，如融资租赁合同的租赁物不得是制造伪钞的机械等禁止流

通物。

6.2.9.4 关于融资租赁合同无效时的处理

融资租赁合同经人民法院判决或仲裁机构仲裁裁决无效后，应根据合同法之有关规定处理无效合同。最高人民法院在《关于审理融资租赁合同纠纷案件若干问题的规定》第7条中对无效融资租赁合同的处理作了明确规定：融资租赁合同被确定无效后，应区分下列情形分别处理：①因承租人的过错造成合同无效，出租人不要求返还租赁物的，租赁物可以不予返还；②因出租人的过错造成合同无效，承租人要求退还租赁物的，可以退还租赁物，如有损失，出租人应赔偿相应损失；③因双方的共同过错造成合同无效的，可以返还租赁物，并根据过错大小各自承担相应的责任。租赁物正在使用且发挥效益的，对租赁物是否返还，可以协商解决，协商不成的，由人民法院根据实际情况作出判决。"

7 证券经纪与代理

7.1 证券投资工具

7.1.1 证券概述

7.1.1.1 证券的定义及分类

（1）证券的定义

证券是各类财产所有权或债权凭证的通称，是用来证明证券持有人有权取得相应权益的凭证。股票、公债券、基金证券、票据、提单、保险单、存款单等都是证券。凡根据一国政府有关法规发行的证券都具有法律效力。

（2）证券的分类

按其性质的不同，可以将证券分为证据证券、凭证证券以及有价证券。

①证据证券。证据证券是指只是单纯地证明事实的文件，主要有信用证、证据（书面证明）等。在证据证券中，有一种具有特殊效力的证券，被称为"免责证券"，如提单等即属此类。

②凭证证券。凭证证券是指认定持证人是某种私权的合法权利者，证明持证人所履行的义务有效的文件。如存款单、借据、收据及定期存款存折等就属于这一类。

凭证证券实际上是无价证券，其特点是，虽然凭证证券也是代表所有权的凭证，但不能让渡，不能真正独立地作为所有权证书来行使权利。

③有价证券。有价证券是一种具有一定票面金额，证明持券人有权按期取得一定收入，并可自由转让和买卖的所有权或债权证书。人们通常所说的证券就是指这种有价证券。

有价证券是虚拟资本的一种形式，是筹措资金的重要手段。

7.1.1.2 有价证券的基本类型

有价证券多种多样，从不同的角度、按照不同的标准，可以对其进行不同的分类。

（1）按内容分

按所体现的内容不同，有价证券可分为货币证券、资本证券和货物证券。

①货币证券。货币证券指可以用来代替货币使用的有价证券，是商业信用工具。货币

证券的范围主要包括期票、汇票、支票和本票等。

②资本证券。资本证券是有价证券的主要形式，它是指把资本投入企业或把资本贷给企业和国家的一种证书。资本证券主要包括股权证券（所有权证券）和债权证券。股权证券具体表现为股票，有时也包括认股权证；债权证券则表现为各种债券。狭义的有价证券通常仅指资本证券。

③货物证券。货物证券是对货物有提取权的证明，它证明证券持有人可以凭单提取单据上所列明的货物。货物证券主要包括栈单、运货证书及提货单等。

（2）按发行主体分

按发行主体的不同，可分为政府证券（公债券）、金融证券和公司证券。

①政府证券。也称政府债券，是指政府为筹措财政资金或建设资金，凭借其信誉，采用信用方式，按照一定程序向投资者出具的一种债权债务凭证。政府债券又分为中央政府债券（即国家债券）和地方政府债券。

②金融证券。金融证券是指商业银行及非银行金融机构为筹措信贷资金而向投资者发行的承诺支付一定利息并到期偿还本金的一种有价证券。主要包括金融债券、大额可转让定期存单等，其中以金融债券为主。

③公司证券。公司证券是公司为筹措资金而发行的有价证券。公司证券主要有股票、公司债券等。

（3）按上市情况分

根据上市与否，有价证券可分为上市证券和非上市证券。

划分为上市证券和非上市证券的有价证券是有其特定对象的。这种划分一般只适用于股票和债券。

①上市证券。又称挂牌证券，指经证券主管机关批准，并向证券交易所注册登记获得资格在交易所内进行公开买卖的有价证券。

②非上市证券。非上市证券也称非挂牌证券、场外证券。它是指未在证券交易所登记挂牌，由公司自行发行或推销的股票或债券。

非上市证券不能在证券交易所内交易，但可以在交易所以外的"场外交易市场"进行交易，有的也可以在取得特惠权的交易所内进行交易。非上市证券由于是公司自行推销的，与上市证券相比，筹资成本较高，难以扩大公司的社会影响和为公司赢得社会声誉。

一般来说，非上市证券的交易比上市证券的交易要多，在交易所内上市的证券种类非常有限，只占整个证券市场证券种类的很小部分。

7.1.2　债券

7.1.2.1　债券概述

（1）债券的定义

债券是一种有价证券，是社会各类经济主体为筹措资金而向债券投资者出具的并且承诺按一定利率定期支付利息和到期偿还本金的债权债务凭证。

（2）债券的基本要素

①债券的票面价值。债券票面价值主要包括币种（即债券以何种货币作为其计量单

位）和票面金额（不同的票面金额可以对债券的发行成本、发行数额和持有者的分布产生不同的影响）。

②债券的价格。包括发行价格和交易价格。债券的发行价格是指债券发行时确定的价格，债券的发行价格可能不同于债券的票面金额。当债券的发行价格高于票面金额时，称为溢价发行；当债券发行价格低于票面金额时，称为折价发行；当债券发行价格等于票面金额时，称为平价发行。债券的发行价格通常取决于二级市场的交易价格以及市场的利率水平。

③债券的交易价格。债券离开发行市场进入流通市场进行交易时，便取得交易价格。债券的交易价格随市场利率和供求关系的变化而波动，同样可能偏离其票面价值。

④债券的利率。债券利率是债券利息与债券票面价值的比率。影响债券利率的因素主要有：

a. 银行利率水平。银行利率水平提高时，债券利率水平也要相应提高，以保证人们会去购买债券而不是把钱存入银行。

b. 发行者的资信状况。发行者的资信状况好，债券的信用等级高，表明投资者承担的违约风险较低，作为债券投资风险补偿的债券利率也可以定得低些；反之，信用等级低的债券，则要通过提高债券利率来提升吸引力。

c. 债券的偿还期限。偿还期限长的债券，流动性差，变现能力弱，其利率水平则可高一些；偿还期限短的债券，流动性好，变现力强，其利率水平便可低一些。

d. 资本市场资金的供求状况。资本市场上的资金充裕时，发行债券利率便可低些；资本市场上的资金短缺时，发行债券利率则要高一些。

⑤债券的偿还期限。指从债券发行之日起至清偿本息之日止的时间。债券的偿还期限一般分为三类：偿还期限在1年或1年以内的，称为短期债券；偿还期限在1年以上、10年以下的，称为中期债券；偿还期限在10年以上的，称为长期债券。债券偿还期限的长短，主要取决于以下几个因素。

a. 债务人对资金需求的时限。足够的偿还期限，有助于保证债务人在规定的时间内有相应的资金作为偿还的来源，这既维护了发行者信誉，也便于发行者从容调配使用资金。

b. 未来市场利率的变化趋势。一般来说，如果市场利率趋于下降，则多发行短期债券；如果市场利率趋于上升，则多发行长期债券。这样可以减少因市场利率上升而引起的筹资成本增多的风险。

c. 证券交易市场的发达程度。如果交易市场发达，债券变现力强，购买长期债券的投资者就多，发行长期债券就会有销路；反之，如果交易市场不发达，债券变现力差，投资者就会倾向于购买短期债券，长期债券就难有销路。

（3）债券的基本特征

从投资者的角度看，债券具有以下四个特征：

①偿还性（返还性）。指债券必须规定到期期限，由债务人按期向债权人支付利息并偿还本金。当然，也曾有过例外，如无期公债或永久性公债。这种公债不规定到期时间，债权人也不能要求清偿，只能按期支取利息。历史上，只有英国、法国等少数几个国家在

战争期间为筹措军费而采用过。

②流动性。指债券能够迅速转变为货币而又不会在价值上蒙受损失的一种能力。一般来说，如果一种债券在持有期内不能任意转换为货币，或者在转换成货币时需要付出较高成本，如较高的交易成本或较大的资本损失，这种债券的流动性就较低。高流动性的债券一般具有以下特点：一是发行人具有及时履行各种义务的信誉；二是偿还期短，市场利率的上升只能轻微地减少其价值。

③安全性。债券安全性是相对于债券价格下跌的风险性而言的。一般来说，具有高流动性的债券其安全性也较高。导致债券价格下跌的风险有两类：一是信用风险。指债务人不能按时支付利息和偿还本金的风险。这主要与发行者的资信情况和经营状况有关。信用等级高，信用风险就小。信用风险对于任何一个投资者来说都是存在的。二是市场风险。指债券的市场价格因市场利率上升而跌落的风险。债券的市场价格与利率呈反方向变化。市场利率上升，债券价格下降；市场利率下降，债券价格上升。债券的有效期（指到期之前的时期）越长，债券价格受市场利率波动的影响越大；随着债券到期日的临近，债券价格便趋近于票面价值。

④收益性。投资者在持有期内根据债券的规定，取得稳定的利息收入；投资者通过在市场上买卖债券，获得资本收益。这一点主要是通过对市场利率的预期来实现的。

债券的偿还性、流动性、安全性与收益性之间存在着一定的矛盾。一种债券，很难同时具备以上四个特征。如果某种债券流动性强、安全性高，人们就会争相购买，于是该种债券价格上涨，收益率降低；反之，如果某种债券的风险大、流动性差，购买者减少，债券价格低，其收益率相对提高。对于投资者来说，可以根据自己的投资目的和财务状况，对债券进行合理的选择和组合。

7.1.2.2 债券的分类

对债券可以从各种不同的角度进行分类，并且随着人们对融通资金需要的多元化，各种新的债券形式会不断产生。目前，债券的类型大体有以下几种：

（1）按发行主体分类

①政府债券。政府债券又可分为中央政府债券、地方政府债券和政府保证债券。政府债券是中央政府和地方政府发行公债时发给债券购买人的一种格式化的债权债务凭证。

②金融债券。金融债券是由银行或非银行金融机构发行的债券。发行金融债券的金融机构，一般资金实力雄厚，资信度高，债券的利率要高于同期存款的利率水平。其期限一般为 1~5 年，发行目的是筹措长期资金。

③公司债券。公司债券由公司企业发行并承诺在一定时期内还本付息的债权债务凭证。发行公司债券多是为了筹集长期资金，期限多为 10~30 年。

④国际债券。国际债券是由外国政府、外国法人或国际组织和机构发行的债券。它包括外国债券和欧洲债券两种形式。

（2）按偿还期限分类

按偿还期限分类，债券可以分为短期债券、中期债券、长期债券和永久债券。

各国对短、中、长期债券的期限划分不完全相同。一般的标准是：期限在 1 年或 1 年以下的为短期债券；期限在 1 年以上、10 年以下的为中期债券；期限在 10 年以上的为长期债券。永久债券也叫无期债券，它并不规定到期期限，持有人也不能要求清偿本金，但可以按期取得利息。永久债券一般仅限于政府债券，而且是在不得已的情况下才采用。

（3）按计息的方式分类

①附息债券。附息债券是指债券券面上附有各种息票的债券。息票上标明利息额、支付利息的期限和债券号码等内容。息票一般以6个月为一期。债券到期时，持有人从债券上剪下息票并据此领取利息。由于息票到期时可获得利息收入，因此附息债券也被看做是一种可以流通、转让的金融工具，也叫复利债券。

②贴现债券。亦称贴水债券，是指券面上不附有息票，发行时按规定的折扣率，以低于票面价值的价格出售，到期按票面价值偿还本金的一种债券。贴现债券的发行价格与票面价值的差价即为贴现债券的利息。

③单利债券。单利债券是指债券利息的计算采用单利计算方法，即按本金只计算一次利息，利不能生利。计息公式为：

$$利息 = 债券面额 \times 年利率 \times 期限$$

④累进利率债券。累进利率债券是指债券的利率按照债券的期限分为不同的等级，每一个时间段按相应利率计付利息，然后将几个分段的利息相加，便可得出该债券总的利息收入。

（4）按债券的利率浮动与否分类

①固定利率债券。固定利率债券是指债券利率在偿还期内不发生变化的债券。由于其利率水平不能变动，在偿还期内，当通货膨胀率较高时，会有市场利率上升的风险。

②浮动利率债券。浮动利率债券是指债券的息票利率会在某种预先规定的基准上定期调整的债券。作为基准的多是一些金融指数，如伦敦银行同业拆借利率；也有以非金融指数作为基准的，如按照某种初级产品的价格。采取浮动利率形式，降低了持有者的利率风险，也有利于债券发行人按照短期利率筹集中长期的资金来源。

（5）按是否记名分类

①记名债券。记名债券是指在券面上注明债权人姓名，同时在发行公司的名册上进行同样的登记。转让记名债券时，要在债券上背书和在公司名册上更换债权人姓名。债券投资者必须凭印鉴领取本息。它的优点是比较安全，但是转让时手续复杂，流动性差。

②不记名债券。不记名债券是指在券面上不注明债权人姓名，也不在公司名册上登记。不记名债券在转让时无须背书或在发行公司的名册上更换债权人姓名，因此流动性强；但缺点是债券遗失或被毁损时，不能挂失和补发，安全性较差。一般来说，不记名债券的持有者可以要求公司将债券改为记名债券。

（6）按有无抵押担保分类

①信用债券。亦称无担保债券，是指仅凭债务人的信用发行的，没有抵押品作担保的债券。一般包括政府债券和金融债券，少数信用良好的公司也可发行信用债券，但在发行时必须签订信托契约，对债务人的有关行为进行约束限制，由受托的信托公司监督执行，以保障投资者的利益。

②担保债券。担保债券是指以抵押财产为担保而发行的债券，它包括以下几类：

a. 抵押公司债券。指以土地、房屋、机器、设备等不动产为抵押担保品而发行的债券。当债务人在债务到期不能按时偿还本息时，债券持有者有权变卖抵押品来收回本息。抵押公司债券是现代公司债券中最重要的一种。在实践中，可以将同一不动产作为抵押品而多次发行债券。可按发行顺序分为第一抵押债券和第二抵押债券。第一抵押债券对于抵押品有第一留置权；第二抵押债券对于抵押品有第二留置权，即在第一抵押债券清偿后，可用其余额偿付本息。所以，第一抵押又称优先抵押；第二抵押又称一般抵押。

b. 抵押信托债券。是以公司拥有的其他有价证券，如股票和其他债券为担保品而发行的债券。一般来说，发行这种债券的公司是一些合资附属机构，以总公司的证券作为担保。作为担保的有价证券通常委托信托人保管，当该公司不能按期清偿债务时，即由受托人处理其抵押的证券并代为偿债，以保护债权人的合法利益。

c. 承保债券。指由第三者担保偿还本息的债券。这种债券的担保人一般为银行或非银行金融机构或公司的主管部门，个别的是由政府担保。

(7) 按债券形态分类

①实物债券。实物债券是一种具有标准格式实物券面的债券，指债的发行与购买是通过债券的实体来实现的，是看得见、摸得着的债券，且不记名。

②凭证式债券。凭证式债券主要通过银行承销，各金融机构向企事业单位和个人推销债券，同时向买方开出收款凭证。这种凭证式债券可记名，可挂失，但不可上市流通，持有人可以到原购买网点办理提前兑付手续。

③记账式债券。记账式债券没有实物形态的券面，而是在债券认购者的电脑账户中作一记录。记账式债券主要通过证券交易所来发行。投资者利用已有的股票账户通过交易所网络，按其欲购价格和数量购买。买入之后，债券数量自动过入客户的账户内。

7.1.3 股票

7.1.3.1 股票的概念和特征

(1) 股票的定义

股票是一种有价证券，它是股份有限公司公开发行的用以证明投资者的股东身份和权益，并据以获得股息和红利的凭证。

股票一经发行，持有者即为发行股票的公司的股东，有权参与公司的决策，分享公司的利益，同时也要分担公司的责任和经营风险。股票一经认购，持有者不能以任何理由要求退还股本，只能通过证券市场将股票转让和出售。作为交易对象和抵押品，股票业已成为金融市场上主要的、长期的信用工具，但实质上，股票只是代表股份资本所有权的证书，它本身并没有任何价值，不是真实的资本，而是一种独立于实际资本之外的虚拟资本。

(2) 股票的特征

①收益性。这是指持有者凭其持有的股票，有权按公司章程从公司领取股息和红利，获取投资收益。

股票收益的大小取决于公司的经营状况和盈利水平。在一般情况下，投资股票获得的收益要高于银行储蓄的利息收入，也高于债券的利息收入。

股票的收益性还表现在持有者利用股票可以获得价差收入和实现货币保值。

②风险性。股票的收益不是事先确定的固定数值，而是一个难以确定的动态数值，它随公司的经营状况和盈利水平而波动，也受到股票市场行情的影响。股票收益的大小与风险的大小成正比。

③流动性。流动性是股票的一个基本特征。股票作为一种有价证券，可以在证券市场上转让变现，也可以进行抵押融资，从而使股票保持着高度的流动性。

④稳定性。稳定性有两个方面的含义：股东与发行股票的公司之间存在稳定的经济关系；通过发行股票筹集到的资金使公司有一个稳定的存续期间。即投资者购买了股票就不能要求退股抽回资金，因此，该特性又被称为不可返还性。

⑤股份的伸缩性。这是指股票所代表的股份既可以拆细，又可以合并。

a. 股份的拆细。即是将原来的 1 股分为若干股。股份拆细并没有改变资本总额，只是增加了股份总量和股权总数。当公司利润增多或股票价格上涨后，投资者购入每手股票所需的资金增多，股票的市场交易就会发生困难。在这种情况下，就可以将股份拆细，即采取分割股份的方式来降低单位股票的价格，以争取更多的投资者，扩大市场的交易量。

b. 股份的合并。即是将若干股股票合并成较少的几股或 1 股；股份合并一般是在股票面值过低时采用。公司实行股份合并主要出于如下原因：公司资本减少、公司合并或是股票市价由于供应减少而回升。

⑥价格的波动性。一般来讲，股票的买卖价格与票面价格是不一致的，具有较大的波动性。影响股票交易价格的因素很多，这些因素的不断变化，会导致股票价格频繁波动。股票价格的高低不仅与公司的经营状况和盈利水平密切相关，而且与股票收益与市场利率的对比关系紧密相连。此外，股票价格还会受到国内外经济、政治、社会以及投资者心理等诸多因素的影响。

⑦经营决策的参与性。根据有关法律的规定，股票的持有者有权出席股东大会、选举公司的董事会、参与公司的经营决策。股东参与公司经营决策的权力大小，取决于其所持有的股份的多少。

7.1.3.2 股票的种类

股票的品种很多，分类方法亦有差异。常见的股票种类有以下几种。

（1）根据股东承担的风险和享受的权利的不同，可将股票分为普通股和优先股

①普通股。普通股股票是指每一股份对公司财产都拥有平等权益，即对股东享有的平等权利不加以特别限制，并能随股份有限公司利润的大小而分取相应股息的股票。普通股股票具有以下特征：

a. 普通股股票是股份有限公司发行的最普通、最重要也是发行量最大的股票种类。股份有限公司最初发行的大多是普通股股票，通过这类股票所筹集的资金通常是股份有限公司股本的基础。普通股股票的发行状况与公司的设立和发展密切相关。

b. 这类股票是公司发行的标准股票，其有效性与股份有限公司的存续期间相一致。

c. 普通股股票是风险最大的股票。普通股股票的股息和红利收益不确定，随公司经营状况和盈利水平波动，而且必须是在偿付了公司债务利息及优先股股东的股息之后才能分得。此外，受经济、社会、政治、文化及投资者心理等各种主客观因素的影响，股票市

场的交易价格也会经常大幅度波动。

②优先股。优先股股票是指由股份有限公司发行的在分配公司收益和剩余资产方面比普通股股票具有优先权的股票。优先股股票是相对于普通股股票而言的。

优先股股票是特别股股票的一种。特别股股票是股份有限公司为特定的目的而发行的股票，它所包含的股东权利要大于或者小于普通股股票。因此，凡权利内容不同于普通股股票的，可统称为特别股股票。特别股股票当中，最具有代表性的是优先股股票。优先股的特征表现在以下方面：

a. 约定股息率。优先股股票在发行时即已约定了固定的股息率，且股息率不受公司经营状况和盈利水平的影响。按照公司章程的规定，优先股股东可以先于普通股股东向公司领取股息，所以，优先股股票的风险要小于普通股股票。不过，由于股息率固定，即使公司经营状况良好，优先股股东也不能分享公司利润增长的利益。

b. 优先分派股息和清偿剩余资产。当公司利润不够支付全体股东的股息和红利时，优先股股东可以先于普通股股东分取股息；当公司因解散、破产等进行清算时，优先股股东又可先于普通股股东分取公司的剩余资产。

c. 表决权受到一定限制。优先股股东一般不享有公司经营参与权，即优先股股票不包含表决权，优先股股东无权过问公司的经营管理。然而，在涉及优先股股票所保障的股东权益时，如公司连续若干年不支付或无力支付优先股股票的股息，或者公司要将一般优先股股票改为可转换优先股股票时，优先股股东也享有相应的表决权。

d. 股票可由公司赎回。优先股股东不能要求退股，但却可以依照优先股股票上所附的赎回条款，由公司予以赎回。大多数优先股股票都附有赎回条款。发行可赎回优先股股票的公司赎回股票时，要在优先股价格的基础上适当地加价，使优先股股票的赎回价格高于发行价格，从而使优先股股东从中得到一定的利益。

设立和发行优先股股票，对于股票发行公司来说，其意义在于便于公司增发新股票，也有利于公司在需要时将优先股股票转换成普通股股票或公司债券，以减少公司的股息负担。而且由于优先股股东一般没有表决权，又可以避免公司经营决策权的分散；对投资者来说，优先股股票的意义在于投资收益有保障，而且投资的收益率要高于公司债券及其他债券的收益率。

（2）股票按其票面是否记载股东姓名，可分为记名股票和不记名股票

记名股票是指将股东姓名记载在股票上和股东名册上的股票。不记名股票是指股票票面上不记载股东姓名的股票。

（3）股票按是否有无票面金额加以表示，可分为面额股票和无面额股票

面额股票是指在股票票面上标明金额的股票。无面额股票是指在股票票面上不标明金额，只注明它是公司股本总额若干分之几的股票。

7.1.4 证券投资基金

7.1.4.1 证券投资基金的含义及特征

（1）证券投资基金的含义

证券投资基金是指一种利益共享、风险共担的集合证券方式。即通过发行基金证券，

集中投资者的资金，交由专家管理，以资产的保值增值等为根本目的，从事股票、债券等金融工具投资，投资者按投资比例分享其收益并承担风险的一种制度。视各国的具体情况不同，证券投资基金的投资对象可以是资本市场上的上市股票和债券、货币市场上的短期票据和银行同业拆借，也可以是金融期货、黄金、期权交易、不动产等，有时还包括虽未上市但具有发展潜力的公司债券和股权。

从以上分析，我们可以看出证券投资基金包含两层含义：一是证券投资基金是一种投资制度；二是证券投资基金发行的基金券是一种面向社会大众的投资工具。

（2）证券投资基金的基本特征

集体投资、专家经营、分散风险、共同受益。

（3）证券投资基金的优点

投资基金与其他投资工具相比，有着自身不可替代的独特优势，主要表现在以下几个方面：①组合投资，风险分散；②小额投资，费用低廉；③专业化管理，专家操作；④流动性强，变现性高；⑤种类繁多，投资灵活。

（4）证券投资基金的投资限制与投资组合

①对投资对象的限制。一般来说，不同的投资基金具有不同的投资对象，各国规定有所不同。我国1997年11月14日颁布实施的《证券投资基金管理暂行办法》第33条规定：一个基金投资于股票、债券的比例，不得低于该基金资产总值的80%。

②对投资数量的限制。我国《证券投资基金管理暂行办法》第33条规定：

a. 一个基金持有一家上市公司的股票，不得超过该基金资产净值的10%。

b. 同一基金管理人管理的全部基金持有一家公司发行的证券，不得超过该证券的10%。

c. 一个基金投资于国家债券的比例，不得低于该基金资产净值的20%。

③对投资方法的限制：

a. 禁止与基金本身或与关系人的交易，以维护交易的公正性；

b. 限制基金资产相互间的交易，以避免基金投资者的利益受到损坏；

c. 禁止用基金资产从事证券信用交易。

（5）证券投资基金的管理与托管

①管理与托管原则：资产管理与保管分开原则。

②管理人与托管人的职责：

a. 管理人的职责：运用和管理基金资产。负责投资分析、决策，向托管人发出买进、卖出证券及相关指令。

b. 托管人职责：安全保管全部基金资产；执行管理人的投资指令；监督管理人的投资运作；对基金管理人计算的资产净值、编制的财务报表进行复核。

c. 二者关系：托管人按照管理人指令行事，管理人指令也必须通过托管人来执行。二者是一种既相互合作又相互制衡、相互监督的关系。

7.1.4.2　证券投资基金的基本分类

（1）根据组织形式和法律地位的不同来分

根据组织形式和法律地位不同，分为契约型证券投资基金和公司型证券投资基金。

公司型的证券投资基金以美国为代表，美国的证券基金皆按公司形式组成，也称共同基金。契约型的证券投资基金以日本为代表。可以说，目前世界上的各种证券基金基本上都可以归到这两种类型中。当然，在这两种类型的基础上又演变出其他不同的类型。

①契约型基金。也称信托型基金，它是依据信托契约通过发行受益凭证而组建的投资基金。该基金一般由基金管理公司、基金保管公司及投资者三方当事人订立信托契约。基金管理公司是基金的发起人，通过发行受益凭证将资金筹集起来组成信托财产，并依据信托契约进行投资。基金保管公司一般由银行担当，根据信托契约，负责保管信托财产，具体办理证券、现金管理及有关的代理业务等。投资者是受益凭证的持有人，通过购买受益凭证，参与基金投资，享受投资收益。

②公司型基金。公司型基金依公司法成立，通过发行基金股份将集中起来的资金投资于各种有价证券。公司型基金在组织形式上与股份有限公司类似，基金公司资产为投资者即股东所有，由股东选举董事会，由董事会选聘基金管理公司，基金管理公司负责管理基金业务。

③二者的区别。

a. 法律依据不同。公司型基金根据国家的公司法成立，因此基金公司具有法人资格。契约型基金根据国家的信托法组建，基金本身不具有法人资格。

b. 依据的章程契约不同。公司型基金经营信托财产凭借公司章程、委托管理契约和委托保管契约等文件；而契约型基金则凭借信托契约来经营信托财产。

c. 基金发行凭证不同。公司型基金发行的是普通股股票，它既是一种所有权凭证，又是一种信托关系；契约型基金发行的是受益凭证，它反映的仅仅是一种信托关系。

d. 投资者的地位不同。公司型基金的投资者是公司的股东，有权享有股东的一切权益；而契约型基金的投资者仅仅是受益人，有收益分配权，却无权参与基金的经营管理。

e. 基金融资渠道不同。公司型基金可以向银行借款；而契约型基金则不能。

f. 基金具体运作不同。公司型基金同一般股份公司一样，一般情况下都具有永久性，不能随意成立和终止；契约型基金依据信托契约建立和运作，随着契约期满基金运营即终止。

(2) 根据受益凭证是否可赎回来分

根据受益凭证是否可赎回，分为封闭型证券投资基金与开放型证券投资基金。

①封闭型证券投资基金。是指基金资本总额及发行份数在未发行之前就已确定下来，在发行完毕后和规定的期限内，不论出现何种情况，基金的资本总额及发行份数都固定不变的投资基金，故有时也称为固定型投资基金。

②开放型证券投资基金。是指基金资本总额及股份总数不是固定不变的，而是可以根据市场供求状况随时发行新份额或被投资者赎回的投资基金。由于这种投资基金的资本总额可以随时追加，又称为追加型投资基金。

③二者的区别：

a. 赎回性不同。封闭型基金的份额不能被赎回，资本总额是固定不变的；开放型基金的份额是可赎回的，资本总额是可变的。

b. 期限不同。封闭型基金一般设定存续期限，如10年或20年；开放型基金不设定存续期限，只要基金不破产就可以永远存在下去。

c. 买卖方式不同。开放型基金的投资者可以随时直接向基金管理公司或通过经销商购买。而封闭型基金刚发起设立时，投资者可以向基金管理公司或经销机构按面值或规定价格购买；当发行完毕或基金已经上市交易后，投资者只能通过经纪商在证券交易市场上按市价买卖。

d. 基金单位的交易价格计算标准不同。封闭型基金的买卖价格受市场供求关系的影响，常出现溢价或折价现象，并不必然反映基金的资产净值。开放型基金的交易价格则取决于基金每单位净资产值的大小。

e. 基金投资方式不同。封闭型基金在基金封闭期间不许赎回，因此可拿出全部基金资产用做投资，并且可以用做长线投资；而开放型基金，由于需要应付投资者随时赎回兑现，经理人必须保留一部分现金，而且投资组合流动性必须很强，以备大规模赎回之需。

f. 再筹资方式不同。封闭型基金可以发行优先股、债券或向银行贷款；开放型基金可以通过增发基金份额来扩大经营规模。

（3）根据投资风险与收益的目标不同来分

根据投资风险与收益的目标不同，可将投资基金划分为成长型投资基金、积极成长型投资基金、收入型投资基金、固定收入型基金、成长及收入型投资基金和平衡型投资基金。

①成长型投资基金。此基金以追求长期资本利得为主。优势：获利能力较强，分散投资以降低个人购买股票的风险。缺点：股票价格波动较大，损失本金的风险较高。

②积极成长型投资基金。该基金追求的是最大资本利得，投资收益主要来自股票买进卖出的资本差额，当期收入不重点考虑。优势：获利能力强，资本利得增加快。缺点：当期收入很少或者没有，资本损失的风险也比较高。

③收入型投资基金。主要目的是获得最大的当期收入。投资对象：一般投资于利息较高的货币市场或债券及分配股利较多的股票。特点：损失本金风险较低，但资本成长潜力相对也小。

④固定收入型基金。该基金的投资组合多以传统上股息优厚的股票、可转换公司债券及信誉优良的公司债券为主要投资对象，其债券利率较高，但长期成长的潜力较小，投资人重视的是获取当期投资收入。

⑤成长及收入型基金。该基金投资于可带来收入的证券及有成长潜力的股票，来达到既有收入又会成长的目的。特点：可以同时有当期收入并使资本长期增长。

⑥平衡型投资基金。该基金是介于成长型和收入型之间的基金。既追求资本长期增长，也要取得当期的收入。其投资对象既有股票，又有债券，具有双重投资目标。

（4）根据投资对象来分

根据投资对象不同，可将投资基金划分为股票基金、债券基金、货币市场基金、指数基金、衍生基金和创业基金等。

①股票基金。属于成长型基金，其投资对象主要是普通股。其投资策略是通过长期持有经营良好的各种公司普通股，使基金资产快速增值。

②债券基金。属于收入型基金，其投资对象主要是各种债券。其收益较低，但风险也

是诸多基金中最低的。

③货币市场基金。属于收入型基金，其投资对象为各类货币市场工具，包括银行存单、存款证、银行票据、商业票据和各种短期国债等。特点：资产流动性高，风险较低。

④指数基金。根据股票或债券对证券指数影响的程度来选择投资的一种基金。其投资对象主要是那些对证券指数影响较大的股票或债券。特点：基金收益同证券市场平均收益基本持平，具有一定的稳定性。

⑤衍生基金。该类基金以期货、期权、远期合约、掉期合约、认股权证和可转换证券等衍生工具为主要投资对象，该类基金的风险很大。

⑥创业基金。也称风险投资基金，是指以股权投资的方式，主要投资于那些未上市公司或新兴公司的基金。特点：高风险、高收益。

7.2　证券市场运作

7.2.1　证券市场概述

7.2.1.1　证券市场的构成与功能

（1）证券市场的定义

证券市场是有价证券发行与流通以及与此相适应的组织与管理方式的总称。证券市场是资本市场的基础和主体，它包括证券发行市场和证券流通市场，在现代发达的市场经济中，证券市场是完整的市场体系的重要组成部分。

（2）证券市场的特征

①证券市场是价值直接交换的场所。有价证券都是价值的直接代表，它们本质上只是价值的一种表现形式。所以，证券市场本质上是价值的直接交换场所，也是融资的场所。

②证券市场是财产权利直接交换的场所。有价证券是财产权利的代表，所以，证券市场实际上是财产权利直接交换的场所。

③证券市场是风险直接转嫁的场所。有价证券既是一定收益权利的代表，同时也是一定风险的代表。有价证券的买卖在转让出一定收益权的同时，也把该有价证券所持有的风险一并转让出去。所以，从风险的角度来分析，证券市场也是风险直接转嫁的场所。

（3）证券市场的结构

①按证券市场的职能划分，分为证券发行市场（即一级市场、初级市场）和流通市场（二级市场或次级市场）。

②按证券市场交易的对象划分，分为股票市场、债券市场、投资基金市场和衍生品市场等。

③按证券交易市场的组织形式不同划分，分为场内市场（即证券交易所市场）和场外市场。

（4）证券市场的基本功能

①筹资与投资的功能。证券市场为资金需求者筹集资金提供了场所，同时也为资金供给者提供了投资对象。有价证券在证券市场上，既是筹资的工具也是投资的工具。

②资本定价的功能。即为资本决定价格。证券是资本存在的形式，所以，证券的价格实际上是证券所代表的资本的价格。证券交易价格是通过证券市场上证券需求者和证券供给者的竞争所反映的证券供给状况最终决定的，所以，证券市场有利于证券价格的统一和定价的合理性。

③资本配置的功能。即通过证券价格，引导资本的流动而实现资本合理配置的功能。证券市场引导资本流向其能产生高报酬率的企业或行业，从而使资本产生尽可能高的效率，进而实现资本的合理配置。

④证券市场是一国中央银行宏观调控的场所。从宏观经济角度来看，证券市场不仅可以有效地筹集资金，而且还有资金"蓄水池"的作用和功能，这种"蓄水池"是可调控的，而不是自发的。

7.2.1.2　证券市场参与者

（1）证券发行人

证券发行人是指为筹措资金而发行债券、股票等的政府及其机构、金融机构、公司或企业。

（2）证券投资人

证券投资人是指通过证券而进行投资的各类机构法人和自然人，他们是证券市场的资金供给者。机构投资者是各类法人机构，包括企业、金融机构、公益基金和其他投资机构等。其特点是：资金量大，可通过有效的资产组合以分散投资风险、收集和分析信息的能力强、对市场的影响力大等。个人投资者是指从事证券投资的社会自然人，他们是证券市场最广泛的投资者。

（3）证券市场中介机构

证券市场中介机构是指为证券发行与交易提供服务的各类机构。中介机构是连接证券投资人与筹资人的桥梁，是证券市场运行的组织系统，主要包括证券公司和其他证券服务机构。

①证券公司。证券公司是指依照公司法规定，经国务院证券监督管理机构审查批准设立的从事证券经营业务的有限责任公司或者股份有限公司。证券公司不仅是证券市场上最重要的中介机构，也是证券市场的主要参与者。

证券公司的功能有：媒介资金供需、构造证券市场、优化资源、促进产业集中。

根据1998年12月颁发的《中华人民共和国证券法》，我国对证券实行分类管理。将证券公司分为综合类证券公司和经纪类证券公司，由国务院证券监督机构按照其分类颁发业务许可证。综合类证券公司可以经营证券经纪业务、自营承销业务和经国务院证券监督管理机构核定的其他证券业务；经纪类证券公司只能从事单一的经纪业务。

证券公司的主要业务有：ⓐ证券经纪；ⓑ证券投资咨询；ⓒ与证券交易、证券投资活动有关的财务顾问；ⓓ证券承销与保荐；ⓔ证券自营；ⓕ证券资产管理；ⓖ其他证券业务。其中，证券公司经营上述ⓐ至ⓒ项业务的，注册资本最低限额为人民币5000万元；经营上述ⓓ至ⓖ项业务之一的，注册资本最低限额为人民币1亿元；经营上述ⓓ至ⓖ项业务中两项以上的，注册资本最低限额为人民币5亿元。证券公司的注册资本应当是实缴资本。

②证券服务机构。证券服务机构是指依法设立的从事证券服务业务的法人机构，包括证券登记结算公司、证券投资咨询公司、会计事务所、资产评估机构、律师事务所、证券信用评级机构等。

（4）自律性组织

自律性组织包括证券交易所和证券业协会。

①证券交易所。

a. 证券交易所的定义和特征

证券交易所是证券买卖双方公开交易的场所，是一个有固定的地点，有组织地集中进行证券交易的市场，是整个证券市场的核心。证券法指出：证券交易所是提供证券集中竞价交易场所的不以营利为目的的法人。证券交易所作为高度组织化的有形市场具有以下特征：第一，有固定的交易所和交易时间；第二，参加交易者为具有会员资格的证券经营机构，交易采用经纪制；第三，交易的对象限于合乎一定标准的上市证券；第四，通过公平竞价的方式决定交易价格；第五，集中证券的供求双方，具有较高的成交速度和成交率；第六，实行"公开、公平、公正"原则，并对证券交易加以严格管理。

b. 证券交易所的组织形式

证券交易所的组织形式大致可以分为两类，即公司制和会员制。公司制证券交易所是以股份有限公司形式组织并以营利为目的的法人团体，会员制证券交易所是一个由会员自愿组成的，不以营利为目的的社会法人团体。我国证券交易所的组织形式为会员制证券交易所。

c. 证券交易所的职能

我国《证券交易所管理办法》第 11 条规定，证券交易所的职能包括：第一，提供证券交易的场所和设施；第二，制定证券交易所的业务规则；第三，接受上市申请，安排证券上市；第四，组织监督证券交易；第五，对会员进行监管；第六，对上市公司进行监管；第七，设立证券登记结算机构；第八，管理和公布市场信息；第九，证券委员会许可的其他职能。

②证券业协会。证券业协会是证券业的自律性组织，是社会团体法人。

（5）证券监管机构

在我国，证券监管机构是指中国证券监督管理委员会及其派出机构，它是国务院直属的证券管理监督机构，依法对证券市场进行集中统一的监管。

7.2.2　证券发行市场

证券发行市场又称为初级市场或一级市场，它是指证券发行者通过发行股票、债券等来筹集资金的市场。证券发行市场的主要功能是为资金需求者提供筹集资金的场所和为资金提供者提供投资的机会。证券发行市场一般由证券发行者、证券购买者和证券承销商三者构成。在我国现阶段，证券承销商主要是证券公司、银行、信托投资公司等法人。

7.2.3　证券交易市场

7.2.3.1　证券交易市场的概念、特点和功能

（1）证券交易市场的概念和特点

证券交易市场又称"二级市场"或"次级市场",是已发行的证券通过买卖交易实现流通转让的场所。证券交易市场分为场内市场和场外市场。证券交易市场的参与者包括证券买卖双方和中介人。

证券交易市场的特点:

①参与者的广泛性;

②价格的不确定性,交易的连续性;

③交易含有投机性。

(2)证券交易市场的功能

①流动性功能。即为证券的流通提供条件。证券交易的连续性使证券的流通性得到充分展现。

②资金期限转换功能。资金的流通变现,使短期、闲散的资金转化为长期资金,使证券市场提供长期资金变为现实,解决了资金使用期限上的不对称。

③维护证券合理价格。在二级市场上,为证券合理价格的形成创造了条件。

④资金流动的导向功能。二级市场不断公布证券交易行情及公布各种信息,帮助投资者作出合理的投资决策,引导资金向效益高、最需要资金的方向流动。

⑤宏观调控功能。一方面交易市场反映了经济动态,市场信息为政府制定宏观经济政策提供了依据;另一方面,二级市场为政府实施宏观调控政策提供了条件和场所。

7.2.3.2 证券交易市场的类型

(1)场内市场(即证券交易所市场)

证券交易所市场是指专门的、集中的、有组织的证券买卖双方公开交易的场所。证券交易所本身并不买卖证券,只是为买卖双方提供交易场所和各种服务,证券买卖双方在交易所内公开竞价成交。(关于证券交易所参看第五章第二节。)

(2)场外市场

①定义和特征:

场外市场是指在证券交易所市场以外形成的证券交易市场的总称。场外交易市场的特征有:ⓐ场外交易市场是一个分散的无形市场;ⓑ场外交易市场的组织方式采取做市商制;ⓒ场外交易市场是一个拥有众多证券种类和证券经营机构的市场;ⓓ场外交易市场是以协议方式进行证券交易的市场;ⓔ场外交易市场的管理比交易所市场宽松。

②功能:是证券发行的主要场所;为未上市证券提供了流通转让的场所;是证券交易所的必要补充。

③场外交易市场的种类:

店头市场,又称证券商柜台市场。在证券公司的柜台进行证券交易形成的市场。其主要特点:第一,交易的证券主要是公开发行,但未在交易所上市的证券;第二,证券交易价格采用议价方式确定;第三,交易方式为现货交易;第四,券商既是经纪商,又是自营商。

第三市场,是指机构投资者从事已在交易所挂牌上市的证券而形成的市场。其主要特点:第一,交易有经纪人(非交易所成员)参与;第二,交易的证券是上市证券;第三,交易主体是机构投资者;第四,交易量大。

第四市场，又称电话市场，是机构投资者利用电讯工具直接买卖证券而形成的场外市场，其主要特点：第一，没有经纪人参与；第二，交易的证券包括上市和未上市的证券；第三，交易成本低；第四，交易主体是机构投资者；第五，交易手段主要是电讯工具；第六，交易量大，保密性强；

7.2.3.3 证券交易的程序、方式和价格

（1）证券上市

证券上市指将证券在交易所登记注册，并有权在交易所挂牌买卖，即赋予某种证券在交易所进行交易的资格。以股票为例，证券上市的程序有：①公司上市申请；②证交所上市委员会审批；③订立上市协议书；④股东名称移交公司备案；⑤上市公告书披露；⑥挂牌交易。

（2）证券交易程序

①开户；②委托；③竞价成交（集合竞价和连续竞价）；④清算；⑤交割；⑥过户。

（3）证券交易方式

①现货交易。又称现金交易，是证券交易双方在成交后即时清算交割证券和价款的交易方式。

②信用交易。信用交易是指证券投资者按照确定的比例向证券经纪商支付部分证券或价款，不足部分由证券经纪商垫付而进行的证券交易方式，也称保证金交易或垫头交易。信用交易包括保证金多头交易和保证金空头交易两种。其特征：证券信用交易以证券投资者和经纪商之间的特殊信用关系为前提；证券投资者必须事先交付证券交易所需的部分价款（或券）作为保证金；证券信用交易按照证券现货交易程序进行。

③证券期货交易。证券期货交易是证券现货交易的对称，指的是证券交易双方在证券成交以后，同意按照成交合同规定的数量和价格，在将来的某一特定日期进行清算和交割的证券交易方式。

证券期货交易的特点：证券期货交易是一种远期交易；证券期货交易的标的具有双重性；证券期货的合同具有可买卖的性质；证券期货标的具有不可分割性。

证券期货交易的功能：套期保值功能、投机功能、价格发现功能。

④证券价格指数期货交易和期权交易。

证券价格指数期货交易，是指投资者买卖证券价格指数的交易活动。证券价格指数是衡量多种证券价格的变动情况的指数，由于价格指数通常是为股票专门设计的，是股票价格指数，故证券价格指数主要是股票价格指数。

股票价格指数期货交易的主要特点：第一，股票价格指数期货交易的标的是股票价格指数；第二，股票价格指数期货交易的标的是部分价格指数；第三，股票价格指数期货交易价格采用"点"来计算；第四，股票价格指数期货交易价格一般按季确定交割时间。

证券期权交易是指证券交易双方在证券交易所买进或卖出期权的交易方式，也称选择权交易。所谓期权，是权利人在未来一定时期内的任何时间，以约定价格向义务人买进或卖出一定数量证券的权利。期权交易分为买进期权和卖出期权两种。

证券期权交易的特点：第一，证券期权交易是以证券期权为交易对象的交易方式；第二，证券期权交易是以未来的现货交割作为存在的前提；第三，证券期权交易是以期权买

卖双方之间的期权交易合同来实现的。

（4）证券价格（主要以股票为例）

①股票价格及其本质。股票的价格是指货币与股票之间的对比关系，是与股票等值的一定货币量。广义的股票价格是股票的票面价格、发行价格、账面价格、清算价格、内在价格和市场价格的统称，狭义的股票价格主要是指股票的市场价格。股票的本质：是一种虚拟资本，本身没有价值。

②股票价格的种类。

股票的理论价格：股票的内在价格，是股票未来收益的现值，取决于股票收入和市场收益率。

票面价格：对于股票的面额，即股票发行时所标明的每股股票的票面金额。

发行价格：发行股票时的出售价格，包括面额发行、设定价格发行、折价发行和溢价发行几种方式。

账面价格：即股票的净值，是指每一股价在账面上所代表的公司财产价值。

清算价格：公司清算时，每股股票代表的真实价格。

股票的市场价格：股票的市场价格也是一种理论价格。

（5）股票除权、除息及除权价的计算

①送股。送股是股份有限公司向股东以股票形式分配股利的形式。上市公司实施送股时应符合下列实质性条款：已按规定补亏，提取公积金；送股后留存的法定盈余公积金不少于注册资本的25%；发送的股票仅限于普通股；股本额的限制。

②配股。主要有配股条件、配股程序、配股比例、配股价格、配股运作等。

③股份消除。股份收回；股份合并。

④除权、除息的定义。除权是除掉股票享受分红派息、送股、配股的权利。

除息是除掉股票享受分红派息的权利，除息一般用在公司分派现金股息时使用，当公司在分配现金股息和股票股息同时进行时，除权与除息具有相同概念。

⑤除权价计算（分四种情况）。

在送股条件下，除权价的计算公式为：

$$p^c = \frac{p^{c-1}}{1+R^s}$$

在配股条件下，除权价的计算公式为：

$$p^c = \frac{p^{c-1}+p^p \times R^p}{1+R^p}$$

在送配股同时进行时，除权价的计算公式为：

$$p^c = \frac{p^{c-1}+p^p \times R^p}{1+R^s+R^p}$$

在送配股和派息（含分红）同时进行时除权价的计算公式为：

$$p^c = \frac{p^{c-1}+p^p \times R^p - e}{1+R^s+R^p}$$

式中：p^c——除权价；

p^{c-1}——前一天的收盘价；

R^s——送股比率；

R^p——配股比率；

p^p——配股价；

e——派发的股息和红利。

⑥填权和贴权。

除权日的开盘价不一定等于除权价，当实际开盘价及走势高于除权价时，为填权，在册的股东可获利；反之，实际开盘价及走势低于除权价时，称贴权，在册股东将出现亏损。

7.3　证券经纪与代理实务

我国上海和深圳两大证券交易所均实行会员制，只有具备会员资格的会员才能进场交易，一般投资者很难获得会员资格，他们只能通过证券经纪商代理交易。投资者在经纪商处办理登记和开设交易账户后，就可以委托经纪商在证券交易所买卖证券。

7.3.1　证券交易前的准备工作

7.3.1.1　慎重选择证券经纪商和证券经纪人

选择证券经纪商要考虑以下几方面的因素：

①经纪商和经纪人是否具有较强的业务能力。这一点主要是指经纪公司和经纪人能否及时、准确地执行投资者的委托指令。

②证券经纪商能否提供真实可靠的信息。这些信息主要包括宏观经济形式、行业的市场结构和生命周期、公司的经营情况和财务状况、各种证券和证券组合的收益与风险分析等。

③收取的佣金是否合理。

④收取的保证金是否公平。

7.3.1.2　办理登记和开设交易账户

（1）委托人名册登记

包括个人名册登记和法人名册登记。

（2）开立专用账户

开立的专用账户包括两种，即证券账户和资金专户。证券账户用来记载投资者所持有的证券种类、数量和相应的变动情况。资金账户用来记载和反映投资者买卖证券的货币收付和结存数额。在我国现阶段，投资者交易结算资金已经实行第三方存管制度。根据这一制度的规定，投资者在商业银行有签约存款账户，同时在证券公司开立《客户交易结算资金第三方存管协议》中的资金账户。

（3）经纪人不能接受开户的人

根据上海和深圳证券交易所的规定，证券经纪商不得办理下列人员的开户手续：

①证券主管机关管理证券事务的有关人员；

②证券交易所的管理人员；

③证券经营机构中与证券发行和交易有直接关系的人员；

④与发行者有直接行政隶属或管理关系的机关工作人员；

⑤其他与证券发行或交易有关的知情人士；

⑥未成年人未经法定监护人的代理或允许者；

⑦因违反证券交易管理规定，经有关机关决定停止其证券交易期限未满者；

⑧法人委托开户但未能提出该法人授权开户证明者；

⑨曾因证券交易违背契约记录在案者。

7.3.1.3　证券经纪关系的确立

证券经纪商是证券交易的中介，是独立于买卖双方的第三者，与客户之间不存在从属或附属关系。

开立证券账户是投资者和证券经纪商建立特定经纪关系的基础。这一关系的建立过程包括签署《风险揭示书》和《客户须知》，签订《证券交易委托代理协议》，开立客户交易结算资金第三方存管协议中的资金账户等。

7.3.1.4　拟订投资计划

投资者根据自己的资金情况拟订一个投资计划，包括资金分配、投资对象、投资方式、投资时机四个方面。

7.3.2　委托指令

7.3.2.1　委托方式

委托方式包括当面委托、电话委托、电报委托和网上委托。随着通信和网络技术的发展，当面委托和电报委托几乎没有了，主要是电话委托和网上委托。

7.3.2.2　委托类型

市价委托。市价委托是指投资者不限定交易价格，要求经纪商按照当时的市场交易价格立即执行的委托。

限价委托。限价委托是指投资者指定了交易价格后通知经纪商按照不高于这一价格买进或不低于这一价格卖出。

停价委托。停价委托是指投资者通知经纪人，在证券价格上升或下降超过所指定的限度时，便按照市价买进或卖出证券的委托。买进或卖出的价格可能高于或低于指定价格。

停价限价委托。停价限价委托是投资者指定交易价格后，通知经纪商当证券价格达到指定价格后买进或卖出证券，但买进或卖出的价格，不得高于或低于指定价格的委托。

此外，还有一直有效委托与限时委托、整数委托与零数委托、授权委托。

授权委托分为完全授权委托（全权委托）和限制授权委托。许多国家的交易所禁止全权委托，我国法律也禁止全权委托方式。

7.3.2.3　委托内容

委托内容包括：买进或卖出、数量、证券名称、交割的种类、出价委托方式、委托期限、现金交易或信用交易、买进或卖出的时间点。

买卖交割有普通交割、当日交割、特约交割、发行日交割等种类。

上海证券交易所规定，经纪人只能受理投资者市价委托和限价委托，并不能受理全权委托和用信用方式进行证券买卖。

7.3.3　证券交易竞价与成交

（1）竞价原则

①价格优先。较高价格买入申报优先于较低价格买入申报，较低价格卖出申报优先于较高价格卖出申报。

②时间优先。买卖方向、价格相同的，先申报者优先于后申报者。先后顺序按交易主机接受申报的时间确定。

（2）竞价方式

①集合竞价。所谓集合竞价，是指对在规定的一段时间内接受的买卖申报一次性集中撮合的竞价方式。集合竞价确定成交价的原则为：可实现最大成交量的价格；高于该价格的买入申报与低于该价格的卖出申报全部成交的价格；与该价格相同的买方和卖方至少有一方全部成交的价格。

如果有两个以上申报价格符合上述条件的，深圳证券交易所取距前收盘价最近的价位为成交价。上海证券交易所则规定使未成交量最小的申报价格为成交价格，若仍有两个以上使未成交量最小的申报价格符合上述条件的，其中间价为成交价格。集合竞价的所有交易以同一价格成交。然后，进行集中撮合处理。集合竞价中未能成交的委托，自动进入连续竞价。

②连续竞价。连续竞价是指对买卖申报逐笔连续撮合的竞价方式。连续竞价的特点是，每一笔买卖委托输入电脑自动撮合系统后，当即判断并进行不同的处理。

连续竞价时，成交价格的确定原则为：最高买入申报与最低卖出申报价位相同，以该价格为成交价；买入申报价格高于即时揭示的最低卖出申报价格时，以即时揭示的最低卖出申报价格为成交价；卖出申报价格低于即时揭示的最高买入申报价格时，以即时揭示的最高买入申报价格为成交价。

7.3.4　证券交易的交割和结算

7.3.4.1　证券买卖的交割制度

证券买卖成交以后，就进入交割阶段。证券买卖业务中收缴证券和价款的活动称为交割。交割分两个阶段进行：第一阶段是投资者与经纪商之间的交割；第二阶段是经纪商与经纪商之间的交割。

（1）投资者与经纪商之间的交割

投资者和证券经纪商间的交割应在经纪商之间交割之前进行。一般而言，投资者在委托经纪商买入证券时，就应将款项存入经纪商处或在委托卖出证券时将证券存入经纪商处，并领取存单，这样做是为了避免不能完成交割的风险。在证券成交以后，如果投资者不能缴纳购买证券的价款，或者不能转让卖出的证券，经纪商为了完成与其他经纪商之间的交割，有权将购入的证券卖出，或者将卖出的证券购回，由此产生的一切损失应由投资者承担。

（2）证券经纪商之间的交割

证券经纪商之间的交割一般是在证券交易所的主持下进行的，交割地点在交易所的结算部。证券的交割根据成交日和交割日间的长短可以分为普通交割、当日交割、特约日交割和发行日交割几种形式。

①普通交割。普通交割是指证券买卖成交后的第 4 个工作日，由交易所结算部结算。这是最基本的交割形式。普通交割占交割总额的 95% 以上。为了确保普通交割的顺利进行，投资者至少应在交割日 1~3 天前将证券提前交给证券经纪商。

②当日交割。当日交割即证券买卖成交当天就办理证券与价款交割。一般来说，上午成交的交易，在当天下午交割，下午成交的交易，在当事人双方同意的情况下，可以延至第二天上午交割。当日交割的好处是它能使买卖双方较快地得到证券或现金。

③特约日交割。特约日交割是指从买卖双方成交起 15 天内按当事人双方约定日期进行交割。这种方式通常是在交易双方相距甚远，普通交割日届时来不及交割时采用的交割方式，现在已很少采用。

④发行日交割。发行日交割即新发行证券在确定发行日后到全部募足的最终日前这段时间内的买卖，全部在同一天，即新股募集最终日算起第 4 个工作日进行交割。

根据上海证券交易所的规定，投资者只能采取当日交割、普通交割和约定日交割三种方式。为了提高工作效率，交易所的结算部根据不同的交割条件，分别采取个别交割和集中交割两种形式。

个别交割是由买卖双方的经纪商个别相对地进行证券和价款交割。因为这种交割方式需要较多的时间、人力和财力，所以一般仅在交易量不大的当日交割中采用。

集中交割是证券交易所对同一证券经纪商同一天所成交的买卖，使其卖出应得款项和买入应付款项相抵，并使同一牌名证券的卖出数和买入数相抵，仅对扣除后的余额价款和余额证券进行交割的制度。这种方式的优点是它能够迅速处理大量交割业务，因而被广泛地使用。

我国上海证券交易所规定，经纪商受托买卖成交后，应首先在交易所结算交割，然后迅速将与交易所交割后取得的价款和证券按"成交通知单"上载明的数量交给投资者验收。如果投资者在经纪商处开设了资金专户和证券专户，并向经纪商提出将价款和证券存入账户的要求，即投资者不要求实物交割，那么，对于应收价款者，经纪商可以直接在投资者的资金专户中划账支付，且对于投资者存入资金专户中的价款，经纪商要支付给投资者利息；对于应收证券者，经纪商可以直接在投资者的证券专户中划转，证券由经纪商免费代为保管，实行"动账不动券"制度。

7.3.4.2 证券转账结算制度

证券转账结算制度是指投资者、证券经纪商和金融机构等交易关系者将证券寄存在同一寄存机构，寄存机构负责保管这些证券，在寄存者间买卖成交后交割时，不移交证券本身，而由寄存机构用寄存户头间的转账代替。采用这种结算方法的主要目的表现在两个方面：一是可以省略经纪商和交易所之间大量的证券运送业务；二是可以防止证券的丢失事故。下面举例说明这种结算制度的过程。

假设，投资者甲持有×公司的股票 2000 股，向 A 证券经纪商寄存。投资者乙持有×

公司股票 4000 股，向 B 证券经纪商寄存。A、B 经纪商分别设立甲、乙投资者的寄存户头，分别记入 2000 股、4000 股，然后，A、B 经纪商分别将收寄的股票送到同一专门机构寄存。寄存机构接到股票以后，在已备的 A、B 经纪商的户头上分别记入 2000 股和 4000 股。甲、乙两投资者要卖出×公司的股票 2000 股和 4000 股时，只需向 A、B 经纪商提出委托申请即可。假设投资者丙委托 C 经纪商购买×公司股票 2000 股，投资者丁委托 D 经纪商购买×公司股票 4000 股。A、B、C、D 经纪商分别将投资者甲、乙、丙、丁的买卖订单交到交易所执行并存交，当交割日到来时，寄存机构注销 A 户头上的 2000 股、B 户头上的 4000 股。同时在 C 和 D 户头上分别记入 2000 股和 4000 股。这一户头的转账同实物的交收具有相同的意义。转账之后，寄存机构将结果通知交易所，同时向 C 和 D 经纪商通知户头记入内容，向 A、B 经纪商通知户头转出内容，然后 A、B 经纪商分别注销投资者甲、乙户头上的股票寄存数，并向甲和乙通知，C、D 经纪商分别在投资者丙、丁户头上记入 2000 股和 4000 股，并向丙、丁通知。

7.3.5 证券交易的过户

7.3.5.1 过户的概念和作用

证券交易的最后一个环节就是过户。在记名证券的交易中，投资者买入证券以后，应及时过户。所谓过户，是指买入记名证券的投资者办理变更持有者名簿的手续。这种手续通常是在上市股份公司分红派息以前或者投资者准备长期作为公司股东时才需要办理，对于只是短期持有证券者无此必要。在上海，过户由证券交易所统一办理，在深圳则是由证券登记公司统一办理。

过户的作用在于，发行者只承认在名簿上登记户名的人为公司的股东和持券人，能够享受股东的各种权利。投资者购买了记名股票之后，不及时办理过户手续，就不能享受这些权利。购买股票之后，及时过户，可以保证股东权利不落入他人之手。同时，如果过户的证券不小心遗失或损坏，可以向发行者申请补发。

7.3.5.2 过户的手续

过户的手续十分简单，其具体过程是：对于记名股票，原股东在卖出股票时，在股票背面的出让人栏盖妥印鉴；新股东持该股票，买进成交单和印章，到股票发行公司，在公司股东名册上将原卖者的名字和户头注销，填写买者自己的名字和户头。而无记名股票的过户，则只需改变公司所设账户名单即可；若投资者的居住地不在发行公司所在地，在办理过户时，可采用邮寄的办法办理。这时投资者应将成交通知书及其他有关资料一并以挂号信寄给发行公司证券部，以免丢失。对于普通信件邮寄的，出现意外发行公司不承担任何责任。

7.3.5.3 过户的停止

由于发行公司的股东人数众多，在发放股东大会通知或其他有关权益的通知时，都需要花费较多的时间办理。因此，公司通常事先公告一段冻结股东名簿的时间，即停止过户，此时间内，即使投资者购买了股票，也因停止过户，投资者在公司股东名簿上无记载而不能出席股东大会，也不能领取股息红利。在这期间发生的股票交易称为"除权交易"或"除息交易"。如果是"除息交易"，则按市价扣除将派发的股息额而成交；如果是

"除权交易"，则享受不到增资配股的权利。过户停止期过后，继续办理过户手续。

7.3.5.4 过户的注意事项

投资者在办理过户时应注意以下两点：

①持有的股票必须是可以过户的股票。

②买进交割单上所记载的买进委托人姓名，应与过户股东姓名完全一致；买进交割单上所记载的股票名称，必须与过户股票相同。

7.3.6 领取股息和红利

7.3.6.1 股息和红利的分配方式

股份公司经常采用以下三种形式给股东分配股息和红利。

（1）现金分配

即以现金向股东支付股息和红利的方式，简称现金股利。支付现金股利，不但可以满足广大投资者的期望，而且有助于提高股票市场价格，从而有利于扩充分公司资本。一般而言，发放现金股利必须符合下面三个条件：

①有足额的留存收益；

②有足够的现金；

③有经股东会批准的董事会决定。

（2）财产股利

财产股利是指公司以持有的证券或实物向股东支付的股利。一些大量持有其他公司股票的控股公司，为了避免产生垄断行为的嫌疑，常采取内部转移的方式，以持有的其他公司的股票作为股利派发给股东，以维持对其他公司的控制。

（3）股票股利

股票股利是指公司用增发股票的形式代替现金，按股东股份比例发给股东的股利。对于发行公司来说，股票股利可以扩大自有资本规模，把资本留存于公司内部。但由于增加了股票数额，从而也加重了股利分配的负担。一般而言，发行公司在下列几种情况下发放股票股利：

①为了保留现金。当公司利润上升，但需要扩展业务，或公司经营困难，需要现金以供周转时，可选择这种方式。

②为了避免被课所得税。在西方国家发放现金股利时，股东要缴纳较高的个人所得税。

③为了平抑流通在外的公司股票价格。

7.3.6.2 股息的发放日期

在股息的发放日期上，有以下四种日期之分：

（1）股息宣布日

即在这一天发行公司的董事会开会决定分配股息的具体日期。

（2）除去股息日

投资者在除去股息日的当天或以后购买的股票无权分配股息。如果投资者在除去股息日的前一天卖出股票，也将失去分配股息的权利；如果投资者在除去股息日当天和以后卖出股票的，他仍然享受分配股息的权利。

（3）股权登记日

即公司董事会确定为股权登记日的那一天，投资者必须在公司的名册簿上登记自己的名字，否则无权分配股息。

（4）股息发放日

即公司向股东发放股息的日期。

8 期货经纪与代理

8.1 期货合约和期货交易

8.1.1 期货基础知识

8.1.1.1 期货交易的含义

现货交易是一手交钱一手交货的商品货币交换。期货交易则不然，期货交易的对象不是具体的实物商品，而是一纸统一的"标准合同"，即期货合约。在交易成交后，并没有真正移交商品的所有权。在合同期内，交易的任何一方都可以及时转让合同，不需要征得其他人的同意。履约可以采取实物交割的方式，也可以采取对冲期货合约的方式。

（1）期货合约

期货合约是通过期货交易所达成的一项具有法律约束力的协议，即同意在将来买卖某种商品的契约。用术语来表达，期货合约指由期货交易所统一制定的、规定在将来某一特定的时间和地点交割一定数量和质量的实物商品或金融商品的标准化合约。期货合约的标准化条款一般包括：

①交易数量和单位条款。每种商品的期货合约规定了统一的、标准化的数量和数量单位，统称"交易单位"。

②质量和等级条款。商品期货合约规定了统一的、标准化的质量等级，一般采用国家制定的商品质量等级标准。例如，大连商品交易所大豆期货的交割标准采用国标。

③交割地点条款。期货合约为期货交易的实物交割指定了标准化的、统一的实物商品的交割仓库，以保证实物交割的正常进行。

④交割期条款。商品期货合约对进行实物交割的月份作了规定。刚开始商品期货交易时，你最先注意到的是：每种商品有几个不同的合约，每个合约标示着一定的月份，如1999年11月大豆合约与2000年5月大豆合约。

⑤最小变动价位条款。最小变动价位条款指期货交易时买卖双方报价所允许的最小变动幅度，每次报价时价格的变动必须是这个最小变动价位的整数倍，大连商品交易所大豆期货合约的最小变动价位为1元/吨。

⑥涨跌停板幅度条款。涨跌停板幅度条款指交易日期货合约的成交价格不能高于或低

于该合约上一交易日结算价的一定幅度。

⑦最后交易日条款。最后交易日条款指期货合约停止买卖的最后截止日期。每种期货合约都有一定的月份限制，到了合约月份的一定日期，就要停止合约的买卖，准备进行实物交割。

（2）期货合约的买卖

期货交易的全过程可以概括为开仓、持仓、平仓或实物交割。

①开仓。开仓是指交易者新买入或新卖出一定数量的期货合约。

②持仓。开仓之后尚没有平仓的合约，叫未平仓合约或者平仓头寸，也叫持仓。开仓时，买入期货合约后所持有的头寸叫多头头寸，简称"多头"；卖出期货合约后所持有的头寸叫空头头寸，简称"空头"。

③平仓。平仓就是指期货合约在到期前以反方向交易进行了结，也称为"对冲"。

④实物交割。实物交割指期货合约的买卖双方于合约到期时，根据交易所制定的规则和程序，通过期货合约标的物的所有权转移，将到期未平仓合约进行了结的行为。商品期货一般采用实物交割的方式。

（3）期货交易与现货交易的区别

①交易的对象不同。现货交易的范围包括所有商品；而期货交易的对象是由交易所制定的标准化合约。

②交易目的不同。在现货交易中，买方是为了获取商品；卖方则是为了卖出商品，实现其价值。而期货交易的目的是为了转移价格风险或进行投机获利。

③交易程序不同。现货交易中卖方要有商品才可以出卖，买方须支付现金才可购买，这是现货买卖的交易程序。而期货交易可以把现货买卖的程序颠倒过来，即没有商品也可以先卖，不需要商品也可以买。

④交易的保障制度不同。现货交易以合同法等法律为保障，合同不能兑现时要用法律或仲裁的方式解决；而期货交易实行保证金制度。

⑤交易方式不同。现货交易是进行实际商品的交易活动，交易过程与商品所有权的转移同步进行。而期货交易是以各种商品期货合约为内容的买卖，整个交易过程只是体现商品所有权的买卖关系，而与商品实体的转移没有直接的联系。另外，现货交易活动随时随地可以进行，具体交易内容由交易双方一对一谈判商定，有较强的灵活性。而期货交易必须在规范化的市场中依法公开、公平、公正地进行，交易中买方、卖方互不见面，不存在买卖双方的私人关系。

（4）期货上市品种

目前，我国期货市场上市品种包括：

郑州商品交易所：小麦期货（硬冬白麦和强筋小麦）、棉花期货；

大连商品期货交易所：大豆期货（黄大豆1号/黄大豆2号）、玉米期货、豆粕期货；

上海期货交易所：铜、铝、天然橡胶、燃料油。

8.1.1.2　期货市场

期货市场由投资者、期货交易所、期货交易结算机构以及期货经纪公司组成。

（1）期货交易所

期货交易所是指专门进行标准化期货合约买卖的场所，按照其章程的规定实行自律管理，以其全部财产承担民事责任，自身不得直接或间接参与期货交易活动，不参与期货价格的形成，也不拥有合约标的商品，只为期货交易提供设施和服务。其职能有：①提供交易场所、设施和服务；②制定并实施业务规则；③设计合约、安排合约上市；④组织和监督期货交易；⑤监控市场风险；⑥发布市场信息。期货交易所的组织结构有会员制和公司制两种。

会员制期货交易是由全体会员共同出资组建，会员缴纳一定的会员资格费作为注册资本。交易所是会员制法人，以全额注册资本对其债务承担有限责任。每个会员享有同等的权利与义务，交易所会员有权在交易所交易大厅内直接参加交易，同时必须遵守交易所的规则，缴纳会费，履行应尽的义务。

会员制期货交易所是实行自律性管理的不以营利为目的的会员制法人，主要靠收取交易手续费维持交易设施以及员工等方面的开支，费用节余只能用于与交易直接有关的开支，不得进行其他投资或利润分配。期货交易所的宗旨就是为期货交易提供设施和服务，不拥有任何商品，不买卖期货合约，也不参与期货价格的形成。

公司制期货交易所通常由若干股东共同出资组建，以营利为目的，股份可以按照有关规定转让，盈利来自从交易所进行的期货交易中收取的各种费用。交易所不参与合约标的的买卖，但按规定对参与交易者收取交易费用，股东从中分享收益。

我国上海期货交易所、大连商品交易所和郑州商品交易所三家交易所采取会员制，2006 年 9 月 8 日成立的中国金融期货交易所是公司制交易所。

我国期货交易所还兼有结算职能：①组织并监督结算和交割，保证合约履行；②监管会员的交易行为；③监管指定交割仓库。

（2）期货市场中介机构

我国期货中介机构主要有两种：期货公司和介绍经纪商。

①期货公司。期货公司是指依法设立的、接受客户委托、按照客户的指令，以自己的名义为客户进行期货交易并收取交易手续费的中介机构。

作为交易者与期货交易所之间的桥梁，期货公司具有如下职能：根据客户指令代理买卖期货合约、办理结算和交割手续；从事期货交易自营业务；对客户账户进行管理，控制客户交易风险；为客户提供期货市场信息，进行期货交易咨询，充当客户的交易顾问。

②介绍经纪商。目前，我国已经引入券商 IB 制度，即由券商担任期货公司的介绍经纪商提供中间介绍业务。

证券公司受期货公司委托从事介绍业务，应当提供的服务有：协助办理开户手续；提供期货行情信息、交易设施；中国证监会规定的其他业务。

证券公司不得代客户进行期货交易、结算和交割，不得代期货公司、客户收付期货保证金，不得利用证券资金账户为客户存取、划转期货保证金。

证券公司从事介绍业务，应当与期货公司签订书面委托协议。

根据 2007 年 4 月颁布实施的《证券公司为期货公司提供中间介绍业务试行办法》规定，券商申请介绍业务资格应符合"净资本不低于 12 亿元"的条件，同时申请该业务的券商必须全资或者控股一家期货公司，或者与一家期货公司被同一机构控制。

（3）期货交易结算机构

结算机构作为结算保证金的收取、管理机构，承担风险控制责任，履行计算期货交易盈亏、担保交易履行、控制市场风险的职能。

根据期货结算机构与期货交易所的关系，可将国际结算机构分为三种形式：①作为某一交易所内部机构的结算机构，如美国芝加哥商品交易所的结算机构就是交易所的一个内部机构；②附属于某一交易所的相对独立的结算机构，如美国国际结算公司为纽约期货交易所提供结算服务；③由多家交易所和实力较强的金融机构出资组成一家独立的结算公司，多家交易所共用这一结算公司。如英国的伦敦结算所（LCH）不仅为英国本土的数家期货交易所提供结算服务，还为多数英联邦国家和地区以及欧洲许多国家的期货交易所提供结算服务。目前，我国期货交易所采用的是第一种形式。

国际上，期货市场的结算体系采用分级、分层的管理体系。期货交易的结算大体上可以分为三个层次。第一个层次是由结算机构对结算会员进行的结算；第二个层次是结算会员与非结算会员之间的结算；第三个层次是非结算会员对客户的结算。

在我国，中国金融期货交易所实行分级结算制度，郑州商品交易所、大连商品交易所和上海期货交易所会员不做结算会员和非结算会员的区分，交易所的会员既是交易会员，也是结算会员。

（4）客户

指参与期货交易的各类投资者，企业、个人等。

根据参与期货交易的目的划分。基本上分为两种人：套期保值者和投机者。

①套期保值者。这种人从事期货交易的目的是利用期货市场进行保值交易，以降低价格波动带来的风险，确保生产和经营的正常利润。做这种套期保值的人一般是生产经营者、贸易者、实用户等。

②投机者或称风险投资者。投机者参加期货交易的目的与套期保值者相反，他们愿意承担价格波动的风险，其目的是希望以少量的资金来博取较多的利润。期货交易所的投机方式可以说是五花八门，多种多样，其做法远比套期保值复杂得多。在期货市场上，如果没有投机者参与，其回避风险和发现价格的两大功能就不能实现。投机者参加交易可增加市场的流动性，起到"润滑剂"的作用。

8.1.2 期货交易方法

8.1.2.1 开户

首先选择一个合适的经纪公司，仔细阅读"期货风险揭示书"，在完全理解揭示书上的内容后，签字；然后与期货经纪公司签订委托交易协议书，填写"期货交易登记表"，这张表格将由经纪公司提交给交易所，为投资者开设一个独一无二的期货交易代码。上述各项手续完成后，期货经纪公司将为开户者编制一个期货交易账户，这样，开户工作就完成了。

8.1.2.2 交易指令的下达与执行

（1）交易指令的类型

在国际期货市场上，期货交易指令的种类很多，各种类型指令的作用不同，而国内期货市场只允许两种类型的交易指令：限价指令和取消指令。

限价指令是按特定价格买卖的交易指令。如填写一个指令，"卖出限价为 2188 元/吨的 2000 年 5 月大豆合约 10 手"，那么，当市场的交易价格高于 2188 元/吨的时候，你的指令就成交了，而且，买入的价格一定是等于或高于 2188 元/吨。限价指令对交易价格要求明确，但能否执行取决于指令有效期内价格的变动。如没有触及限价水平，该指令就没有机会执行。

在限价指令下达后，没有成交或只有部分成交，此时，可以下达取消指令，使原来下达的限价指令失效或部分失效。

在国际期货市场常用但在国内不能用的交易指令——止损指令（Stop Order），止损指令是一种防止交易亏损扩大的措施。当交易者持有的期货合约发生亏损时，为了防止亏损进一步扩大，交易者可以预先设定一个价位，当市场价格达到这个价位时，止损指令立即自动生效。止损指令是一种很有效的交易指令，虽然在实际操作中无法使用，但交易者在下单之前必须预先设定自己的止损价位，一旦市场价格达到止损价位，你必须遵守纪律，立即申报限价平仓指令，把亏损控制住。例如，你于 2188 元/吨的价格买入 2000 年 5 月大豆合约 10 手，自己设定止损价格为 2148 元/吨，当市场价格跌破 2148 元/吨时，你应毫不犹豫地下达卖出平仓指令，把损失控制在最低程度。

（2）保证金与结算

所有的买方和卖方均须交存保证金方能进入期货市场，保证金是一项履约担保金，证明买方或卖方的诚意，有助于防止违约并确保合约的完整性。保证金可以是现金、交易所允许的国库券、标准仓单等。买卖期货合约所要求的保证金不尽相同，一般在合约价值的 5%~15% 之间。保证金的多少在期货合约中载明。一般而言，期货合约的价格波动越大，所要求的保证金就越多。

（3）实物交割

实物交割是指期货合约的买卖双方于合约到期时，根据交易所制定的规则和程序，通过期货合约标的物的所有权转移，将到期未平仓合约进行了结的行为。商品期货一般采用实物交割的方式。

8.1.3 影响期货价格的基本因素分析

基本因素分析法是通过分析期货商品的供求状况及其影响因素，来解释和预测期货价格变化趋势的方法。

8.1.3.1 商品供求状况分析

商品供求状况对商品期货价格具有重要的影响。由于期货交易的成交到实物交割有较长的时间差距，而且期货交易可以采取买空卖空方式进行，因此，商品供求关系的变化对期货市场价格的影响会在很大程度上受交易者心理预期变化的左右，从而导致期货市场价格以反复的频繁波动来表现其上升或下降的总趋势。

8.1.3.2 期货商品供给分析

期货商品供给分析主要考察本期商品供给量的构成及其变化。本期商品供给量主要由期初存量、本期产量和进口量三部分组成。

（1）期初存量

期初存量是指上年或上季积存下来可供社会继续消费的商品实物量。根据存货所有者身份的不同，可以分为生产供应者存货、经营商存货和政府储备。

（2）本期产量

本期产量是指本年或本季的商品生产量。

（3）本期进口量

本期进口量是对国内生产量的补充，通常会随着国内市场供求平衡状况的变化而变化。同时，进口量还会因受到国际国内市场价格差、汇率、国家进出口政策以及国际政治因素的影响而发生变化。

8.1.3.3　期货商品需求分析

商品市场的需求量是指在一定时间、地点和价格条件下买方愿意购买并有能力购买的某种商品数量。它通常由国内消费量、出口量和期末结存量三部分组成。

（1）国内消费量

国内消费量主要受消费者的收入水平或购买能力、消费者人数、消费结构变化、商品新用途发现、替代品的价格及获取的方便程度等因素的影响，这些因素变化对期货商品需求及价格的影响往往大于对现货市场的影响。

（2）出口量

出口量是本国生产和加工的商品销往国外市场的数量，它是影响国内需求总量的重要因素之一。

（3）期末结存量

分析本期期末存量的实际变动情况，即可从商品实物运动的角度看出本期商品的供求状况及其对下期商品供求状况和价格的影响。

8.1.3.4　经济波动周期

商品市场波动通常与经济波动周期紧密相关。期货价格也不例外。由于期货市场是与国际市场紧密相联的开放市场，因此，期货市场价格波动不仅受国内经济波动周期的影响，而且受世界经济的景气状况影响。

经济周期阶段可由一些主要经济指标值的高低来判断，如 GNP 增长率、失业率、价格指数、汇率等。这些都是期货交易者应密切注意的。

8.1.3.5　金融货币因素

商品期货交易与金融货币市场有着紧密的联系。利率的高低、汇率的变动都直接影响商品期货价格变动。

（1）利率

对于投机性期货交易者来说，保证金利息是其交易的主要成本。利率的变化对金融衍生品交易影响较大，而对商品期货的影响较小。

（2）汇率

期货市场是一种开放性市场，期货价格与国际市场商品价格紧密联系。国际市场的商品价格比较必然涉及各国货币的交换比值——汇率。当本币贬值时，即使外国商品价格不变，但以本国货币表示的外国商品价格将上升，反之则下降，因此，汇率的变化必然影响相应的期货价格的变化。

8.1.3.6 政治、政策因素

期货市场价格对国际国内政治气候、相关政策的变化十分敏感。政治因素主要指国际国内政治局势、国际性政治事件的爆发及由此引起的国际关系格局的变化、各种国际性经贸组织的建立及有关商品协议的达成、政府对经济干预所采取的各种政策和措施等。这些因素将会引起期货市场价格的波动，包括农业政策、贸易政策、食品政策。此外国际经贸组织及其协定为了协调贸易国之间经济利益关系，许多贸易国之间建立了国际性或区域性的经济或贸易组织。这些国际经贸组织经常采取一些共同的政策措施来影响商品供求关系和商品价格。国际大宗商品，如石油、铜、糖、小麦、可可、锡、茶叶、咖啡等商品的价格及供求均受有关国际经贸组织及协定的左右。因此，期货价格分析必须注意有关国际经贸组织的动向。

在分析政治因素对期货价格影响时，应注意不同的商品所受影响程度是不同的。如国际局势紧张时，对战略性物资价格的影响就比对其他商品的影响大。

8.1.3.7 大户的操纵和投机心理

（1）大户操纵

期货市场虽是一种"完全竞争"的市场，但仍难免受一些势力雄厚的大户的操纵和控制，造成投机性的价格起伏。

（2）投机心理

投机者加入期货交易的目的是利用期货价格的上下波动来获利。因此，何时买进卖出，主要取决于他对期货价格走势的判断，即价格预期，他预期价格将上涨时买进，预期价格将下跌时卖出，预期价格将盘整时则观望。投机者的价格预期不仅受期货价格变动的各种信息的影响（基本因素分析），而且还受他们对当前和历史的价格走势判断的影响（技术分析）。因此，在利好因素的刺激下，人们预期价格将上涨而纷纷购进，从而推动价格上涨；而价格上涨的趋势信息又进一步加强了人们的价格上涨预期，人们进一步购进，从而推动价格进一步的上涨。反之，在价格下跌时，人们预期价格将下跌，纷纷卖出，从而推动价格进一步下跌。可见，期货交易中的价格预期和投机心理对期货价格波动具有极强的推波助澜、加剧波动的作用。

8.1.4 期货套期保值

8.1.4.1 套期保值的目的：回避价格风险

套期保值（Hedging）又译作"对冲交易"或"海琴"等。它的基本做法就是买进或卖出与现货市场交易数量相当，但交易地位相反的商品期货合约，以期在未来某一时间通过卖出或买进相同的期货合约，对冲平仓，结清期货交易带来的盈利或亏损，以此来补偿或抵消现货市场价格变动所带来的实际价格风险或利益，使交易者的经济收益稳定在一定的水平。

套期保值之所以能够避免价格风险，其基本原理在于：

第一，期货交易过程中期货价格与现货价格尽管变动幅度不会完全一致，但变动的趋势基本一致。

第二，现货价格与期货价格不仅变动的趋势相同，而且，到合约期满时，两者将大致相等或合二为一。

8.1.4.2 套期保值的类型

按照在期货市场上所持的头寸，套期保值又分为卖方套期保值和买方套期保值。卖出套期保值（卖期保值）是套期保值者首先卖出期货合约即卖空，持有空头头寸，以保护他在现货市场中的多头头寸，旨在避免价格下跌的风险，通常为农场主、矿业主等生产者和经营者所采用。买入套期保值（买期保值）是套期保值者首先买进期货合约即买空，持有多头头寸，以保障他在现货市场的空头头寸，旨在避免价格上涨的风险，通常为加工商、制造业者和经营者所采用。

8.1.4.3 基差分析

套期保值可以大体抵消现货市场中价格波动的风险，但不能使风险完全消失，主要原因是存在"基差"这个因素。要深刻理解并运用套期保值，避免价格风险，就必须掌握基差及其基本原理。

（1）基差的含义

基差是指某一特定商品在某一特定时间和地点的现货价格与该商品在期货市场的期货价格之差，即：基差＝现货价格－期货价格。例如，假设9月28日黑龙江省的一个大豆产地现货价格1810元/吨，当日的下年度3月份大连商品交易所大豆期货合约价格是1977元/吨，则基差是－167元/吨。又如，9月28日上海地区的油脂厂买进大豆，当地的现货价格是2080元/吨，那么，基差为＋103元/吨。

由此可知，基差可以是正数也可以是负数，这主要取决于现货价格是高于还是低于期货价格。现货价格高于期货价格，则基差为正数，又称为远期贴水或现货升水；现货价格低于期货价格，则基差为负数，又称为远期升水或现货贴水。

基差包含两个成分，即分隔现货与期货市场间的"时"与"空"两个因素。因此，基差包含着两个市场之间的运输成本和持有成本。前者反映着现货与期货市场间的空间因素，这也正是在同一时间里，两个不同地点的基差不同的基本原因；后者反映着两个市场间的时间因素，即两个不同交割月份的持有成本，它又包括储藏费、利息、保险费和损耗费等，其中利率变动对持有成本的影响很大。

由此可知，各地区的基差随运输费用而不同。但就同一市场而言，不同时期的基差理论上应充分反映着持有成本，即持有成本的那部分基差是随着时间而变动的，离期货合约到期的时间越长，持有成本就越大，而当非常接近合约的到期日时，就某地的现货价格与期货价格而言必然几乎相等，而农产品、矿产品等的基差将缩小成仅仅反映运输成本。

（2）基差与套期保值

当我们最初讨论套期保值时，我们假设现货市场与期货市场的价格变动完全一致。实际上，基差在不断的变动中，而且会导致套期保值者利润的增加或减少。导致现货价格与期货价格的差异变化的因素是多种多样的。第一，现货市场中每种商品有许多种等级，每种等级价格变动比率不一样。可是期货合约却限定了一个特定等级，这样，也许需套期保值的商品等级的价格在现货市场中的变动快于合约规定的那种等级。第二，当地现货价格反映了当地市场状况，而这些状况可能并不影响显示全国或国际市场状况的期货合约价格。第三，当前市场状况对更远交割月份的期货价格的影响小于对现货市场价格的影响。第四，需套期保值的商品可能与期货合约规定的商品种类不尽相同。比如布匹生产商，可能用棉花期货代替纱线进行套期保值交易，但纱线的生产成本、供求关系并不与棉花的一样，因此其价格波动可能与棉花价格不一致。

套期保值的另一个限制是期货合约规定具体交易量，它可能与所需套期保值的库存量存在差异。比如，有一家油脂厂希望出售 184 吨豆粕，这时，这家工厂只能通过卖出 18 手豆粕合约对 184 吨进行保值，有 4 吨不能保值，如果这家工厂决定卖出 19 手合约，那么多出来的 6 吨将成为投机性交易。不管怎样，总有一些风险不能转移。

对于套期保值者来说，期货价格与现货价格的变动因为大体上的趋势是一致的，因而，实际上可以无须关心。而两种价格变动的时间和幅度是不完全一致的，也就是说，在某一时间的基差是不确定的，所以，这一点，对套期保值者甚或对于投机者来说，是必须密切关注的最重要因素了。正因为如此，套期保值并不是一劳永逸的事，基差的不利变化也会给保值者带来风险。

8.1.4.4 套期保值的基本做法

套期保值的方法很多，卖期保值和买期保值是其基本方法。

（1）卖期保值

卖方套期保值是为了防止现货价格在交割时下跌的风险而先在期货市场卖出与现货同样数量的合约所进行的交易方式。通常是在农场主为防止收割时，农作物价格下跌；矿业主为防止矿产开采以后价格下跌；经销商或加工商为防止货物购进而未卖出时价格下跌而采取的保值方式。

例如，某农场主在 7 月份担心到收割时玉米价格会下跌，于是决定在 7 月份将售价锁定在 1080 元/吨，因此，在期货市场上以 1080 元/吨的价格卖出一份合约以进行套期保值。

到收割时，玉米价格果然下跌到 950 元/吨，农场主将现货玉米以此价卖给经营者。同时，期货价格也同样下跌，跌至 950 元/吨，农场主就以此价买回一份期货合约，来对冲初始的空头，从中他赚取的 130 元/吨正好用来抵补现货市场上少收取的部分，而为此所付出的代价就是丧失了有利的价格变动可能带来的利益。但是，由于他们通过套期保值回避了不利价格变动的风险，使其可以集中精力于自己的生产经营活动，以获取正常利润。

（2）买期保值

7 月 1 日，大豆的现货价格为每吨 2040 元，某加工商对该价格比较满意，卖出 100 吨现货大豆。为了避免将来现货价格可能上升，从而提高原材料的成本，决定在大连商品交易所进行大豆套期保值交易。而此时大豆 9 月份期货合约的价格为每吨 2010 元，基差为 30 元/吨，该加工商于是在期货市场上买入 10 手 9 月份大豆合约。8 月 1 日，他在现货市场上以每吨 2080 元的价格买入大豆 100 吨，同时在期货市场上以每吨 2040 元卖出 10 手 9 月份大豆合约，来对冲 7 月 1 日建立的空头头寸。从基差的角度看，基差从 7 月 1 日的 30 元/吨扩大到 8 月 1 日的 40 元/吨。交易情况如表 8.1 所示。

表 8.1   交 易 情 况

交易品种	现货市场	期货市场	基差
7月1日	卖出 100 吨大豆：价格 2040 元/吨	买入 10 手 9 月份大豆合约：价格 2010 元/吨	30 元/吨
8月1日	买入 100 吨大豆：价格 2080 元/吨	卖出 10 手 9 月份大豆合约：价格 2040 元/吨	40 元/吨
套利结果	亏损 40 元/吨	盈利 30 元/吨	亏损 10 元/吨
	净损失 100×40−100×30＝1000 元		

注：1 手＝10 吨

在该例中，现货价格和期货价格均上升，但现货价格的上升幅度大于期货价格的下降幅度，基差扩大，从而使得加工商在现货市场上因价格上升买入现货蒙受的损失大于在期货市场上因价格上升卖出期货合约的获利，盈亏相抵后仍亏损 1000 元。

同样，如果现货市场和期货市场的价格不是上升而是下降，加工商在现货市场获利，在期货市场损失。但是只要基差扩大，现货市场的盈利不仅不能弥补期货市场的损失，而且会出现净亏损。

8.1.5 期货投机和套利交易

8.1.5.1 投机交易

（1）期货投机交易的含义

期货投机交易指在期货市场上以获取价差收益为目的的期货交易行为。投机者根据自己对期货价格走势的判断，作出买进或卖出的决定，如果这种判断与市场价格走势相同，则投机者平仓出局后可获取投机利润；如果判断与价格走势相反，则投机者平仓出局后承担投机损失。由于投机的目的是赚取差价收益，所以，投机者一般只是平仓了结期货交易，而不进行实物交割。

所谓价差投机是指投机者通过对价格的预期，在认为价格上升时买进、价格下跌时卖出，然后待有利时机再卖出或买进原期货合约，以获取利润的活动。如预计 11 月小麦期货价格上升，则 10 月份决定买进 11 月小麦合约若干手，待小麦价格上升后，在合约到期时之前，卖出合约平仓，扣除手续费后获净利。若预计错了，则受损失，并支付手续费。如预计 11 月小麦期货价格下跌，则应做空头，然后待机补进以获利。

进行价差投机的关键在于对期货市场价格变动趋势的分析预测是否准确，由于影响期货市场价格变动的因素很多，特别是投机心理等偶然性因素难以预测，因此，正确判断难度较大，所以这种投机的风险较大。

（2）投机商在期货市场的作用

投机交易在期货市场上有增加市场流动性和承担套期保值者转嫁风险的作用，有利于期货交易的顺利进行和期货市场的正常运转。它是期货市场套期保值功能和发现价格功能得以发挥的重要条件之一。

8.1.5.2 套利交易

（1）期货市场的套利

套利，又称套期图利，是指期货市场参与者利用不同月份、不同市场、不同商品之间的差价，同时买入和卖出不同种类的期货合约以从中获取利润的交易行为。在期货市场中，套利有时能比单纯的长线交易提供更大、更可靠的潜在收益，尤其当交易者对套利的季节性和周期性趋势进行深入研究和有效使用时，其功效更大。

套利交易的收益来自下面三种方式之一：

①在合约持有期，空头的盈利高于多头的损失；

②在合约持有期，多头的盈利高于空头的损失；

③两份合约都盈利。

套利交易的损失则来自刚好相反的方式：

①在合约持有期，空头的盈利少于多头的损失；

②在合约持有期，多头的盈利少于空头的损失；

③两份合约都亏损。

（2）套利的方法

期货市场的套利主要有三种形式，即跨交割月份套利、跨市场套利及跨商品套利。

①跨交割月份套利（跨月套利）。投机者在同一市场利用同一种商品不同交割期之间的价格差距的变化，买进某一交割月份期货合约的同时，卖出另一交割月份的同类期货合约以谋取利润的活动。其实质是利用同一商品期货合约的不同交割月份之间的差价的相对变动来获利。这是最为常用的一种套利形式。比如：如果你注意到5月份的大豆和7月份的大豆价格差异超出正常的交割、储存费，你应买入5月份的大豆合约而卖出7月份的大豆合约。过后，当7月份大豆合约与5月份大豆合约更接近而缩小了两个合约的价格差时，你就能从价格差的变动中获得一笔收益。跨月套利与商品绝对价格无关，而仅与不同交割期之间价差变化趋势有关。

②跨市场套利（跨市套利）。指投机者利用同一商品在不同交易所的期货价格的不同，在两个交易所同时买进和卖出期货合约以谋取利润的活动。

当同一商品在两个交易所中的价格差额超出了将商品从一个交易所的交割仓库运送到另一交易所的交割仓库的费用时，可以预计，它们的价格将会缩小并在未来某一时期体现真正的跨市场交割成本。比如说小麦的销售价格，如果芝加哥交易所比堪萨斯城交易所高出许多而超过了运输费用和交割成本，那么就会有现货商买入堪萨斯城交易所的小麦并用船运送到芝加哥交易所去交割。

在国内，三家交易所之间的上市品种都不一样，而且与国外交易所之间也无法连通，因此，跨市场套利没办法做。

③跨商品套利。所谓跨商品套利，是指利用两种不同的、但是相互关联的商品之间的期货价格的差异进行套利，即买进（卖出）某一交割月份某一商品的期货合约，而同时卖出（买入）另一种相同交割月份、另一关联商品的期货合约。

跨商品套利必须具备以下条件：一是两种商品之间应具有关联性与相互替代性；二是交易受同一因素制约；三是买进或卖出的期货合约通常应在相同的交割月份。

在某些市场中，一些商品的关系符合真正套利的要求。比如在谷物中，如果大豆的价格太高，玉米可以成为它的替代品。这样，两者价格变动趋于一致。另一常用的商品间套利是原材料商品与制成品之间的跨商品套利，如大豆及其两种产品——豆粕和豆油的套利交易。大豆压榨后，生产出豆粕和豆油。在大豆与豆粕、大豆与豆油之间都存在一种天然联系能限制它们的价格差异额的大小。

8.2 金融期货

8.2.1 金融期货的定义

期货合约是期货交易所统一制定、规定在将来某一特定的时间和地点交割一定数量和质量商品的标准合约。金融期货是以金融商品（外汇、债券、股价指数）为标的物的期货合约，主要有外汇期货、利率期货、股指期货。

8.2.2 金融期货的种类

金融期货的主要品种包括外汇类期货、利率类期货（包括中长期债券期货和短期利率期货）和股票类期货。具体分类如表 8.2 所示。

表 8.2 **金融期货的分类**

	外汇类期货	外汇期货
金融期货	利率类期货	中长期债券期货（10 年期国债期货等）
		短期利率期货（3 个月期利率期货等）
	股票类期货	股指期货、股票期货等

股票价格指数就是用以反映整个市场上各种股票市场价格的总体水平及其变动情况的指标。在股票市场上，成百上千种股票同时交易，股票价格的涨落各不相同，因此需要有一个总的尺度标准，即股票价格指数来衡量整个市场的价格水平，观察股票市场的变化情况。

股票价格指数一般是由一些有影响的机构编制，并定期及时公布的。国际市场上比较著名的指数有道·琼斯工业股价平均指数、标准普尔 500 指数、伦敦金融时报指数等。

所谓股指期货，就是以某种股票指数为基础资产的标准化的期货合约。买卖双方交易的是一定时期后的股票指数价格水平。在合约到期后，股指期货通过现金结算差价的方式来进行交割。

8.2.2.1 股指期货交易与股票交易的区别

①股指期货合约有到期日，不能无限期持有。股票买入后正常情况下可以一直持有，但股指期货合约有确定的到期日。因此交易股指期货必须注意合约到期日，以决定是提前平仓了结持仓，还是等待合约到期进行现金交割。

②股指期货交易采用保证金制度，即在进行股值期货交易时，投资者不需支付合约价值的全额资金，只需支付一定比例的资金作为履约保证；而目前我国股票交易则需要支付股票价值的全部金额。由于股指期货是保证金交易，亏损额甚至可能超过投资本金，这一点和股票交易也不同。

③在交易方向上，股指期货交易可以卖空，既可以先买后卖，也可以先卖后买，因而股指期货交易是双向交易。而部分国家的股票市场没有卖空机制，股票只能先买后卖，不允许卖空，此时股票交易是单向交易。

④在结算方式上，股指期货交易采用当日无负债结算制度，交易所当日要对交易保证金进行结算，如果账户保证金不足，必须在规定的时间内补足，否则可能会被强行平仓；而股票交易采取全额交易，并不需要投资者追加资金，并且买入股票后在卖出以前，账面盈亏都是不结算的。

8.2.2.2 股指期货的特点

①跨期性。股指期货是交易双方通过对股票指数变动趋势的预测，约定在未来某一时间按照一定条件进行交易的合约。因此，股指期货的交易是建立在对未来预期的基础上的，预期的准确与否直接决定了投资者的盈亏。

②杠杆性。股指期货交易不需要全额支付合约价值的资金，只需要支付一定比例的保证金就可以签订较大价值的合约。例如，假设股指期货交易的保证金为10%，投资者只需支付合约价值10%的资金就可以进行交易。这样，投资者就可以控制10倍于所投资金额的合约资产。当然，在收益可能成倍放大的同时，投资者可能承担的损失也是成倍放大的。

③联动性。股指期货的价格与其标的资产——股票指数的变动联系极为紧密。股票指数是股指期货的基础资产，对股指期货价格的变动具有很大影响。与此同时，股指期货是对未来价格的预期，因而对股票指数也有一定的引导作用。

④高风险性和风险的多样性。股指期货的杠杆性决定了它具有比股票市场更高的风险性。此外，股指期货还存在着特定的市场风险、操作风险、现金流风险等。

8.2.2.3 股指期货的主要功能

（1）风险规避功能

股指期货的风险规避是通过套期保值来实现的，投资者可以通过在股票市场和股指期货市场反向操作达到规避风险的目的。股票市场的风险可分为非系统性风险和系统性风险两个部分，非系统性风险通常可以采取分散化投资的方式将这类风险的影响降到最低程度，而系统性风险则难以通过分散投资的方法加以规避。股指期货具有做空机制，股指期货的引入，为市场提供了对冲风险的工具，担心股票市场会下跌的投资者可通过卖出股指期货合约对冲股票市场整体下跌的系统性风险，有利于减轻集体性抛售对股票市场造成的影响。

（2）价格发现功能

股指期货具有发现价格的功能，通过在公开、高效的期货市场中众多投资者的竞价，有利于形成更能反映股票真实价值的股票价格。期货市场之所以具有发现价格的功能，一方面在于股指期货交易的参与者众多，价格形成当中包含了来自各方的对价格预期的信息。另一方面在于，股指期货具有交易成本低、杠杆倍数高、指令执行速度快等优点，投资者更倾向于在收到市场新信息后，优先在期市调整持仓，也使得股指期货价格对信息的反应更快。

　　（3）资产配置功能

　　股指期货交易由于采用保证金制度，交易成本很低，因此被机构投资者广泛用来作为资产配置的手段。例如一个以债券为主要投资对象的机构投资者，认为近期股市可能出现大幅上涨，打算抓住这次投资机会，但由于投资于债券以外的品种有严格的比例限制，不可能将大部分资金投资于股市，此时该机构投资者可以利用很少的资金买入股指期货，就可以获得股市上涨的平均收益，提高资金总体的配置效率。

8.2.3　目前国际市场上主要的股指期货（期权）合约

　　从 2005 年的统计数据看，全球金融期货市场上最活跃的股指期货合约（期权）如表 8.3 所示。

表 8.3　　　　　**2008 年交易量前 10 名股指期货类合约（期权）**　　（单位：手）①

排名	合约	2008 年 1—10 月	2007 年 1—10 月	增长(%)
1	Kospi 200 股指期权,韩国交易所	2,268,920,471	2,336,863,407	-2.91%
2	电子迷你 S&P 500 指数期货,CME	526,876,063	335,167,090	57.20%
3	DJ Euro Stoxx 50 指数期货,Eurex	368,822,871	271,812,647	35.69%
4	DJEuro Stoxx 50 指数期权,Eurex	346,150,693	206,362,968	67.74%
5	SPDR S&P 500 ETF 期权 *	259,893,126	104,570,672	148.53%
6	Powershares QQQ ETF 期权 *	195,294,665	146,034,059	33.73%
7	S&P CNX Nifty 指数期货,NSE(印度)	162,910,961	116,516,746	39.82%
8	S&P 500 指数期权,CBOE	152,348,660	131,762,578	15.62%
9	iShares Russell 2000 ETF 期权 *	137,850,841	124,432,706	10.78%
10	S&P CNX Nifty 指数期权,NSE(印度)	109,837,075	45,269,017	142.63%

　　* 在多家美国期权交易所交易。

8.2.4　股指期货套期保值一般应遵循的原则

　　①品种相同或相近原则。该原则要求投资者在进行套期保值操作时，所选择的期货品种与要进行套期保值的现货品种相同或尽可能相近；只有如此，才能最大限度地保证两者在现货市场和期货市场上价格走势的一致性。

　　②月份相同或相近原则。该原则要求投资者在进行套期保值操作时，所选用期货合约的交割月份与现货市场的拟交易时间尽可能一致或接近。

　　③方向相反原则。该原则要求投资者在实施套期保值操作时，在现货市场和期货市场

---

　　① 根据 FAI 统计数据整理。

的买卖方向必须相反。由于同种（相近）商品在两个市场上的价格走势方向一致，因此必然会在一个市场盈利而在另外一个市场上亏损，盈亏相抵从而达到保值的目的。

④数量相当原则。该原则要求投资者在进行套期保值操作时，所选用的期货品种其合约上所载明的商品数量必须与现货市场上要保值的商品数量相当；只有如此，才能使一个市场上的盈利（亏损）与另一市场的亏损（盈利）相等或接近，从而提高套期保值的效果。

8.3 期货经纪与代理实务

8.3.1 期货代理的概念和法律特征

现代期货交易所均实行会员制，只有具备期货交易所会员资格的人才能直接进交易所进行期货买卖，一般的投资者只能通过具备交易所会员资格的期货代理公司进行期货买卖。所谓期货代理，是指期货代理商接受客户的委托，在客户的授权范围内，以自己的名义进行期货买卖的行为。期货代理具有间接代理的法律特征：

①期货代理商代理客户进行期货买卖时，只能以自己的名义进行。在期货交易所记录中反映出的买者和卖者，是期货代理公司而不是客户，交易所和第三人并不知道客户的姓名或名称，期货公司也没有义务公开客户的姓名或名称。

②期货代理公司代客户买卖期货的法律后果首先由期货公司承受，然后期货公司再按它与客户订立的期货代理合同转移给客户，第三人不得以任何理由向客户主张权利。如《郑州商品交易所期货交易规则》第20条规定，经纪会员是所代理交易的主体，对所代理的交易负全部责任。交易所和代理交易的对方不与客户发生直接关系。

③在期货代理关系中，接受委托的期货公司与第三人订立合同的效力并不取决于客户与期货公司之间的代理合同的效力或该公司是否按客户的指令行事，当期货代理合同无效或期货公司不按客户指令下单时，它们均不影响该公司与第三人之间的合同效力。

8.3.2 期货经纪公司

8.3.2.1 期货经纪公司的权利

（1）佣金请求权

按照我国各交易所的规定，无论是新开仓还是平仓，每一次成交后都要向交易所支付一笔手续费。经纪公司根据交易所规定和市场状况，确定收取佣金的标准，并可以根据客户交易的性质，收取不同比率的佣金。

（2）请求客户按时交纳保证金

期货经纪公司接受客户委托时，有权根据代理合同的规定，请求客户按时支付保证金。

（3）强制平仓权

当客户拖欠保证金时，期货经纪公司有权将客户在手合约强行平仓，以降低保证金水平和减少风险，强制平仓的后果由客户承担。

8.3.2.2 期货经纪公司的义务

①应当根据客户的指令进行交易。

②执行客户的指令应诚信、忠实、谨慎，不得有欺诈客户的行为，违背这一义务给客户造成的损失应负责赔偿。

③据实、及时报告的义务。期货经纪公司有义务向客户提供有关市场信息、行情信息，将客户委托事项进行情况报告客户，成交后及时将成交结果通知客户。

④保密义务。

⑤风险提示咨询义务。期货经纪公司有义务让客户了解期货交易的风险和期货交易的基本知识。

⑥遵守法律、法规和交易所规定的义务。

8.3.2.3 期货经纪公司的组织结构

（1）保证金部门

保证金部门主要监督每一客户的账户，确保客户有足够的保证金支付其所持的期货合约，并且密切注视代理客户的财政状况，防止因个别客户超过其经济能力的过量交易亏损破产而影响期货经纪公司利益的情况出现。原则上期货经纪公司为每一位客户都要单独设立一个账户。开了户，交足保证金后才能进场交易，但是，保证金部门仍需要时时刻刻地注意保证金是否因为交易损失而有不足的情况，并且发出追缴通知。一旦保证金追缴通知没有回音，必须与高层管理人员以最快的速度研究采取何种措施。

（2）新开户部门

大部分的新客户都是期货经纪公司全国各地分公司的业务代表争取到的，而期货经纪公司的业务代表在为客户开户之前必须使客户了解期货交易的风险，在确信客户能承受风险后，业务代表即将全套开户文件以及期货合约书给客户详读并且请其签名后递交所开户部门，新开户部门审核无误后再核发转给新客户。

（3）信贷部门

信贷部门负责检查新老客户的财力状况，规定相应客户期货交易合约的最高交易限额，评估期货交易市场的价格波动情况，并且相应地调整保证金水平。

（4）落盘部门

落盘部门负责把客户的期货交易订单递到场内经纪人手中，再将场内成交情况转告客户。目前这种信息传递一般是通过电子计算机完成的。

（5）指令建档部门

一旦交易指令被执行并回报客户后，交易单便被送到程序建档部门，经由该部门的电脑处理后会打印一系列报表以确认期货交易的细节。资产报告中详列客户现有保证金余额并送达期货经纪公司业务代表以及保证金部门；交易报表则送交清算部门以确认交易已有完备记录且收付款全额皆已完成。精确而迅速的资料处理已成为期货经纪公司的生存命脉，这些资料务必提供以下的各项保证：清理账户的现有交易账户；保证金部门能够随时掌握各账户保证金的金额；高级主管能了解期货经纪公司现有各客户的情况；切实掌握期货经纪公司与各清算中心的账目；所有必备的报告皆有存档可查。

（6）结算部门

结算部门负责核对每宗交易与结算所的记录是否完全一致，负责与结算所进行应收盈利额以及应付亏损额的每日清算工作。结算部将订单输入计算机，分账户打出每日买卖的交易表并且将当天交易总数、已平仓合约数、未平仓合约数、交易价格与期货结算所核对无误后，即分户计算每位客户当天的未平仓合约差价、平仓合约损益以及当天代办的交易应收取的手续费。每天结算后，将资金计算表（结算通知单）寄予客户，通知客户完成买卖交易后的财政状况和督促客户不交期货保证金或者提取盈余，每个月末要将一个月的交易情况与月底时未平仓合约表寄给客户，以便客户掌握期货交易的进展情况。

（7）交割部门

交割部门处理期货合约到期的实物交割以及现金交割业务。它必须确定有足够的实物库存以供交割，处理并发送交割通知，收付经过交易所认可的可供交割的商品或信用工具，并且照会期货经纪公司各公司相关部门有关交割的日期以及详细程序。

（8）客户服务员

客户服务员，是指直接与客户交往的期货经纪公司职员。客户服务员负责向客户介绍和解释期货交易的规则以及手续，而且经常向客户报告有关市场信息，为客户办理买卖期货的各项手续并且报告买卖执行情况和盈亏情况。由于客户服务员的报酬通常是按照客户付给经纪公司的佣金数量来计算的，客户服务员为了多得报酬，往往会千方百计地设法多招徕客户或者劝诱客户增加期货交易量。而这恰恰可能会损害期货经纪公司的利益，因为如果客户交易超过了客户自身的财力，在市场波动的情况下，往往会因为亏损破产无法履约而累及期货经纪公司。正因为客户服务员责任重大，所以对客户服务员的素质要求特别严格。

8.3.3 下单流程与技巧

8.3.3.1 买卖单的内容

期货投资者开户以后，选定了交易的期货品种，接下来就是下单买卖。交易单包括买单和卖单两种形式，有些期货经纪公司把买卖单合在一起。一个完整的交易单，内容包括商品种类、契约数量、交易所、账户、价格等内容。

8.3.3.2 执行订单的方式

根据各种不同的因素，订单可以分为多种方式：

（1）根据时间因素划分

①当日订单，即只在当天有效的订单，如果当天未成交，订单自行失效。

②开放订单，即指令没有时间的限制，除非该订单成交或被取消，或者订单上的契约到期，否则订单一直有效。

③开盘订单，即在开盘时马上执行交易的订单，如果在此时未成交的话，订单即告失效。

④收盘订单，即在收盘时相当短的时间内执行的订单，如果此时未能执行即告失效。

⑤成交或取消订单，即订单到达交易所时即以其特定的价格或较佳价格进行交易，若不成交立即失效。这种订单有时也称为"立即或取消订单"或者"快速"订单。

（2）根据价格因素划分

①市价订单，即不限制价格，而以订单送达交易所内执行交易时，当时市场可获得最好价位成交的订单。

②限价订单，即以某特定价格买进或卖出的指令。限价指令如果是买进的，其指令所设定的买进价格必须低于当时的市场价格。相反，如果限价指令是卖出的，指令所设定的卖出价必须高于当时的市场价格。

③触价后成市价订单，即当市价达到指令所规定的特定价格时，该指令即成为市价订单。当市价高于限价时卖出，低于限价时买进，只要其特定价格水平达到，便一定可以成交。

④停止订单，即停止损失指令。当市价达到某特定价格后，即以市价成交的订单。

⑤限价停止订单，即停止指令附加价格限制的订单。由于停止指令并不保证刚好在停止价格上成交，原因是市场有时变动相当快，经纪人还未来得及执行，价格就已经离开了停止价格，有时差异相当大，为此就在停止指令上附加价格限制。即在其限制范围内才得成交，超过范围则不执行交易。

⑥分段订单，即在不同的价格差上连续买进或卖出同一商品的订单。例如在价格为3.25美元时买进20张3个月的小麦期货，然后每当价格下跌1美分时加买5张合约，直到加买的合约总数达到30张为止。

（3）根据订单的混合划分

①依序订单，即在一组订单同时交付执行时，只要其中某一订单成交，其余即自动取消。

②分散订单，即同时买进和卖出期货的订单。包括不同交割月份的分散、不同市场的分散和关联商品的分散三种类型。分散指令通常不限定价格，买进和卖出皆以市价为准，或以两者的价差作为交易价格的指示。客户在下达分散订单时，一定是买进订单在先，卖出订单在后。

8.3.3.3 下单注意事项

进行期货投资除了需要有准确的分析和精明的判断以外，正确的下单操作也非常重要。如果一旦下单出现错误，即使判断正确，也会使投资者遭受巨大损失，在操作买卖单时，要注意下面几点：

（1）弄清买或卖

在进行期货买卖时，必须决定是要买进还是要卖出，因为买卖二字极容易混淆。在实际操作时，有些交易者本来是想买进，结果却下了卖出指令，造成了不必要的损失，所以最好用买进或卖出来表示，或者用"Buy"或"Sell"来表达。

（2）数量

一般来看，期货交易都是以合约数量来表示，但农产品中的谷物类则除外。谷物类如大豆、玉米、小麦都是以蒲式耳作数量单位，每一合约的数量为5 000蒲式耳。因此在书写买卖单时合约数量以蒲式耳的倍数来表达，5 000蒲式耳简写为5M。如一张大豆合约为5M，两张则为10M，以此类推。

（3）买卖合约的月份

下单时要写清楚所要进行交易的月份。

（4）商品种类

要写清楚所要进行买卖的商品及交易地点（交易所）。

（5）价格

下单时必须标明交易的各种价格。

（6）买卖单的有效期

除非是交易者或经纪人特别指定，一般来说，所有买卖单都只是当天有效而已。如果有效期超过一天的都以"有效至取消"（Good till cancel 简称 GTC）来表示，这表示该张买卖单有效至下单者通知取消为止。这种单子需要经纪人不断提醒客人，询问是否仍然有效或取消。因为市场情况不断在变，买卖的决策也应随之有所改变。

（7）买卖单的取消或更改前单

如果交易者要取消买卖单，必须说明所取消的单子的号码，也必须等到盘房回复已经取消才能作废，因为盘房也必须等市场回复证实取消。

8.3.4　如何计算期货交易的盈利与亏损

对于期货投资人士来说，掌握期货买卖损益的计算方法也相当重要，它可以使投资者随时了解盈亏状况。由于目前我国绝大多数期货公司主要从事国际期货的买卖，国际期货买卖大多以美元结算，假说 1 美元兑换人民币 10 元，佣金为每手 80 美元，下面举例说明期货买卖损益的计算方法：

商品期货买卖利润 = （买卖差价×合约单位×合约数量×10）－（80×10×合约数量）

【例1】假设甲以 0.48 美元的价格购进 1 手棉花合约，当价格上涨到 0.60 美元时卖出，则甲获得的利润为：

$$利润 = [（0.60-0.48）×50000×10] －（80×10）= 59200 元$$

金融性期货的交易盈亏的计算公式如下：

外汇期货：

$$买卖利润 = （差价×合约单位÷平仓汇率×合约数量×10）－（80×10×合约数量）$$

股票指数：

$$买卖利润 = （差价×合约单位×合约数量×10）－（80×10×合约数量）$$

黄金期货：

$$买卖利润 = （差价×合约单位×合约数量×10）－（80×10×合约数量）$$

【例2】日币 14000 买进，14300 卖出，合约交易单位为 50000 美元，合约数量为 6 手，则获利多少？

$$利润 = [（143-140）×50 000÷143×6×10] －（80×6×10）= 58 132 元$$

【例3】S&P 股价指数期货 300 买进，301 卖出，合约交易单位为 500 美元，合约数量为 6 手，则获利多少？

利润 =（301－300）×500×6×10－（80×10×6）= 25 200 元

【例 4】黄金 450 美元买进，455 美元卖出，合约交易单位为 100 盎司，合约数量为 6 手，共获利多少？

利润 =（455－450）×100×6×10－（80×10×6）= 25 200 元

9 保险经纪与代理

9.1 保险与保险法

9.1.1 保险的概念及特征

保险是指为确保社会经济生活的安定，运用多数机构和个人的集合力量，根据合理的计算，共同建立基金，对因特定危险事故所造成的财产损失给予补偿或对人身约定事件的出现实行给付的一种经济保障制度。保险的实质不是保证危险不发生、不遭受损失，而是对危险发生后遭受的损失予以经济补偿。

9.1.1.1 保险是一种经济保障制度

保险是为确保社会经济生活的安定，通过运用多数社会成员的集合力量，根据合理的计算，共同建立保险基金，用于补偿少数社会成员因特定危险事故或因特定人身事件发生而造成的经济损失，是"集众人之力救助少数人灾难"的经济保障制度。其功能在于分散风险、消化损失。

9.1.1.2 保险是一种具有经济补偿性质的法律制度，是一种双务有偿的合同关系

保险是一种因合同而产生的债权债务关系。这种债权债务关系是基于保险法律规范和保险事实而产生的保险法律关系，其实质是当事人互为约定承担给付义务，即投保人承担给付保险费的义务，保险人承担保险赔偿或给付保险金的责任。在保险法律关系中，保险人承担赔偿或给付保险金的责任与一般民事法律关系中的损害赔偿责任是不同的。一般民事赔偿责任是当事人的侵权行为或违约行为所导致的法律后果，而保险法律关系中投保人所遭受的损失，并非保险人的行为所致，而是由不可抗力等危险事故造成的。因此，保险人承担的保险赔偿责任和给付责任，只是基于保险合同设定的一种义务，具有对损失进行经济补偿的性质。

9.1.2 保险的分类

保险按照不同的划分标准，可分作多种分类：

9.1.2.1 按照保险设立是否以营利为目的划分

按照保险设立是否以营利为目的划分，保险可分为社会保险和商业保险。

社会保险是指国家基于社会保障政策的需要，不以营利为目的而举办的一种福利保险。社会保险属法定保险，一般由社会保障立法予以规范，其费用主要来源于国家财政资金或企事业单位资金和经费。

商业保险是指社会保险以外的普通保险，它以营利为目的，其资金主要来源于投保人交纳的保险费，一般受保险法规范。我国保险法规定的保险，也以商业保险为限。其第2条规定，本法所称保险，是指投保人根据合同约定，向保险人支付保险费，保险人对于合同约定的可能发生的事故因其发生所造成的财产损失承担赔偿保险金责任，或者当被保险人死亡、伤残、疾病或者达到合同约定的年龄、期限承担给付保险金责任的商业保险行为。

9.1.2.2 按照保险标的性质不同划分

按照保险标的性质不同划分，保险可分为财产保险和人身保险，这也是我国保险法规定的基本险别。

财产保险是以物质财产或财产性利益为保险标的，以实物的毁损和利益的灭失为保险事故的各种保险。包括普通财产保险、农业保险、保证保险、责任保险和信用保险等。

人身保险是以人的生命或健康为保险标的，以人的生理意外事故作为保险事故的保险。人身保险又可分为人身意外伤害保险、健康保险和人寿保险等。

9.1.2.3 按照保险责任发生的效力依据划分

按照保险责任发生的效力依据划分，保险可分为自愿保险和强制保险。

自愿保险是投保人与保险人双方平等协商，自愿签订保险合同而产生的一种保险。这种保险责任发生的效力依据是保险合同，投保人享有投保或不投保的自由，保险人则可决定是否承保。

强制保险又称法定保险，是指国家法律、法规直接规定必须进行的保险。其保险标的多与人民生命、健康和国家重大经济利益有关。这种保险关系依据法律规定而产生，具有全面性、法定性、自发性等特点。

9.1.2.4 按照保险人是否转移保险责任划分

按照保险人是否转移保险责任划分，保险可分为原保险和再保险。

原保险又称第一次保险，是指保险人在保险责任范围内直接由自己对被保险人负赔偿责任的保险。

再保险又称分保或第二次保险，是原保险人为减轻或避免所负风险把责任的一部分或全部转移给其他保险人的保险。再保险的目的主要是分散风险、扩大承保能力、稳定经营。

9.1.2.5 按照保险人的人数划分

按照保险人的人数划分，保险可分为单保险和复保险。

单保险是投保人对于同一保险标的、同一保险利益、同一保险事故，与一个保险人订立保险合同的行为。

复保险，或称重复保险，是投保人对于同一保险标的、同一保险利益、同一保险事故，与数个保险人分别订立数个保险合同的行为。

此外，按照保险是否具有涉外因素划分，保险可分为国内保险和涉外保险。按照保标的的价值划分，保险可分为定值保险和不定值保险。

9.1.3 保险法

9.1.3.1 保险法的概念

保险法是调整保险关系的法律规范的总称。保险法有广义和狭义之分。狭义的保险法是指保险法典，而广义的保险法不仅包括保险法典，而且还包括其他法律、法规中有关保险的规定。保险法既是组织法，又是活动法，其内容一般包括保险业法、保险合同法和保险特别法。

9.1.3.2 保险法的基本原则

我国保险法规定，从事保险活动必须遵守法律、行政法规，遵循自愿和诚实信用的原则。据此，我国保险法的基本原则有三个：

（1）合法原则

合法原则是进行保险活动应当遵守的最基本原则，它要求任何保险活动的开展不仅要遵守法律的规定，而且要遵守行政法规的规定。

（2）自愿原则

自愿原则是指商业保险活动的开展是出于参加者的自愿，而非任何形式的强制、胁迫。这是保险活动得以合法、正常进行的基点。

（3）诚实信用原则

诚实信用原则是指保险当事人在订立及履行保险合同的过程中，应当尊重他人的利益、尊重国家和社会的利益，积极主动地履行自己承担的法定义务或者约定义务，并善意地行使权利和取得利益，不得采取欺诈、胁迫等不诚实、不守信的行为。

9.1.4 保险业的监督管理

保险业的监督管理，是指国家保险业监督管理部门按照国务院规定的职权，依照保险法的规定对保险企业的设立、经营活动以及保险市场等进行监督管理的活动。目的在于保护被保险人和保险当事人的合法权益，保证保险业的安全、稳健运营。

（1）批准保险公司设立、变更和终止

保险法第 67 条规定，设立保险公司应当经国务院保险监督管理机构批准。第 74 条规定，保险公司在中华人民共和国境内设立分支机构，应当经国务院保险监督管理机构批准。第 79 条规定，保险公司在中华人民共和国境外设立子公司、分支机构、代表机构，应当经国务院保险监督管理机构批准。第 84 条、第 69 条、第 90 条又分别规定了保险公司变更、解散、宣告破产等应当经国务院保险监督管理机构批准、同意等。

（2）核定保险公司的业务范围

保险法第 95 条规定，保险公司应当在国务院保险监督管理机构依法批准的业务范围内从事保险经营活动。

（3）对保险公司制定保险条款和保险费率作出规定

保险法第 114 条规定，保险公司应当按照国务院保险监督管理机构的规定，公平、合理地拟定保险条款和保险费率，不得损害投保人、被保险人和受益人的合法权益。

（4）制定责任准备金的提取办法

保险法第98条规定，保险公司提取和结转责任准备金的具体办法由国务院保险监督管理机构制定。

（5）依法接管保险公司

保险法第145条至第149条规定了国务院保险监督管理机构接管保险公司的情形、接管组的组成和接管实施办法、接管期限及破产清算等。

（6）规定保险公司偿付能力的最低限额

保险法第101条规定，保险公司应当具有与其业务规模和风险程度相适应的最低偿付能力。保险公司的认可资产减去认可负债的差额不得低于国务院保险监督管理机构规定的数额；低于规定数额的，应当按照国务院保险监督管理机构的要求采取相应措施达到相应数额。

另外，国务院保险监督管理机构还有权监督、检查保险公司的业务状况、财产状况及资金运用状况，有权要求保险公司在规定的期限内提供有关的书面报告和资料。保险法第102条至第106条对此作了规定。

9.2 保 险 合 同

9.2.1 保险合同概述

9.2.1.1 保险合同的概念及特征

保险合同是投保人与保险人约定保险权利义务关系的协议。保险合同是合同的一种，但与其他合同相比，它有自己的特征。表现为：

（1）保险合同是双务有偿合同

保险合同的当事人按照合同的约定互负义务，保险人在合同约定的保险事故发生时或者在保险期限届满时，向投保人（或被保险人、受益人）支付赔偿金或保险金，投保人按约定向保险人缴纳保险费，并以此为代价将一定范围内的危险转移给保险人。

（2）保险合同为要式合同

我国保险法第12条明文规定，保险合同的订立应当采用书面形式，包括保险单、保险凭证及其他书面协议形式。

（3）保险合同是附合合同

附合合同又称格式合同、标准合同，是指一方当事人提出合同的主要内容，另一方必须服从、接受或拒绝对方提出的条件而成立的合同。在现代保险业务中，保险单及保险条款一般由保险人备制和提供，投保人在申请保险时，只能决定是否接受保险人出具的保险条款，而没有拟订或磋商保险条款的自由。因此，保险合同是典型的标准合同。

（4）保险合同是射幸合同

保险合同亦即碰运气的机会性合同。在保险合同中，投保人交付保险费的义务是确定的，但保险人是否承担保险赔偿责任则是不确定的，是机会性的。只有当特定的不确定的危险发生时或者在合同约定的给付保险金的其他条件具备时，保险人才承担给付保险金的义务。可见，危险发生的偶然性决定了保险合同的射幸性质。

（5）保险合同是补偿性合同

保险是危险的对策，但保险并不能保证危险的不发生，也不能恢复已受损失的保险标的。而只是通过货币给付补偿投保人或被保险人的经济利益，弥补其遭受的损失。故保险合同是补偿性合同。

9.2.1.2 保险合同主体

保险合同主体，包括保险合同当事人、保险合同关系人和保险合同辅助人。

（1）保险合同当事人

是指因订立保险合同而享有保险权利和承担保险义务的人，包括投保人和保险人。投保人，或称要保人，是指与保险人订立保险合同，并按照保险合同负有支付保险费义务的人。投保人应具备两个要件：一是具备民事权利能力和民事行为能力；二是对保险标的须具有保险利益。保险人，或称承保人，是指与投保人订立保险合同，收取保险费，在保险事故发生时，对被保险人承担赔偿或给付保险金责任的人。在我国，保险人专指保险公司。

（2）保险合同的关系人

包括被保险人和受益人。被保险人是指其财产或者人身受保险合同保障，享有保险金请求权的人，投保人可以为被保险人。受益人是指人身保险合同中由被保险人或者投保人指定的享有保险金请求权的人，投保人、被保险人可以为受益人。

（3）保险合同的辅助人

包括保险代理人和保险经纪人。

9.2.1.3 保险利益

保险利益，又称可保利益，是指投保人对保险标的具有的法律上承认的利益。而保险标的是指作为保险对象的财产及其有关利益或者人的寿命和身体。我国保险法第11条第1款、第2款规定："投保人对保险标的应当具有保险利益。投保人对保险标的不具有保险利益的，保险合同无效。"可见，对保险标的有无保险利益是投保人能否投保和保险合同是否有效的评定标准。

一般认为，在财产保险合同中，凡是因财产发生危险事故而可能遭受损失的人，均为对该项财产具有一定的保险利益的人，包括财产所有人、经营管理人或对某项财产有直接利害关系的人。而在人身保险合同中，凡一方的继续生存对他方具有现实的或预期的经济利益，即认为具有保险利益。我国保险法第52条规定，投保人对下列人员具有保险利益：①本人；②配偶、子女、父母；③前项以外与投保人有抚养、赡养或者扶养关系的家庭其他成员、近亲属。除前款规定外，被保险人同意投保人为其订立合同的，视为投保人对被保险人具有保险利益。

9.2.2 保险合同的订立

9.2.2.1 保险合同订立的程序

保险法第12条规定，投保人提出保险要求，经保险人同意承保，并就合同的条款达成协议，保险合同成立。据此，订立保险合同的程序主要为投保和承保两个步骤。

投保，指投保人提出保险请求并提交投保单的行为，其实质为保险要约。承保是指保险人同意接受投保人投保请求的行为，亦即保险承诺。实践中，保险合同的订立一般需经以下程序：

①投保人提出申请，索取并填写投保单。

②投保人与保险人商定支付保险费的方法。

③承保。保险人审查投保单，向投保人询问、了解保险标的的各种情况和被保险人的身体状况，决定接受投保后即在投保单上签章。

④出具保险单。既可以是保险单，也可以是暂保单，还可以另出保险凭证。

9.2.2.2 保险合同的形式

保险合同是要式合同，故我国保险法明文规定保险合同应采用书面形式。具体可包括：

（1）保险单

简称"保单"，是投保人与保险人订立保险合同的正式书面凭证。由保险人或其代理人制作并签发给投保人。保险单中一般印有保险条款。当保险标的遭受损失时，保险单就成为被保险人向保险人索赔的主要凭证，同时也是保险人向被保险人理赔的主要依据。

保险单是订立保险合同的书面形式，但并非保险合同本身，而是保险合同成立的正式凭证。按保险法第12条的规定，投保人提出保险要求，经保险人同意承保，并就合同的条款达成协议，合同就成立。因此，如在正式保险单签发之前发生保险事故，保险合同仍具有法律效力，保险人应按合同约定负赔偿责任。除非当事人事先约定以正式签发保险单为合同成立条件，保险人才可免除赔偿义务。

（2）保险凭证

又称"小保单"，是一种内容和格式简化了的保险单。它一般不列明具体的保险条款，只记载投保人和保险人约定的主要内容。保险凭证上记载的内容，虽然不是保险合同的全部内容，但与保险单具有同等的法律效力。对于保险凭证未列明的内容，以相应的保险单记载为准，当保险凭证记载的内容与相应的保险单列明的内容发生抵触时，以保险凭证的记载为准。保险人向投保人出具保险凭证的，不再签发保险单。

（3）暂保单

又称"临时保单"，指保险人或其代理人在同意承保风险而又不能立即出具保险单或保险凭证时，向投保人签发的临时保险凭证。暂保单不同于保险单，但在有效期限内在保险单作成交付之前，具有与保险单相同的效力。签发暂保单不是订立保险合同的必经程序，但在下列情况下可使用暂保单：

①保险代理人争取到保险业务，但尚未向保险人办妥保险单之前；

②保险公司的分支机构，在接受投保时，须经上级公司或总公司的审批，而未获批准前；

③保险人和投保人就标准保险单的条款达成一致，但就标准保单记载以外的个别事项尚未达成一致，而保险人原则上同意承保时；

④保险人与投保人在不能确定保险条件是否符合承保标准前。

（4）投保单

又称要保书，是保险人预先备制以供投保人提出保险要约时使用的格式文书。一般包括以下内容：①投保人姓名（名称）、地址；②投保人的职业或经营性质；③保险标的及其坐落位置；④保险标的的实际价值或保险价值的确定方法；⑤保险金额或保险责任限额；⑥保险期间；⑦投保人签章；⑧投保日期。

投保单本身不是保险合同，也非保险合同的正式组成部分。但投保单经投保人如实填写，并由保险人签章承保后，就成为保险合同的组成部分，补充保险单的遗漏。

（5）其他书面形式

指投保人和保险人以上述四种方式以外的书面形式订立的保险合同。如投保人和保险人约定特殊事项的保险，并经过公证的保险合同。

9.2.2.3 保险合同的内容

根据我国保险法第18条的规定，保险合同应当包括下列内容：

①保险人名称和住所。保险人即承保人，指经营保险业务，与投保人订立保险合同并承担赔偿或者给付保险金责任的保险公司。保险人名称就是指作为承保人的保险公司的全称，住所是指保险公司所在的地址。

②投保人、被保险人名称和住所，以及人身保险的受益人的名称和住所。

③保险标的，是指作为保险对象的财产及其有关利益或者人的寿命和身体。保险标的必须明确记载于合同，据以判断投保人对其有无保险利益，并确定保险人的保险责任范围。

④保险责任和责任免除。保险责任是指保险单上记载的危险发生造成保险标的损失或约定人身保险事故发生时，保险人所承担的赔偿或给付责任。责任免除是指依法或合同约定，保险人可以不负赔偿或给付责任的范围。

保险合同应当明确保险责任和责任免除。保险合同规定有关于保险人责任免除条款的，保险人在订立保险合同时应当向投保人明确说明，未明确说明的，该条款不产生效力。

⑤保险期间和保险责任开始时间。保险期间即保险合同的有效期间。只有在保险期间发生保险事故或出现保险事件，保险人才承担赔偿或给付责任。保险责任开始时间，即保险人开始履行保险责任的时间。

⑥保险价值。是指保险标的的价值，即对保险标的所有保险利益在经济上用货币估计的价值额。保险价值是确定保险金额的依据，保险金额不得超过保险价值；超过保险价值的，超过部分无效。保险金额低于保险价值的，除合同另有约定外，保险人按照保险金额与保险价值的比例承担赔偿责任。

⑦保险金额。简称"保额"，是保险合同当事人约定，并在保险单中载明的保险人应当赔偿的货币额。保险金额是保险人在保险事故发生时应当承担的损失补偿或给付的最高限额，同时也是计算保险费的标准。

⑧保险费以及支付办法。保险费，简称"保费"，是投保人向保险人支付的费用。它是建立保险基金的源泉。保险费的多少取决于保险金额的大小、保险费率的高低和保险期限的长短。

⑨保险金赔偿或者支付办法。即保险人承担保险责任的方法，一般以金钱支付为

原则。

⑩违约责任和争议处理。

⑪订立合同的年、月、日。

9.2.2.4 投保人的告知义务

我国保险法第 16 条规定，订立保险合同，保险人应当向投保人说明保险合同的条款内容，并可以就保险标的或者被保险人的有关情况提出询问，投保人应当如实告知。投保人故意隐瞒事实，不履行如实告知义务的，或者因过失未履行如实告知义务，足以影响保险人决定是否同意承保或者提高保险费率的，保险人有权解除合同。投保人故意不履行如实告知义务的，保险人对于保险合同解除前发生的保险事故，不承担赔偿或者给付保险金的责任，并不退还保险费。投保人因过失未履行如实告知义务，对保险事故的发生有严重影响的，保险人对于保险合同解除前发生的保险事故，不承担赔偿或者给付保险金的责任，但可以退还保险费。

9.2.3 保险合同的履行

9.2.3.1 保险合同履行的概念

保险合同的履行，是指保险合同依法成立并生效后，合同主体全面、适当完成各自承担的约定义务的行为。从内容上看，履行包括投保人、被保险人和保险人的合同义务的履行。从程序上看，履行还包括索赔、理赔、代位求偿三个环节。

9.2.3.2 投保人、被保险人和保险人的义务

（1）投保人、被保险人的义务

主要包括：

①投保人应按照约定交付保险费，这是投保人最基本的义务；

②投保人、被保险人应履行出险通知、预防危险、索赔举证的义务；

③被保险人应履行危险增加通知、施救的义务。

（2）保险人的义务

主要是按照合同约定的时间开始承担保险责任，在保险事故发生后或保险合同规定的事项发生后对损失给予赔偿或向受益人支付约定的保险金。

9.2.3.3 索赔、理赔与代位求偿

（1）索赔与理赔

索赔是被保险人或受益人在保险事故发生后或保险合同中约定的事项出现后，按照保险合同的规定，在法定期限内向保险人要求赔偿损失的行为。理赔是保险人在被保险人或受益人提出索赔后，根据保险合同的规定，对保险财产的损失或人身伤害进行调查并处理有关保险赔偿责任的活动。

我国保险法第 21 条至第 26 条就索赔与理赔的程序作了如下规定：

①出险通知。投保人、被保险人或者受益人知道保险事故发生后，应当及时通知保险人。

②提供索赔单证。保险事故发生后，依照保险合同请求保险人赔偿或者给付保险金时，投保人、被保险人或者受益人应当向保险人提供其所能提供的与确认保险事故的性

质、原因、损失程度等有关的证明和资料。保险人依照保险合同的约定，认为有关的证明和资料不完整的，应当通知投保人、被保险人或者受益人补充提供有关的证明和资料。

③核定赔偿。保险人收到被保险人或者受益人的赔偿或者给付保险金的请求后，应当及时作出核定，对属于保险责任的，在与被保险人或者受益人达成有关赔偿或者给付保险金额的协议后 10 日内，履行赔偿或者给付保险金义务。保险合同对保险金额及赔偿或者给付期限有约定的，保险人应当依照保险合同的约定，履行赔偿或者给付保险金义务。保险人未及时履行赔偿或者给付保险金义务的，除支付保险金外，应当赔偿被保险人或者受益人因此受到的损失。保险人收到索赔要求后，对不属于保险责任的，应当向被保险人或者受益人发出拒绝赔偿或者拒绝给付保险金通知书。保险人自收到索赔要求及索赔单证之日起 60 日内，对其赔偿或者给付保险金的数额不能确定的，应当根据已有证明和资料可以确定的最低数额先予支付；保险人最终确定赔偿或者给付保险金的数额后，应当支付相应的差额。

④索赔时效。人寿保险的索赔时效为自知道保险事故发生之日起 5 年；其他保险的索赔时效为自知道保险事故发生之日起 2 年。

（2）代位求偿权

代位求偿权是指保险人在向被保险人支付保险金后，有权代被保险人向造成保险标的损害并负有赔偿责任的第三人请求赔偿的权利。代位求偿权只存在于财产保险中，人身保险中不存在代位求偿权。我国保险法第 44 条第 1 款规定："因第三者对保险标的的损害而造成保险事故的，保险人自向被保险人赔偿保险金之日起，在赔偿金额范围内代位行使被保险人对第三者请求赔偿的权利。"

9.2.4 保险合同的变更和解除

9.2.4.1 保险合同的变更

保险合同的变更是指在保险合同存续期间，其主体、内容、效力发生变化。保险合同的变更主要包括：

（1）主体的变更

主体的变更是指保险合同当事人和关系人的变更，一般是投保人或被保险人的变更，而不是保险人的变更。主体的变更通常是由于保险标的所有权的转让而引起的。

（2）内容的变更

内容的变更是指在主体不变的情况下，保险标的的数量、品种、价值或存放地点发生变化，或货物运输合同中的航程变化、船期变化以及保险期限、保险金额的变更等。

（3）效力的变更

效力的变更是指保险合同全部或者部分无效，或失效后又复效。变更保险合同，应当由保险人在保险单或者其他保险凭证上批注或附贴批单，或由投保人和保险人订立书面变更协议。

9.2.4.2 保险合同的解除

保险合同的解除是指在保险合同关系有效期内，当事人依据法律规定或合同约定，提前消灭保险合同的权利义务的行为。一般由有解除权的一方向他方为意思表示，使已经成立的保险合同自始无效。

保险合同的解除权一般由投保人行使，因为保险合同从根本上说是为分担投保人的损失而设，故赋予投保人以保险合同解除权可以很好地维护其利益。我国保险法第15条就规定，除本法另有规定或者保险合同另有约定外，保险合同成立后，投保人可以解除保险合同。第16条还相应地严格限制了保险人的合同解除权，除非在特定情况下，在投保人有违法或违约行为时，法律才规定保险人可以单独解除合同。这些特定情况在保险法第16条第2款、第27条、第35条第3款、第36条、第53条中作了明文规定。

9.2.5 财产保险合同和人身保险合同

9.2.5.1 财产保险合同

财产保险合同和人身保险合同是保险法规定的主要险别的合同。财产保险合同是以财产及其有关利益为保险标的的保险合同。保险法第2章第2节对财产保险合同作了专门规定，其最基本的内容是：

（1）财产保险合同的被保险人的义务

包括：应当遵守国家有关消防、安全、生产操作、劳动保护等方面的规定，维护保险标的的安全；在合同有效期内，保险标的的危险程度增加的，被保险人应当及时通知保险人；保险事故发生时，被保险人有责任尽力采取必要的措施，防止或者减少损失。

（2）财产保险合同的保险人的权利义务

包括：可以根据合同的约定，对保险标的的安全状况进行检查，及时向投保人、被保险人提出消除不安全因素和隐患的书面建议；为维护保险标的的安全，经被保险人同意，可以采取安全预防措施；在据以确定保险费率的有关情况发生变化，保险标的的危险程度明显减少或者保险标的的保险价值明显减少的情况下，除合同另有约定外，保险人应当降低保险费，并按日计算退还相应的保险费；因第三者对保险标的的损害而造成保险事故的，保险人自向被保险人赔偿保险金之日起，在赔偿金额范围内代位行使被保险人对第三者请求赔偿的权利。

9.2.5.2 人身保险合同

人身保险合同是以人的寿命和身体为保险标的的保险合同。其最基本的内容有：保险法第2章第3节对人身保险合同作了专门规定。

（1）投保人、被保险人的义务和权利

包括：投保人应如实申报被保险人的年龄；投保人不得为无民事行为能力人投保以死亡为给付保险金条件的人身保险，但父母为其未成年子女投保的人身保险除外；投保人于合同成立后，可向保险人一次性支付全部保险费，也可按约定分期支付保险费；被保险人或投保人可以指定一人或者数人为受益人，经保险人同意可以变更受益人。

（2）保险人的主要义务和权利

包括：保险人对人身保险的保险费，不得以诉讼方式要求投保人支付；被保险人死亡后，在没有指定受益人、受益人先于被保险人死亡又无其他受益人、受益人依法丧失受益权或者放弃受益权又无其他受益人的情况下，保险金作为被保险人的遗产，由保险人向被保险人的继承人履行给付保险金的义务。对于投保人、受益人故意造成被保险人死亡、伤残或者疾病的；以死亡为给付保险金条件的合同，被保险人自杀的；被保险人故意犯罪导致其自身伤残或者死亡的，保险人不承担给付保险金的责任。

9.3 保险公司及其经营规则

9.3.1 保险公司的组织形式

按保险法第 69 条和第 150 条的规定，我国的保险公司应当采取股份有限公司和国有独资公司两种组织形式，设立其他性质的保险组织，由法律、行政法规另行规定。

9.3.1.1 股份有限保险公司

股份有限保险公司是指依照公司法的规定设立的、全部资本分为等额股份的经营保险业的企业法人。由于保险企业是经营风险的特殊行业，故股份有限保险公司的设立，不仅应具备公司法规定的一般条件，而且应符合保险法规定的特殊要求。如公司法规定，股份有限公司发起人最少应为 5 人，而金融监督管理机关在审批股份有限保险公司时一般要求最少应有发起人 10 人；公司法规定，成立普通股份有限公司最低实收资本为人民币 1000 万元，而按保险法的规定，设立股份有限保险公司注册资本最低限额为人民币 2 亿元等。故从总体上看，股份有限保险公司的设立条件较普通股份有限公司要严格得多。

9.3.1.2 国有独资保险公司

国有独资保险公司是指由国家授权投资的机构或部门单独投资设立的有限责任保险公司。其投资部门一般为中央财政部门。国有独资保险公司与股份有限保险公司相比，具有以下特点：

①国有独资保险公司的投资主体具有单一性。公司的资本金无论是由国家授权的部门投资，还是由国家授权的机构投资，都属于国家所有。

②国有独资保险公司不设股东会，只设董事会、总经理、监事会等。

③国有独资保险公司的财产转让，应由国家授权投资的机构或部门审批。

9.3.2 保险公司的设立、变更和终止

9.3.2.1 保险公司的设立

（1）保险公司的设立条件

按保险法第 71 条和《保险管理暂行规定》第 5 条的规定，设立保险公司必须具备下列条件：

①有符合保险法和公司法的章程。

②有符合规定的注册资本最低限额。保险法第 72 条规定，经营保险业务的保险公司最低实收资本为人民币 2 亿元。保险监督管理部门根据保险公司业务范围、经营规模，可以适当调高最低资本限额。据此，《保险管理暂行规定》第 5 条规定：在全国范围内开办业务的保险公司，实收货币资本金不低于 5 亿元人民币；在特定区域内开办业务的保险公司，实收资本金不低于 2 亿元人民币；设在省、自治区、直辖市、计划单列市政府所在地的分公司，营运资金不得低于 5000 万元人民币。

③有具备任职专业知识和业务工作经验的高级管理人员。高级管理人员是指保险公司的董事长、副董事长、总经理、副总经理、分支公司总经理、副总经理等。这些人员必须符合中国保监会规定的任职资格。从业人员中应有60%以上从事过保险工作和大专院校保险专业或相关专业的毕业生。经营寿险业务的保险公司，至少有一名经中国人民银行认可的精算人员。

④有健全的组织机构和管理制度。健全的组织机构是指具有健全的权力、经营、监督机构，股份有限保险公司应有股东大会、董事会和监事会，国有独资保险公司应有董事会和监事会。公司还应有完善的管理制度，如财务会计制度、人事管理制度、劳动工资制度、保险营销制度、代理制度、再保险制度等。

⑤有符合要求的营业场所和与业务有关的其他设施。

（2）申请和审批

申请设立保险公司，应当提交下列文件、资料：

①设立申请书。载明拟设立的保险公司的名称、注册资本、业务范围等。

②可行性研究报告。

③金融监督管理部门规定的其他文件、资料。

设立保险公司的申请经初步审查合格后，申请人应当依照保险法和公司法的规定进行保险公司的筹建。具备保险法规定的设立条件的，向金融监督管理部门提交正式申请表和下列有关文件、资料：

·保险公司的章程；

·股东名册及其股份或者出资人及其出资额；

·持有公司股份10%以上的股东的资信证明和有关资料；

·法定验资机构出具的验资证明；

·拟任职的高级管理人员的简历和资格证明；

·经营方针和计划；

·营业场所和与业务有关的其他设施的资料；

·金融监督管理部门规定的其他文件、资料。金融监督管理部门自收到设立保险公司的正式申请文件之日起6个月内应当作出批准或者不批准的决定。

（3）办理工商登记

经批准设立的保险公司，由批准部门颁发经营保险业务许可证，并凭经营保险业务许可证向工商行政管理机关办理设立登记，领取营业执照。保险公司自取得经营保险业务许可证之日起6个月内无正当理由未办理公司设立登记的，其经营保险业务许可证自动失效。

9.3.2.2　保险公司的变更

按保险法第81条规定，保险公司变更名称、变更注册资本、变更公司或分支机构的营业场所、调整业务范围、公司分立或者合并、修改公司章程、变更出资人或者持有公司股份10%以上的股东等，须经金融监督管理部门批准；保险公司更换董事长、总经理，应当报经金融监督管理部门审查其任职资格。

9.3.2.3 保险公司的终止

按照《保险法》的规定，保险公司终止的主要原因有：

（1）解散

保险公司因分立、合并或者公司章程规定的解散事由出现，经金融监督管理部门批准后解散。经营有人寿保险业务的保险公司，除分立、合并外，不得解散。

（2）被撤销

保险公司违反法律、行政法规，被金融监督管理部门吊销经营保险业务许可证的，依法撤销。

（3）破产

保险公司不能支付到期债务，经金融监督管理部门同意，由人民法院依法宣告破产。

保险公司依法被解散、撤销和宣告破产的，应当进行清算，终止其业务活动，注销其经营保险业务许可证。

9.3.3 保险公司的业务及经营规则

9.3.3.1 保险公司的业务范围

（1）财产保险业务

包括财产损失保险、责任保险、信用保险等保险业务。财产损失保险是以财产作为标的的保险；责任保险是指以法律责任危险为保险标的的保险，即以被保险人的民事损害赔偿责任为保险标的的保险；信用保险是指对被保险人的信用或者履约能力提供担保的保险业务。

（2）人身保险业务

包括人寿保险、健康保险、意外伤害保险等保险业务。人寿保险又称生命保险，是以人的生死为保险事故（不管死亡原因是疾病或伤害），由保险公司依照合同规定给付保险金的保险。人寿保险又可细分为死亡保险、生存保险、生死两全险、简易人身保险等。健康保险又称疾病保险，是指保险公司对被保险人在保险期限内发生疾病、分娩或由此引起残废、死亡承担给付保险金责任的保险。意外伤害保险是指保险公司以被保险人遭受意外伤害为保险标的的保险，包括一般意外伤害、旅客意外伤害和职业伤害保险等。

保险公司的业务范围由金融监督管理部门核定，保险公司只能在被核定的业务范围内从事保险经营活动。并且同一保险公司不得同时兼营财产保险业务和人身保险业务，亦即实行分业经营。

（3）再保险业务

经金融监督管理部门核定，保险公司可以经营前列财产险、人身险业务的分出保险和分入保险等再保险业务。分出保险是指保险公司将自己直接承保的业务部分转让给其他保险公司承保的保险业务。分入保险是指保险公司接受其他保险公司承保的部分业务而开展的保险业务。

9.3.3.2 保险公司保险经营规则

我国保险法第4章就保险公司的保险经营规则作了专章规定，其内容主要有：

（1）提取未到期责任准备金

所谓未到期责任准备金，是指保险公司为承担未了结的预期保险责任而依法律规定从保险费收入中提取的准备资金。未到期责任准备金的提取，因人寿保险和非人寿保险而有不同。就人寿保险而言，保险公司提取未到期责任准备金，应当按照有效的人寿保险单的全部净值提取。全部净值是指保险公司对被保险人或者受益人应当依约承担的全部保险责任的总额。而对于财产保险和人寿保险以外的人身保险，保险公司应当从当年的自留保险费中提取 50% 作为未到期责任准备金。

（2）提取未决赔款准备金

未决赔款准备金，是指保险公司在赔款前预先提取的准备资金。保险公司应当按照已经提出的保险赔偿或者给付金额，以及已经发生保险事故但尚未提出的保险赔偿或者给付金额，提取未决赔款准备金。

（3）提取公积金

保险公司除了提取准备金以外，还应按规定提取公积金。公积金，或称公司的储备资金，是指公司为增强自身的资产实力、扩大经营规模以及预防亏损，依照法律和公司章程的规定，从公司的每年税后利润中提取的累积资金。

（4）提存保险保障基金

保险保障基金，或称总准备金、自由准备金，是指保险公司依照金融监督管理部门的规定，每年按照比例提取并交存的累积资金。保险保障基金不同于未到期责任准备金和未决赔款准备金。未到期责任准备金和未决赔款准备金是用于正常情况下的赔付，而保险保障基金则主要是应付巨大灾害事故的特大赔款。被保险财产发生毁损的绝对额在各年度不可能完全平均，因此，为了保障被保险人的利益，保险公司在应付正常赔付之外，必须按照金融监督管理部门的规定提存保险保障基金。按《保险管理暂行规定》第 32 条的规定，保险公司应按当年保费收入的 1% 提取保险保障基金，并专户存入中央银行。只有当该基金累计达到保险公司总资产的 10% 时方可停止提取。

（5）具有最低偿付能力

偿付能力是指保险公司对其所承担的保险责任所具有的经济补偿或支付能力。最低偿付能力是指保险公司的实际资产减去实际负债后的差额，不低于金融监督管理部门规定的金额。如果保险公司的实际资产减去实际负债达不到金融监督管理部门规定的数额，就应当增加资本金，补足差额。具有最低偿付能力是由保险业的特点决定的，因为，保险公司是经营风险的特殊行业，它必须随时准备应付巨大灾害事故的发生，这就要求保险公司应当有足够的资金积累和最低偿付能力。

（6）自留保险费的限制

为确保保险公司的偿付能力，保险法第 98 条规定，经营财产保险业务的保险公司当年自留保险费，不得超过其实有资本加公积金总和的 4 倍。

（7）单一危险的限制

保险公司对每一危险单位，即对一次保险事故可能造成的最大损失范围所承担的责任，不得超过其实有资本金加公积金总和的 10%；超过的部分，应当办理再保险。

（8）保险公司对危险单位的计算办法和巨灾风险安排计划，应当报金融监督管理部门核准

（9）再保险规则

除人寿保险业务外，保险公司应当将其承保的每笔保险业务的 20% 按照国家有关规定办理再保险；保险公司需要办理再保险分出业务的，应当优先向中国境内的保险公司办理；金融监督管理部门有权限制或者禁止保险公司向中国境外的保险公司办理再保险分出业务或者接受中国境外再保险分入业务。

（10）资金运用规则

保险公司的资金运用必须稳健，遵循安全性原则，并保证资产的保值增值；保险公司的资金运用，限于在银行存款，买卖政府债券、金融债券和国务院规定的其他资金运用形式，不得用于设立证券经营机构和向企业投资；保险公司运用的资金和具体项目的资金占其资金总额的具体比例，由金融监督管理部门规定。

（11）保险公司及其工作人员在保险业务活动中不得有下列活动

①欺骗投保人、被保险人或者受益人；

②对投保人隐瞒与保险合同有关的重要情况；

③阻碍投保人履行保险法规定的如实告知义务，或者诱导其不履行保险法规定的如实告知义务；

④承诺向投保人、被保险人或者受益人给予保险合同规定以外的保险费回扣或者其他利益。

9.4 保险代理人和保险经纪人

9.4.1 保险代理人和保险经纪人的概念及地位

保险代理人是根据保险人的委托，向保险人收取代理手续费，并在保险人授权的范围内代为办理保险业务的单位和个人。包括专业代理人、兼业代理人和个人代理人。

保险经纪人包括狭义的保险经纪人和再保险经纪人，前者是基于投保人的利益，为投保人与保险人订立保险合同提供中介服务，并依法收取佣金的单位。后者是指基于原保险人利益，为原保险人与再保险人安排分出、分入业务提供中介服务，并依法收取佣金的单位。保险经纪人必须采取有限责任公司形式设立。

保险代理人和保险经纪人是保险公司的辅助人，他们依照保险法的规定，按照保险人的委托代办保险业务或者为投保人（或原保险人）的利益提供保险中介服务。保险公司开展业务很大程度上需要借助于保险辅助人的活动，因此保险辅助业务是保险业务的重要组成部分。故我国除保险法第 6 章专章规定了保险代理人和保险经纪人的权利义务外，1996 年 2 月 2 日和 1998 年 2 月 16 日中国人民银行还先后发布了《保险代理人管理暂行规定》、《保险经纪人管理规定（试行）》，就保险代理人和保险经纪人的从业资格、设立条件、业务规则、法律责任等作了规定。

9.4.2 保险代理人、保险经纪人的从业条件及责任承担

9.4.2.1 从业条件

保险代理人、保险经纪人应当具备金融监督管理部门规定的资格条件，并取得金融监督管理部门颁发的经营保险代理业务许可证或者经纪业务许可证，向工商行政管理机关办理登记，领取营业执照，并缴存保证金或者投保职业责任保险，方可开展业务。保险代理人、保险经纪人应当有自己的经营场所，设立专门账簿记载保险代理业务或者经纪业务的收支情况，并接受金融监督管理部门的监督。

9.4.2.2 责任承担

保险代理人根据保险人的授权代为办理保险业务的行为，由保险人承担责任；保险经纪人在办理保险业务中因自己的过错给投保人、被保险人或者保险人造成损失的，由保险经纪人承担赔偿责任。

9.4.3 保险代理人、保险经纪人的业务规则与监管

保险代理人、保险经纪人办理保险业务，应当遵循诚实信用的原则，坚持保险自愿和公平，不得利用行政权力、职务或者职业便利以及其他不正当手段强迫、引诱或者限制投保人订立保险合同。否则要由有关人员（如保险人或保险经纪人）承担相应的法律责任。

保险代理人和保险经纪人及其工作人员在保险业务活动中不得有下列活动：

①欺骗投保人、被保险人或者受益人；

②对投保人隐瞒与保险合同有关的重要情况；

③阻碍投保人履行保险法规定的如实告知义务，或者诱导其不履行保险法规定的如实告知义务；

④承诺向投保人、被保险人或者受益人给予保险合同规定以外的保险费回扣或者其他利益。

经营人寿保险业务的保险代理人，不得同时接受两个以上保险人的委托。

金融监督管理部门有权检查保险代理人和保险经纪人的业务状况、财务状况及资金运用状况，有权要求保险代理人和保险经纪人在规定的期限内提供有关书面报告和资料。保险代理人和保险经纪人应依法接受监督检查。

保险代理人和保险经纪人应当于每一会计年度终了后3个月内，将上一年度的营业报告、财务会计报告及有关报表报送金融监督管理部门，并依法公布。

9.4.4 保险人代理实务

保险代理业务具有系统性和完整性，在发达的保险市场上，要想成为一名合格的保险代理人，首要条件是必须掌握大量的保险法律知识、代理知识和保险业务知识，但仅仅掌握这些知识是远远不够的，还应该投身于保险代理业务的实际操作，并在实践中总结经验，勇于开拓，以提高自己的业务水平。下面仅就保险代理业务的几个主要环节简要予以介绍。

9.4.4.1 保险宣传

宣传工作是开展保险业务的先导，在整个保险代理业务中，宣传始终起着重要的作用。这是因为人们对保险的认识和需求，一般是通过宣传来实现的，特别是在我们这样一个商品经济不发达、人们保险意识不强、保险需求不旺的国家，保险宣传就显得更为重要。现代西方国家的保险公司大多设有"营销部"，既搞宣传又开展业务活动。宣传工作越深入、越广泛，实用性越强，那么宣传效果也就越好。只有更多的人了解和认识了保险，才能吸引更多的企业、家庭和个人投保，从而扩大保险的影响，提高保险的社会地位，最终扩大保险代理业务。

（1）保险宣传的内容

保险宣传的主要内容是向客户详细介绍保险商品的内容、性质和功能；给客户能带来的好处和客户应尽的义务；让客户明确投保每个适当保险品种的保障范围；介绍保险条款、投保和索赔手续等。

（2）保险宣传的方式

保险宣传的形式多种多样，一般主要有以下几种：

①通过报纸、电视台、宣传车等进行专题报道；

②播放文艺形式宣传节目，发布保险消息，介绍有关业务；

③各种形式的广告宣传，介绍保险案例；

④开办系列保险知识讲座；

⑤召开赔款兑现金，以实际事故宣传参加保险的好处；

⑥印发宣传材料和宣传品等。

9.4.4.2 开展保险销售活动

销售是指商品从生产到消费的具体过程。保险销售就是指从事保险工作的人员出外深入企业单位、家庭、个人，有针对性地具体介绍某项保险业务，以求使对方购买保险，并由被保险人享有保险保障的过程。保险销售工作是保险展业过程中最重要的一环。销售工作的好坏，直接关系着保险商品能否被广大公众所接受，也直接影响着保险业务量的大小，保险销售是联系保险供给与保险需求的重要桥梁。因此，作为保险代理人必须认真做好保险销售工作。

销售工作最基本的诀窍是产品要适合客户的需要。在保险销售中，发现了客户的需求之后，就应加紧办理保险手续，以免丧失销售机会。在续保时，尤其要注意这一点。当客户不太清楚是否需要时，代理人应向客户说明所要推销的保险单怎样能满足他的需要。同时，代理人还应设法为客户提供咨询和风险管理服务，以便获得良好的商业信誉。

9.4.4.3 保险承保

承保是投保人提出投保需求，保险人经审核同意后受理此项业务，并签订保险合同的过程。承保一般要经过以下几个过程：

（1）评价承保信息

承保人在决定是否接受投保时要对投保人作出评价，评价需要得到有关的信息，而信息的种类随险种而定。如人寿保险中，体格检查是承保人的基本信息来源，又如在火灾保险中，承保人必须同时考虑财产的客体特征和投保人的个体特征。承保人得到承保信息后，必须对信息进行评价，以决定是否同投保人订立保险合同。

（2）作出承保决策

承保人对有关承保信息进行评价后，应作出承保决策，主要有以下几种情况：

①接受投保，出具保险单；

②有条件地接受；

③拒绝承保。

（3）开价

开价是指承保人对经过选择拟承保的保险标的的确定保险费单，形成保险市场价格。

（4）签发暂保单

承保人同意与投保人签订保险合同的，应先发给投保人暂保单。实际上，正式发出的暂保单就是依法有效的合同。在发出暂保单之前，承保人应同投保人对保险的性质、保险期限和应交付的保险费等所有必要条件达成协议。按照通常做法，当投保人要求立即取得保险，特别是取得汽车保险时，往往要求保险人先发出暂保单。

（5）核保和签发保险单

核保就是保险公司对投保标的的选择。暂保业务必须经过专业核保人员审核确认，并经过主管承保的负责人批准后，方可确定为正式承保对象。经过核保以后确认可以承保的投保标的，需要签发正式保险单。此保险单就是签发给投保人的保险合同。

9.4.4.4 防灾防损

防灾防损主要是指保险代理人为了预防和减少灾害事故的发生及其造成对保险标的损失而采取的各种组织措施和技术措施。主要包括：防灾宣传、标的调查、防灾检查和现场防灾。在签订保险合同时要在保险条款中证明被保险人防灾防损的义务，在保险责任上有防止道德风险的规定，在赔偿处理上提出抢救和保护受灾财产的要求等。

9.4.4.5 理赔

理赔是指在保险合同内的特定事故发生后，被保险人提出赔偿或给付保险金的要求时，保险人按约履行义务的行为。理赔主要有现场查勘、核实损失和赔偿金额、损失计算与给付、受损物资的抢救与处理四个环节。

9.5 法律责任

保险法第7章对违反保险法的法律责任作了明确规定。具体包括以下内容：

9.5.1 投保人、被保险人或者受益人的法律责任

投保人、被保险人或者受益人有下列行为之一罪的，依法追究刑事责任：

①投保人故意虚构保险标的，骗取保险金的；进行保险欺诈活动，构成犯罪的；

②未发生保险事故而谎称发生保险事故，骗取保险金的；

③故意造成财产损失的保险事故，骗取保险金的；

④故意造成被保险人死亡、伤残或者疾病等人身保险事故，骗取保险金的；

⑤伪造、变造与保险事故有关的证明、资料和其他证据，或者指使、唆使、收买他人

提供虚假证明、资料或者其他证据，编造虚假的事故原因或者夸大损失程度，骗取保险金的。

对上述行为，情节轻微，不构成犯罪的，依照国家有关规定给予行政处罚。

9.5.2 保险公司及其工作人员的法律责任

①保险公司及其工作人员在保险业务中隐瞒与保险合同有关的重要情况，欺骗投保人、被保险人或者受益人，或者拒不履行保险合同约定的赔偿或者给付保险金的义务，构成犯罪的，依法追究刑事责任；不构成犯罪的，由金融监督管理部门对保险公司处以1万元以上5万元以下的罚款；对有违法行为的工作人员，给予处分，并处以1万元以下的罚款。

保险公司及其工作人员阻碍投保人履行如实告知义务，或者诱导其不履行如实告知义务的，或者承诺向投保人、被保险人或者受益人给予非法的保险费回扣或者其他利益的，由金融监督管理部门责令改正，对保险公司处以1万元以上5万元以下的罚款；对有违法行为的工作人员，给予处分，并处以1万元以下的罚款。

②保险公司超出核定的业务范围从事保险业务的，由金融监督管理部门责令改正，责令退还收取的保险费，有违法所得的，没收违法所得，并处以违法所得1倍以上5倍以下的罚款；没有违法所得的，处以10万元以上50万元以下的罚款；逾期不改正或者造成严重后果的，责令停业整顿或者吊销经营保险业务许可证。

③未经批准，擅自变更保险公司的名称、章程、注册资本、公司或者分支机构的营业场所等事项的，由金融监督管理部门责令改正，并处以1万元以上10万元以下的罚款。

④保险公司违反规定，有下列行为之一的，由金融监督管理部门责令改正，并处以5万元以上30万元以下的罚款；情节严重的，可以限制业务范围、责令停止接受新业务或者吊销经营保险业务许可证：

· 未按照规定提存保证金或者违反规定动用保证金的；

· 未按照规定提取或者结转未到期责任准备金或者未按照规定提取未决赔偿准备金的；

· 未按照规定提取保险保障基金、公积金的；

· 未按照规定办理再保险分出业务的；

· 违反规定运用保险公司资金的；

· 未经批准设立分支机构或者代表机构的；

· 未经批准分立、合并的。

⑤保险公司违反规定，有下列行为之一的，由金融监督管理部门责令改正；逾期不改正的，处以1万元以上10万元以下的罚款：

· 未按照规定报送有关报告、报表、文件和资料的；

· 未按照规定将拟定险种的保险条款和保险费率报送备案的。

⑥保险公司违反规定，有下列行为之一的，由金融监督管理部门责令改正，并处以10万元以上50万元以下的罚款：

· 提供虚假的报告、报表、文件和资料的；

·拒绝或者妨碍依法检查监督的。

⑦保险公司违反规定，有下列行为之一的，处以 5 万元以上 30 万元以下的罚款：

·超额承保，情节严重的；由金融监督管理部门责令改正。

·为无民事行为能力人承保以死亡为给付保险金条件的保险的。

⑧保险公司的工作人员利用职务上的便利，故意编造未曾发生的保险事故进行虚假理赔，骗取保险金的，依法追究刑事责任。

⑨对保险公司违反规定尚未构成犯罪的行为负有直接责任的保险公司高级管理人员和其他直接责任人员，金融监督管理部门可以区别不同情况予以警告、责令予以撤换，处以 5000 元以上 3 万元以下的罚款。

9.5.3　保险代理人和保险经纪人的法律责任

保险代理人或保险经纪人在其业务中欺骗投保人、被保险人或者受益人的，由金融监督管理部门责令改正，并处以 1 万元以上 5 万元以下的罚款；情节严重的，吊销经营保险代理业务许可证或者经纪业务许可证，构成犯罪的，依法追究刑事责任。

9.5.4　金融监督管理部门及其工作人员的法律责任

①对不符合法律规定条件的设立保险公司的申请予以批准的，或者对不符合保险代理人、保险经纪人条件的申请予以批准的，给予行政处分；情节严重，构成犯罪的，依法追究刑事责任。

②金融监督管理部门工作人员在对保险业的监督管理工作中滥用职权、徇私舞弊、玩忽职守，构成犯罪的，依法追究刑事责任；不构成犯罪的，给予行政处分。

10 税务代理

税务代理是一种独立于税务机关和纳税人之间而专门从事税收中介服务的行业。它是随着商品经济的发展和多层次征税制度的形成而逐步建立发展起来的，是现代市场经济社会中税收征收管理体系的重要环节。当今世界上大多数国家都实行了税务代理制度，建立较早、专业化程度较高、较规范完善的，首推日本的"税理士制度"，我国国家税务总局根据《税收征收管理法》的规定，在 1994 年颁布了《税务代理试行办法》，这标志着我国税务代理制度的正式诞生。我国的税务代理虽然起步较晚，但发展很迅速。虽然在发展过程中也存在不少问题，但是，整体来说，税务代理对维护纳税人权利，减轻税务机关负担，促进税收执法转型都有很重要的意义。

10.1 税务代理制度概述

10.1.1 税务代理的概念及其特征

10.1.1.1 税务代理的概念

税务代理是一种专项的代理。所谓税务代理是指，税务代理人（注册税务师）在国家法律、法规规定的范围内，以税务师事务所的名义，接受纳税人、扣缴义务人的委托，以纳税人、扣缴义务人的名义，代为办理税务事宜的各项行为的总称。

10.1.1.2 税务代理的特征

（1）主体的特定性

在税务代理中，无论是委托方还是受托方都有其特定之处；委托方是负有纳税人义务的纳税人或是负有扣缴义务的扣缴义务人，而受托方必须是在具有民法通则要求的民事权利能力和民事行为能力外，还需要有税收、财会、法律等专门知识，是经过资格认证后取得税务代理执业资格的注册税务师和税务师事务所。

（2）委托事项的法定性

由于税务代理不是一般事项的委托，其负有法律的责任，所以税务代理的委托事项，是由法律作出专门的规定。委托的事项必须是在法律规定范围之内的，不能委托代理法律规定范围之外的事项，尤其是法律规定只能由委托方自己从事的行为或违法的行为。注册税务师不能超越代理规定的内容从事代理活动，也不得代理应由税务机关行使的行政职权。

（3）代理服务的有偿性

作为一般的民事代理，代理服务可以是有偿的也可以是无偿的，但税务代理除法律有特别的规定外，一般是有偿的，否则就可能造成代理机构之间的不正当竞争，进而损害国家的税收利益。税务代理在我国目前的状况是：一种既有竞争性，又略带有一定垄断性的行业，税务代理人提供的是专家式的智力服务，但收取的费用必须是合理的，即要符合国家有关的规定。

（4）税收法律责任的不可转嫁性

税务代理是一项民事活动，税务代理关系的建立并不改变纳税人、扣缴义务人对其本身所固有的税收法律责任的承担。在代理活动中产生的税收法律责任，无论是来自纳税人、扣缴义务人的原因，还是来自于代理人的原因，其承担者均应当是纳税人或是扣缴义务人，不能因为建立了税务代理关系，而转移了纳税人、扣缴义务人的税收法律责任。但是，这并非表明注册税务师在税务代理过程中对因为自己的过错导致纳税人、扣缴义务人的损失不负有任何责任，纳税人、扣缴义务人可以就税务代理人因为自己的过错造成的损失，根据民事诉讼法的规定，提起违约或侵权之诉，要求民事赔偿。

10.1.2 税务代理的原则

税务代理是一项社会中介服务，涉及纳税人、扣缴义务人及征税机关多方面的关系，国家税务总局颁布的《税务代理试行办法》第 5 条明确规定：税务代理人实施税务代理行为，应当以纳税人、扣缴义务人自愿委托和自愿选择为前提，以国家税收法律、行政法规为依据，独立、公正执行业务，维护国家利益，保护委托人的合法权益。该条规定，确立了我国税务代理人执业的基本原则，并贯穿于整个税务代理活动之中。

（1）自愿有偿原则

税务代理属于委托代理，必须依照民法通则的有关代理活动的基本原则，坚持自愿委托。代理关系的建立要符合代理双方的共同意愿。税务代理关系的产生必须以委托方和受托方自愿为前提，税务代理不是纳税的法定必经程序。税务代理当事人双方之间是一种基于平等的双向选择而形成的合同关系，而不是行政隶属关系。纳税人和扣缴义务人有委托或不委托的选择权，同时也有委托谁的选择权。如果纳税人和扣缴义务人没有自愿委托他人代理税务事宜，任何单位和个人都不能强令代理，尤其是税务机关不得强制纳税人实施税务代理，也不能以税务机关的名义为纳税人指定税务代理机构。代理人作为受托方，也有选择是否接受委托和接受谁的委托的权利，对于不愿意接受的委托，有权予以拒绝。

同时，税务代理作为一种社会中介服务，是税务代理人利用自己的专门知识为纳税人提供的服务，税务代理机构也要实行自主经营、独立核算，也要依法纳税。因而，税务代理在执行代理业务的时候，可以收取相应的报酬。报酬的收取，应当依照国家有关规定，遵循公开、公正、公平、诚实信用、自愿有偿、委托人付费的原则。同时，由于税务代理存在业务竞争的关系，故不允许税务代理人提供无偿代理，以防止税务代理出现不正当竞争的行为。

（2）依法代理原则

依法代理是税务代理的一项重要原则，法律、法规是开展税务代理的前提条件。首先，从事税务代理的税务代理人和税务代理机构必须由合法的。税务代理人必须是经全国统一考试合格，并在注册税务师管理机构注册登记的具有税务代理执业资格的注册税务师；税务代理机构必须是依照国家法律设立的税务师事务所。而且税务代理合同必须由税务师事务所统一签订，不允许注册税务师单独与委托人签订合同。其次，税务代理人在办理税务代理业务的过程中严格按照税收法律、法规的有关规定，全面履行职责，不能超越代理权限和代理范围，对税务机关职权范围内的事务和法律、法规规定只能由纳税人、扣缴义务人自行办理的，不能进行代理，对纳税人、扣缴义务人的违法事项不得代理，并报告税务机关。注册税务师制作涉税文书，须符合国家税收实体法的税收原则，依照税法规定正确计算被代理人应纳或应扣缴的税款。同时注册税务师执业行为必须按照有关税款征收管理和税务代理的程序性法律、法规的要求进行，在代理过程中，充分体现纳税人和扣缴义务人的合法意愿，在被代理人授权范围内开展业务。

（3）独立、公正原则

税务代理的本质是一种社会中介服务，其独立、公正原则就是指，税务代理人在其代理权限内行使代理权，不受其他机关、社会团体和个人的非法干预。注册税务师作为独立行使自己职责的主体，其从事的具体代理活动不受税务机关控制，更不受纳税人、扣缴义务人左右，而是严格按照税法的规定，靠自己的知识和能力独立处理受托业务，帮助纳税人、扣缴义务人准确地履行纳税或扣缴义务，并维护他们的合法权益，从而使税法意志得以真正地实现。

税务代理人在执业中，涉及国家、纳税人或扣缴义务人的利益关系，因此执业必须是公正的，在维护国家税法尊严的前提下，公正、客观地为纳税人、扣缴义务人代办税务事宜，绝不能向任何一方倾斜。注册税务师承办代理业务，如与委托人存在某种利害关系，可能影响代理业务公正执行的，应当主动向所在税务师事务所说明情况或请求回避。

（4）维护国家利益，保护委托人的合法权益原则

税务代理人既要维护国家的税收利益，按照国家税法规定督促纳税人、扣缴义务人依法履行纳税及扣缴义务，以促进纳税人、扣缴义务人知法、懂法、守法，实现国家的税法意志，对被代理人偷漏税、骗取减免税和退税等不法行为予以制止，并及时报告税务机关；又要维护纳税人、扣缴义务人的合法权益，帮助其正确履行纳税人义务，避免因不知法而导致不必要的处罚，还可通过税收筹划，节省不必要的税收支出，减少损失，保守因代理业务而获知的秘密。

10.2　税务代理人

税务代理人是具有丰富的税收实务工作经验和较高的税收、会计理论知识以及法律基础知识的人。在我国专门从事税务代理业务的人是注册税务师。注册税务师必须加入税务师事务所，并由税务师事务所统一与纳税人、扣缴义务人签订委托协议。税务师事务所作为从事税务代理业务的中介服务机构，必须配备一定数量的注册税务师。注册税务师资格制度属职业资格证书制度范畴，纳入专业技术人员执业资格制度的统一规划，由国家确认

批准。注册税务师英文译称 Registered Tax Agent。根据 1994 年《税务代理试行办法》第 3 条规定，税务代理人是指具有丰富的税收实务工作经验和较高的税收、会计专业理论知识以及法律基础知识，经国家税务总局及其省、自治区、直辖市国家税务局批准，从事税务代理的专门人员及其工作机构。因此，税务代理包括注册税务师及其工作的税务师事务所。我国对注册税务师资格取得、注册管理、权利义务及其税务师事务所的设立、审批等都制定了一系列的法律、法规进行规范、调整。

10.2.1 注册税务师

注册税务师是依法取得注册税务师资格证书并注册的专业人员，在我国，注册税务师是专门从事税务代理活动的职业者。

10.2.1.1 注册税务师资格的取得

为了提高税务代理人员的执业素质，《注册税务师资格制度暂行规定》对从事税务代理业务的专业技术人员实行注册税务师制度，并将其纳入国家职业资格证书制度范畴，以促进税务代理的健康发展。

人事部和国家税务总局共同负责全国注册税务师资格制度的政策制定、组织协调、资格考试、注册登记和监督管理工作。注册税务师资格考试实行全国统一大纲、统一命题、统一组织的考试制度。原则上每年举行一次。考试实行 3 年为一个周期的滚动管理办法，获得职业资格的条件是：考 5 个科目的必须在连续三个考试年度内通过全部考试科目；考 2 个科目的（税务代理实务、税收相关法律）必须在一个考试年度内全部通过。国家税务总局负责组织有关专家拟定考试大纲、编写培训教材和命题工作，统一规划并组织或授权组织考前培训等有关工作。人事部负责组织有关专家审定考试科目、考试大纲和试题，组织或授权组织实施各项考务工作，并会同国家税务总局对考试进行检查、监督和指导。考试科目分为《税法（一）》、《税法（二）》、《税收代理实务》、《税收相关法律》和《财务与会计》共 5 科。

凡中华人民共和国公民，遵纪守法并具备下列条件之一者，可申请参加注册税务师资格考试：①经济类、法学类大专毕业后，或非经济类、法学类大学本科毕业后，从事经济、法律工作满 6 年；②经济类、法学类大学本科毕业后，或非经济类、法学类第二学士或研究生班毕业后，从事经济、法律工作满 4 年；③经济类、法学类第二学位或研究生班毕业后，或获非经济、法学类硕士学位后，从事经济、法律工作满 2 年；④获得经济类、法学类硕士学位后，从事经济、法律工作满 1 年；⑤获得经济类、法学类博士学位；⑥人事部和国家税务总局规定的其他条件。

注册税务师资格考试合格者，由各省、自治区、直辖市人事（职改）部门颁发人事部统一印制、人事部和国家税务总局用印的中华人民共和国注册税务师执业资格证书。

10.2.1.2 注册税务师的管理

国家税务总局及其授权的省、自治区、直辖市、计划单列市注册税务师管理机构为注册税务师的注册管理机构。注册税务师可以分为执业注册和非执业注册。

已经取得注册税务师执业资格证书，申请从事税务代理业务的人员，应在取得证书后 3 个月内到所在省、自治区、直辖市及计划单列市注册税务师管理机构申请办理注册登记手续。申请注册者，必须同时具备下列四项条件：①遵纪守法，恪守职业道德；②取得中华人民共和国注册税务师执业资格证书；③身体健康，能坚持在注册税务师岗位上工作；④经所在单位考核同意。

有下列情况之一者，不予注册：①不具有完全民事行为能力的；②因受刑事处罚，自处罚执行完毕之日起未满3年者；③被国家机关开除公职，自开除之日起未满3年者；④国家税务总局认为其他不具备税务代理资格的。

注册税务师有下列情况之一的，由国家税务总局或省、自治区、直辖市及计划单列市注册税务师管理机构注销其注册税务师资格：①在登记中弄虚作假，骗取中华人民共和国注册税务师执业资格证书的；②同时在两个税务代理机构执业的；③死亡或失踪的；④知道被委托代理的事项违法仍进行代理活动或知道自身的代理行为违法的，或者从事税务代理活动，触犯刑律、构成犯罪的；⑤国家税务总局认为其他不适合从事税务代理业务的。

注册税务师每次注册有效期为3年，每年验证一次。有效期满前3个月持证者按规定到注册管理机构重新办理注册登记。对于不符合注册条件和被注销注册税务师资格者，不予重新注册登记。

2000年5月以前，我国税务代理由国家税务总局下设的注册税务师管理中心履行税务代理行业管理的行政职能，在省级成立了相应的管理机构；同时成立了中国税务咨询协会作为注册税务师的行业自律机构，全国部分省市也设立了税务咨询协会。

为进一步规范我国对社会中介行业的管理，按照财政部"分类合并、统一管理"的要求，2000年5月23日，国务院经济签证类社会中介机构清理整顿领导小组发布消息，将注册税务师管理中心、中国资产评估师协会与中国注册会计师协会合并。合并后统称为中国注册会计师协会，对注册会计师、注册税务师和资产评估师统一进行管理。

10.2.1.3 注册税务师的权利和义务

注册税务师作为独立、公正的税务专家，深得社会公众的信赖，而这种信赖也是其存在和发展的前提，为维护这种信赖，保障注册税务师在执业过程中能履行其社会职责，法律必须赋予其一定的权利，同时承担相应的义务。

（1）注册税务师的权利

①注册税务师有权依照法律的规定代理由纳税人、扣缴义务人委托的税务事宜。

②注册税务师依法从事税务业务，受国家法律保护，任何机关、团体、单位和个人不得非法干预。

③注册税务师有权根据代理业务需要，查询纳税人、扣缴义务人的有关财务会计资料和文件，查看业务现场和设施。纳税人、扣缴义务人应当向代理人提供真实的经营情况和财务资料。

④注册税务师可向当地税务机关订购或查询税务政策、法律、法规和有关资料。

⑤注册税务师对纳税人、扣缴义务人违反税收法律、法规的委托，有权拒绝。

⑥注册税务师对其代理的业务所出具的所有文书有签名盖章权。

⑦注册税务师对税务机关的行政决定不服的，可依法向税务机关申请行政复议或向人民法院起诉。

（2）注册税务师的义务

①统一受理业务的义务。注册税务师承办业务，由其所在的税务师事务所统一受理并与委托人签订委托代理协议书，按照国家统一规定的标准收取代理费用。一个注册税务师不能同时在两个或两个以上税务师事务所执业。

②如实提供相关信息的义务。注册税务师在办理代理业务时，应向纳税人、扣缴义务人或有关税务机关出示由国家税务总局或省、自治区、直辖市及计划单列市注册税务师管理机构核发的注册登记证明，按照主管税务机关的要求，如实提供有关资料、不得隐瞒、谎报，并在税务文书上署名盖章。

③回避义务。注册税务师承办代理业务，如与委托人存在某种利害关系，可能影响代理业务公正执行的，应当主动向所在的税务师事务所说明情况或请求回避。

④特定情况的报告义务。注册税务师如遇下列情况之一的，必须及时向所在的税务师事务所和主管税务机关报告：第一，现行税收法律、法规没有明确规定或规定不够明确的；第二，纳税人、扣缴义务人授意注册税务师实施违反国家法律、法规行为，经劝告仍不停止违法活动的；第三，纳税人、扣缴义务人自行实施违反国家法律、法规行为，经劝告仍不停止其违法活动的。

⑤保守获知的秘密的义务。注册税务师在从事代理义务期间和停止代理业务后，都不得泄漏因代理业务而得知的秘密。

⑥建立税务代理档案的义务。注册税务师必须建立档案管理制度，保证税务代理档案的真实、完整。税务代理档案是如实记载代理业务始末、保存计税资料和涉税文书的案卷。代理业务完成后，应及时将有关代理资料按要求整理归类、装订、立卷，保存归档。税务代理业务档案包括：与委托人签订的委托协议；税务代理工作底稿、重要文字记录、各种财务报表、计算表、汇总表、核对表；本所人员从事代理业务所出具的各类审核意见书、鉴证报告、说明书、报表等；与委托人或税务机关商谈委托业务时形成的有关文件、会议记录等书面资料；委托人的基本情况资料及有关法律性资料；其他有关代理业务资料。税务代表业务档案需妥善保存，专人负责。税务代理业务档案保存应不少于 5 年。

⑦公平竞争的义务。注册税务师在执业中应当尊重同行，同业互助，公平竞争，共同提高执业水平。不得贬损、排挤同行，不得使用不正当手段招揽业务。同时，注册税务师不得为获取代理业务而弄虚作假，不得对自身的执业能力进行夸张或作容易引人误解的宣传。

⑧接受培训的义务。注册税务师按规定接受专业技术人员继续教育，不断更新知识，掌握最新的税收政策法规，提高操作技能。接受注册税务师管理机构组织的专业培训和考核，并作为重新注册登记的必备条件之一。

10.2.2 税务师事务所

税务师事务所是专职从事税务代理的工作机构，它可以是由注册税务师合伙设立的组织，也可以是由一定数量的注册税务师发起成立的负有限责任的税务师事务所。税务师事务所实行独立核算、自负盈亏、依法纳税，执行国家规定的有关财务会计制度，并接受注册税务师管理机构的监督和管理。

10.2.2.1 合伙税务师事务所

合伙税务师事务所是由国家税务总局审批的，由2名以上符合规定条件的合伙人以书面协议形式，承办税务代理业务并对债务承担无限连带责任的社会中介机构。合伙税务师事务所的债务，应先以其全部财产进行清偿；合伙税务师事务所的财产不足以清偿其债务时，各合伙人应当承担无限连带责任。合伙税务师事务所可以设立合伙人管理委员会，由若干主要合伙人组成。管理委员会推举一名合伙人担任负责人。管理委员会负责人即合伙税务师事务所负责人。不设合伙人管理委员会的合伙税务师事务所，可由全体合伙人对事务所的重大问题作出决定，并推举一名合伙人担任事务所负责人。合伙税务师事务所不得冠以行业、部门等容易引起误解的名称字样，也不得直接冠以行政区域或地名。

按照《合伙税务师事务所设立及审批暂行办法》的规定，设立合伙税务师事务所应当具备以下条件：①有2名以上符合本办法第5条规定条件，并依法承担无限责任的合伙人；②有一定数量的专职从业人员，其中至少有3名以上取得《中华人民共和国注册税务师执业注册证书》；③有固定的办公场所和必要的设施；④经营资金为10万元以上；⑤审批机关规定的其他条件。申请设立事务所的合伙人应当具备下列条件：①具有完全民事行为能力；②取得《中华人民共和国注册税务师执业注册证书》；③具有3年以上在事务所从事税务代理业务的经验和良好的职业道德记录；④不在其他单位从事获取工资等劳动报酬的工作；⑤年龄在65周岁以下；⑥审批机关规定的其他条件。

申请设立事务所的合伙人应当向所在地省级注册税务师管理机构递交《设立合伙税务师事务所申请报告》（以下简称《申请报告》），并附下列材料：①合伙协议书；②各合伙人简历、身份证原件及复印件、《中华人民共和国注册税务师执业注册证书》原件及复印件；③合伙事务所章程（草案）；④合伙人出资和个人财产的有效证明；⑤其他注册税务师身份证原件和复印件、《中华人民共和国注册税务师执业注册证书》原件和复印件；⑥办公场所的产权或使用权的有效证明文件；⑦事务所内部管理制度（草案）；⑧审批机关要求的其他材料。其中合伙协议书应当载明下列事项：事务所名称、地址；合伙人姓名及其住址；合伙人出资的方式、数额和缴付出资的期限；利润分配和亏损分担办法；事务所事务的执行；合伙人的加入、退出的规定及程序；事务所的解散与清算办法；违约责任等事项。

设立合伙税务师事务所，合伙人首先向省级税务师管理机构报送《申请报告》及有关材料；省级注册税务师管理机构收到《申请报告》及有关材料后，应自收到之日起20日内初审完毕，并将初审同意的材料（《申请报告》）报国家税务总局注册税务师管理中心；国家税务总局注册税务师管理中心根据省级注册税务师管理机构报送的材料进行审核，并于20日内作出批准或不批准的决定，下发批复文件；省级注册税务师管理机构自接到批复文件之日起10内通知合伙人。

经批准设立的事务所自接到通知起20日内，到省级注册税务师管理机构领取事务所批复文件和《税务师事务所执业证》，并依照规定办理有关登记手续。事务所的合伙人变动，必须经省级注册税务师管理机构批准；合伙协议书的修改，必须经公证部门重新公证，并报省级注册税务师管理机构备案。

10.2.2.2 有限责任税务师事务所

有限责任税务师事务所是由国家税务总局审批的、由发起人出资发起设立、承办税务代理业务并负有限责任的社会中介机构。有限责任税务师事务所以其全部资产对其债务承担责任。其出资人以自己出资额对事务所承担有限责任。有限责任税务师事务所实行所长负责制，所长必须具有《中华人民共和国注册税务师执业注册证书》，所长为事务所的法定代表人，推选程序和具体条件由事务所章程规定。有限责任税务师事务所不得冠以行业、部门等容易引起误解的名称字样，也不得直接冠以行政区域或地名。

按照《有限责任税务师事务所设立及审批暂行办法》的规定，发起设立有限责任税务师事务所应当具备下列条件：①有3名以上符合本办法第5条规定的发起人；②有10名以上专职从业人员，其中有5名以上取得《中华人民共和国注册税务师执业注册证书》；③注册资本30万元以上；④有固定的办公场所和必要的设施；⑤审批机关规定的其他条件。申请设立事务所的发起人应当具备以下条件：①取得《中华人民共和国注册税务师执业注册证书》；②具有3年以上在事务所从事税务代理业务的经验和良好的职业道德记录；③为事务所的出资人；④不在其他单位从事获取工资等劳动报酬的工作；⑤年龄在65周岁以下；⑥审批机关规定的其他条件。事务所的出资人应当具备以下条件：①取得《中华人民共和国注册税务师执业注册证书》；②在事务所执业，并且不在其他单位从事获取工资等劳动报酬工作；③审批机关规定的其他条件。

申请设立事务所的发起人应当向所在地省级注册税务师管理机构递交《设立有限责任税务师事务所申请报告》（以上简称《申请报告》），并附下列材料：①事务所章程（草案）；②发起人简历、《中华人民共和国注册税务师执业注册证书》原件和复印件、身份证原件和复印件；③出资人简历、《中华人民共和国注册税务师执业注册证书》原件和复印件、身份证原件和复印件；④出资人协议书；⑤出资证明；⑥拟任所长人选的有关材料；⑦其他注册税务师身份证原件和复印件、《中华人民共和国注册税务师执业注册证书》原件和复印件；⑧办公场所的产权或使用权的有效证明文件；⑨事务所内部管理制度（草案）；⑩审批机关要求的其他材料。其中事务所章程（草案）应当载明下列事项：事务所名称和地址；经营业务范围；注册资本；发起人、出资人的姓名；出资人的权利和义务；出资人的出资方式和出资额；出资人变动出资的条件及方式；法定代表人；内部机构的设置及产生办法、职权、议事规则；事务所的解散与清算办法；其他需要规定的事项。出资人协议书应当载明下列事项：①出资人的权力；②出资人应承担的责任；③出资方式、时间及金额；④变动出资的条件及方式；⑤审批机关要求的及出资人认为需要载明的其他事项。事务所内部管理制度（草案）应当包括：人事管理制度；财务管理制度；执业质量控制制度；业务档案管理制度；审批机关要求的及事务所认为需要制定的其他管理制度。

设立有限责任税务师事务所，发起人首先向省级税务师管理机构报送《申请报告》及有关材料；省级注册税务师管理机构收到《申请报告》及有关材料后，应自收到之日起20日内初审完毕，并将初审同意的材料（《申请报告》）报国家税务总局注册税务师管理中心；国家税务总局注册税务师管理中心根据省级注册税务师管理机构报送的材料进行审核，并于20日内作出批准或不批准的决定，下发批复文件；省级注册税务师管理机构自接到批复文件之日起 10 内通知发起人。

经批准设立的事务所自接到通知起 20 日内，到省级注册税务师管理机构领取事务所批复文件和《税务师事务所执业证》，并依照规定办理有关登记手续。

10.3 税务代理业务

10.3.1 税务代理关系

税务代理法律关系是指由税法所确认和调整的在税务代理活动中形成的作为委托人的纳税人、扣缴义务人与作为受托人的税务代理人之间的权利义务关系。

10.3.1.1 税务代理关系的确立

税务代理不同于一般的民事代理，税务代理关系的确立，应当以双方自愿委托和自愿受托为前提，同时还要受代理人资格、代理范围及委托事项的限制。根据《税务代理业务规程（试行）》的规定，我国税务代理关系的确立分为两个阶段：签订协议之前的准备阶段和正式签订协议阶段。

在签订税务代理委托协议之前，税务代理人应当做好以下几点：

（1）明确委托人所要委托的税务事宜，对之进行审查

明确委托的代理事项符合国家的法律、法规，符合《注册税务师资格制度暂行规定》中规定的业务范围；税务师事务所对委托人的事项具备相应的承办能力。

（2）商定收费事宜

税务代理收费属于中介服务收费。税务代理机构收费应遵循公开、公正、诚实信用的原则和公平竞争、自愿有偿、委托人付费的原则。

（3）明确委托人应该协助的工作内容

主要是要委托人就委托项目按照规定提供相关的资料、数据和证件等。

经双方协商，达成一致意见后，签订税务代理委托协议。根据《税务代理业务规程（试行）》的规定，税务代理委托协议应当包括以下内容：委托人及税务师事务所名称和住址；委托代理项目和范围；委托代理的方式；委托代理的期限；双方的义务及责任；委托代理费用、付款方式及付款期限；违约责任及赔偿方式；争议解决方式；其他需要载明的事项。另外需要注意，前述已经讲到，注册税务师承办业务，由其所在的税务师事务所统一受理并与委托人签订税务代理委托协议书，税务代理人不能私自与委托人签订委托合同。而且一旦双方在税务代理委托协议书上签字盖章，委托协议即生效，税务代理关系就正式产生了。

10.3.1.2 税务代理关系的变更

税务代理法律关系确立后，税务代理人就需要按照税务代理委托协议书约定的代理事项和代理权限、期限实施代理行为。但在税务代理中可能发生某些情况，需要变更或修改补充委托协议的，双方应及时协商议定，变更双方的税务代理法律关系。

导致税务代理法律关系变更的主要情形有：

①原委托代理事项有了新的发展，代理内容超越了原约定范围，经双方协商同意增加

新的内容；

②由于客观原因，委托代理内容发生了变化，需要相应的修改原委托代理协议或补充代理协议；

③由于发生了意外情况需要变更税务代理人，税务代理人的变更，只是变更执行税务代理的注册会计师，而不是对签订税务代理委托代理协议的税务师事务所的变更；

④由于客观原因，需要延长完成协议时间。

上述事项都会导致税务代理关系的变更，需要双方在自愿的基础上，修订税务代理委托协议书，经双方签字盖章后生效，与原协议具有同等的法律效力。

10.3.1.3　税务代理关系的终止

税务代理关系的终止是指因法律规定或双方约定的终止事由的出现而终止税务代理协议，消灭双方的权利义务关系。根据《税务代理业务规程（试行）》的规定，我国税务代理关系的终止可以分为自然终止和法定终止。所谓自然终止，是指税务代理委托协议约定的代期限届满或代理事项完成，税务代理关系自然终止。如果税务代理双方希望续约，可以另行签订税务代理委托协议。所谓法定终止，是指因为法律规定的法律事由的出现而导致委托人或税务代理人单方面作出终止税务代理关系的法律行为。

《税务代理业务规程（试行）》第36条规定，税务代理人有下列情形之一的，委托方在代理期限内可单方终止代理行为：①税务代理执业人未按代理协议的约定提供服务；②税务师事务所被注销资格；③税务师事务所破产、解体或被解散。

第37条规定，委托人有下列情形之一的，税务师事务所在代理期限内可单方终止代理行为：①委托人死亡或解体、破产的；②委托人自行实施或授意税务代理执业人员实施违反国家法律、法规行为，经劝告不停止其违法活动的；③委托人提供虚假的生产经营情况和财务会计资料，造成代理错误的。

委托关系存续期间，一方如遇特殊情况需要终止代理行为的，提出终止的一方应及时通知另一方，并向当地主管税务机关报告，终止的具体事项由双方协商解决。

10.3.2　税务代理业务范围

税务代理业务的范围是指税务代理人按照国家有关法律、法规的规定，可以从事的税务代理业务，也是税务代理人为纳税人、扣缴义务人提供服务的内容。根据《税务代理业务规程（试行）》的规定，我国注册税务师可以接受纳税人、扣缴义务人的委托，从事下列范围内的业务代理：

10.3.2.1　办理税务登记、变更税务登记和注销税务登记手续

税务登记是税务机关对纳税人的生产经营活动进行登记管理的一项制度，也是纳税人遵守国家税收法律，履行纳税义务，接受税务监督的一项必要措施。它包括开业税务登记、变更税务登记和注销税务登记三种形式。税务登记要求税务代理人遵守及时和真实的原则。及时原则要求严格按照税收法律、法规规定的期限，向纳税人所在地的税务机关办理申报登记表。真实原则要求在办理税务登记时实事求是，如实填报登记项目，不得隐瞒谎报，弄虚作假，逃避纳税登记。

10.3.2.2 办理除增值税专用发票外的发票领购手续

由于根据我国有关规定,增值税专用发票的领购必须由纳税人自行办理,税务代理人只能代为办理领购增值税专用发票以外的发票的领购手续。

10.3.2.3 办理纳税申报或扣缴税款报告

税务代理人按照法定的纳税程序,代理纳税人、扣缴义务人定期向税务机关书面报告生产经营情况、税款缴纳情况、告知纳税所属时期等事项。无论纳税人有无收入,税务代理人在接受委托之后,都要在规定的期限内向税务机关办理纳税申报或扣缴税款报告并如实填报纳税申报表、代扣代缴税款表及有关申报材料。

10.3.2.4 办理缴纳税款和申请退税

税务代理人接受纳税人、扣缴义务人的委托,代为办理缴纳税款的各种手续并缴纳税款和准备退税申请材料并代为办理退税申请。要求税款计算和提供的材料必须真实准确,并在规定的期限内办理。

10.3.2.5 制作涉税文书

涉税文书按主体的不同可分为征税主体制作的涉税文书和纳税主体制作的涉税文书。在税务代理中,税务代理人是站在纳税主体的角度,所以涉税文书也是从纳税人、扣缴义务人角度制作的。

10.3.2.6 审查纳税情况

税务代理人接受纳税人、扣缴义务人的委托,对其执行国家税收法律、法规及计算缴纳税款的情况进行审查。这不是税务机关的税务检查,而是纳税主体对自身的纳税情况,要求作为外部人的税务代理人,站在客观、公正的角度,查清纳税人的税务问题,以保证正确纳税,减少纳税风险。

10.3.2.7 建账建制,办理账务

这是指税务代理人接受纳税人、扣缴义务人的委托,根据国家税收法律和税务机关的规定代办建立纳税人、扣缴义务人内部核算的管理办法,并根据国家有关规定,代为建立会计账簿。这要求税务代理人运用税法和会计相关规定,使建立的税制能对纳税人的税务处理活动起到控制作用,并使税务处理过程与会计处理过程相辅相成,紧密结合。

10.3.2.8 税务咨询、受聘税务顾问

税务代理人运用专门的知识提供税务事宜服务,其中包括向纳税人、扣缴义务人宣传国家的税收法规和税收政策,进行税收筹划等。

10.3.2.9 税务行政复议

税务代理人按照委托协议授权和国家法律的规定,对纳税人、扣缴义务人认为税务机关侵犯其合法权益的行为向上级税务机关申请行政复议。

10.3.2.10 国家税务总局规定的其他业务

在《税务代理业务规程(试行)》规定的税务代理的业务范围之外的其他税务代理人可以从事的代理业务。

10.3.3 税务代理业务的执行

税务代理业务的实施是整个税务代理工作的中心环节,其实施的质量直接关系到委托

人和税务机关的利益，也影响到国家税收法律法规运行的质量。因此，我国对税务代理业务的执行作了专门的法律规定，以规范税务代理法律关系双方的权利义务，赋予了国家对税务代理的监督执行权，从而保证了税务代理业务能合法、有效地运行，真正发挥税务代理的作用。

根据《税务代理业务规程（试行）》的规定，我国的税务代理业务执行可以分为委派税务代理业务、拟定税务代理计划、编制税务代理报告、保存税务代理工作底稿，出具税务代理工作报告几个阶段。

10.3.3.1 委派税务代理业务

因为税务代理不是以税务代理执业人员的名义直接接受委托，而只能由税务师事务所的名义统一接受委托人的委托，签订税务代理委托协议。税务代理执业人员承办税务代理业务由税务师事务所委派。税务师事务所在与委托人签订税务代理委托协议后，应根据委托事项的复杂难易程度及税务代理执业人员的工作经验、知识等情况，将受托的业务委派给具有相应胜任能力的税务代理执业人员承担。税务代理执业人员应严格按照税务代理委托协议约定的范围和权限开展工作。

10.3.3.2 拟订税务代理计划

实施复杂的税务代理业务，应在税务代理委托协议签订后，由项目负责人编制代理计划，经部门负责人和主管经理（所长）批准后实施。税务代理计划一般应包括以下内容：①委托人的基本情况；②代理事项名称、要求及范围；③审验重点内容及重点环节的选择；④采取的方法及所需的主要资料；⑤代理工作及实施进度和时间预测；⑥人员安排及分工；⑦风险评估；⑧代理费用预算；⑨其他。

10.3.3.3 编制税务代理报告

代理计划经批准后，代理项目负责人及其执业人员应根据代理协议和代理计划的要求，向委托方提出为完成代理工作所需提供的情况、数据、文件资料。根据委托人的授权和工作需要，承办的执业人员应对委托人提供的情况、数据、资料的真实性、合法性、完整性进行验证、核实。在此基础上，制作税务代表报告、涉税文书，经征求委托人同意后，加盖公章送交委托人或主管税务机关。税务代理报告实行三级审核签发制，即代理项目负责人、部门经理、经理（所长）签字后，方可加盖公章送出。代理项目负责人、部门经理、经理（所长）应为执业注册税务部。执业注册税务师对其代理的业务所出具的所有文书有签名盖章权，并承担相应的法律责任。

税务代理过程中，税务代理执业人员如遇到下列情况之一，必须及时向所在的税务师事务所和主管税务机关报告：①现行税收法律、法规没有明确规定或规定不够明确的；②委托人授意代理人员实施违反国家法律、法规行为，经劝告仍不停止其违法活动的；③委托人自行实施违反国家法律、法规行为，经劝告不停止其违法活动的。

10.3.3.4 制作、保存税务代理工作底稿

税务代理工作底稿是税务代理执业人员在执业过程中形成的工作记录、书面工作成果和获取的资料。它应如实反映代理业务的全部过程和所有事项，以及开展业务的专业判断。税务代理工作底稿的编制，应当依照税务代理事项的要求内容完整、格式规范、记录清晰、结论准确。不同的代理事项应编制不同的工作底稿。其基本内容包括：①委托人名

称；②委托业务项目名称；③委托业务项目时间或期限；④委托业务实施过程记录；⑤委托业务结论或结果；⑥编制者姓名及编制日期；⑦复核者姓名及复核日期；⑧其他说明事项。

税务事务所要建立健全工作底稿逐级复核制度，有关人员在编制和复核工作底稿时，必须按要求签署姓名和日期。税务事务所要指定专人负责税务代理工作底稿的编目、存档和保管工作，确保工作底稿的安全。

10.3.3.5 出具税务代理工作报告

税务代理执业人员在委托事项实施完毕后，应当按照法律、法规的要求，以经过核实的数据、事实为依据，形成代理意见，出具税务代理工作报告。税务代理工作报告是税务代理执业人员就其代理事项的过程、结果，向委托人及其主管税务机关或者有关部门提供的书面报告，包括审查意见、鉴定结论、证明等。税务代理工作报告应根据代理项目的不同分别编写，主要包括下列内容：①标题；②委托人名称；③代理事项的具体内容、政策依据；④代理过程；⑤存在问题及调整处理意见或建议；⑥代理结论及评价；⑦有关责任人签字、盖章。

对外出具的代理报告，由承办的具有注册税务师资格的执业人员签字，经有关人员复核无误后，加盖税务师事务所公章，交委托人签收。委托人对代理事项不要求出具代理报告的，受托人可不出具代理报告，但仍应保存完整的代理业务工作底稿。

10.3.4 税务代理业务的收费

税务代理作为一种利用专业知识提供的有偿服务，必须收取一定的费用，对于其收费的意义和作用，在前文有所介绍，这里不再赘述。原国家计委、国家税务总局联合发布了《关于规范税务代理收费有关问题的通知》（计价格 [1999] 2370 号），对税务代理业务的收费性质、收费标准及违规收费的责任等作了专门规定。

税务代理收费属于中介服务收费。税务代理机构提供服务并实施收费应遵循公开、公正、诚实信用的原则和公平竞争、自愿有偿、委托人付费的原则，严格按照业务规程提供质量合格的服务。税务代理收费实行政府指导价，收费标准由各省、自治区、直辖市价格主管部门商与同级税务主管部门制定中准价和浮动幅度，指导税务代理服务机构制定具体收费标准。制定收费标准应以税务代理服务人员的平均工时成本费用为基础，加法定税金和合理利润，并考虑市场供求状况。税务代理计费方式原则上实行定额计费或按人员工时计费。对确实不宜按定额或人员工时计费的，可以按代理标的额的一定比率计费，但应规定最高限额。税务代理机构应在收费场所的显著位置公布服务程序或业务规程、服务项目和收费标准，实行明码标价，自觉接受委托人及社会各方面的监督；应当严格执行国家有关收费管理的法规和政策，建立健全内部收费管理制度，自觉接受价格主管部门的监督检查。

税务代理机构接受委托办理有关涉税事宜时，应与委托人签订委托协议书。因税务代理机构的过错或其无正当理由要求终止委托关系的，或因委托人过错或其无正当理由要求终止委托关系的，有关费用的退补和赔偿依据合同法办理。税务代理机构有下列行为之一的，由价格主管部门依据《中华人民共和国价格法》和《价格违法行为行政处罚规定》

予以查处：①超出指导价浮动幅度制定收费标准的；②提前或推迟执行政府指导价的；③自立收费项目和收费标准收费的；④采取分解收费项目、重复收费、扩大收费范围等方式变相提高收费标准的；⑤违反规定以保证金、抵押金等形式变相收费的；⑥强制或变相强制服务并收费的；⑦不按规定提供服务而收取费用的；⑧不按规定进行明码标价的；⑨对委托人实行价格歧视的；⑩其他违反本通知规定的收费行为。

各省、自治区、直辖市价格主管部门会同同级税务主管部门可制定本地区税务代理收费的具体管理办法。

10.4　税务代理法律责任

为了维护税务代理双方的合法权益，保证税务代理活动的顺利进行，根据我国民法通则、合同法、《税收征收管理法实施细则》、《注册税务师资格制度暂行规定》、《税务代理试行办法》的法律法规的规定，对于税务代理法律关系主体因违法行为应当依法承担相应的法律责任，主要有以下几点：

10.4.1　委托人的法律责任

合同法第107条规定，当事人一方不履行合同义务或者履行合同义务不符合约定的，应当承担继续履行、采取补救措施或者赔偿损失等违约责任。因为税务代理委托人的原因致使税务代理执业人员不能履行或不能完全的履行，由此产生的法律后果由委托人承担。同时向税务代理人赔偿损失。

《税务代理业务规程（试行）》第23条规定，代理项目实施中，凡是由于委托方未及时提供真实的、完整的、合法的生产经营情况、财务报表及有关纳税资料造成代理工作失误的，由委托方承担责任。

10.4.2　税务代理人的法律责任

民法通则第66条规定，代理人不履行职责而给被代理人造成损害的，应当承担民事责任。代理人和第三人串通，损害被代理人的利益的，由代理人和第三人负连带责任。

《税收征收管理法实施细则》第98条规定，税务代理人违反税收法律、行政法规，造成纳税人未缴或者少缴税款的，除由纳税人缴纳或者补缴应纳税款、滞纳金外，对税务代理人处纳税人未缴或者少缴税款50%以上3倍以下的罚款。

根据《注册税务师资格制度暂行规定》的有关规定：

①注册税务师未按照委托代理协议书的规定进行代理或违反税收法律、行政法规的规定进行代理活动的，由县及县以上税务行政机关按有关规定处以罚款，并追究相应的责任。

②注册税务师在一个会计年度内违反本规定从事代理活动二次以上的，由省、自治区、直辖市及计划单列市注册税务师管理机构停止其从事税务代理业务一年以上。

③注册税务师知道被委托代理的事项违法仍进行代理活动或知道自身的代理行为违法的，除按①的规定处理外，由省、自治区、直辖市、计划单列市注册税务师管理机构注销

其注册税务师注册登记，收回执业资格证书，禁止其从事税务代理业务，并向发证机关备案。

④注册税务师从事税务代理活动，触犯刑律、构成犯罪的，由司法机关依法惩处。

⑤各省、自治区、直辖市及计划单列市注册管理机构对注册税务师违反规定所作的处理，及时如实记录在证书的惩戒登记栏内。

⑥税务师事务所违反税收法律和有关行政规章的规定进行代理活动的，由县及县以上税务行政机关视情节轻重，给予警告，或根据有关法律、行政法规处以罚款，或提请有关管理部门给予停业整顿、责令解散等处理。

根据《税务代理试行办法》的有关规定：

①代理项目实施中，执业人员违反国家法律、法规进行代理或未按协议约定进行代理，给委托人造成损失的，由税务师事务所和执业人员个人承担相应的赔偿责任。

②税务师未按照委托代理协议书的规定进行代理或违反税收法律、行政法规的规定进行代理的，由县以上国家税务局处以 2000 元以下的罚款。

③税务师在一个会计年度内违反本办法规定从事代理行为二次以上的，由省、自治区、直辖市国家税务局注销税务师登记，收回税务师执业证书，停止其从事税务代理业务二年。

④税务师知道被委托代理的事项违法仍进行代理活动或知道自身的代理行为违法仍进行的，由省、自治区、直辖市国家税务局吊销其税务师执业证书，禁止从事税务代理业务。

⑤税务师触犯刑律，构成犯罪的，由司法机关依法惩处。

⑥税务代理机构违反本办法规定的，由县以上国家税务局根据情节轻重，给予警告、处以 2000 元以下罚款、停业整顿、责令解散等处分。

⑦税务师、税务代理机构从事地方税务代理业务时违反本办法规定的，由县以上地方税务局根据本办法的规定给予警告、处以 2000 元以下的罚款或提请省、自治区、直辖市国家税务局处理。

⑧税务机关对税务师和税务代理机构进行惩戒处分时，应当制作文书，通知当事人，并予以公布。

10.4.3　税务代理双方共同承担的法律责任

民法通则第 67 条规定，代理人知道被委托代理的事项违法仍然进行代理活动的，或者被代理人知道代理人的代理行为违法不表示反对的，由被代理人和代理人负连带责任。

主要参考法规：《税务代理试行办法》、《税务代理业务规程（试行）》、《注册税务师资格制度暂行规定》、《注册税务师执业资格考试实施办法》、《关于规范税务代理收费有关问题的通知》、《中华人民共和国民法通则》、《税收征收管理法实施细则》。

10.5　税务代理人实务

10.5.1　代理税务登记实务

税务登记亦称纳税登记，是指纳税单位和个人在开业、歇业前以及经营期间发生较大变化时，向纳税机关办理登记的一项法定手续。通过税务登记，税务机关可以及时了解税源情况，加强对纳税人的管理。因此税务登记是我国税收征收管理制度的基础。1992 年 9 月 4 日通过的《中华人民共和国税收征收管理法》（以下简称《税收征管法》），以法律形式对所有纳税人办理税务登记的范围、内容、程序、管理等做了统一规定。

10.5.1.1 税务登记的范围和期限

《税务征管法》第 9 条规定，企业、企业在外地设立的分支机构和从事生产、经营的场所，个体工商户和从事生产、经营的事业单位（以下统称为从事生产、经营的纳税人）自领取营业执照之日起 30 天内，持有关证件向税务机关申报办理税务登记，税务机关审核后发给税务登记证件，前款规定以外的纳税人办理税务登记的范围和办法，由国务院规定。

1993 年 8 月 4 日国务院发布的《中华人民共和国税收征收管理法实施细则》（以下简称《实施细则》）第 5 条规定，《税收征管法》第 9 条第 2 款所称纳税人，是指不从事生产、经营活动，但是依照法律行政法规定负有纳税义务的单位和个人，其办理税务登记的范围和办法另行规定。

10.5.1.2 办理税务登记的程序

税务代理人在得到纳税人的授权后，应按下列程序进行税务登记的代理：首先，以纳税人的名义主动向所在地税务机关提出申请登记报告，并出示税务代理人执业证书和委托协议书，被代理人的工商营业执照和有关证件，领取统一印制的税务登记表，如实填写有关内容。税务登记表一式三份，一份纳税人留存，一份报进到所在地税务机关，税务机关对税务代理人填写的税务登记申请报告、税务登记表、提交的工商营业执照及有关证件审核后，即可准予登记，并发给纳税人税务登记证。

税务登记表的主要内容有：①单位名称，法定代表人或业主姓名及其居民身份证、护照或其他合法证件号码；②住所、经营地点；③经济性质；④企业形式，核算方式；⑤生产经营范围、经营方式；⑥注册资金（资本）、投资总额、开户银行及账号；⑦生产经营期限、从业人员，营业执照号码；⑧财务负责人，办税人员；⑨其他有关事项。

企业在外地设立的分支机构或者从事生产、经营的场所，还应当登记总机构名称、地址、法定代表人、主要业务范围和财务负责人。对税务代理人填报的税务登记表、提供的证件、资料、税务机关应当自收到之日起 30 天内审核完毕，符合规定的予以登记，并发给税务登记证件。税务登记的式样，由国家税务总局制定。

10.5.1.3 税务登记的变更和注销

（1）税务登记的变更

根据《税收征管法》及其《实施细则》的规定，凡纳税人发生下列情况之一的，均应自有关部门批准之日起 30 天内到原税务机关申报办理变更税务登记。

①纳税人改变原单位名称（或个人姓名）；

②纳税人改变所有制形式或隶属关系、经营地址；

③纳税人改变经营方式、经营范围；

④纳税人改变开户银行及账号。

（2）税务登记的注销

纳税人发生解散、破产、撤销，以及其他情形，依法终止权利义务的，应当在向工商行政管理机关办理注销登记前，持有关证件向原税务登记机关申报办理注销税务登记，按照规定不需要在工商行政管理机关办理注销登记的，应当自有关机关批准或者宣告终止之日起15日内，持有关证件向原税务登记机关申报办理注销税务登记。

纳税人因住所、经营地点变动而涉及改变税务登记机关的，应当在向工商行政管理机关申请办理变更或注销登记前或者住所、经营地点变动前，向原税务登记机关申报办理注销税务登记，并向迁达地点税务机关申请办理税务登记。

纳税人被工商行政管理机关吊销营业执照的，应当自营业执照被吊销之日起15日内，向原税务登记机关申报办理注销税务登记，纳税人在办理注销税务登记前，应当向税务机关结清应纳税款、滞纳金、罚款、缴纳发票和其他税务证件。

10.5.1.4　增值税纳税人登记代理

《中华人民共和国增值税条例》（草案）对增值税纳税人的登记作了明确规定，根据规定，增值税的纳税人登记的程序和方法主要是：

①凡在我国境内销售货物或应税劳务、实行独立核算，并经工商行政管理部门批准开业的增值税纳税义务人，均应向当地税务机关申请办理增值税登记，总、分支机构不在同一县（市）的增值税纳税人，应分别申请办理增值税、纳税人登记；总、分支机构在同一县（市）的，纳税人需分别缴纳增值税的，经主管税务机关批准，也可以分别申请办理增值税纳税人登记。

税务部门在审核增值税纳税人登记资格时，对小规模企业以及财务制度不健全的其他企业，原则上不能进行增值税纳税人登记。但符合小规模企业标准的纳税人，如果能按规定建立账册、正确核算企业成本、财务成果、按月履行各种报表业务、提供准确税务资料的，主管税务机关也可以对其进行增值税纳税人登记。

②办理增值税纳税人登记的单位和个人，应提出申请登记的报告、有关批准文件，同时填写《增值税纳税人登记申请表》。登记申请表的内容包括纳税人名称、经营地址、电话号码、经济性质、经营范围、开户银行以及产值、销售收入、销售税金、利润等。

③主管税务机关对增值税纳税人递交的申请报告、申请表、证件等按增值税条例的有关规定审核后，确认增值税纳税人登记资格。凡被确认增值税纳税人登记资格的纳税人，由税务机关进行增值税纳税人登记，并在其相应的税务登记证正本上加盖全国统一的"增值税纳税人"印章，以区别于其他纳税人。为了便于纳税人外出时携带，同时核发全国统一的《增值税纳税人登记证》和增值税纳税人专用税务代号。专用税务代号使用国家税务总局统一编制的税务登记证件代码。

④增值税纳税人登记证和增值税纳税人专用税务代号，在规定的范围内享有专用权，受国家法律的保护，税务机关对批准取得《增值税纳税人登记证》的纳税人，可按一般纳税人适用的税率和税额计算方法，计算缴纳增值税，并可凭证领购增值税专用发票。

⑤增值税纳税人登记证和增值税纳税人专用税务代号只限于登记者使用。使用者应妥善保管，不得涂改、转借或转让，并随时接受税务机关检查。纳税人遗失增值税纳税人登记证的，应及时向主管机关书面报告，并在新闻媒介声明作废，重新申请补发新证。

⑥增值税纳税人取得《增值税人登记证》及专用税务代号后，发生转业、改组、分

设、合并、联营、迁移、歇业、停业、破产以及转为小规模纳税人等其他需要改变增值税纳税人登记的情况时，应当在有关部门批准或者宣告之日起10日内，向主管税务机关申请办理变更登记、重新登记或者注销登记。纳税人办理变更登记、重新登记或者注销登记时，应当缴销专用发票、增值税纳税人专用税务代号和税务机关发给的《增值税纳税人登记证》。

10.5.2 纳税申报和扣缴税款报告代理

纳税申报和扣缴税款报告代理是税务代理业务中的重要内容之一，也是法定允许的代理业务之一。

10.5.2.1 纳税申报

（1）纳税申报的概念

纳税申报是指纳税人经过一定生产经营期间，依照税法规定的环节和期限向所在地税务机关申报生产经营情况和计税金额、财务会计报表等资料的活动。世界各国均将纳税人申报纳税作为税务管理的重要内容和纳税人应尽的基本义务之一，并以法律形式确定下来。如美国法律规定纳税人在纳税年度内，不论所得多少，都要提出切实的所得税申报表。我国一直将纳税申报作为税务管理的一项主要内容，《税收征管法》将这行之有效的征管制度保留下来，并单设一节作为税务管理的主要内容，提高了纳税申报制度的法律地位。

（2）办理纳税申报的要求

根据《税收征管法》第2章第3节的规定，办理纳税申报的要求如下：

①纳税人必须在法律、行政法规规定或者税务机关依照法律、行政法规的规定确定的申报期限内办理纳税申报，报送纳税申报表、财务会计报表以及税务机关根据实际需要要求纳税人报送的其他纳税资料。扣缴义务人也必须在规定的期限内报送代扣代缴、代收代缴税款报告表以及税务机关根据实际需要要求扣缴义务人报送的其他有关资料。

②纳税人享受减税、免税待遇的，在减税、免税期间应当按照规定办理纳税申报。

③纳税人到税务机关办理纳税申报有困难的，经税务机关批准，可邮寄申报。邮寄申报以寄出地的邮戳日期为实际申报日期。

④纳税人办理纳税申报时，应当如实填写纳税申报表，并根据不同情况相应报送下列有关证件和资料：财务、会计报表及其说明材料；与纳税有关的合同、协议书；外出经营活动税收管理证明；境内或者境外公证机构出示的有关证明文件；税务机关规定应当报送的其他有关证件、资料。

（3）纳税申报的主要内容

①增值税。增值税的纳税申报内容有：产品销售数量、销售收入、销售成本、扣除项目及扣除税额、应纳税额、产品销售利润、已纳税额、应补退税额等。

②营业税。营业税的纳税申报内容有：产品名称、数量、计税价格、计税总额、税率、税额、经营项目、营业额、收益额等。

③所得税。所得税的申报内容有：收入、成本、费用、上缴管理费、销售税金、销售利润、其他业务利润、营业外收支净额、联营分回利润、国家补贴收入、利润总额、应纳

税所得额、适用税率、应纳所得税额、应缴入库所得税额、应补（退）所得税额等。

④其他各税。申报的内容主要有：课税对象名称、规格、数量、计税单位、计税总额或总数量、税率或单位税率、应纳税额等。

（4）延期办理纳税申报

纳税人、扣缴义务人不能按期办理纳税申报或者报送代扣代缴、代收代缴税款报告表的，经税务机关核准，可以延期申报。需要延期的，应当在规定的期限内向税务机关提出书面延期申请，经税务机关核准，在核准的期限内办理。

纳税人、扣缴义务人因不可抗力，不能按期办理纳税申报或报送代扣代缴、代收代缴税款报告表的，可以延期办理，但是，应当在不可抗力情形消除后立即向税务机关报告。税务机关应当查明事实，予以核准。

10.5.2.2　扣缴税款报告代理

我国《税收征管法》第4条规定，法律、行政法规规定负有代扣代缴、代收代缴税款义务的单位和个人为扣缴义务人。纳税人、扣缴义务人必须依照法律、行政法规的规定缴纳税款、代扣代缴、代收代缴税款。因此，扣缴税款报告代理是税务代理的一项重要内容。

所谓代扣代缴税款，是指扣缴义务人如国营供销社收购等收购单位收购国家税法规定不在采购环节纳税的工业品，在收购付款时，依照国家税法规定，向出售应税产品的单位或个人，在应支付的货款中扣缴应纳的税款，然后按税务机关规定的期限或税款限额，将税款汇总向银行缴库。

（1）营业税的代扣代缴

根据我国营业税条例及其实施细则的规定：营业税的纳税人为在中华人民共和国境内销售应税劳务、无形资产或不动产的单位和个人。其中"单位"包括国有企业、集体企业、私营企业、外商投资企业、外国企业、股份制企业、其他企业、行政单位、事业单位、军事单位、社会团体、其他单位。"个人"是指个体经营者及其他个人，包括中华人民共和国公民和外国公民，营业税的扣缴义务人为：

①委托金融机构发放贷款，以受托发放贷款的金融机构为扣缴义务人。

②建筑安装业务实行分包或转包形式的，分包人或转包人的应缴税款，以总承包人为扣缴人。

③个人销售无形资产（土地使用权除外）以购买者为扣缴人。

④境外的单位和外国居民在境内销售应税劳务、无形资产或不动产而未设有固定销售场所者，在境内有代理人的，以代理人为扣缴人，没有代理人的，以使用者或购买者为扣缴人。

⑤单位或个人进行演出由他人售票的，其应纳税款以售票者为扣缴义务人。

⑥演出经纪人为个人的，其办理演出业务的应纳税款以售票者为扣缴义务人。

⑦分保险业务，以初保人为扣缴义务人。

⑧财政部确定的其他扣缴人。

（2）个人所得税的代扣代缴

根据我国个人所得税法的规定，在中国境内有住所，或者无住所而在境内居住满1年的个人，从中国境内和境外取得的所得，必须向国家缴纳个人所得税，在中国境内无住所又不居住或无住所而在境内居住不满 1 年的个人，从中国境内取得的所得，也需缴纳个人所得税，应纳个人所得税的项目包括：

①工资薪金所得；

②个体工商中的生产、经营所得；

③对事业单位的承包经营、承租经营所得；

④劳务报酬所得；

⑤稿酬所得；

⑥特许权使用所得；

⑦利息、股息、红利所得；

⑧财产租赁所得；

⑨财产转让所得；

⑩偶然所得；

⑪经国务院财政部门确定征税的其他所得。

我国的个人所得税，一般以所得人为纳税义务人，以支付所得的单位或者个人为扣缴义务人。在两处以上取得工资、薪金所得和没有扣缴义务人的，纳税人应当自行申报纳税。

（3）增值税的代扣代缴

根据增值税条例的规定，增值税的纳税人有两类：一类是销售货物或者提供加工、修理修配劳务的单位和个人；另一类是报关进口货物入境的单位和个人。根据现行税法的规定，境外的单位或个人在境内销售应税劳务而在境内没有经营机构的，其应纳增值税款以代理人为扣缴义务人；没有代理人的，以购买者为扣缴义务人。

（4）消费税的代扣代缴

消费税的纳税人是在我国境内从事生产、进口、委托加工应税消费品的单位和个人。委托加工的应税消费品由受托方在向委托方交货时代收代缴税款。

10.5.3 缴纳税款代理

缴纳税款代理是指税务代理人在纳税人的应税行为发生后，按照税法的规定，在法定的期限，按法定程序到相应的地点代为整理缴纳税法规定数量的税款。缴纳税款代理是税务代理人最基本的业务；通过缴纳税款的代理，税务代理人能客观公正地维护国家利益和纳税人的合法权益。税务代理人在缴纳税款的代理中，最主要的是要掌握税款缴纳的方法，即纳税的期限、地点及税款的计算等。

10.5.3.1 缴纳税款的期限

缴纳税款的期限简称纳税期，是根据税法的有关规定所确定的纳税人向国家缴纳税款的时间界限。不同的税种，法律规定的纳税期限不完全相同。下面介绍几种主要税种的纳税期限。

（1）增值税的纳税期限

增值税的纳税期限分别为 1 日、3 日、5 日、10 日、15 日或 1 个月；不能按期纳税的，可以按次纳税。纳税人的纳税期限，由主管机关根据纳税人应纳税额的大小分别核定。以 1 个月为期的纳税人，纳税期满后 10 日申报纳税；以 1 日、3 日、5 日、10 日或 15 日为期的纳税人，纳税期满后 5 日内预收税款，次月 10 日内结算上月应纳税款并申报纳税。进口货物应纳的增值税，在报关进口后 7 日内申报纳税。

（2）消费税的纳税期限

消费税的纳税期限由主管税务机关根据纳税人、代收代缴人应纳税率的大小分别核定。纳税期限长短分为 1 日、3 日、5 日、10 日或 15 日，最长不得超过 1 个月。凡以 1 个月为一纳税期限的纳税人，应于期满后 10 日内申报纳税；以其他期限为一期的纳税人，应在纳税期满后 5 日内预缴税款，次月 10 日内结算上月应纳税款，并申报纳税。进口应纳税消费品的纳税人，应于报关进口 7 日内申报纳税。采取这种方法计算纳税期限的，还有营业税。

（3）企业所得税的纳税期限

企业所得税实行按年计征，按日或按季预缴，年终汇算清缴，多退少补，具体纳税期限由当地主管税务机关根据纳税人应纳税额的大小分别确定。纳税人应于月份终了后 10 日内或季度终了后 20 日内、年度终了后 45 日内，向当地主管税务机关报送会计报表和纳税申报表。

10.5.3.2　纳税地点

根据我国现行法律的规定，缴纳税款的地点主要有如下几种：

（1）就地缴纳

即纳税人到其所在地的主管税务机关缴纳，这种纳税人一般都有固定经营场所并受所在地主管税务机关的管辖。

（2）口岸缴纳

即缴纳进出口关税的纳税人向进出口口岸地海关缴纳税款，进出口应税货物的收货人或他们的代理人在向口岸地海关办理报关手续的同时，经口岸地海关审核签发纳税凭证，由纳税人向指定银行缴纳税款。

（3）营业行为所在地缴纳

这是指纳税人如果离开主管税务机关管辖的范围发生经营行为，有纳税义务发生时，应向营业行为所在地税务机关纳税。

（4）汇总缴纳

即纳税人依规定按行业或按隶属关系汇总向国家金库或税务机关缴纳税款。

（5）集中缴纳

即缴纳进出口关税人在其货物进出口海关申报，经监管、查验后放行，税款由进出口总公司统一在北京缴纳。

（6）外出经营纳税

即有固定营业场所的纳税人到外地销售货物，可凭税务机关开具的外销证明回所在地缴纳税款。

10.5.3.3　应纳税额的计算

税务代理人在进行缴纳税款代理业务时，必须根据计税依据和税率准确地计算出应纳税额，下面分别介绍几种主要税种税款的计算方法：

（1）增值税的计算

一般纳税人应纳税额的计算方法：

$$增值税应纳税额＝当期销售税额×增值税率－当期进项税额$$

小规模纳税人（即经营规模不大，会计核算不健全的纳税人）应纳税额的计算方法：

$$增值税应纳税额＝销售额×征收率$$

（2）消费税的计算

从价定率计算：

$$消费税应纳税额＝销售额×适用税率$$

从量定额计算：

$$消费税应纳税额＝应税消费品数量×消费税单位税额$$

（3）营业税的计算

$$营业税应纳税额＝营业额×适用税率$$

（4）土地增值税的计算

$$土地增值税应纳税额＝土地增值额×适用税率$$

$$土地增值额＝出售房地产总收入－扣除项目金额$$

（5）房地产税的计算

$$房地产应纳税额＝房产评估值×适用税率$$

（6）资源税的计算

$$资源税应纳税额＝课税数量×单位税额$$

（7）企业所得税的计算

$$企业应纳所得税额＝应税所得额×所得税税率$$

$$应税所得额＝收入总额－成本、费用及损失±税收调整项目金额$$

（8）个人所得税的计算

工资、薪金：

$$每月应纳所得税额＝每月应纳税所得额×适用税率－速算扣除数$$

$$每月应纳税所得额＝每月工资、薪金收入－3500\,元$$

个体工商户生产经营所得：

$$全年应纳所得税额＝全年应纳税所得额×适用税率－速算扣除数$$

全年应纳税所得额=全年收入总额-全年成本费用-营业外支出（损失）

稿酬所得：

①每次收入不足 4000 元时

$$应纳税所得额=每次收入总额-800 元$$

②每次收入超过 4000 元时

$$应纳税所得额=每次收入总额×（1-20\%）$$

③每次应纳所得税额=每次应纳税所得额×20%×70%

劳务报酬所得：

①每次收入不足 4000 元时

$$应纳税所得额=每次收入总额-800 元$$

②每次收入超过 4000 元时

$$应纳税所得额=每次收入总额×（1-20\%）$$

③每次应纳所得税额=每次应纳税所得额×20%

其他各项所得

$$每次应纳所得税额=每次应纳税所得额×20\%$$

（9）城乡维护建设税的计算

$$城乡维护建设税应纳税额=生产经营收入额×经核定的适用税率$$

11 房产经纪与代理

11.1 商品房买卖经纪与代理

11.1.1 对开发项目的调查

由于房地产开发商良莠不齐，对开发商的审查尤其重要。通常应对开发商的资质、资本金，开发商的内部人员、开发项目的文件进行综合考察，及时告知被代理人可以预料的风险。具体内容有：

①开发商成立的时间。新公司的风险大于老公司，刚成立的新公司特别需要引起注意。

②开发商的投资方是谁。投资方主要指控股方，控股方的实力和信誉影响其经营。

③开发商有没有明确的市场定位。市场定位反映开发商的经营理念和经营水平。

④其市场定位是否和开发项目相匹配。市场定位是开发商经营的一个环节，必须与其他经营行为匹配，它反映开发商的经营水平，也往往是欺诈行为的一个预示。

⑤前一个开发商成功开发的项目的情况如何。这是反映开发商总体状况的最后证明。

⑥开发商有无卷入丑闻或诉讼。丑闻或诉讼可能带来意想不到的损失，必须高度关注。

⑦开发商在业内的声誉如何。业内人士对行业内部的情况了解比较透彻。

⑧开发商的注册资本金是否与所开发的项目相匹配。所显示的注册资本金必须占开发项目所需资金的四分之一以上。

⑨开发商的资产负债情况如何。开发商的负债是否过多，有无银行坏账。

⑩开发商的内部主要管理人员变动情况如何。这是反映开发商经营的稳定性或开发商出问题的先兆。

⑪开发商发布的广告是否有故意热炒的卖点。广告中的卖点固然重要，但热炒卖点会忽略房地产本身基本的质量，价格也可能上涨过高。

⑫开发商的宣传是否言过其实。言过其实是开发商最容易出现的问题，避免仅凭宣传而做出买与不买的决策的情况。

⑬开发商员工的口头承诺是否符合实际。对销售人员口头的重要承诺应有相关资料印

证，重要承诺应有书面记载。

⑭开发商的规划是否与政府的意图相符。开发商的规划应符合政府的大规划，否则其规划是无效的或欺骗性的。

⑮直接承建的是开发商还是其他建筑公司。小的开发商往往委托其他建筑公司建设，一般来说，开发商自己的建筑公司比较稳定。

⑯开发商聘用的建筑公司是否具有合格资质。在房地产开发中存在的层层转包容易带来建筑质量问题。

⑰开发商是否取得国有土地使用权。开发商违法取得土地使用权或在没有使用权的土地上开发造成的后果由购买人来承担，购买人的风险非常大。开发商取得土地使用权但拖欠土地出让金会影响业主取得土地使用权。

⑱开发商是否在未经国家征用的集体所有的土地上建设。尽管开发商和集体所有的原土地所有人达成了协议，开发商还是没有依法取得土地使用权。

⑲开发商有无司法机关和行政机关依法裁定、决定查封或者以其他形式限制房地产权利的情况。

⑳预售房地产，开发商是否取得该项目预售许可证。预售的必要和首要条件是项目预售许可证，即商品房符合预售条件后，经房地产开发企业申请，房地产开发主管部门核发的同意房地产开发企业进行商品房预售的书面证明文件。

㉑预售房地产，开发商是否违法取得该项目预售许可证，即是否符合条件。开发商取得预售许可证必须符合以下条件：

a. 已缴付全部土地使用权出让金，取得土地使用权证书。

b. 持有《土地规划许可证》、《建设工程规划许可证》和《建筑施工许可证》。

c. 商品房建筑安装工程投资完成的工程量达到规定标准：

（i）按提供预售后商品房计算，投入开发建设的资金达到建设总投资的25%以上，并已经确定施工进度和竣工交付日期；

（ii）商品房预售应达到的标准为：七层以上（含七层）的商品房项目，应当完成基础工程并施工至主体结构封顶；八层以上（含八层）商品房项目，应当完成基础工程并施工至主体结构2/3以上（不得少于七层）。

d. 已经确定商品房的竣工交付日期，并落实了市政、公用和公共建设的配套建设计划。

e. 已经与本市从事房地产项目资金监管的专业机构签订预售款监管协议。

f. 已经制定《房屋适用公约》，并与物业管理企业订立了前期物业管理服务合同。

㉒开发商有无违反国家有关规定建设。

国家对某些地区会作限制，如楼高限制、住宅开发限制、古城保护而带来的限制。

㉓相关开发项目有无不符合工程质量标准，经验收不合格的情况。

针对现房必须有相关单位的检验合格证书。

㉔开发商有无履行告知义务。

房地产开发企业销售（包括预售、现售）商品房时，应维护购房者对商品房的知情权，严格履行以下告知义务：

a. 应在售楼处将有关房屋建筑面积计算资料或测算资料进行公示。公示的资料包括：

房屋土地权属调查报告书（房屋土地调查机构提供）、建筑平面布置图（经规划管理部门审核同意）。

b. 公示所售房屋相关土地已经抵押的事实。因为土地使用权可以抵押，有的房地产开发商资金不足，就拿土地使用权进行抵押，从银行贷款。如果购房者在办理房产证时，开发商还没有还清贷款，解除抵押，那么就不能办理房产证。抵押要在《国有土地使用权证》上进行记载，所以了解土地使用权是否抵押的最省力的办法就是查看它的原件。此外，为了防止这种情况的发生，购房者要和开发商约定，不能办理房产证，要承担巨额违约金。比如，延期办证一日，承担房屋总价日万分之四的违约金，超过半年，有权退房，不退房的，赔偿房屋总价的30%，退房的，还要赔偿装修损失。

㉕商品房现售应当符合以下条件：

· 现售商品房的房地产开发企业应当具有企业法人营业执照和房地产开发企业资质证书。

· 取得土地使用权证书或者适用土地的批准文件。

· 持有建设工程规划许可证和施工许可证。

· 已通过竣工验收。

· 拆迁安置已经落实。

· 供水、供电、供热、供气、通信等配套基础设施具备交付使用条件，其他配套基础设施和公共设施具备交付使用条件或者确定施工进度和交付日期。

· 物业管理方案已经落实。

㉖现房销售是否已经取得大产证。

大产证，即新建商品房房地产权证，是指房地产开发企业在新建商品房竣工验收后，交付给买受人之前，持有关文件和商品房屋建设项目批准文件办理新建商品房初始登记后，取得的新建商品房房地产权证。这是买受人办理小产证的前提。

㉗现房销售中是否有业主已经顺利取得小产证。

小产证，即买卖转移登记后买受人取得的所购房屋的房地产权证。

㉘是否具备"五证"。

"五证"即《国有土地使用权证》、《建设用地规划许可证》、《建设工程规划许可证》、《建筑工程施工许可证》、《商品房预售许可证》或《商品房销售许可证》。只有具备"五证"的商品房才是合法的。

11.1.2　商品房预订

房地产开发企业和购房者双方应签订书面预订协议，预订协议应包括当事人姓名或名称，预订房地产坐落地点、面积、价格、预订期限、定金数额及定金处理办法等内容。代理人应提示委托人，预订协议可采用《商品房预订协议》示范文本，购房人提出采用示范文本，房地产开发企业不得拒绝。

代理人应提示委托人，出卖人通过认购、订购、预订等方式向买受人收受定金作为订立商品房买卖合同担保的，如果因当事人一方原因未能订立商品房买卖合同，应当按照法律关于定金的规定处理；因不可归责于当事人双方的事由，导致商品房买卖合同未能订立的，出卖人应当将定金返还买受人。

商品房的认购、订购、预订等协议具备我国《商品房销售管理办法》第16条规定的商品房买卖合同的主要内容，并且出卖人已经按照约定收受购房款的，该协议应当认定为商品房买卖合同。

11.1.3 房产交易中的代理重点

11.1.3.1 购房交易方式

交易方式包括商品房现售、商品房预售、返本销售和售后包租。根据不同的交易方式，代理的内容也有所区别。

（1）商品房现售

商品房现售，是指房地产开发企业将竣工验收合格的商品房出售给买受人，并由买受人支付房价款的行为。上海目前规定商品房现售是指房地产开发企业进行商品房初始登记，取得房地产权证后的商品房出售行为。

（2）商品房预售

商品房预售，是指房地产开发企业将正在建设中的商品房预先出售给买受人，并由买受人支付定金或者房价款的行为。房地产开发企业在商品房未经土地、房屋的共同初始登记并领取房地产证（俗称"大产证"）前，销售商品房的行为均系商品房预售行为，必须持《商品房预售许可证》。

（3）我国禁止的销售方式

①返本销售，是指房地产开发企业以定期向买受人返还购房款的方式销售商品房的行为。

②售后包租，是指房地产开发企业以在一定期限内承租或者代为出租买受人所购该企业商品房的方式销售商品房的行为。

③拆零销售，是指一些开发企业以返本销售、售后包租等方式销售商品房。在市场法制环境尚不健全的情况下采取这种方法，极易出现因兑现不了承诺而侵犯消费者权益的现象，特别是对未竣工的商品房尤为严重。为了杜绝此类问题的发生，《商品房销售管理办法》规定，房地产开发企业不得采取返本销售或者变相返本销售的方式销售商品房；不得采取售后包租或者变相售后包租的方式销售未竣工的商品房。

11.1.3.2 房屋面积的计算方法和误差处理

（1）面积误差的计算

预测面积，又称暂测面积、合同约定面积，是指在商品房预售中，房地产开发企业或其委托的有资质的测绘部门根据设计图纸计算出来的预售商品房面积。

实测面积，又可称产权登记面积，是指预售商品房竣工验收后，经有资质的测绘机构实地测量，房地产行政主管部门确认登记的房屋面积。面积误差比，是指实测面积（产权登记面积）与预测面积（合同约定面积）的发生误差的比例，具体公式如下：

面积误差比＝（产权登记面积−合同约定面积）/合同约定面积×100%

（2）面积误差的处理

代理人应提示委托人，按套内建筑面积或者建筑面积计价的，当事人应当在合同中载明合同约定面积与产权登记面积发生误差的处理方式。合同没有约定或约定不明确的，按以下原则处理：

①面积误差比绝对值在3%以内（含3%）的，据实结算房价款。

②面积误差比绝对值超出3%时，买受人有权退房。买受人退房的，房地产开发企业应当在买受人提出退房之日起30日内将买受人已付房价款退还给买受人，同时支付已付房价款利息。买受人不退房的，产权登记面积大于合同约定面积时，面积误差比在3%以内（含3%）部分的房价款由买受人补足；超出3%部分的房价款由房地产开发企业承担，产权归买受人。产权登记面积小于合同约定面积时，面积误差比绝对值在3%以内（含3%）部分的房价款由房地产开发企业返还买受人；绝对值超出3%部分的房价款由房地产开发企业双倍返还买受人。

11.1.3.3 建筑面积的计算和误差处理

（1）套内建筑面积

成套房屋的套内建筑面积由房屋的套内使用面积、套内墙体面积、套内阳台建筑面积三部分组成。套内使用面积包括：

①卧室、起居室、厅、过道、厨房、卫生间、储藏室、壁橱等分户门内面积的总和；

②跃层住宅中的户内楼梯按自然层数的面积总和计入使用面积；

③不包括在结构面积内的烟囱、通风道、管道井均计入使用面积；

④内墙面装修厚度计入使用面积。

套内墙体面积，是套内使用空间周围的维护或其他承重支撑体所占的面积，新建住宅各套（单元）内使用空间周围的围护或承重墙体，有公共墙和非公共墙两种。其中套（单元）与套（单元）、套（单元）与共有建筑空间之间的分隔墙以及外墙（包括山墙）均为公共墙。公共墙按墙体水平投影面积的一半计入套内墙体面积。套（单元）内的分隔墙为非公共墙。非公共墙按墙体水平投影面积的全部计入套内墙体面积。套内阳台建筑面积，封闭式阳台，按其外围水平投影面积的一半计算建筑面积；未封闭的阳台按其围护结构外围水平投影面积的一半计算建筑面积。

（2）分摊的共有建筑面积

分摊的共有建筑面积＝套内建筑面积×共有建筑面积分摊系数。共有建筑面积由以下两部分组成：

①电梯井、楼梯、垃圾道、变电室、设备层（间）、公共门厅和走道、地下设备间、值班警卫室等共有部位的面积，以及为整幢房屋服务的公共用房和管理用房的建筑面积。单独具备使用功能的独立使用空间（如车库、自行车库、会所或俱乐部、仓库、人防工程等），为多幢房屋服务的警卫室、管理用房、设备间等，均不计入共有建筑面积。

②套（单元）与共有建筑空间之间的分隔墙以及外墙（包括山墙）的公共墙体，墙体水平面积一半的建筑面积。共有建筑面积分摊系数是整幢房屋的共有建筑面积除以整幢房屋各套内建筑面积之和，得到建筑物的共有建筑面积分摊系数。

代理人应合理提示委托人，商品房建筑面积由套内面积和分摊的共有建筑面积组成，套内建筑面积部分为独立产权，分摊的共有建筑面积部分为共有产权，买受人依法对其享有权利，承担责任。

（3）误差处理

代理人应提示委托人，按建筑面积计价的，当事人应当在合同中约定套内建筑面积和分摊的共有建筑面积，并约定建筑面积不变而套内建筑面积发生误差以及建筑面积与套内建筑面积均发生误差时的处理方式。

根据有关规定，商品住房预售时合同约定的房屋建筑面积和交付时的实测房屋建筑面积不一致时，按共用部位分摊的建筑面积、套内建筑面积分开处理的办法处理：

①共用部位分摊的建筑面积增减的处理办法。

a. 预售合同约定的面积与交付时实测的面积若有误差，其面积误差比在 0.8% 以内（包括 0.8%），预售合同约定的转让总价格不变。面积误差比计算公式如下：

面积误差比＝（实测共用部位分摊建筑面积－预测共用部位分摊建筑面积）／实测共用部位分摊建筑面积×100%

b. 预售合同约定的面积与交付时实测的面积误差是指除房屋建筑设计变更外，其他原因引起的误差。

c. 实测面积大于预售合同约定面积，面积误差比超出 0.8% 的，购房人也不承担超出部分的房价款；实测面积小于预售合同约定面积，面积误差比超出 0.8% 的，房地产开发经营企业应退还超出 0.8% 部分的房价款。

②套内建筑面积增减的处理办法。

a. 套内建筑面积根据"按实结算"的原则处理，房地产开发企业应根据这一原则与购房人平等协商，通过预售合同约定具体的处理办法。

b. 凡合同没有约定处理办法的，实测面积大于预售合同约定面积的，购房人不承担超出部分的房价款；实测面积小于预售合同约定面积的，房地产开发企业应退还多收的房价款。

c. 商品住房预售时合同约定的房屋建筑面积和交付时的实测房屋建筑面积一致，但约定的共用部位分摊建筑面积、套内建筑面积与交付时的共用部位分摊建筑面积、套内建筑面积不一致时，仍按上述办法处理。

d. 预售合同载明房屋建筑面积，但未载明共用部位分摊建筑面积、套内建筑面积，交房时房屋建筑面积增加的，购房人不承担增加部分的房价款；房屋建筑面积减少的，房地产开发企业应退还多收的房价款；但合同另有约定的，从其约定。

（4）房型变化的处理

商品房销售后变更规划、设计，导致变更后的商品房的套型、朝向、有关尺寸等不符合购房者决定购房时的意愿，实质上是对购房者权益的一种侵害。为了解决这一问题，商品房销售后，房地产开发企业不得擅自变更规划、设计。对经规划部门批准的规划变更和设计单位同意的设计变更导致商品房的结构型式、户型、空间尺寸、朝向变化以及出现合同当事人约定的其他影响商品房质量或使用功能的，房地产开发企业应当在有关部门批准之日起 10 日内，书面通知购房人。购房人有权在通知到达之日起 15 日内做出是否退房的书面答复。购房人在通知到达之日起 15 日内未作书面答复的，视同接受规划、设计变更以及由其引起的房价款的变更。房地产开发企业未在规定时限内通知购房人的，购房人有权退房。购房人退房的，由房地产开发企业承担违约责任。

11.1.4 房屋买卖合同

在我国各地房屋土地管理部门有着不同的合同范本。

11.1.4.1 现房买卖合同主要内容

(1) 合同双方当事人

买卖双方的名称（姓名）、地址、邮政编码、联系电话。如果有委托代理人的话，那么包括代理人的名称（姓名）、地址、邮政编码、联系电话。

(2) 有关房屋的情况

主要包括以下内容：

①房屋的坐落位置；

②所买卖房屋的面积，应注明实际建筑面积和所分摊的公用建筑面积分别为多少；

③房屋是现房，还是预售的商品房；

④房屋配套设施和装修标准。

(3) 房屋的价格及付款时间的约定

新建的商品房及预售的商品房一般是按所买卖房屋的建筑面积来计算房屋的价格，即约定每平方米建筑面积的售价为多少元，然后用单位价格乘以所购建筑面积来计算房屋所需支付的价款。旧房的买卖有时就直接约定每套房屋或每幢房屋所需支付的价款。在合同中一般要列一个付款时间进度表，买方按该进度表将每期所需支付的价款交付给卖方。

(4) 交房期限

卖方应在某日期之前，将房屋交付买方。买方应在实际接收房屋之日起，在房地产产权登记机关规定的期限内向房地产产权登记机关办理权属登记手续，卖方应给予必要的协助。

(5) 权利担保

卖方保证在交付房屋时，该房屋没有产权纠纷和财产纠纷，保证在交付时已清除该房屋上原来由卖方设定的抵押权。如果房屋交付后发生该房屋交付前即存在的权利纠纷，则由卖方承担全部责任。

(6) 违约责任

买卖双方都应切实履行合同中所约定的义务，如果买卖双方有任何一方违反合同约定，则应承担违约责任。在合同中应明确约定买方不按期支付购房款所应承担的违约责任，卖方不按期交付房屋所应承担的违约责任，以及卖方所交付房屋不符合合同约定所应承担的违约责任等。

(7) 合同双方认为应当约定的其他事项

(略)

11.1.4.2 预售商品房买卖合同主要内容

①双方的名称、地址，法人组织必须有法定代表人签名或盖章。

②标的，即预售商品的位置、编号。

③数量，预售商品房的数量，面积一般以平方米来计算，并明确是建筑面积还是使用面积或套数。

243

④价款即房屋的价金，如每平方米多少元。不仅应标明单价，还应标明总价；我国《房地产管理法》虽然对商品房预售的条件和程序进行了规定，但对预售款征收的数额和期限却没有统一的规定，当事人应在合同中明确。根据一般做法，预售商品房的预售款，在房屋开工建设时不得超过40%，待建房工作量完成一半时再收至60%，到房屋封顶可收至95%，到房屋交付使用时再全部收取。

⑤交付方式和期限，包括预售款的支付方式、期限和房屋的交付方式、期限。

⑥房屋使用性质，明确是住宅用房、办公用房还是经营业用房或其他用房。

⑦房屋产权转移的方式、期限。

⑧违约责任。

⑨双方约定的其他条款。

11.1.5 合同中房产商的权利扩张

11.1.5.1 合同中房产商经常设置的陷阱

（1）认购定金难归还

《××花园商品房认购书》规定："认购方选择一次性付款的，应在签订上述买卖合同的同时付清全部房款，认购定金自动转为房款，逾期者所缴认购定金不退还。"

【点评】商品房买卖属于大宗消费，经营者应为消费者留有一个合理的"犹豫期"，以便消费者深入研究有关资料，全面了解自己的权利、义务，自主决定是否购房。"犹豫期"内要求退定金的，不适用定金罚则。

（2）单方扩大解约权

《××花园商品房认购协议书》规定："若乙方违反协议书中约定之任何条款，甲方有权解除本协议书，并有权将本协议书所指商品房另行出售，乙方不得提出任何异议，乙方所付定金不予返还。"

【点评】任何组织和个人无权"没收"公民合法财产。当事人一方主张解除合同的，应当通知对方，不得擅自变更或者解除合同。该条款非法增加了经营者的权利，侵犯了公民的基本权利，属违法、无效条款。

（3）减免责任巧设计

××市两家开发企业共同筹建的某别墅在其制定的商品房补充合同中规定："房屋采用空心砖建造（而这种空心砖容易产生裂缝——编者），房屋交付使用时，梁、板、墙体等如出现裂缝，乙方不得以此为由提出诉讼和索赔。"

【点评】该格式条款把应由建筑商对开发商承担的风险转嫁到消费者身上，以模糊的语言概括地免除开发商的建筑质量责任，同时非法剥夺消费者的诉讼权、索赔权，为无效条款。

（4）模糊标的好圈钱

××房地产有限公司在预售房屋时，并未讲明所售房屋是精装修房，而其制定的《商品房买卖补充协议》中却加入了不明确的有关精装修房的条款。

【点评】签订合同前，开发商有义务告知消费者有关售出房屋真实、全面、具体的情况，包括房屋的装修标准。该开发商不仅未尽告知义务，而且还在上述补充条款中以不确切的意思表示模糊合同标的，实质上是想套取消费者的装修房款。

（5）面积误差设陷阱

××房地产有限公司制定的《商品房买卖补充协议》规定："面积误差时，买受人不退房。面积误差部分双方按每平方米房价款据实结算房价款。"

【点评】房屋面积出现误差时，选择退房、要求赔偿、据实结算等是消费者的主要权利。上述条款以双方约定的名义，为开发商免除、减轻自己的责任提供了方便，侵犯了消费者的自主选择权、公平交易权，是最为典型的显失公平条款。面积纠纷的产生除有关计算规范等制度不健全的原因外，主要还是部分不法开发商出于牟取私利的故意行为。为了解决面积误差问题，法律主要从两个方面进行了规定：一是增加了新的计价方式，即商品房销售既可以按套（单元）计价，也可以按套内建筑面积或者建筑面积计价；二是规定合同中应当明确合同约定面积与产权登记面积发生误差的处理方式，并规定了合同未作约定时的处理原则，即超过3%的部分，由房地产开发企业承担，不足3%的部分，由开发企业按房价款双倍返还购房人。

（6）违约责任不对等

某省消费者投诉称，其所签购房合同中有这样一则内容："甲方若延期交房，则每迟交一个月，按乙方已付房款3%计算罚金，付给乙方作赔偿。乙方若未按期限向甲方缴清房款，视为违约，甲方有权从乙方已交购房款中，扣罚10%的金额作违约金，同时不予办理过户手续。"

【点评】上述格式条款对合同双方支付违约金的额度规定不对等，实质上是加重消费者责任，减轻经营者责任，违反了法律的公平原则。消费者可依法申请人民法院或仲裁机构予以撤销或变更。

（7）一房二卖搞欺诈

××房地产有限公司制定的《购房协议书》规定："双方签订协议后，任何一方不得违约，若甲方将乙方购房另转卖给他人，甲方应付给乙方已付房款3%作为对乙方的经济赔偿。"

【点评】一房二卖是典型的欺诈行为，经营者应当承担双倍赔偿责任。该条款免除了经营者责任，剥夺了消费者的主要权利，属违法、无效条款。此外，房地产开发企业销售设有抵押权商品房的，其抵押权的处理按照《中华人民共和国担保法》、《城市房地产抵押管理办法》的有关规定执行。房地产开发企业不得在未解除商品房买卖合同前，将作为合同标的物的商品房再行销售给他人。

（8）虚假宣传不负责

××房地产有限公司制定的《商品房买卖补充协议》规定："出卖人在买受人签订合同前的广告、宣传资料（或楼盘模型、售楼书或其他载体）中的所有图片、资料数据、说明等，仅供买受人参考，不作为出卖人的承诺依据。"

【点评】该条款排除了开发商所作商业广告和宣传资料成为要约的任何可能性，为其信口雌黄、进行虚假宣传提供了方便，其内容与法律规定相抵触，为无效条款。

（9）购房签约先交钱

××房地产开发有限公司制定的《××商品房认购书》规定："在乙方交清首期房款以及本条第 5 款所列的有关综合费用时，甲方应与乙方签署《商品房买卖合同》。"

【点评】在签认购书时，购房者已交付了定金，提供了立约担保。该条款又规定购房者必须先交清首期房款及有关综合费用，才能签署商品房买卖合同，实际上颠倒了签约与付款的顺序，侵犯了消费者的公平交易权，属不公平、不合理的条款。

11.1.5.2 补充协议对购房者的限制

大部分开发商会要求购房者签署由其单方提供的补充协议，以限制购房者的权利，甚至采用一些不平等条款侵害购房者利益，主要表现在以下几个方面：

（1）关于不可抗力

导致开发商逾期交付房屋的原因很多，不可抗力即是其中之一。由于相关法律规定难以对不可抗力事件一一列明，开发商通常会对不可抗力的范围作扩大性解释。例如，将施工过程中出现的重大技术问题或开发商不能控制的其他因素列入不可抗力的范围，以规避由于逾期交付房屋而需承担的违约责任，对此购房者应该在补充协议中尽量明确不可抗力事件的范围，在出现不可抗力时开发商应该提供政府主管部门、公证机构或专业鉴定机构的证明性文件才能作为其免责的理由，同时约定当不可抗力事件导致逾期交房超过一定期限时，购房者有权终止合同，要求开发商退还已经支付的全部款项，或者就逾期实际天数要求房地产开发商给予一定数额的经济补偿。

（2）关于分摊建筑面积

作为房屋总建筑面积的一部分，分摊面积的多少直接影响购房者实际获得的使用面积。对此尽管有关商品房销售面积计算及建筑面积分摊的法规作了明确规定，实际操作中个别开发商仍然将经营性用房、人防工程或其他与房屋无关的面积调整计入实测面积和暂测面积的误差。购房者可以参照上述有关规定，认真审核开发商在补充协议中列明的分摊范围，对不符合法律规定的部分坚决要求予以删除。或者在补充协议中明确所购房屋的实际使用率，即实际使用面积与房屋总建筑面积的比率，当开发商交付的房屋达不到约定的标准时，购房者即可以选择退房并要求开发商承担违约责任。

（3）关于装修标准

对于预售商品房，特别是约定了精装修的预售商品房，购房者一定要明确该等商品房的装修标准，防止被开发商以"进口"、"高级"、"先进"等不明确的表述误导。建议在补充协议中详细约定与房屋有关的所有内外装修、设施设备的种类、型号、品牌、颜色、位置、方向、可以参照的市场价格、达不到上述标准的违约责任等，以最大限度地保护自己的利益。

11.1.5.3 利用补充协议保护自身利益

由于标准文本在内容上的局限性，以及购房者个性的多样化，购房者应主动向开发商提出自己的合理要求，并通过签订补充协议的方式予以明确。

（1）房屋所有权证办理的时间

尽管从表面上看，房屋所有权是由房地产管理部门颁发的，与开发商并没有直接的关系，不应构成其义务。但在实践中，房屋所有权证颁发的延迟往往是由于开发商手续不完整、未能履行交纳土地出让金、测绘费等义务。因此，需要让开发商作出相应的承诺，保证在规定期限内履行各项义务以确保购房者顺利取得房屋所有权证，否则应承担一定数额的罚金，超过约定期限的，购房者还可以退房并要求开发商承担由此给购房者造成的经济损失。

（2）贷款未被批准的应对措施

由于在商品房购房购销过程中，普遍采用按揭贷款或公积金贷款方式分期支付购房款项。而上述贷款是否会得到批准主要依赖开发商提供的担保情况、购房者本人的资信状况等因素。如果购房者在签订购房合同并支付了首期购房款后贷款得不到批准，就会面临无法自行支付全部剩余款项，从而承担违约责任的风险。因此，应该在补充协议中分清责任，如果由于开发商原因导致贷款得不到批准，则购房者可以选择退房并要求开发商承担违约责任；如果由于自身原因，则届时可以选择变更付款方式或要求退房。

（3）关于保修责任

在北方新增楼盘中，部分采用了通过燃气系统独立供暖的方式，而不再通过市政热力管线集中供暖。由于提供该种燃气系统的大多为德国、意大利等国外厂商，地域分散、国内售后服务网点较少，加之该种系统设计寿命较长（一般为十年左右），更增加了购房者在使用上述供暖系统中保修和维修的困难。因此，最好在补充协议中将开发商的责任和厂商的保修、维修、更换的责任连带起来，要求开发商在购房者联系不到厂商的情况下保证正常供暖，并负担一定的维修费用。

（4）关于开发商在促销过程中的承诺

为配合商品房的销售，开发商或个别销售人员都会通过口头介绍、广告宣传等方式在促销过程中就与商品房有关的小区环境、会所、托幼、学校、医院、停车位、物业管理等方面作出承诺。上述因素直接影响购房者的居住和生活质量，实际上构成房屋价格的一部分，如果不能兑现，必定会使购房者的期望值大打折扣。对于开发商作出的种种承诺，一定要不厌其烦，一一在补充协议中予以落实，并明确开发商违反该约定的违约责任。

11.1.6　房屋建设工程转让与预售合同的处理

代理人应提示委托人，房屋建设工程转让前已经进行商品房预售的，房屋建设工程转让人应当将房屋建设工程转让的情况书面通知商品房预购人。商品房预购人有权在接到书面通知之日起 30 日内要求解除商品房预售合同。

商品房预购人未按照前款规定要求解除商品房预售合同的，应当由房屋建设工程受让人继续履行商品房预售合同。

11.1.7　商品房的交付使用及其质量保证

11.1.7.1　商品房交付使用的定义

代理人应提示委托人商品房的交付由物的交付和权利的交付组成。物的交付即对房屋的转移占有，权利的交付即房地产权利的转移登记。如果当事人没有另外约定，物的交付即房屋的转移占有，视为房屋的交付使用。

交付的后果是：房屋毁损、灭失的风险，在交付使用前由出卖人承担，交付使用后由买受人承担；买受人接到出卖人的书面交房通知，无正当理由拒绝接收的，房屋毁损、灭失的风险自书面交房通知确定的交付使用之日起由买受人承担，但法律另有规定或者当事人另有约定的除外。

11.1.7.2　商品房的交付要求

代理人应提示委托人，房地产开发企业应当按照合同约定，将符合交付使用条件的商品房按期交付给买受人。未能按期交付的，房地产开发企业应当承担违约责任。因不可抗力或者当事人在合同中约定的其他原因，需延期交付的，房地产开发企业应当及时告知买受人。

房地产开发企业销售商品房时设置样板房的，应当说明实际交付的商品房质量、设备及装修与样板房是否一样，未作说明的，实际交付的商品房应当与样板房一致。

11.1.7.3　交付时应提供的文件

销售商品住宅时，房地产开发企业应当根据国家《商品住宅实行质量保证书和住宅使用说明书制度的规定》，向买受人提供《住宅质量保证书》、《住宅使用说明书》。

（1）《住宅质量保证书》

该保证书应当包括以下内容：

①工程质量监督部门核验的质量等级。

②基础设施工程、房屋建筑的地基基础工程和主体结构工程，为设计文件规定的该工程的合理使用年限。

③屋面防水工程、有防水要求的卫生间、房间和外墙面的防渗漏，保修期为 5 年；供热与供冷系统，为 2 个采暖期、供冷期；电气管线、给排水管道、设备安装和装修工程，

为2年。

④用户报修的单位答复和处理的时限。

（2）《住宅使用说明书》

应当对住宅的结构、性能和各部位（部件）的类型、性能标准等作出说明，并提出使用注意事项，一般应包括以下内容：

①开发单位、设计单位、施工单位，委托监理的应注明监理单位。

②结构类型。

③装修、装饰注意事项。

④上水、下水、电、燃气、热力、通信、消防等设施配置的说明。

⑤有关设备、设施安装预留位置的说明和安装注意事项。

⑥门、窗类型，使用注意事项。

⑦配电负荷。

⑧承重墙、保留墙、防水层、阳台等部位注意事项的说明。

⑨其他应说明的问题。

预售商品房交付的标志一般为签收房屋交接书，除非当事人另有约定。

11.1.7.4 商品房的保修责任

代理人应提示委托人，房地产开发企业应当对所售商品房承担质量保修责任。当事人应当在合同中就保修范围、保修期限、保修责任等内容做出约定。保修期从交付之日起计算。商品住宅的保修期限不得低于建设工程承包单位向建设单位出具的质量保修书约定保修期的存续期；存续期少于《商品住宅实行质量保证书和住宅使用制度的规定》中确定的最低保修期限的，保修期不得低于《商品住宅实行质量保证书和住宅使用制度的规定》中确定的最低保修期限。非住宅商品房的保修期限不得低于建设工程承包单位向建设单位出具的质量保修书约定保修期的存续期。

在保修期限内发生的属于保修范围的质量问题，房地产开发企业应当履行保修义务，并对造成的损失承担赔偿责任。商品住宅委托物业管理公司等单位维修的，应在《住宅质量保证书》中明示所委托的单位。因不可抗力或者使用不当造成的损坏，房地产开发企业不承担责任。

代理人应提示委托人，商品房交付使用后，买受人认为主体结构不合格的，可以依照有关规定委托工程质量检测机构核验，经核验，确属主体结构质量不合格的，买受人有权退房；给买受人造成损失的，房地产开发企业应当依法承担赔偿责任。

因房屋质量问题严重影响正常居住使用，买受人也可要求解除合同和赔偿损失。

11.1.8 物业管理的有关事项

物业管理是物业管理企业接受房屋产权人或业主委员会的委托，依照物业管理合同或协议，对已投入使用的各类房屋建筑和附属配套设施及场地进行管理，同时对房屋区域周围的环境、清洁卫生、安全保卫、公共绿地、道路养护统一实施专业化管理，并向住用人提供多方面的综合性服务。物业管理是集管理、经营、服务为一体的有偿劳动，它按照社会化、专业化原则进行管理。物业公司和业主经常会出现争议，具体如下：

（1）物业管理公司与业主的维修责任划分

业主作为物业的所有权人，应对其所有的物业承担维修养护责任。因此，房屋的室内部分，即户门以内的部位和设备，包括水、电、气、户表以内的管线和自用阳台，由业主负责维修。房屋的共用部位和共用设施设备，包括房屋的外墙面、楼梯间、通道、屋面、上下水管道、公用水箱、加压水泵、电梯、机电设备、公用天线和消防设施等房屋主体共用设施，由物业管理公司组织定期养护和维修。住宅区内的水、电、煤气、通信等管线的维修养护，由有关供水、供电、供气及通信单位负责，维修养护费由有关业务单位支付。但是，物业管理公司与有关业务单位另有约定的，按双方约定确定维修责任。

物业所有人可以自行维修养护其自用部分和自用设备，也可以委托物业管理公司或其他专业维修人员代修。由于业主拒不履行维修责任，致使房屋及附属设施已经或者可能危害毗连房屋安全及公共安全，造成损失的，业主应当赔偿损失。人为造成公用设施损坏的，由损坏者负责修复；造成损失的，应当赔偿损失。

（2）公共维修基金的再交纳问题

公共维修基金只用来解决房屋的大修，凡已交纳2%的公共维修基金的，产权人仍须交纳共用部位与共用设施的维护费。房屋自用部位的维修服务属特约性服务，费用标准由产权人和物业管理企业协商确定，并由产权人个人支付。

（3）物业公司对业主装修进行管理的规范问题

①物业管理公司有权对住户的装修进行监督管理；②住户装修时，必须向物业管理公司申报，经批准后方能实施；③住户装修时，不得拆改房屋的承重结构，不得挪动各种管线；④为了保证住户按照规定装修，不破坏承重结构等，物业管理公司可以收些押金，事后应及时退还；⑤物业管理公司收取装修管理费，要有依据。

（4）商品房长期不居住是否还要交物业管理费的问题

产权人长期不住的房屋或开发商未出售的空置房，均应交纳物业管理费。理由如下：物业管理公司提供的服务是一种公共性服务，即公共区域的保洁、保安、绿化、房屋及小区公共设施的维护、小区日常管理等，这种公共性服务不会因为某一个人或几个人不在此居住，管理成本就会减少。

（5）公共区域能源费的承担

对于高档住宅，根据《城市住宅小区物业管理服务收费暂行办法》（国家计委、建设部［1996］第266号文件）的规定：公共区域的能源费用可以计入物业管理成本，作为物业管理费的构成部分。对于普通住宅，公共区域的水电费，不能单独作为收费项目进行收费，但可按建筑面积的比例分摊给各住户，在收取各住户水电费时一并计取。但是，小区的路灯费用不能由住户承担，开发企业应按照规定，将路灯移交给市路灯管理处统一维护管理。

11.1.9 购房交易纠纷的处理

购房交易纠纷的处理不能一概而论，需根据实际情况，具体问题具体分析。有关部门处理投诉的原则与工作分工如下：

（1）商品房购销纠纷

市消费者协会、市建委负责接受消费者对商品房购销纠纷的投诉。

（2）与售房预售（销售）合同不符引起的纠纷

对交付房屋面积、朝向、装修标准、楼层等与售房预售（销售）合同不符引起的纠纷，由市房地局对照原审批的预售（销售）合同负责调解、处理。

（3）施工质量引起的纠纷

对交付房屋的楼层、高度、渗水、漏水、墙体裂缝及其他施工质量引起的纠纷，由市建委的施工、质量管理部门依照施工管理规范裁定，并按合同及有关规定进行调解、处理。

（4）延迟交楼而引起的纠纷

对延迟交楼而引起的纠纷，除不可抗力原因造成的以外，应按照商品房预售合同的规定承担延迟交楼的责任。对未经市建委核准而逾期交楼的，由开发企业按照商品房预售合同给予消费者赔偿，市房地局有调解、处理的权力。

（5）物业管理及收费纠纷

商品房交付使用过程中出现的物业管理及收费纠纷由市房地局住宅小区管理办公室负责调解、处理。

（6）虚假广告引起的纠纷

对商品房预售、销售中因虚假广告引起的纠纷投诉由市工商局负责调解、处理。

如通过上述途径仍不能协商解决的，购房者可直接到仲裁委员会要求仲裁，或到法院起诉。

11.2　二手房买卖中的代理

与新房买卖相比，二手房买卖有其独特之处。代理人应做好必要的调查，注意买卖的合法性和安全性。

11.2.1　二手房买卖中价格风险的防范

价格风险对买方而言是价格超过了房屋的实际价值，对卖方则相反，即对于卖方是价格低于实际价值，所以了解房屋的真正价值非常重要。

11.2.1.1　房屋估价方法

（1）市场比较法

根据选取的近期三个以上交易案例和估价对象交易二手房之间的差异，将交易案例的价格分别修正调整为交易二手房的比准价格。然后求取各个比准价格的算术平均值或者加权算术平均值作为市场比较法的评估结论。

（2）收益法

收益法的关键是三个指标的确定，即年收益额、资本化率和收益年限的确定。其中年收益额，即年纯收益可以利用租赁市场的市场租金，扣除一定的出租经营费用来确定。资本化率与利息率关系密切，可以在利息率的基础上加上一定的风险利率，或者利用市场比较法直接求取房屋出租的收益率，即纯租金或房屋价值作为使用的资本化率。最后是收益年限指标。收益年限可以根据房屋的结构、装修、维护、设备安装等综合确定。最后利用收益法计算公式计算二手房的收益价格。

11.2.1.2 价格的影响因素

（1）房屋因素

房屋竣工后即进入折旧期，按照理论折旧率，混合一等结构房屋折旧期限为 50 年，每年的折旧率为 2%。另外旧房的套型落后，功能陈旧，这同新建商品房无法相比，"三小"（小厅、小厨、小卫）套型比基准价低 10%。此外，楼层对价格也产生影响。以 7 层楼房为例，2 层和 5 层为基准价，1 层和 6 层比基准价低 3%，7 层比基准价低 5%，3 层和 4 层比基准价高 3%，若是楼顶则比基准价低 5%；房间如无朝南门窗比基准价低 5%。

（2）环境因素

环境因素既有自然的，也有社会的；既有大环境，也有小环境。在同一地段，旧房的小区环境会逊色于新住宅区，比如小区平面布局、设施、绿化以及房屋的外观造型等，旧房都要大打折扣。再如社会环境，在同一土地级别地区，有的适合经商，有的则适宜居住。还有该地区的居民结构、文化氛围、配套建设等都会对房屋价格产生较大的影响。无物业管理和非独立封闭小区分别减少 5%，位于省、市重点中小学区的增加 15%。

确定评估值。如果只使用一种方法，那么评估值就是这种方法计算的结果。如果采用两种方法，那么就选择其中一种作为主要方法，另外一种方法作为验证。目前很多估价师在估价过程中在采用两种方法时往往利用平均值作为最终结果，是不科学的。

11.2.2 对不法中介的防范

11.2.2.1 卖方的风险防范

（1）利用收购的形式赚取不正当差价

以个人买房名义现金收购业主房屋，业主名义上已经出售了房屋，获得房款，实际上如果经纪公司在销售中利用仍在业主名下的房产从事不法活动，业主也脱不了干系。

房产过户才是出售房屋的关键步骤，代理人应提醒卖主不要做一手交钱一手交房的快速交易，避免个人风险，并且不给不法中介创造赚取不正当差价的机会。

（2）房屋买卖中介利用霸王条款约束业主

中介与业主签订独家代理协议中存在的陷阱，主要包括代理协议中无代理销售时间的限制及不能按时完成委托的赔付标准；另一方面，如果业主不通过该中介售房，就要承担高金额的违约金。

代理交易不透明，赚取不正当差价。签订协议后，业主不再面对购房者，对于具体的销售价格及销售期限无从得知，只是会按照协议获得约定的售房价款。经纪公司利用买卖双方不见面的机会赚取差价。

房屋买卖过程的透明交易至关重要，一定要买卖双方见面签订正式的买卖合同，为自己争取获得阳光操作的机会。

11.2.2.2 买方的风险防范

（1）不透明全包价，存在陷阱

在买卖交易过程中，大部分情况下，所有的费用都由买方承担，不法中介不明确告知买方在交易过程中需要交纳的费用，只告知买方全部买下标的房产需要的价款，实际上所谓的全包价比经纪公司应该收取的服务费用及代收的税费等相关费用高得多。

买方一定要将经纪公司收取的费用及需要向相关部门交纳的费用了解清楚，最好在合同后附费用清单，详细计算相关收费，避免不正当差价。

（2）房屋入住无正规物业交验

不法中介不协助买卖双方完成物业交验，可能出现买方入住后发现原业主的供暖费、物业费等大笔费用拖欠，但是已经将房款付给业主，只能个人承担。

一定要有正规的物业交验过程，并且不要一次性支付全款给业主，在双方完成物业交验，保证物业交验的费用结清及房屋的验收工作后付剩余房款。

（3）利用买方对房屋交易的错误理解设置陷阱

很多买方认为一手交钱一手交房，只要自己拿到房屋的钥匙入住了，房子就是自己的了，实际上在房屋正式过户之前，产权仍然归属原业主，并且存在无法完成交易的可能性，如果在过户之前将房款支付给业主，买方存在"钱房两空"的可能性。不法中介为了促成交易，对可能出现的风险避而不谈，甚至将可能存在交易困难的房产卖给买方，并且让买方在房屋过户之前付款给业主。

在过户之前支付房款给业主时一定要有清醒的认识，了解清楚此房是否能顺利过户，是否存在纠纷等情况后，综合估计自己的风险再作出决定。

11.2.3　签订买卖合同的代理要点

由于合同签订不规范而引起的二手房买卖纠纷不断发生，因此在签订合同的时候应注意以下几点：

11.2.3.1　明确房屋的具体情况

目前在市面上出售的二手房屋，由于大部分年代比较久，有时会出现所售房屋实际面积与产权证上注明的面积不符的现象。导致这种现象发生的原因很多，比如当时测绘的误差、某些赠送面积等。所以合同中约定出售房屋的面积应以现在的产权证上注明的为准，其他面积不计在内。

11.2.3.2　明确屋内设施的细节

买房时有时会出现这种情况：在签订买卖合同时，业主常常口头向客户保证，屋内装修的铝合金门窗、地板、空调以及柜子、热水器可以全部赠送。结果到实际交房时客户却发现门窗被卸、地板被撬，屋内一片狼藉，而业主承诺的空调、热水器更是不见踪影，或是业主要求折价卖给客户。其实这种纠纷的发生完全可以避免。不管是屋内装修还是家用电器，不论业主怎样口头承诺，买房时必须在合同中注明。

11.2.3.3　明确付款方式

在合同签订过程中，付款方式是必须注意的一项要素。在付款方式的选择上可以标明：

①在签订《房屋买卖合同》时，客户即支付相当于房价款百分之多少的定金给业主或中介公司；

②在买卖方直接交易的情况下，可注明在办理立契过户当天，客户支付业主百分之多

少的房款（已付定金转为房款）；

③若通过中介交易，则可注明在办理立契过户手续前第几个工作日，客户支付全部房款（已付定金转为房款）给中介公司，中介公司于过户后第几个工作日支付房款给业主。

另外，最好有一小部分剩余款项的支付能放在物业交验之后的工作日内进行。

11.2.3.4 明确交房时间

在合同签订的时候应当注明房屋交验的时间是在过户后第几个工作日或双方约定的其他时间；房屋交验前产生的费用及房屋交验时产生的费用由谁承担；另外双方的其他约定也需在合同中注明。

11.2.3.5 居间中保合同的内容

许多中介公司除办理代办过户业务外，还推出居间中保服务。所谓中保就是作为中间人能保证双方交易成功，即保证成功交易后买方能得到没有产权纠纷的房产证明，卖方能得到全部交易房款。房屋买卖如果是通过中介公司进行的，那么在居间中保合同中除了须标明中介公司的权利外，还必须标明中介公司承担的责任与义务，如过户后第几个工作日交付房款、款项交付方式、相关税费明细等。

11.2.3.6 违约责任

在合同中标明各方的责任义务，有利于避免纠纷的发生。如毁约责任、违约金款项、逾期付款责任、滞纳金款项及其他违约情况的处理，都应在合同中注明。

11.3 不动产租赁关系中的代理

代理人承办商品房租赁事务应依据《城市房地产管理法》、《城市房屋租赁管理办法》，各地的《房屋租赁条例》及其实施意见、《商品房销售管理办法》及其他有关规定。

商品房租赁是指出租人将商品房交付承租人使用、收益，由承租人向出租人支付租金的行为。

公有房屋租赁、城镇廉租住房、旅馆业的客房出租和房屋场地经营中的柜台出租不在本章的讨论范围。

11.3.1 现房租赁

现房租赁的出租人应当是拥有房屋所有权的法人、其他组织或个人，依法代管房屋的代管人或者法律规定的其他权利人。

11.3.1.1 出租房屋

出租的房屋应当具备下列条件之一：

①出租房屋的所有权应当已依法登记，所有人已取得房地产权证（包括房屋所有权证，下同）。

②已竣工但暂时还未取得房地产权证的房屋，有下列之一权属证明的也可出租：

a. 集体土地上的居住房屋，持有《农村宅基地使用证》；非居住房屋，持有用地批文和批准建房文件。

b. 单位或者个人购买的商品房，持有商品房预售合同、预售商品房屋交接书或者商品房出售合同，以及付款凭证。

c. 单位建造的房屋（除房地产开发企业建造的商品房外），持有土地使用权依法登记的房地产权证（土地使用权证）或者建设用地批准书以及建设工程规划许可证、竣工验收合格证明，其中居住房屋应当持有《新建商品住宅交付使用许可证》。

d. 单位建造的构筑物、地下建筑物，持有建设工程规划许可证、建设工程施工许可证和竣工验收合格证明。

e. 单位建造的临时建筑，持有临时使用土地批准文件、临时建设工程规划许可证和临时建设工程施工许可证。

③依法取得商品房预售许可证明的房地产开发企业的在建商品房。

④共有房屋出租、委托出租和代理出租的特别要求：

a. 共有房屋出租的，应当具有其他共有人同意出租的证明。

b. 委托出租的，应当具有房屋所有人与受托人签订的委托出租合同。

c. 代理人代理出租，应当具有房屋所有人委托代理出租的证明。

11.3.1.2　禁止出租的房屋

有下列情形之一的房屋不得出租：

①未依法登记取得房地产权证书或者无其他合法权属证明的。

②司法机关和行政机关依法裁定、决定查封或者以其他形式限制房地权利的。

③共有的房屋，未经全体共有人书面同意的。

④权属有争议的。

⑤属于违法建筑的。

⑥不符合安全标准的，被鉴定为危险房屋的。

⑦已抵押，未经抵押权人同意的。

⑧不符合公安、环保、卫生等主管部门有关规定的。

⑨改变房屋用途，依法须经有关部门批准而未经批准的。

⑩法律、法规规定不得出租的其他情形。

11.3.1.3　房屋租赁治安管理证件的办理

各地根据具体情况制定了房屋租赁治安管理证件的办理方法，依据各地的《外来流动人员管理条例》、《外来流动人员租赁房屋治安管理办法》、公安部《租赁房屋治安管理规定》等法律法规，凡需出租房屋的个人或单位，应当在出租前向拟出租房屋所在地公安派出所或受公安机关委托的居（村）委房屋租赁治安管理站提出申请办理《房屋租赁治安许可证》或《房屋租赁治安登记意见书》。

（1）申办对象资格

①出租人须拥有出租房屋的所有权证或其他合法的房屋证明（含房屋产权和租用公房使用权）。

②房屋结构安全牢固，具有基本的生活设施。

③出入口、通道等设施符合治安和消防管理的有关规定。

④与非出租的房屋实行分门进出或者采取分隔措施。

⑤出租的房屋核定的居住人数达到30人以上的，应当配备相应数量的治安保卫人员。

（2）申办材料

①出租房屋产权证明或租用公房凭证或其他合法的房屋证明及复印件；共有房屋出租的，应持有其他共有人同意出租的证明或者委托书；代理出租（含物业代理出租房屋）的，应持有被代理人委托代理出租的证明。

②出租人（单位）出租房屋须出具居民身份证或单位证明。

③《房屋租赁治安管理审批表》或《房屋租赁治安许可证申请表》。

④出租人不具备管理责任能力或出租人实际居住地与出租房屋地址跨街道、镇以上分离的，应签订《房屋租赁治安责任委托协议书》。

⑤出租房屋用作经营的，应出具工商部门核发的营业执照。

⑥出租房屋用作仓库的，应出具消防部门核发的《建筑消防审核意见书》。

（3）办理程序

①申请填写《房屋租赁治安管理审批表》。派出所根据申请人或者申请单位的申请，当场发给《房屋租赁治安管理审批表》，申请人或者申请单位领取表后，要字迹端正，如实填写。填表后附上相关证明材料，交出租房屋所在地责任区民警或居（村）委房屋租赁治安管理站。

②审核。责任区民警接到《审批表》及相关证明材料后，应当查验相关证明材料并在3个工作日内到申请出租房屋的实地按治安许可条件查验后签署意见，派出所分管领导应当在5个工作日内审核完毕并加盖派出所印章；对不符合条件的，公安派出所应当在10个工作日内填写《不予发放房屋租赁治安许可证告知书》或《房屋租赁治安登记意见告知书》，书面告知申请人或申请单位。

③签订《房屋租赁治安责任协议书》。出租人申请获批准后，公安派出所应当在8个工作日内与出租人或出租单位的治安责任人签订《房屋租赁治安责任协议书》，协议书一式两份，出租人与派出所各执一份。

④签发《房屋租赁治安许可证》或《房屋租赁治安登记意见书》。公安派出所应当在10个工作日内对出租给外来流动人员居住或非居住的房屋，签发给出租人《房屋租赁治安许可证》；对出租给本市人员或境外人员居住的房屋，签发给出租人《房屋租赁治安登记意见书》。

11.3.1.4 代理的要点

代理人办理房屋租赁业务首先要按照上述内容进行审核和尽职调查：

①审核出租人是否具有出租资格：

· 出租人是否与出租房屋权证上的名称一致；

· 共有房屋出租的，是否有其他共有人同意出租的证明；

· 委托出租的，房屋所有人是否与出租房屋权证上的名称一致，受托人与房屋所有人是否有委托出租合同；

· 代理出租的，房屋所有人是否与出租房屋权证上的名称一致，代理人是否有房屋所有人的委托代理出租证明；

· 出租给境内外来流动人员的，有无取得公安机关颁发的《房屋租赁治安许可证》。

②审核房屋是否具备出租条件和有无禁止出租的情形

③对前两项内容进行尽职调查，核实是否与当事人陈述和提供的文件资料一致

④租赁合同的签订。在出租人和出租房屋符合资格与条件后，签署租赁合同前，代理人要核对原件、确认双方当事人的主体身份：个人审核身份证或护照、港澳居民往来内地通行证、台湾居民来往大陆通行证；企业、其他组织审核登记注册证明、法定代表人身份证明、签约代表的授权委托证明，若是境外企业、其他组织，前述证明还应经公正或认证。

代理人应当提示租赁当事人可使用租赁合同示范文本，也可参照示范文本自行拟订合同条款。自拟合同不得含有免除提供方法定责任、加重对方责任及排除对方权利的内容，自拟合同应具备以下主要内容：

· 租赁当事人的姓名或者名称、住所；
· 房屋坐落地点、面积、结构、附属设施和设备状况；
· 房屋用途；
· 房屋交付日期；
· 租赁期限；
· 租金数额、支付方式和期限；
· 房屋使用要求和维修责任；
· 房屋返还时的状态；
· 转租的约定；
· 变更和解除合同的条件；
· 违约责任；
· 争议的解决方式；
· 租赁当事人约定的其他内容。

⑤审查租赁合同关键条款的内容并核实：

· 审查租赁面积的计算方法、调查核实其是否和房地产权证上登记面积或法定检测部门检测面积一致。

· 审查房屋交付时的状况，特别是附属设施和设备状况是否具体明确及能否拆除、改建或增设和租赁期满交还时的要求。

· 审查租赁合同约定的房屋用途是否和政府批准的规划用途一致。若不一致，须由出租人或出租人委托承租人报规划部门批准。

· 根据有关规定，房屋租赁期限不得超过土地使用权出让合同、土地租赁合同约定的土地使用年限及不得超过20年，审查租赁合同有无违反此规定。

· 审查和明确租金和有关费用的范围，租金是否包含管理费、空调水电费等；审查租赁保证金约定是否合理及租赁期满后租赁保证金的处理。

· 若出租人同意承租人对房屋进行装修，要注意审查装修的有关约定：装修的内容和要求、承租人对装修公司及其工人的管理、装修给第三人造成损害的责任承担、装修发生的水电等费用承担与支付、装修过程中与物业管理公司的协调、装修期内是否免租或一定期限内免租等。

· 维修责任：若当事人没有另外约定，出租房屋的养护、自然或第三人造成的损坏

或故障，其维修责任在于出租人；若因承租人使用不当或过错造成的损坏或故障，则承租人须承担维修责任或维修费用。

· 若是经营性房屋租赁，代理人要合理提示当事人是否投保公众责任险或第三者责任险。

11.3.1.5 租赁合同的解除

（1）不定期租赁的当事人可以随时终止租赁关系，但出租人应当在合理期限之前书面通知承租人

（2）承租人可以解除合同的情形

①出租人未按时交付房屋的，承租人可以催告出租人在合理期限内交付，逾期仍未交付的。

②出租人交付的房屋不符合租赁合同约定，致使不能实现租赁目的的。

③交付的房屋危及承租人安全的。

④对房屋租赁期限没有约定，依照法律规定仍不能确定的。

（3）出租人可以解除合同的情形

①对房屋租赁期限没有约定，依照法律规定仍不能确定的。

②承租人未征得出租人同意改变房屋用途，致使房屋损坏的。

③承租人逾期不支付租金累计超过 6 个月或约定的期限的。

④承租人造成房屋主体结构损坏的。

⑤房屋租赁合同未约定可以转租，承租人转租房屋未征得出租人同意的。

11.3.1.6 房屋租赁合同登记备案

未登记不得对抗第三人。代理人应特别提示承租人，其房屋租赁合同未经房地产登记机构登记备案，不得对抗第三人，其优先继续承租权、优先购买权等都无法得到完全保护。

（1）登记应提交的材料

租赁当事人在签订租赁合同后的 15 日内应持下列材料办理登记备案手续：

①《房地产登记申请书》（原件）。

②当事人身份证明或单位营业执照（原件及复印件）。

③委托书（原件）及代理人身份证明（原件及复印件）；房地产权利人为自然人的，委托书需公证：

a. 在香港地区申办的公证文书须经中国法律服务（香港）有限公司加章转递确认；

b. 台湾同胞持台湾地区公证机构出具的公证文书须经公证员协会核对，并出具确认当事人的正本与海基会寄送的副本核对一致的证明；

c. 在境外的中国公民、华侨、外籍华人、外国人提供的公证文书须经该国外交部或其授权的机构和中国驻该国使（领）馆认证。

④房屋租赁合同，包括房屋出租转租、承租权转让或交换、预租合同等（原件）。

⑤向外来人员出租房屋的，还应提交房屋租赁治安管理证件（复印件）。

⑥房地产权证、其他权属证明（原件）。

（2）代理人代办租赁登记备案

代理人代办租赁登记备案手续，要取得并向房地产登记机构出具当事人的委托书。代理人要认真审核上述材料是否齐全、真实，并在租赁合同签署后 15 日内及时办理。代理人对原件要妥善保管，办理完毕要及时归还当事人，以免丢失承担责任。

11.3.2　商品房预租

商品房预租是指房地产开发企业在新建商品房未办理房地产初始登记、取得房地产权证前，在符合地方法规或有关政府部门规范性文件要求的情况下，与承租人签订商品房租赁预约协议，并向承租人收取一定数额的预收款的行为。

（1）预租的出租人的限定

代理人应合理提示委托人，预租的出租人必须为房地产开发企业，而不能为个人或其他单位。

（2）预租的条件

房地产开发企业预租商品房的基本前提条件是应当符合商品房预售的条件，并依法取得市或者区、县房地产管理部门核发的商品房预售许可证明。

（3）预租合同的特别内容

在合同内容上，预租商品房合同除了应具备一般房屋租赁合同的基本内容外，还应当载明下列内容：①预租房屋的交付使用日期；②预付款的金额、支付期限；③其他有关预租事项。其中交付使用日期应在商品房竣工并取得房地产权证后。

（4）预租合同的登记备案

在登记备案上，双方当事人签订预租合同后，在 15 日内持预租合同和有关材料办理预租合同登记备案（此登记备案应为预告登记性质），签署预租商品房使用交接书后再办理登记备案，领取租赁合同登记备案证明。

（5）预租与预售的冲突

代理人应合理提示委托人预租存在的限制情况，即房地产开发企业不得将已经预售的商品房预租；商品房预购人不得将预购的商品房预租；商品房未经初始登记、取得房地产权证前，承租人不得将预租的商品房转租、房屋承租权转让或者承租权交换。

11.3.3　商品房先租后售

商品房（含存量房屋）先租后售是指房地产开发经营企业投资建造、并已取得《房地产权证》的商品房及房屋所有权人拥有的存量产权房屋，采取先出租给承租人使用，再根据合同约定出售给该承租人的一种交易行为。

11.3.3.1　先租后售登记备案的问题

代理人应合理提示委托人商品房先租后售合同目前在登记备案上存在政策不明朗的情况，但可以租赁合同名义登记备案，在租赁合同中双方平等自愿对先租后售的有关事宜作出约定。

11.3.3.2　先租后售房屋的限定

先租后售的房屋应是房地产开发经营企业投资建造并已取得《房地产权证》的商品房或房屋所有权人拥有的存量产权房屋。

11.3.3.3　代理要点

代理人要注意审查先租后售的租赁合同中是否具备如下特别约定：

①买卖该房屋的时限、价格。

②约定的买卖价格与实际成交时支付价款的计算方式。

③出租人解除与承租人购房约定的条件。

④在合同约定的有效期限内，出租房屋需设定抵押的，房屋业主应当事先取得承租人书面同意。

⑤在租赁期间，未经承租人书面同意放弃购房权利的，房屋业主不得将该房屋另行出售给他人；未征得房屋业主的书面同意，承租人不得将该房屋先租后售的权利转让他人。

⑥承租人要购买该物业，必须在租赁期限届满前与房屋业主签订商品房出售合同，并在出售合同中载明出售前承租人已租赁的时间、缴付的租金、该房屋出租时约定的买卖价和实际成交时支付价款的计算等内容。

⑦按以前先租后售的操作，在出售合同登记时，需提交承租人已交付租金的发票、房屋业主出租该房屋的纳税凭证。因此，要约定房屋业主取得租金收入应开具租金发票并按规定纳税，以维护双方可能会得到的合法权益或免除的义务。

11.3.4　商品房售后包租

商品房售后包租，按建设部《商品房销售管理办法》界定，是指房地产开发企业以在一定期限内承租或者代为出租买受人所购该企业商品房的方式销售商品房的行为。

11.3.4.1　售后包租登记备案的问题

代理人应合理提示委托人售后包租目前是存在限制的，其合同在登记备案上也存在政策不明朗的情况，有可能无法获得登记备案。

11.3.4.2　售后包租的限制

代理人应合理提示当事人售后包租的房屋必须是已竣工的商品房，未竣工的商品房不得售后包租或变相售后包租。

11.3.4.3　代理人审核售后包租合同中应注意的特别事项

①所定的租金回报不要高于市场上同类房屋正常出租业务所得的平均利润，且应有相应的担保，以免涉嫌非法融资。

②该房屋买卖价格、包租期间的租金回报或价格折减金额、出租与转租的约定、包租年限以及售后包租有关双方的权利、义务等内容应具体明确。

③代理出租的，包租人未经买受人的书面同意不得擅自将售后包租的该房屋再转包租；包租人与承租人签订租赁合同的租赁期限不得超过包租合同约定的终止日期。

11.3.5　房屋转租、房屋承租权转让或交换

房屋转租，是指承租人在租赁期间将其承租房屋的部分或者全部再出租的行为。房屋承租权转让是指在房屋租赁期限内，承租人将其在房屋租赁合同中的权利、义务一并转移给第三人，由第三人取代原承租人的地位，继续履行房屋租赁合同的行为。

房屋承租权交换是指在房屋租赁期间，承租人将其承租的房屋与第三人承租的房屋交换使用，并各自履行交换对方房屋租赁合同的行为。代理人要提示当事人，房屋承租权转让或者交换，承租人须征得出租人的书面同意。

代理人要合理提示委托人有下列情形之一的房屋不得转租：

①承租人拖欠租金的；

②承租人在承租房屋内擅自搭建的；

③预租的商品房。

未取得《房屋租赁治安许可证》的房屋向境内的外来流动人员转租，转租人应当向房屋所在区、县公安派出机构申请并取得《房屋租赁治安许可证》。未取得《房屋租赁治安许可证》的房屋，不得向外来流动人员转租。

11.3.5.1　转租的前提条件

代理人办理房屋转租业务，首先要审查房屋租赁合同。房屋租赁合同约定可以转租的，承租人可以按照租赁合同的约定转租房屋。房屋租赁合同未约定可以转租的，承租人转租房屋应当征得出租人的书面同意。

11.3.5.2　转租合同与租赁合同的关系

代理人要提示委托人，房屋转租期间，租赁合同发生变更，影响转租合同履行的，转租合同应当随之变更；租赁合同解除的，转租合同随之解除。

11.3.5.3　转租期限的限制

在转租期限上，代理人要注意转租合同的终止日期不得超过租赁合同规定的终止日期，除非出租人与转租双方另有协商约定。

除非出租人与转租当事人另有约定，房屋转租期间，承租人应当继续履行租赁合同。

11.3.5.4　房屋转租合同的登记备案

转租双方当事人应在签订房屋转租合同后 15 日内持下列材料向房地产登记机构办理房屋转租合同的登记备案，领取转租合同登记备案证明：

①出租人同意转租的书面意见或者经登记备案的租赁合同；

②租赁合同的登记备案证明；

③转租合同；

④转租的承租人个人身份证明或者企业、其他组织的登记注册证明。

11.3.5.5　房屋承租权转让或者房屋承租权交换的办理程序

①承租人事先征得出租人的书面同意。

②承租人与房屋承租权的受让人或者房屋承租权的交换人签订《房屋承租权转让合同》或者《房屋承租权交换合同》。

③出租人与房屋承租权的受让人或者房屋承租权的交换人签订《租赁主体变更合同》，变更房屋承租人，继续履行原租赁合同。

④双方当事人在《租赁主体变更合同》签订后的 15 日内，应当持下列材料向原租赁合同登记备案的房地产登记机构办理合同的变更登记备案，领取登记备案证明：

a. 房屋承租权受让人或者房屋承租权的交换人的个人身份证明或者企业、其他组织的登记注册证明；

b. 房屋承租权转让合同或者房屋承租权交换合同；

c. 房屋租赁主体变更合同；

d. 租赁合同登记备案的证明。

12 外商投资代理

12.1 外商投资企业的设立

12.1.1 设立外商投资企业的审批

各地的外商投资工作委员会（以下简称外资委）主管各地外商投资企业的审批工作。设立外商投资企业，除国家规定由国务院主管部门审批的项目以外，均由外资委及其授权的管理委员会，区、县人民政府、市有关主管部门（以下简称审批机构）审批。

①投资总额在3000万美元以上的生产性项目和需由国务院主管部门审批的其他项目，由市外资委会同有关部门初审后，转报国务院主管部门审批。

②投资总额在3000万美元以下的项目，各地政府的规定有所不同，如在上海市，位于浦东新区内的，由浦东新区管理委员会负责审批，位于外高桥保税区内的，由外高桥保税区管理委员会负责审批；限制乙类项目，需经市外资委会同有关部门初审后转报国务院主管部门审批项目建议书。位于市级工业区内，属于鼓励类项目，由所在区、县人民政府负责审批。

③投资总额在1000万美元以下的鼓励、允许类项目，由各区、县人民政府和有关主管局负责审批。

④除上述第①、②、③项外的其他项目，由市外资委负责审批。

12.1.2 外资企业设立程序

12.1.2.1 设立中外合资经营企业、中外合作经营企业的程序

（1）编报项目建议书

中方或外方投资者可以通过各种途径选择合资（合作）者，在了解合资（合作）者的业务范围和资信状况、确定合作意向后，由中方投资者编写项目建议书，报审批机关审批。审批机关在收到项目建议书及其附件之日起的20日内，决定批准或不批准。项目建议书批准后，中、外投资者应向工商行政管理部门办理企业名称登记。

（2）编报可行性研究报告

中外投资者应在项目建议书批准后，就合资（合作）经营项目有关的市场、资金、

263

技术、工艺、设备、原材料（零部件）、选址、环保、劳动保护、消防、基础设施配套、销售、经济效益、外汇平衡等事项进行可行性研究，共同编制可行性报告。有困难的问题可提请审批机构协调解决。

（3）报送合同、章程

中外投资者在编报可行性研究报告的同时，可起草合同、章程。由中方投资者报送审批机关审批。审批机关在收到可行性研究报告和合同、章程及其附件之日起的 30 日内决定批准或不批准。

（4）申请颁发批准证书

可行性研究报告和合同、章程批准后，企业凭合同、章程批准文件，向市企事业社团统一代码标识办公室申领企业代码，并由中方投资者向审批机构申领投资企业批准证书。审批机关在收到有关文件之日起在 3 日内，由省、市外资委及其授权的管理委员会和区、县人民政府颁发批准证书。

（5）申请领取营业执照

中外投资者在领取被批准证书之日起在 30 日内，向工商行政管理部门办理登记注册，领取营业执照。凡省、市外资委负责审批的项目，市工商行政管理局在 10 日内签发营业执照。营业执照签发日期为合资（合作）企业的成立日期。

（6）办理外汇登记、银行开户、税务登记、财政登记和海关登记等

12.1.2.2 设立外商独资经营企业的程序

外国投资者设立外资企业，应委托具有相应资格的咨询代理机构办理申请和报批等事项。设立外资企业，参照中外合资、合作经营企业的投资程序办理。

12.1.2.3 外资股份有限公司设立分公司的注册手续

根据国家工商行政管理局的有关规定，注册资本已经缴清、生产经营活动正常的外商投资的有限责任公司和股份有限公司，可以设立分公司。设立分公司的程序，按照《企业法人登记管理条例》及其《施行细则》的规定执行。

第一，外商投资企业申请设立分支机构或者办事机构，应当向拟设立分公司所在地的工商行政管理部门（须经国家工商行政管理总局授权具有外商投资企业登记权）提交下列文件、证件：

①隶属企业董事长签署的登记申请书；

②原审批机关批准的文件和原登记主管机关的通知函；

③隶属企业董事会的决议；

④隶属企业的执照副本；

⑤负责人的任职文件；

⑥其他有关文件、证件。

第二，外商投资企业申请增设分支机构，应首先向原登记主管机关申请变更登记，并提交下列文件、证件：

①变更登记申请书。

②董事会决议（含向分支机构的拨款数额）。

③分支机构负责人委派书（附负责人简历、身份证明）。然后向分支机构所在地登记

主管机关申请开业登记，并提交下列文件、证件：

    a. 原登记主管机关同意设立分支机构的核转通知书；

    b. 外商投资企业营业执照副本（复印件）；

    c. 董事会决议；

    d. 分支机构负责人委派书；

    e. 场所使用证明。

12.1.2.4　外资并购国有企业的基本程序

①并购方或被并购方向外资并购综合服务窗口领取并购申请表，外资并购综合服务窗口汇总后报外资委备案。

②经有资质的评估机构进行资产评估，并按有关规定进行核准后，在产权交易所按本市的有关政策、法规进行交易。

③外资委根据外商投资企业的法律、法规、规章和产权交易合同进行简化审批。

④企业到工商局依据有关规定办理企业注册登记或变更登记手续。

12.1.3　台商在中国大陆投资享受外资待遇

台商可以在中国大陆设立独资企业；可以在大陆物色合作伙伴举办合资、合作经营企业，也可以与境外的其他投资者共同在大陆投资办企业。如台商和其他境外投资者投资比例占企业注册资本25%以上，均可享受外商投资企业的各种优惠待遇。

《中华人民共和国台湾同胞投资保护法实施细则》第8条规定：台湾同胞投资大陆，可以依法采用下列投资形式：

①举办合资经营企业、合作经营企业或者全部资本由台湾同胞投资者投资的企业；

②合作勘探开发自然资源；

③开展补偿贸易、加工装配、合作生产；

④购买企业的股票、债券；

⑤购置房产；

⑥取得土地使用权，开发经营；

⑦购买国有小型企业或者集体企业、私营企业；

⑧法律、行政法规允许的其他投资形式。

根据这一细则规定，台湾同胞投资者（台商）可以承包经营国有中小企业、收购、合资、合作、租赁、控股、参股、兼并及对已宣布的破产企业竞价购买。

12.2　外商投资特殊行业的代理

12.2.1　关于外商举办投资性公司的规定

外国投资者可以根据中国有关外国投资的法律、法规，在中国设立投资性公司。投资性公司系指外国投资者在中国以独资或与中国投资者合资的形式设立的从事直接投资的公司，公司形式为有限责任公司。

12.2.1.1 外国投资者的条件

申请设立投资性公司的外国投资者应为一家外国的公司、企业或经济组织，若外国投资者为两个以上的，其中应至少有一名占大股权的外国投资者符合下列规定中的一条：

①外国投资者资信良好，拥有举办投资性公司所必需的经济实力，申请前一年该投资者的资产总额不低于4亿美元，且该投资者在中国境内已设立了外商投资企业，其实际缴付的注册资本的出资额超过1000万美元，并有3个以上拟投资项目的项目建议书已获得批准。

②外国投资者资信良好，拥有举办投资性公司所必需的经济实力，该投资者在中国境内已设立了10个以上从事生产或基础设施建设的外商投资企业，其实际缴付的注册资本的出资额超过3000万美元。

外国投资者可以其全资拥有的子公司的名义投资设立投资性公司。

12.2.1.2 合资经营中中国投资者的条件

以合资方式设立投资性公司的，中国投资者应为资信良好，拥有举办投资性公司所必需的经济实力，申请前一年该投资者的资产总额不低于1亿元人民币。

12.2.1.3 投资性公司的出资要求

投资性公司的注册资本不低于3000万美元。外国投资者须以可自由兑换的货币或其在中国境内获得的人民币利润或因转股、清算等活动获得的人民币合法收益作为其向投资性公司注册资本的出资。中国投资者可以人民币出资。外国投资者以其人民币合法收益作为其向投资性公司注册资本出资的，应当提交相关证明文件及完税凭证。出资应在营业执照签发之日起两年内全部缴清。

12.2.1.4 设立投资性公司的审查

投资者应将下列文件经拟设立投资性公司所在地的省、自治区、直辖市、计划单列市外经贸部门审核同意后，报商务部审查批准。

①设立合资的投资性公司的项目建议书、投资各方签署的可行性研究报告、合同、章程；设立独资的投资性公司外国投资者签署的项目建议书、外资企业申请表、可行性研究报告、章程。

②投资各方的资信证明文件、注册登记证明文件（复印件）和法定代表人证明文件（复印件）。

③外国投资者已投资企业的批准证书（复印件）、营业执照（复印件）和中国注册会计师出具的验资报告（复印件）。

④依法审计的投资各方近三年的资产负债表。

⑤提交保证函：外国投资者须向审批机关出具保证函，保证其所设立的投资性公司在中国境内投资时注册资本的缴付和属于该外国投资者或关联公司的技术转让。

以全资拥有的子公司的名义投资设立投资性公司的，其母公司须向审批机关出具保证函，保证其子公司按照审批机关批准的条件完成对所设立的投资性公司注册资本的缴付，并保证该投资性公司在中国境内投资时的注册资本的缴付和属于该母公司及其所属公司的技术转让。

⑥商务部要求的其他文件。

12.2.1.5 投资性公司的业务范围

投资性公司经商务部批准设立后，可以依其在中国从事经营活动的实际需要经营下列业务：

①在国家允许外商投资的领域依法进行投资。

投资性公司所投资企业系指符合下列条件的企业：

a. 投资性公司直接投资或与其他外国投资者和/或中国投资者共同投资，投资性公司中折算出的外国投资者的投资单独或与其他外国投资者一起投资的比例占其所投资设立企业注册资本的25%以上的企业。

b. 投资性公司将其投资者或其关联公司及其他外国投资者在中国境内已投资设立的企业的股权部分或全部收购，而使投资性公司中折算出的外国投资者的投资单独或与其他外国投资者的投资额共同占该已设立企业的注册资本25%以上的企业。

c. 投资性公司的投资额不低于其所投资设立企业的注册资本的10%。

②受其所投资企业的书面委托（经董事会一致通过），向其所投资企业提供下列服务：

a. 协助或代理其所投资的企业从国内外采购该企业自用的机器设备、办公设备和生产所需的原材料、元器件、零部件和在国内外销售其所投资企业生产的产品，并提供售后服务；

b. 在外汇管理部门的同意和监督下，在其所投资企业之间平衡外汇；

c. 为其所投资企业提供产品生产、销售和市场开发过程中的技术支持、员工培训、企业内部人事管理等服务；

d. 协助其所投资企业寻求贷款及提供担保。

③在中国境内设立科研开发中心或部门，从事新产品及高新技术的研究开发，转让其研究开发成果，并提供相应的技术服务。

④为其投资者提供咨询服务，为其关联公司提供与其投资有关的市场信息、投资政策等咨询服务。

⑤经中国人民银行批准，投资性公司可向其所投资设立的企业提供财务支持。

⑥投资性公司可以作为发起人发起设立外商投资股份有限公司或持有外商投资股份有限公司未上市流通的法人股。投资性公司也可以根据国家有关规定持有境内其他股份有限公司未上市流通的法人股。投资性公司应视为股份有限公司境外发起人或股东。

⑦受所投资企业的书面委托（经董事会一致通过），开展下列业务：

a. 在国内外市场以经销的方式销售其所投资企业生产的产品；

b. 为其所投资企业提供运输、仓储等综合服务。

⑧以代理、经销或设立出口采购机构的方式出口不涉及出口配额、许可证管理的国内商品。

⑨购买所投资企业生产的产品进行系统集成后在国内外销售，如所投资企业生产的产品不能完全满足系统集成需要，允许其在国内外采购系统集成配套产品，但所购买的系统集成配套产品的价值不应超过系统集成所需全部产品价值的50%。

⑩为其所投资企业的产品的国内经销商、代理商以及与投资性公司、其母公司签有技

术转让协议的国内公司、企业提供相关的技术培训。

⑪在其所投资企业投产前或其所投资企业新产品投产前，为进行产品市场开发，允许投资性公司从其母公司进口少量与所投资企业生产产品相同或相似的非进口配额管理的产品在国内试销。

⑫为其所投资企业提供机器和办公设备的经营性租赁服务。

⑬为其母公司生产的产品提供售后服务。

⑭依照国家有关规定，参与有对外承包工程经营权的中国企业的境外工程承包。

⑮投资性公司不得直接从事生产活动。

12.2.1.6 投资性公司申请设立分公司的条件

①投资性公司的注册资本已按照合同、章程的规定按期缴付并且已缴付的出资额不低于 3000 万美元；或投资性公司已投资设立或拥有 10 个以上外商投资企业。

②拟设立分公司的地区应为投资性公司投资集中地区或产品销售集中的地区。

③投资性公司在中国境内的投资活动不受公司注册地点的限制。

④投资性公司与其投资设立的企业是彼此独立的法人或实体，其业务往来应按独立企业之间业务往来关系处理。

12.2.2 中外合资人才中介机构管理暂行规定

中外合资人才中介机构，是指外国开展人才中介服务的公司、企业和其他经济组织与中国开展人才中介服务的公司、企业和其他经济组织，在中国境内依法合资成立的人才中介机构。开展人才中介服务的外国公司、企业和其他经济组织在中国境内从事人才中介服务活动，必须与中国开展人才中介服务的公司、企业和其他经济组织合资经营，设立专门的人才中介机构。不得设立外商独资人才中介机构。外国企业常驻中国代表机构和在中国成立的商会等组织不得在中国境内从事人才中介服务。

12.2.2.1 申请设立中外合资人才中介机构的条件

①申请设立中外合资人才中介机构的中方投资者应当是成立 3 年以上的人才中介机构，外方出资者也应当是从事 3 年以上人才中介服务的外国公司、企业和其他经济组织，合资各方具有良好的信誉。

②有健全的组织机构；有熟悉人力资源管理业务的人员，其中必须有 5 名以上具有大专以上学历并取得人才中介服务资格证书的专职人员。

③有与其申请的业务相适应的固定场所、资金和办公设施，注册资本金不少于 30 万美元，其中外方合资者的出资比例不得低于 25%，中方合资者的出资比例不得低于 51%。

④有健全可行的机构章程、管理制度、工作规则，有明确的业务范围。

⑤能够独立享有民事权利，承担民事责任。

⑥法律、法规规定的其他条件。

12.2.2.2 申请设立中外合资人才中介机构须提供的材料

申请设立中外合资人才中介机构，应向省、自治区、直辖市人民政府人事行政部门提供下列材料：

①书面申请及可行性报告。

②合资各方签订的协议与章程。

③合资各方开展人才中介服务3年以上的资质证明。

④工商行政管理部门核发的《企业名称预先核准通知书》。

⑤法律、法规和省、自治区、直辖市人民政府人事行政部门要求提供的其他材料。

省、自治区、直辖市人民政府人事行政部门在接到设立中外合资人才中介机构的申请后，应当在30个工作日内审核完毕。审批同意的，颁发《人才中介服务许可证》（以下简称许可证），并向国务院人事行政部门备案；不同意的，应该书面通知申请人并说明理由。申请者自获得许可证之日起30日内，依法向商务部门办理批准手续。自批准证书签发之日起30日内，依法向工商行政管理部门申请办理登记手续。

12.2.2.3 经营范围

①人才供求信息的收集、整理、储存、发布和咨询服务。

②人才推荐。

③人才招聘。

④人才测评。

⑤中国境内的人才培训。

⑥法规、规章规定的其他有关业务。

中外合资人才中介机构招聘人才出境，应当按照中国政府有关规定办理手续。其中，不得招聘下列人才出境：

①正在承担国家、省级重点工程、科研项目的技术和管理人员，未经单位或主管部门同意的；

②在职国家公务员；

③由国家统一派出而又未满轮换年限的支援西部开发的人员；

④在岗的涉密人员和离岗脱密期未满的涉密人员；

⑤有违法嫌疑正在依法接受审查尚未结案的人员；

⑥法律、法规规定暂时不能流动的其他特殊岗位的人员或者需经批准方可出境的人员。

中外合资人才中介机构设立分支机构，增加或者减少注册资本、股份转让、股东变更，必须经原审批机关批准，并依法到工商行政管理部门办理变更登记。中外合资人才中介机构变更机构名称、法定代表人和经营场所，经工商登记机关变更登记后，应在30日内，向原审批机关办理相关事项变更备案，换领有关批准文件。

12.2.3 办理外商投资餐饮企业主要程序

外商在中国投资成立餐饮企业，必须有中方参股50%以上。其主要程序如下：

12.2.3.1 编报项目建议书，报各地计划委员会审批

（1）项目建议书（原件）的主要内容

①中方、外方投资者的基本情况；

②投资总额、注册资本，各方出资比例、出资方式、出资期限；

③经营范围、生产规模和国内外市场分析；

④合资、合作年限；

⑤注册地址及基础设施配套条件；

⑥职工人数和来源；

⑦外汇收支预测；

⑧经济效益预测。

（2）项目建议书包括的附件

①合资意向书（原件）；

②中方投资者的企业法人营业执照以及资信证明（原件）；

③外方投资者的企业注册登记证明或者身份证件以及资信证明（原件）。

项目建议书经批准后，中、外投资者应向工商行政管理部门（各地工商行政管理局）办理企业名称预留登记。

12.2.3.2 编报可行性研究报告，起草合同章程，报各地对外经济贸易委员会审批

中外投资者应在项目建议书批准后，编写并报批合资（合作）经营项目可行性研究报告，可行性报告的主要内容包括：

①中、外方投资者的基本情况；

②投资总额、注册资本、各方出资比例、出资方式和出资期限；

③经营范围、生产规模、发展方向和国内外市场分析；

④合资、合作期限；

⑤资金、场地落实情况；

⑥产品销售市场、销售渠道分析评估；

⑦外汇收支安排落实；

⑧机构设置、人员构成与来源、劳动保护分析评估；

⑨总成本和单位成本估算，利润率及投资回收期。

12.2.3.3 各种许可证的获得

包括：

①公共场所治安许可证（所在地公安部门）；

②卫生许可证（各地卫生局卫生监督所）；

③卫生防疫许可证（各地卫生防疫站）；

④消防安全许可证（各地消防局）；

⑤若有卡拉 OK 等服务，须取得文化局批准；

⑥若有健身设施，须取得各地体委批准；

⑦营业用地（签订房屋租赁协议书或办理用地手续）；

⑧办理验资（需会计师事务所出具验资报告）。

12.2.4 设立外商控股、外商独资旅行社暂行规定

12.2.4.1 设立外商控股旅行社的境外投资方的条件

①外商是旅行社或者是主要从事旅游经营业务的企业；

②年旅游经营总额 4000 万美元以上；

③是本国（地区）旅游行业协会的会员；

④具有良好的国际信誉和先进的旅行社管理经验；

⑤遵守中国法律及中国旅游业的有关法规；

⑥设立外商独资旅行社的境外投资方年旅游经营总额应在 5 亿美元以上。

12.2.4.2　设立外商控股或外商独资旅行社的条件

①符合旅游业发展规划；

②符合旅游市场需要；

③注册资本不少于 400 万元人民币；

④外商控股或独资旅行社不得经营或变相经营中国公民出国旅游业务以及中国内地人员赴香港、澳门特别行政区和台湾地区旅游的业务。

12.2.5　关于设立中外合资对外贸易公司的暂行办法

合资外贸公司为有限责任公司。在合资外贸公司的注册资本中，外方投资者所占比例应在 25% 以上。设立合资外贸公司的条件如下：

①外方投资者申请前三年年平均对华贸易额在 3000 万美元以上；合资外贸公司注册地在中西部地区的，外方投资者申请前三年年平均对华贸易额在 2000 万美元以上。

②中方投资者应具有外贸经营权；申请前三年年平均进出口额在 3000 万美元以上；合资外贸公司注册地在中西部地区的，中方投资者申请前三年年平均进出口额在 2000 万美元以上。

③符合条件的中、外方投资者所设立的合资外贸公司应具备下列条件：

·注册资本不得低于 5000 万元人民币；注册地在中西部地区的，注册资本不得低于 3000 万元人民币；

·有自己的名称和组织机构；

·有与其对外贸易经营活动相适应的营业场所、专业人员以及其他必备的物质条件。

④申请设立合资外贸公司，中方投资者须将下列文件通过当地外经贸主管部门报对外贸易经济合作部（以下简称外经贸部）：

·项目建议书、中外各方签署的可行性研究报告、合同、章程；

·中外各方的注册登记证明文件（复印件）、资信证明文件和法定代表人证明文件；

·拟设立合资外贸公司的进出口商品目录；

·经会计师事务所审计的中外各方近三年的年度会计报表；

·外经贸部要求提交的其他文件。

⑤外方投资者及中方投资者可用货币资金、实物以及无形资产（包括工业产权、专有技术、场地使用权）等出资。合资外贸公司的合资各方应按国家有关规定按期缴清其认缴的出资额。

⑥国家实行配额、许可证管理的进出口商品，合资外贸公司须按照国家有关规定，向国务院有关主管部门申请并获得配额许可证后，方可进口或出口。合资外贸公司进口或出口国家实行配额招标的进出口商品，须按照国务院有关主管部门关于进出口商品招标、投标的规定执行。

12.2.6 外商投资设立研发中心的具体操作

12.2.6.1 外商投资研发中心的形式和经营范围

①外商投资研发中心的形式可以是外国投资者（包括外商投资设立的投资性公司）依法设立的中外合资、中外合作、外资企业，也可以是设在外商投资企业内部的独立部门或分公司。

②研发中心是从事自然科学及其相关科技领域的研究开发和实验发展（包括为研发活动服务的中间试验）的机构，研发内容可以是基础研究、产品应用研究、高科技研究和社会公益性研究，研发科目不包括《外商投资产业指导目录》禁止类项目，也不得从事非本研发技术成果的其他技术贸易和除中试外的生产活动。研发中心可以转让自己的研发成果，可以委托或联合开发的形式与国内科研院所开展合作研发。研发中心不包括培训中心。

12.2.6.2 外商投资研发中心的设立条件

①有明确的研究开发领域和具体的研发项目、固定的场所、科研必需的仪器设备和其他必需的科研条件，研发中心用于研发的投资应不低于200万美元。

②研发中心应配备专职管理和研发人员，其中具有相当于本科以上学历的直接从事研发活动人员占研发中心总人数的比例应不低于80%。

12.2.6.3 外商投资研发中心设立程序

①外商以合资、合作、独资形式投资设立研发中心，由省级审批部门进行审批。

②外商投资企业（包括投资性公司）内部设立研发中心：

a. 设立研发分公司或独立研发部门，由外商投资企业设立的审批机关按相应权限审批。但如属限额以下限制甲类企业，一律由省级审批部门审批（或按下款受理备案）；

b. 外商投资企业内部设立独立研发部门，如企业经营范围已包含"研究"或"开发"业务的，应补报独立研发部门的有关材料向原审批机关备案；如企业经营范围中未包含上述业务的，应修改合同章程，报原审批机关批准。

c. 上报审批机关的申请报告应增加下述内容：

· 研究开发的方向、领域，主要任务和实施计划；

· 场所、人员及有关科研条件的情况；

· 进行研发所需资金的来源、具体用途、数额，相应的财务预算报告；

· 在投资总额内或自有资金进口自用设备及其配套技术、配件、备件及研发过程中的研究样品、化学试剂清单；

· 关于研发内容先进性的说明及研发成果的归属。

12.3 外商投资企业的纳税和退税

12.3.1 外商投资企业在中国的纳税

外商投资企业和外国企业在中国适用的税种有：企业所得税、增值税、消费税、营业税、土地增值税、印花税、屠宰税、城市房地产税。进出口货物另按《海关关税条例》规定交纳关税和进口环节税。在中国境内工作人员薪金劳务所得应缴纳个人所得税。

12.3.1.1 外商投资企业和外国企业所得税

外商投资企业（是指中外合资、合作经营企业和外资企业）以及在中国境内设立机构、场所从事生产、经营的外国企业所得税税率为30%。另外，再征收3%的地方所得税（但很多地方政府免去此项税收，如浦东新区内外商投资企业在2000年前免征地方所得税）。在各地兴办的生产性外商投资企业按24%的税率征收企业所得税。在经济技术开发区和浦东新区内设立的生产性外商投资企业按15%的税率征收企业所得税。

外国企业在中国境内没有设立机构、场所而有取得来源于中国境内的股息、利息、租金、特许权使用费和其他所得，应当缴纳20%的所得税，上海减按10%的税率征收所得税（国际上通常称为预提税，由支付单位扣缴）。其中提供的资金、设备条件优惠或转让的技术先进的，经市人民政府批准可以免征所得税。

免减税期：外资生产性企业经营期在10年以上，获利后第一、二年免征所得税，获利后第三至第五年减半：分别为 $24\% \times 0.5 = 12\%$，$15\% \times 0.5 = 7.5\%$。

继续减税期：先进技术企业延长三年减税税率，双密集企业在整个经营期内的税率减半。

当年减税：产品出口企业当年产品出口产值达到70%以上的税率减为 $24\% \times 0.5 = 12\%$，产品出口型企业出口产值达到70%当年税率免征"所得利润汇出税"。

免征地方所得税：正常年份为3%，外商投资企业在2000年年底前免征，获利后第一、二年免征。

从事城市基础设施建设的外商投资企业，经营期在15年以上的，从开始获利年度起，前5年免征企业所得税，后5年减半征收企业所得税。

12.3.1.2 增值税、消费税、营业税

（1）增值税

在中国境内销售货物或提供加工、修理修配劳务以及进口货物的单位和个人，均应依照规定缴纳增值税。增值税的基本税率为17%；对粮食、食用植物油、自来水、饲料、化肥、农药、农机等少数货物税率为13%。

（2）消费税

在中国境内生产、委托加工和进口烟，酒及酒精，化妆品，护肤护发品，贵重首饰及珠宝玉石，鞭炮，烟火，汽油，柴油，汽车轮胎，摩托车，小汽车等11种消费品应当缴纳消费税。消费税的征收实行两种办法：一种是从量定额（如汽油每升0.2元），一种是从价定率（如汽缸容量在2 200毫升以内的小轿车税率为8%）。

（3）营业税

在中国境内提供交通运输、邮电通信、金融保险、建筑、文化体育、娱乐、服务业等业务，转让无形资产或者销售不动产的单位和个人应当缴纳营业税。营业税税率为3%或5%，其中娱乐业的税率为10%或15%。

12.3.1.3 印花税

在中国境内成立的购销、加工、承包、财产租赁、货物运输、仓储保管、借款、财产

保险、技术合同以及产权转移票据、营业账簿、权利许可证照，均应按照规定缴纳印花税。印花税税率最低为万分之零点五，最高为千分之一。权利许可证照和营业账簿（不包括记载资金的账簿）按件贴花，每件5元。

12.3.1.4 城市房地产税

房产税依照房产原值一次减除20%后的余额计算纳税，年税率为12%；依照房产租金收入计征的税率为12%。外商投资企业在上海浦东新区的经济技术开发区内自建或购置的新建房屋，从建成或购置的月份起，免缴5年房产税。

12.3.1.5 个人所得税

①在中国境内工作人员的工资、薪金所得应缴纳个人所得税。

②个人在中国境内从事设计、装潢、安装、制图、化验、测试、医疗、法律、会计、咨询、讲学、新闻、广播、翻译、审稿、书画、雕刻、影视、录音、录像、演出、表演、广告、展览、技术服务、介绍服务、经纪服务、代办服务以及其他劳务取得的所得也应缴纳个人所得税。每次收入不超过4000元的减除费用800元，超过4000元的减除20%的费用，其余额为应纳税所得额，按20%的税率计算纳税。个人一次取得的劳务报酬，其应纳税所得额超过2万元至5万元的部分依照应纳税额加征五成，超过5万元的部分加征十成。

12.3.1.6 契税

在中华人民共和国境内转移土地、房屋权属，承受的单位和个人为契税的纳税人。所称转移土地、房屋权属是指：

①国有土地使用权出让，不包括农村集体土地承包经营权的转移。

②土地使用权转让，包括出售、赠与和交换。

③房屋买卖。

④房屋赠与。

⑤房屋交换。

契税税率为3%～5%，由省、自治区、直辖市人民政府在此规定的幅度内按照本地区的实际情况确定，并报财政部和国家税务总局备案。

12.3.2 外商投资企业的出口退税

12.3.2.1 出口退税基本程序

中国内地现行的增值税和消费税暂行条例规定，除国务院另有规定的以外，纳税人出口货物，增值税税率为零（现行的出口退税率有5档，即17%、13%、11%、9%和5%）；出口应税消费品，免征消费税。增值税和消费税均属间接税。

出口退税因对象不同而对企业有不同的分类。按出口企业生产经营的特点，可分为具有进出口经营权的生产企业和外贸企业；按出口的贸易类型，可分为一般贸易和进料加工；按出口的经营方式，可分为自营出口和委托代理出口；按出口退税的方法，可分为免税企业、先征后退企业和"免抵退"企业。但无论何种出口企业，其出口退税程序基本如下：出口退税登记→进口退税申请→出口退税审核→税款退付与退税清算。

12.3.2.2 出口退税登记

出口退税登记是办理出口退税的第一步。出口企业在征税机关办理税务登记和增值税一般纳税人认定登记之后，应到主管退税的税务机关办理出口退税登记手续。

首先，出口企业在获准具有进出口经营权之日起 30 日内，持国家外经贸部及其授权单位批准其出口经营权的批件、工商营业执照副本、税务登记证副本等证件到所在地主管退税机关办理出口退税登记手续：

①填写出口退税登记表，经主管退税机关审核；

②办理出口退税登记证；

③提交出口专职或兼职办税员的有关资料，经由主管退税机关考核，发给《办税员证》。出口企业只有在领取了出口退税登记证明之后，才具有办理出口退税的权利和资格。未办理退税登记的出口企业，一律不予办理出口货物的退（免）税。

其次，出口企业的出口退税登记的内容如有变更，或发生改组、分立、合并、撤销等情况，应于主管部门批准之日起 30 日内，持有关证件向所在地主管退税的税务机关办理变更或注销出口退税登记手续。出口企业如更换办税员，亦应办理变更手续。

12.3.2.3 出口退税申报

由于出口企业的情况不同，出口退税申报的要求也有所差别。外商投资企业应在货物报关出口并在财务上作销售后，按月填报"外商投资企业出口货物退税申报表"，并提供海关签发的出口退税专用报关单、外汇结汇税单、购进货物的增值税专用发票（税款抵扣联）、外销发票、其他有关账册等到当地涉外税收管理机关申请办理免税抵扣和退税手续。

12.3.2.4 出口退税审核

出口退税的审批权原则上集中在省级和计划单列市国家税务局，也可根据出口退税审核工作的实际情况，由地（市）一级国家税务局参与出口退税的具体审核工作。在上述有权的国家税务局，设立有进出口受税管理处（分局），直接办理出口退税业务。

外商投资企业出口退税的日常管理，如办证、检查清算及资料的审核、保管等工作，统一由各地国家税务局涉外税收管理机关具体负责，企业出口退税的手续，由同级进出口税收管理机关负责办理。涉外税收管理机关接到企业退（免）税申报表后，审核无误，报上级涉外税收管理机关审批后办理；对于采用"免、抵、退"办法以及采取先征后退办法应予办理退税的，经上级涉外税收管理机关审查后，送同级进出口税收管理机关审批核准办理退税。

负责出口退税审核的税务机关在接到出口企业的退税申报表时，亦必须严格按照出口退税规定认真审核，确认无误后，逐级报请有权审批的税务机关审批，只有在批准后，才可填写《收入退还书》，送当地银行（国库）办理退税。

出口退税审核的主要内容有：出口报关单原始单据、进项税额原始单据、出口货物销售账簿和应交税金账簿等。

外商投资企业提出的退税申请手续齐备、内容真实的，当地涉外税收管理机关必须自接到申请之日起，15 日内审核完毕；上一级涉外税收管理机关必须自接到有关材料后 15 日内审批完毕；进出口税收管理机关必须在接到有关材料后，30 日内办完有关退税手续。

12.3.2.5 税款退付与退税清算

（1）税款退付

税款退付是在出口退税申报和审批之后，银行依据《收入退还书》将出口退税款从国库退付到出口企业的开户银行账户的行为。出口货物在办理退税手续后，如发生退关、国外退货或转为内销，企业必须向所在地主管出口退税的税务机关办理申报手续，补交已退（免）的税款。

（2）退税清算

出口企业要于年度终了后三个月内，进行上一年度出口退税的清算，按规定期限向主管退税机关报送"清算表"及相关资料由主管税务机关进行全面清查。主管退税机关在出口企业清算结束后两个月内，对企业上报清算报表的清算资料进行清算核查，并向出口企业发出《清算情况通知书》说明以下问题：

①出口企业的性质和清算范围，出口货物的品种、数量及销售额，清算后出口企业应退税款、已退税款；

②清算中发现的问题，多退、少退、错退的金额；

③清算处理结果及意见。

12.4 外商投资企业的借款

12.4.1 国有银行提供的贷款服务

国有银行对外商投资企业的贷款主要集中在以下几个方面：

12.4.1.1 固定资产贷款

用于基本建设项目和技术改造项目的工程建设费，技术、设备购置费及安装费。贷款方式分为：①中短期贷款；②买方信贷；③银团贷款；④项目贷款。

12.4.1.2 流动资金贷款

用于企业在商品生产、商品流通及正常经营活动过程中所需的资金。贷款方式分为：①生产储备及营运贷款；②临时贷款；③活存透支。

12.4.1.3 现汇抵押贷款

企业以其自有外汇（包括从境外借入外汇）作抵押，申请人民币贷款，用于流动资金或固定资产投资。抵押贷款分短期和中长期两种。短期抵押贷款的期限为3个月、6个月、1年。中长期抵押贷款为1年以上，最长不超过5年。抵押的外币目前限于美元、日元、港元、德国马克和英镑5种。

12.4.1.4 备用贷款

根据企业申请的特定用途，经中国银行审查同意安排使用的贷款。

12.4.2 外商投资企业不能向境内法人股东借款

"三资"企业缺少资金，在无法向当地银行取得信贷时，可以转向股东借款，由于中国银行及公司法相关规定，不允许非金融机构从事经营范围以外的金融贷款业务，所以中方的法人、企业或其他经济组织股东是不能借钱给"三资"企业的。

12.4.3 外商投资企业向境外法人、企业、个人股东借款

中国的《外汇管理条例》允许向外国借款，即所谓外债，是中国境内的机关、团体、企业（包括"三资"企业）、事业单位、金融界或其他机构对中国境外的国际金融组织、外国政府、金融界、企业或其他机构用外国货币承担的具有契约性偿还义务的全部债务，借款单位向在中国境内注册的外资银行和中资合资银行借入的外汇资金视同外债，实务上向境外个人借款也允许以外债借款方式核准。

向境外法人、企业、个人股东借款的代理要点：

12.4.3.1 中国实行外债登记管理制度

由于外商投资企业实行的是超国民待遇，其外债的借用是不需事先批准的，仅需借债后办理登记手续。但为了外债正常汇入和将来偿还时正常汇出，在实务上都是在签订了外债借贷合同以后，即向当地人民银行外汇管理局申请"外债签约定期登记"，依外债借贷合同登记。"三资"企业借用外债的前提是注册资本按投资合同规定如期到位，且中长期外债累计金额不得超过国家有关部门审批的投资总额与其注册资本的差额。登记后由外汇管理局核发给借款企业外债登记证。

12.4.3.2 采用对外担保以保障借款债权

所谓对外担保是指中国境内机构（境内外资金融机构除外）以保函、备用信用证、本票、汇票等形式出具对外保证，以《中华人民共和国担保法》（以下简称《担保法》第34条规定的财产对外抵押，或者以《担保法》第4章第1节规定的动产及第2节规定的权利对外质押向中国境外机构或境内的外资金融机构承诺，若债务人未按合同约定偿还债务，由担保人履行义务。

对外担保必须在签订对外贷款合同后，持规定文件向当地外汇管理局申请审批或备案，即申请对外担保签约定期登记，该笔对外担保方为合法。除此之外，还应按照有关规定办理抵押、质押登记，如此才能获得优先受偿权。

另外，担保人不得为外商投资企业注册资本提供担保，也不得为经营亏损企业提供对外担保，未经批准不得将对外借债兑换成人民币。

可作为对外担保的财产包括"三资"企业的资产，如土地使用权、厂房建筑、机器设备、专利、商标权以及投资股东的股权等。

13 专利代理

13.1 专利与专利制度概述

13.1.1 专利与专利法

13.1.1.1 专利与专利权

在我国专利法以及日常生活中，专利一词通常有三种含义：一是专利权的简称，即国家专利机关依法授予专利申请人对其发明创造在一定期限内享有独占权。这是专利的最基本含义。二是指被授予专利的发明创造，一般包括发明、实用新型和外观设计三种专利。三是指记载发明创造内容的专利文献。由于专利一词有多种含义，所以在判别其含义时应考虑其使用的具体场合。

专利权，是指法律赋予专利权人对其获得专利的发明创造在一定期限内依法享有的专有权利。

13.1.1.2 专利法

专利法，是调整在确认和保护发明创造的专有权以及在利用专有的发明创造过程中产生的社会关系的法律规范的总称。《中华人民共和国专利法》（以下简称《专利法》）于1984年3月12日第六届全国人民代表大会常务委员会第四次会议通过，2000年8月15日第九届全国人民代表大会常务委员会第十七次会议对专利法重新进行了修改。我国专利法的任务，就是调整发明创造者、发明创造成果的所有者和使用者这三者之间的关系，保护三者的合法权益。

13.1.2 专利权的主体、客体、内容

13.1.2.1 专利权的主体

专利权的主体，是指有权申请并取得专利权的人。包括发明人或设计人、发明人的单位、合法受让人。

（1）发明人或设计人

发明人，是指发明和实用新型的创造人、外观设计的制作人，是指对发明创造的实质性特点作出了创造性贡献的人。专利法意义上的发明人必须具备如下条件：发明人是直接

参加发明创造活动的人；发明人必须是对发明创造的实质性特点作出创造性贡献的人。在完成发明创造过程中，只负责组织工作的人、为物质条件的利用提供方便的人或者从事其他复制工作的人，不应当认为是发明人或者设计人。

（2）发明人的单位

单位是指法人和非法人社会组织。专利法规定发明人在供职单位基于本职工作作出的发明创造被称为职务发明创造。所谓职务发明创造，是指执行本单位的任务或主要是利用本单位的物质条件所完成的发明创造。执行本单位的任务完成的发明创造包括三种情况：①发明人或设计人在本职工作中作出的发明创造，即发明创造属于其职责范围。②发明人或设计人完成本单位交付的本职工作之外的任务作出的发明创造。③退职、退休或者调动工作后一年内作出的，与其在原单位承担的本职工作或者分配的任务有关的发明创造。

专利法第6条规定，职务发明创造申请专利的权力属于单位；申请被批准后，该单位为专利权人。但是，对于利用本单位的物质技术条件所完成的发明创造，允许单位与发明人或设计人自行约定权利归属。没有约定时符合"主要利用"的应认定为职务发明创造。职务发明人、设计人享有获得奖励权、报酬请求权、表明完成者身份权。

（3）合法受让人

合法受让人指以转让、继承方式取得专利权的人。专利申请权和专利权可以转让，专利权中的财产权利可以继承。专利权经合法受让后，受让人就成为专利权的主体。但发明人身份权不因专利权的转让而转移，它永远属于发明人或设计人。

根据专利法的规定，下列公民和法人可以成为专利申请权人：非职务发明人；职务发明人所在单位；专利申请权的合法受让人；同时，两个以上单位或者个人合作完成的发明创造、一个单位或者个人接受其他单位或者个人委托所完成的发明创造，除另有协议的以外，申请专利的权利属于完成或者共同完成的单位或者个人。

另外，在中国有常住所或营业所的外国人、外国企业和外国其他组织；在中国没有常住所或营业所的外国人、外国企业和外国其他组织，依照其所属国同中国签订的协议或共同参加的国际条约，或依照互惠原则，可以成为专利申请人。依照我国专利法和《巴黎公约》，外国人和外国法人在我国申请专利，应当委托国务院专利行政部门指定的专利代理机构办理。

13.1.2.2 专利权的客体

专利权的客体，又称专利法保护的对象，即依法取得专利权的发明创造。我国专利法所称的发明创造，是指发明、实用新型和外观设计。

（1）发明

专利法所称的发明，是指对产品、方法或者其改进所提出的新的技术方案。发明分为产品发明和方法发明。产品发明，是指人工制造的一切有形物品，包括制造品（如机器、设备、装置、用具等）、材料物品（如化学物质、合成物等）以及具有特定用途的物品的发明。方法发明，是解决特定问题所采用的技术性质的动作、步骤、程序或其组合。包括制造方法、测量方法、分析方法、通信方法、化学方法、物理方法、生物方法等。非技术性质的方法，如疾病的诊治方法、计算方法、游戏方法等不属于方法发明的范畴。

发明和发现是两个不同的概念。发明，是指所制造的产品或所提出的方法是前所未有的。发现，则是指揭示自然界已经存在的，但尚未被人们认识的事物。对于科学发现依法不授予专利。

（2）实用新型

实用新型，是指对产品的形状、构造或者其结合所提出的实用的新的技术方案。实用新型在一些国家被称为小发明。其特点是：①实用新型是针对产品而言的，任何方法（不论是否新颖实用）都不属于实用新型的范围。②实用新型是具有立体形状、构造的产品，而不能是气态产品、液态产品，也不能是粉末状、糊状、颗粒状的固态产品。③作为实用新型的产品必须是可以自由移动的物品。

（3）外观设计

外观设计，是指对产品的形状、图案、色彩或者其结合作出的富有美感并适于工业应用的新设计。

（4）对专利权客体的限制

我国专利法第5条规定，对违反国家法律、社会公德或者妨害公共利益的发明创造，不授予专利权。另外，我国专利法第25条还规定，对下列各项不授予专利权：科学发现；智力活动的规则和方法；疾病的诊断和治疗方法；动物和植物品种；用原子核变换方法获得的物质；对平面印刷品的图案、色彩或者二者的结合作出的主要起标识作用的设计。

13.1.2.3　专利权的内容

（1）专利权人的权利

专利权是以发明、实用新型、外观设计等发明创造为客体的特殊产权，它主要表现为专利权人对获得专利发明创造的独占权。

这种独占权的效力体现在两个方面：①专利权人有权占有、使用、收益和处分其发明创造，具体表现为专利权人的制造权、使用权、销售权、进口权等；②专利权人有权禁止其他任何人支配该专利，具体表现为专利权的禁止权。发明和实用新型专利权被授予后，除专利法另有规定的以外，任何单位或者个人未经专利权人许可，都不得实施其专利，即不得为生产经营目的制造、使用、许诺销售、销售、进口其专利产品，或者使用其专利方法以及使用、许诺销售、销售、进口依照该专利方法直接获得的产品。外观设计专利权被授予后，任何单位或个人未经专利权人许可，都不得实施其专利，即不得为生产经营目的制造、使用、销售、进口其外观设计专利产品。此外，专利权人还享有专利许可权、转让权、标记权、放弃权等。

（2）专利权人的义务

权利和义务是对应的，专利权人依法享有一定的权利，同时也要承担相应的义务。专利权人履行法定义务，是维持专利权的必要条件，专利权人如不履行这些义务，就会造成专利权的丧失、专利权被强制许可等法律后果。专利权人的义务主要有：①有自己在中国制造其专利产品、使用其专利方法或者许可他人在中国制造专利产品、使用其专利方法的义务；②有缴纳专利年费的义务；③职务发明取得专利后，作为专利权人的单位有向发明人或者设计人给予报酬奖励的义务。

13.1.3 专利权的审批

13.1.3.1 授予专利权的条件

专利法第22条规定："授予专利权的发明和实用新型，应当具备新颖性、创造性和实用性。"专利法第23条规定："授予专利权的外观设计，应当不属于现有设计；也没有任何单位或者个人就同样的外观设计在申请日以前向国务院专利行政部门提出过申请，并记载在申请日以后公告的专利文件中。"

（1）新颖性

新颖性是指发明创造的前所未有性，即发明创造是在一定时间和一定地域范围内的已知技术中没有的。我国专利法规定，新颖性应当是指某项专利在申请日以前没有同样的发明或者实用新型在国内外出版物上公开发表过、在国内公开使用过或者以其他方式为公众所知，也没有同样的发明或者实用新型由他人向国务院专利行政部门提出过申请并且记载在申请日以后公布的专利申请文件中。因此，是否公开是判断一项发明创造是否丧失新颖性的标准。公开的方式包括书面公开、口头公开和使用公开。从公开的日期看，一般是把申请专利的那一天作为确定新颖性的时间界限。

专利法第24条规定：申请专利的发明创造在申请日以前6个月内，有下列情形之一的，不丧失新颖性：①在中国政府主办或者承认的国际展览会上首次展出的；②在规定的学术会议或者技术会议上首次发表的；③他人未经申请人同意而泄露其内容的。

（2）创造性

创造性是指同申请日以前已有的技术相比，该发明有突出的实质性特点和显著的进步，或该实用新型有实质性特点和进步。外观设计要有独创性，即申请专利的外观设计在产品的形状、图案、色彩等方面，与申请日以前的已有的外观设计相比不相同或不相近。

（3）实用性

实用性是指该发明或者实用新型能够制造（产品）或者使用（方法），并且能够产生积极的效果（社会效果、技术效果、经济效果）。外观设计无实用性要求。

13.1.3.2 专利权的申请程序

专利申请是发明创造取得专利权的基础。专利申请作为一项法律行为，各国专利法对其形式、内容、程序等都作了严格的规定。

（1）专利的申请

专利法第26、27条规定：申请发明或者实用新型专利的，应当提交请求书、说明书及其摘要和权利要求书等文件；申请外观设计专利的，应当提交请求书以及外观设计的图片或者照片等文件，并且应当写明使用该外观设计的产品及其所属的类别。

国务院专利行政部门收到专利申请文件之日为申请日。如果申请文件是邮寄的，以寄出的邮戳为申请日。

（2）专利申请的审查和批准

①对发明专利申请的审查和批准。我国专利法对发明专利申请采取早期公开、延迟审查的审批程序。

②对实用新型和外观设计专利申请的审查和批准。

13.1.3.3 对国务院专利行政部门的决定不服的复审

专利申请人对国务院专利行政部门驳回申请的决定不服的，可以自收到通知之日起 3 个月内，向专利复审委员会请求复审。专利复审委员会复审后，作出决定，并通知专利申请人。专利申请人对专利复审委员会的复审决定不服的，可以自收到通知之日起 3 个月内向人民法院起诉。

13.1.4 专利的实施

专利的实施，是指专利权人或者他人在中国境内为了生产经营的目的制造、使用和销售专利产品或者使用专利方法。

（1）专利权人自己实施

专利权人取得专利后，自己可以制造其产品，使用其方法，取得经济收益。专利权人自己实施又可分为两种情况：一是专利权人自己单独实施；二是专利权人将专利作为投资，与他人合资经营进行合作实施。

（2）许可他人实施

专利权人可以通过订立许可合同的方式，许可他人实施其专利，获得使用费。

（3）依国家需要指定实施

专利的指定实施，是指国家主管机关基于国家利益和公共利益的需要，对重要的发明创造专利指令推广应用的特殊实施。专利法第 14 条规定，国有企业事业单位的发明专利，对国家利益或者公共利益具有重大意义的，国务院有关主管部门和省、自治区、直辖市人民政府报经国务院批准，可以决定在批准的范围内推广应用，允许指定的单位实施，由实施单位按照国家规定向专利权人支付使用费。

（4）强制许可实施

强制许可，是根据法律规定的条件和程序，不必经专利权人的同意而实施其专利的一种强制方法。目的在于促进专利实施，防止专利权人滥用其专利权。

13.1.5 专利权的法律保护

13.1.5.1 专利权的保护期限、中止和无效

专利法第 42 条规定，发明专利权的保护期限为 20 年，实用新型专利权和外观设计专利权的保护期限为 10 年，均从申请之日起计算。超过了法定保护的期限，专利权便自行消灭。

专利法第 44 条规定，有下列情形之一的，专利权在期限届满前中止：没有按照规定缴纳年费的；专利权人以书面声明放弃其专利权的。专利权在期限届满前终止的，由国务院专利行政部门登记和公告。

专利法第 45 条规定，自国务院专利行政部门公告授予专利权之日起，任何单位或者个人认为该专利权的授予不符合本法有关规定的，可以请求专利复审委员会宣告该专利权无效。

宣告无效的专利权视为自始即不存在。宣告专利权无效的决定，对在宣告专利权无效

前人民法院作出并已执行的专利侵权的判决、裁定，已经履行或者强制执行的专利侵权纠纷处理决定，以及已经履行的专利实施许可合同和专利权转让合同，不具有追溯力。但是因专利权人的恶意给他人造成的损失，应当给予赔偿。

对专利复审委员会宣告专利权无效或者维持专利权的决定不服的，可以自收到通知之日起 3 个月内向人民法院起诉。人民法院应当通知无效宣告请求程序的对方当事人作为第三人参加诉讼。

13.1.5.2　专利权的保护范围

专利权的保护范围，是指专利权的法律效力所及的范围。专利法第 56 条对专利权的保护范围作了明确规定："发明或者实用新型专利权的保护范围以其权利要求的内容为准，说明书及附图可以用于解释权利要求。"

对于外观设计专利的保护范围，专利法第 56 条第 2 款规定："外观设计专利权的保护范围以表示在图片或者照片中的该外观设计专利产品为准。"外观设计专利的保护范围要受到产品类别的限制，即确定外观设计是否相同或者近似，应当以同类产品为基础，排除不同类别产品的外观设计。

13.1.5.3　专利侵权纠纷的解决

未经专利权人许可，实施其专利，即侵犯其专利权，引起纠纷的，由当事人协商解决；不愿协商或者协商不成的，专利权人或者利害关系人可以向人民法院起诉，也可以请求专利管理工作部门处理。专利管理工作部门处理时，认定侵权行为成立的，可以责令侵权人立即停止侵权行为，当事人不服的，可以自收到处理通知之日起 15 日内依照《中华人民共和国行政诉讼法》向人民法院起诉；侵权人期满不起诉又不停止侵权行为的，专利管理工作部门可以申请人民法院强制执行。进行处理的专利管理工作部门应当事人的请求，可以就侵犯专利权的赔偿数额进行调解；调解不成的，当事人可以依照《中华人民共和国民事诉讼法》向人民法院起诉。

权利权的诉讼时效为 2 年，自专利权人或者利害关系人得知或者应当得知侵权行为之日起计算。

13.1.5.4　专利侵权行为的法律责任

侵犯专利权的行为，除依法承担民事责任外，还可以由管理专利工作的部门责令改正并予公告，处以没收违法所得、罚款等行政处罚；构成犯罪的，依法追究刑事责任。

13.2　专利代理机构与专利代理人

13.2.1　专利代理机构

国务院颁布的《专利代理条例》和国家知识产权局制定的《专利代理管理办法》，对专利代理机构的组织形式、设立条件、名称和类型作了规定。

13.2.1.1　专利代理机构的组织形式

专利代理机构的组织形式为合伙制专利代理机构或者有限责任制专利代理机构。

合伙制专利代理机构应当由 3 名以上合伙人共同出资发起，有限责任制专利代理机构应当由 5 名以上股东共同出资发起。合伙制专利代理机构的合伙人对该专利代理机构的债务承担无限连带责任；有限责任制专利代理机构以该机构的全部资产对其债务承担责任。

13.2.1.2 设立专利代理机构的条件

①具有符合《专利代理管理办法》第七条规定的机构名称；

②具有合伙协议书或者章程；

③具有符合《专利代理管理办法》第五条、第六条规定的合伙人或者股东；

④具有必要的资金。设立合伙制专利代理机构的，应当具有不低于 5 万元人民币的资金；设立有限责任制专利代理机构的，应当具有不低于 10 万元人民币的资金；

⑤具有固定的办公场所和必要的工作设施。

律师事务所申请开办专利代理业务的，在该律师事务所执业的专职律师中应当有 3 名以上具有专利代理人资格。

13.2.1.3 专利代理机构的名称

专利代理机构的名称应当由该机构所在城市名称、字号、"专利代理事务所"、"专利代理有限公司"或者"知识产权代理事务所"、"知识产权代理有限公司"组成。其字号不得在全国范围内与正在使用或者已经使用过的专利代理机构的字号相同或者相近。专利代理机构只能享用和使用一个名称。

律师事务所开办专利代理业务的，可以使用该律师事务所的名称。

13.2.1.4 专利代理机构的类型

①办理涉外专利事务的专利代理机构。办理涉外专利事务的专利代理机构承办外国人、外国企业、外国其他组织在中国申请专利和办理其他专利事务，并且也承办中国单位或者个人在中国或向国外申请专利和办理其他事务的代理业务。目前，我国涉外专利代理机构主要有：中国国际贸易促进委员会专利代理部；上海专利事务所；中国专利代理（香港）有限公司；永新专利商标代理有限公司；北京柳沈知识产权公司等。

②办理国内专利事务的专利代理机构。办理国内专利事务的专利代理机构一般称为专利事务所或专利服务中心。主要提供国内专利事务服务；为申请人提供有关专利申请事宜的咨询；为申请人撰写专利申请文件并办理提交专利申请；缴纳各种专利费用；提供专利文献服务；为企事业单位充当专利事务顾问，参与许可证贸易活动等。

③办理国内专利事务的律师事务所。

13.2.2 专利代理人

13.2.2.1 专利代理人资格

根据国家知识产权局令第 47 号令《专利代理人资格考试实施办法》，有：

第 2 条：专利代理人资格考试采取全国统一考试方式，每年举行一次。

第 3 条：专利代理人资格考试包括以下考试科目：①专利法律知识；②相关法律知识；③专利代理实务。专利代理人资格考试以闭卷笔答方式进行。

第 7 条：报名参加专利代理人资格考试的人员，应当符合《专利代理条例》第 15 条规定的条件。有下列情形之一的人员，不得参加专利代理人资格考试：①因故意犯罪受过刑事处罚的；②被吊销专利代理人资格的；③属于本办法第 12 条规定的被处以三年内不得报名参加专利代理人资格考试，且未满三年。

按照《专利代理条例》第 15 条的规定，报名参加专利代理人资格考试的人员应当符合以下条件：①十八周岁以上，具有完全民事行为能力的中华人民共和国公民；②具有高等院校理工科专业以上的毕业文凭（或者具有同等学力），并掌握一门外语；③从事过两年以上科技或者法律工作；④熟悉专利法律以及相关的法律知识。

13.2.2.2　专利代理人执业

《专利代理管理办法》第 18 条规定，专利代理人执业应当接受批准设立的专利代理机构的聘请任用，并持有专利代理人执业证。

13.2.2.3　专利代理惩戒规则

根据《专利代理惩戒规则（试行）》，有：

第 2 条：专利代理机构、专利代理人执业应当遵守法律、法规和规章的规定，恪守专利代理职业道德和执业纪律。专利代理机构和专利代理人执业应当接受国家、社会和当事人的监督。

第 3 条：专利代理机构或者专利代理人违反有关法律、法规和规章规定的，由专利行政部门按照本规则给予惩戒。

国家知识产权局和各省、自治区、直辖市知识产权局分别设立专利代理惩戒委员会，具体实施本规则。

第 4 条：对专利代理机构的惩戒处分为：

①警告；②通报批评；③停止承接新代理业务 3 至 6 个月；④撤销专利代理机构。

第 5 条：对专利代理人的惩戒分为：①警告；②通报批评；③收回专利代理人执业证书；④吊销专利代理人资格。

第 11 条：国家知识产权局专利代理惩戒委员会由国家知识产权局、中华全国专利代理人协会的人员和专利代理人的代表组成。

省、自治区、直辖市专利代理惩戒委员会由省、自治区、直辖市知识产权局的人员和专利代理人的代表组成。

专利代理惩戒委员会委员的任期为三年。

13.3　专利代理实务

13.3.1　提出专利申请以前专利代理人的主要工作

专利代理人在接受委托时，应对发明人所提供的技术内容进行深入了解，以确定该技术是否具备专利法所规定的条件，对具备条件的发明创造，还应根据其经济效益、市场需求，确定是否值得申请专利。对于值得申请专利的发明创造，要分析是申报专利，开展许可证贸易有利，还是以"专有技术"予以保密，实行独家经营更为有利。对于申请专利的技术还要根据其创造程度选择申请专利类型。在申请类型选定以后，要明确公开的方式，是全部公开、全部保护，还是部分公开、部分保护，部分作为"专有技术"。最后，还要根据申请专利在国外的许可证贸易前景，确定是否向国外申请或向什么国家申报专利等。以上这些都是专利申请人在申请前必然要遇到的各种问题，专利代理人应利用自己的专业知识和经验来帮助申请人解决这些问题。

在当事人决定提出专利申请后，专利代理人就应根据申请人的发明创造和我国专利法的规定，合理地选择申请专利的种类。我国专利法保护的发明创造有发明、实用新型和外观设计3种类型。申请人如何选择申请的种类，要看具体情况来决定。

13.3.1.1 申请发明专利的几种情况

根据专利法的规定，能取得专利的发明创造可以是产品发明，也可以是方法发明。因此，发明创造不管是产品还是方法或用途，均可以申请发明专利权，但必须符合专利法规定的条件。一般而言，可参考下面几点：

①技术水平较高的发明创造，特别是重大的或具有开创性的发明创造适合申请发明专利。

②投资大、开发试验周期长或市场寿命较长的发明创造。

③由于实用新型不保护方法专利，因此，各种方法类的发明创造只能申请发明专利。

④其他不属于实用新型保护范围的发明创造。

13.3.1.2 申请实用新型专利的几种情况

根据我国专利法，实用新型专利只保护产品，而且划定了具体的保护范围。因此，只有符合规定的发明创造才适合申请实用新型专利。此外，申请实用新型专利还应考虑以下一些因素：

①相对于发明专利申请来说，技术水平稍低一些，如果申请发明专利，能否被批准把握不大，适合申请实用新型专利。

②申请人希望审批周期短，尽快授权、保护期限短于10年就足够了，或希望申请专利花费少，适合于申请实用新型专利。

③经过市场预测，估计市场寿命较短，或产品更新换代周期不长的发明创造，也适合申请实用新型专利。

13.3.1.3 申请外观设计专利的情况

外观设计专利保护的虽然也是产品，但与实用新型专利不同之处在于发明主要集中在产品具有装饰性外观，富有美感上，其发明创造涉及的是产品的外部形状，这样的新设计适于申请外观设计专利。

13.3.2 代理撰写申请文件、处理申请过程中有关专利事务

在决定提出专利申请之后，专利代理人的一个重要任务就是着手撰写专利申请文件。专利代理人应根据法律的规定撰写各种申请文件。

13.3.2.1 专利申请文件的概念和种类

专利申请文件是指申请人提出专利申请时向专利局提交的文件，通常是具有统一格式的标准表格。

（1）发明专利申请文件

包括：①发明专利请求书；②说明书；③权利要求书；④说明书摘要；⑤有附图的可同时提交说明书附图和摘要附图。

（2）实用新型专利申请文件

包括：①实用新型专利请求书；②说明书；③权利要求书；④说明书附图；⑤说明书摘要；⑥摘要附图。

（3）外观设计专利申请文件

包括：①外观设计专利请求书；②外观设计图或照片；③必要时可有外观设计的简要说明。

13.3.2.2 专利申请文件的文字要求

申请文件和其他文件，应当使用中文（这里的"中文"仅指汉字，使用少数民族文字的，应当附具汉字译本）。专利局以申请人递交的中文申请文本为审查的依据。申请人在申请时附送的外文申请文本，可供审查员理解该专利的内容时参考，但不具有法律效力。

对于国家有统一规定的科技术语，应当采取规范词，不能用自选术语。外国人名、地名和科技术语没有统一中文译文的，应当注明原文。

13.3.2.3 专利申请文件的递交

（1）受理专利申请的部门

根据我国法律的规定，能够依法受理专利申请文件以及其他文件的部门有，

①中国专利局受理处。

② 中国专利局代办处（共有6个）：

·上海代办处；

·沈阳代办处；

·长沙代办处；

·济南代办处；

·南京代办处；

·成都代办处。

（2）专利申请文件的递交方式

专利申请文件有两种递交方式：①面交。即申请人在受理处或专利代办窗口直接递交文件。②寄交。即申请人通过邮寄方式递交文件。如果采取寄交方式，必须用挂号邮寄，即挂号信件，而不能用包裹。并要在邮寄单的附件上标注"专利申请"字样。一般不能以模型或样品代替申请文件，除非经专利局的要求补充提交。外国申请人必须委托专利代理机构递交申请文件，不能直接递交。

（3）递交专利申请文件时可以连同办理的其他事项

申请人在递交专利申请文件时，可以同时办理下列事务：

①提交费用减缓请求书。申请专利缴费确实困难的，可以请求专利局减缓申请费、发明专利申请审查费、发明专利申请维持费、复审费以及专利批准后3年内的年费。其他费用不能减缓。申请人在提交专利申请的同时，可以一并请求减缓上述费用。

②办理要求优先权声明。申请人要求优先权的。应当在提出专利申请的同时，提出书面声明，此时未提出书面声明的，视为未要求优先权。

③提出涉及新的微生物的申请。

287

④不丧失新颖性的声明。根据我国专利法的规定，申请专利的发明创造在申请日或优先权日之前6个月内有下列情况之一的，不丧失新颖性：在中国政府主办或者承认的国际展览会上首次展出的；在规定的学术会议或者技术会议上首次发表的；他人未经申请人同意而泄露其内容的。申请人如果有上述不丧失新颖性要求，应当在提出专利申请时，在专利请求书的此栏目中声明。其证明材料应在自申请日起2个月内提交。

⑤分案申请的提出。一件专利申请不符合单一性原则时，申请人应当对该申请进行修改和限定，申请人可以把原申请中删除的内容再提出一件或几件分案申请。分案申请必须在提交申请时注明原案申请号和原案申请日。

⑥提交专利代理委托书。若申请人委托专利代理机构向专利局申请专利和办理其他专利事务的，应当同时提交委托书，写明委托权限。

13.3.3 代理缴纳专利费用

申请人在申请专利时和取得专利后，必须根据专利法的规定缴纳各种专利费用。我国专利法第44条规定，没有按照规定缴纳年费，专利权在期限届满前终止。因此，代理缴纳专利费用是专利代理人的一项基本业务。

13.3.3.1 专利收费的项目与标准

根据我国专利法及其实施细则的规定，并经国家物价局、财政部批准，从1993年1月1日起施行的专利权收费标准如下（单位：人民币元）：

①申请费。发明专利申请费：340元；实用新型专利申请费：200元；外观设计专利申请费：160元。

②发明专利申请维持费：200元。

③发明专利申请审查费：800元。

④复审费。发明专利复审费：400元；实用新型专利申请复审费：200元；外观设计专利申请复审费：160元。

⑤著录事项变更手续费：10元。

⑥优先权要求费：每项50元。

⑦恢复权利请求费：300元。

⑧撤销请求费。发明专利撤销请求费：30元；实用新型专利权撤销请求费：20元；外观设计专利权撤销请求费：20元。

⑨无效宣告请求费。发明专利权无效宣告请求费：450元；实用新型专利权无效宣告请求费：300元；外观设计专利权无效宣告请求费：250元。

⑩强制许可请求费。发明专利实施的强制许可请求费：300元；实用新型专利实施的强制许可请求费：200元。

⑪强制许可使用费的裁决请求费：100元。

⑫专利登记费。发明专利登记费：190元；实用新型专利登记费：120元；外观设计专利登记费：120元。

⑬附加费。延长期限请求费每月100元；权利要求附加费，从第11项起每项增收附加费20元；说明书附加费。说明书加附加图超过30页的，从第31页起每页增收附加费

15 元；说明书加附加图超过 300 页的，从第 301 页起每页增收附加费 30 元。

⑭年费。

发明专利年费：第 1 年至第 3 年每年 400 元；第 4 年至第 6 年每年 600 元；第 7 年至第 9 年每年 800 元；第 10 年至第 12 年每年 1 500 元；第 13 年至第 15 年每年 3 000 元；第 16 年至第 20 年每年 6 000 元。

实用新型专利年费：第 1 年至第 3 年每年 200 元；第 4 年至第 5 年每年 400 元；第 6 年至第 8 年每年 600 元；第 9 年至第 10 年每年 800 元。

外观设计专利年费：第 1 年至第 3 年每年 100 元；第 4 年至第 5 年每年 200 元；第 6 年至第 8 年每年 400 元；第 9 年至第 10 年每年 600 元。

⑮异议费。发明专利申请异议费：30 元；实用新型申请异议费：20 元；外观设计专利申请异议费：20 元。

⑯实用新型专利权或外观设计专利权有效期续展费 100 元。

13.3.3.2 专利费用的减缓

根据我国专利法的规定，在特定的条件下，申请人不能按期缴纳各种专利费用的，可以申请减缓专利费用。可以申请减缓专利费用的申请人包括：申请专利缴费确有困难的个人和单位，其中两个或两个以上的个人或个人与单位共同申请专利的请求减缓的最高比例不能超过 50%；两个或两个以上的单位共同申请专利的，不能减缓专利申请费用。

目前，我国专利收费标准共有 16 种，其中只有 5 种可以请求减缓，其他各项专利收费不能请求减缓。可以请求减缓的 5 种费用是：申请费，发明专利申请维持费，发明专利申请审查费，复审费，专利权授予后 3 年的年费（3 年以后的年费不能减缓）。

个人请求并被批准减缓的最高比例不超过 75%，单位请求并被批准减缓的最高比例不超过 50%。

申请人请求减缓费用的，应当如实填写专利申请费用减缓请求书。在提交费用减缓请求书的同时，按规定期限，个人应当缴纳相应费用的 25%，单位应当缴纳相应费用的 50%。

13.3.4 代理申请人办理审查程序中的各种事务

一件专利申请递交到专利局，确定了申请日，获得了申请号，仅表明这件专利申请已被专利局受理。大量的专利代理工作还在后面。在审查程序的各个阶段，需要填写并递交请求类的其他表格；需要答复审查员发出的审查意见书；在初审、实审、撤销阶段有可能与专利复审委员会打交道或可能与人民法院办理专利事务。许多申请人不一定清楚地了解审查程序和有关规定，因此，委托代理这些程序的手续是十分重要的。

13.3.4.1 初步审查

初步审查是指受理专利申请，经过初步审查到申请予以公布。它同实质审查分开进行，并先于实质审查进行。一般而言，初步审查一般审查以下几个问题：

(1) 申请人和发明人的身份。

根据我国专利法的规定，申请人在申请中应对申请人和发明人的情况作充分说明。如应写明申请人和发明人的正式全称和地址，如果没有标明申请人和发明人的姓名或地址，则需重新提出申请。如果没有标明发明人，申请人可以补正，代理人发现这些错误应主动向专利局提出补正。

（2）申请人是否有权提出专利申请

如果申请人不是发明人，则申请应说明申请人有权申请专利的法律依据。对于涉外专利代理，如果专利局对申请人的陈述有怀疑并要求提供证据，代理人应向申请人取得证据，并将证据交给专利局。

（3）申请的发明是否应该授予专利

如果申请的发明是违反社会公德，或涉及专利法规定的不能授予专利的发明，专利局就会驳回当事人的申请。代理人一旦接到专利局驳回申请的通知，就应以该申请不违反公共秩序和道德，或不属于法律规定不能授予专利保护的主题为由，进行辩解。除非代理人毫不怀疑专利局的决定正确无误，代理人应尽其职责进行辩解，说服专利局。

（4）申请材料是否齐全

根据专利法的规定，应当提交的申请材料包括：请求书、说明书及其摘要和权利要求书等文件，必要的时候还应当有附图。如果请求书、发明说明书或权利要求书没有提交，那么这种错误不能补正，只能提出新的申请。是否需要提交附图以便了解发明的问题，只有在实质审查阶段才进行，只有在这种审查中，专利局才需了解申请的实质。如需提交附图而未交，通常认为不能补正，必须重新提出新的申请。根据法律的规定，所有的专利文件必须用中文书写，否则也将被视为未提出申请。而且在请求书中，如果没有写明专利申请类别或者无法明确，均视为未提出申请。代理人特别应注意这些方面的问题，避免因一些细小的问题而导致申请的失败。

（5）要求优先权

根据专利法申请优先权的，应当在书面申请中写明第1次提出申请的申请日、申请号和受理该申请的国家。书面申请中未写明第一次提出专利申请的申请日和受理该申请的国家，视为未提出申请。因此，代理人提出申请时，应确保在可以提出优先权要求时就把优先权要求提出来，而且优先权声明要正确和安全。特别要写明第1次申请的申请日、申请号和受理该申请的国家。

13.3.4.2 实质审查

在我国现行的3种专利中，只有发明专利申请需要经过实质审查才能获得专利权。实质审查由专利局进行，审查的目的是对于是否应该授予发明专利的问题作出决定。根据专利法实施细则的规定，实质审查的主要内容是对发明的新颖性、创造性和实用性条件以及申请的单一性进行审查，对于前3个内容前面已有所阐述，下面主要探讨申请的单一性问题。

根据我国专利法第31条的规定，一件发明或者实用新型专利申请应当限于一项发明或者实用新型，属于一个总的发明构思的两项以上的发明或实用新型，可以作为一件申请提出。一件外观设计专利申请应当限于一种产品所使用的一项外观设计。用于同一类别并且成套出售或者使用的产品的两项以上的外观设计，可以作为一个申请提出。代理人在提出专利申请时，一定要了解法律对专利申请的单一性的要求。

根据我国专利法第33条的规定，专利申请人可以对其专利申请文件进行修改。但是，对发明和实用新型专利申请文件的修改不得超出原说明书和权利要求书记载的范围，对外观专利申请文件的修改不得超出原图片或者照片表示的范围。在实质审查阶段的修改由于是专利局提出的，如果不修改，它的直接后果是将被驳回申请。而且这种建议的修改通常是删掉一个或几个权项或限制一个或几个权项的范围。在这种情况下，代理人应尽量说服审查员。如果审查员坚持限制，代理人可以劝申请人不接受。在不授予专利权的情况下，通过复审和诉讼来解决。

13.3.4.3 专利申请被驳回

发明专利申请经申请人陈述意见或进行修改后，专利局仍然认为不符合本法规定而予以驳回时，若对专利局驳回申请的决定不服的，专利代理人经申请人同意，可以自收到驳回通知之日起 3 个月内向专利复审委员会请求复审，与此同时，代理人应写出符合专利法规定的意见陈述书，陈述对所提出的驳回理由的不同意见，认真依法反驳，启动复审程序，以待专利复审委员会再次审理。如果对专利复审委员会的复审决定仍不服的，可以自收到通知之日起 3 个月内向人民法院起诉，代理人可以为申请人起草诉状。

13.3.5 代理委托人提出撤销，请求宣告专利权无效和有关事务

1984 年制定的专利法，对发明、实用新型和外观设计 3 种专利申请均规定了异议程序，设置在授予专利权之前。1999 年修改专利法时取消了上述异议程序而规定了撤销程序，该撤销程序设置于授予专利权之后。修改后的专利法规定，自专利局公告授予专利权之日起 6 个月内，任何单位或个人认为该专利权的授予不符合本法规定的，都可以请求专利局撤销该专利权。专利代理机构可以接受当事人的委托，代理委托人向专利局提出撤销专利权的请求。根据法律的规定，专利代理机构必须自公告授予专利权之日起 6 个月内向专利局提出撤销请求书并且缴纳撤销请求费。请求撤销专利权的理由应当仅限于该专利权不符合专利法有关专利权的条件，其他理由都不能成为撤销专利权的依据。

为了纠正专利局可能作出的错误的授权，我国专利法除规定了专利撤销程序外，还规定了无效宣告程序。专利法第 48 条规定："自专利局公告授予专利权之日起满六个月后，任何单位或个人认为该专利权的授予不符合本法有关规定的，都可以请求专利复审委员会宣告该专利权无效。"被宣告无效的专利权视为从申请日起即不存在。当事人可以委托专利代理机构请求专利复审委员会宣告专利权无效。

设置专利无效程序和专利撤销程序的目的都是为了维护法律的严肃性，更好地保护公众的利益。但这两种程序有较大的区别：其一是受理和审查的部门不同。无效宣告请求的审查由专利复审委员会负责，而撤销请求的审查则由专利局审查部门负责；其二是费用不同。无效宣告请求须缴纳较高的费用，而撤销请求则仅须象征性地缴纳很低的费用；其三是可以提出撤销的理由比无效宣告请求的理由要少很多。

专利代理机构代理委托人请求宣告专利权无效时，应注意以下几点：

①在法定的期间内提出请求。根据我国专利法的规定，请求宣告专利权无效必须在专利局授权公告日起满 6 个月后提出。专利权终止后，也可以提出无效宣告请求。

②按法定时间和标准缴纳无效宣告请求费。根据法律规定，无效宣告请求费应在提出无效宣告请求之日起一个月内缴纳。

③提起无效宣告请求的理由要充分。根据专利法及其实施细则的规定，在下列情况下，当事人可以提起无效宣告请求：ⓐ被授予专利权的发明创造不符合授予专利权的实质条件；ⓑ被授予专利权的发明创造提交的说明书和权利要求书不符合法定的撰写要求；ⓒ对专利申请文件的修改超出了原始公开的范围；ⓓ被授予专利权的发明创造不符合发明、实用新型和外观设计的定义；ⓔ同样的发明创造被重复授予专利权；ⓕ被授予专利权的发明创造属于违反公共利益或者不受专利法保护的；ⓖ被授予专利权的发明创造未授予最先申请的人。

④按照规定提交正规表格和有关附表，并且一式两份，填写要正确无误。

13.3.6 代理专利许可证贸易

申请专利的目的是为了更好地实施专利，给自己带来经济利益，而专利许可证贸易则是其中很重要的一部分。我国专利法没有关于专利许可合同的具体规定，因为专利许可合同适用的法律主要是合同法和税法等，所以，专利代理人需要协助专利权人进行许可证贸易，就必须熟悉许可证贸易地的合同法、税法等。同时，专利代理人应运用自己的知识和经验，根据市场的需求、技术受让方的技术水平和生产能力等因素，帮助专利权人确定转让条件，代理专利权人参加谈判，起草和签订许可合同，使专利权能得到有效使用。

14 国际货运代理

14.1 国际货运代理企业

14.1.1 国际货运代理企业的概念

"货运代理"对应的英文是"Freight Forwarding"; "货运代理人"对应的英文是"Freight Forwarder"或"Forwarding Agent"。最初，将"Freight Forwarder"和"Forwarding Agent"都翻译成"货运代理人"是恰当的，但随着国际货运业的发展，货运代理人不断拓展业务范围，从代理业务发展到无船承运业务、多式联运业务、物流业务等，这两个词也有了不同的含义。"Forwarding Agent"是指"货运代理人"，而"Freight Forwarder"则包含"Forwarding Agent"，即"Freight Forwarder"不仅指货运代理人，还指负承运人责任的独立经营人。

在我国，"国际货运代理企业"与英文"Freight Forwarder"对应。1995年国务院批准的《中华人民共和国国际货物运输代理业管理规定》（下文简称《管理规定》）规定，国际货物运输代理业，是指接受进出口货物收货人、发货人的委托，以委托人的名义或者以自己的名义，为委托人办理国际货物运输及相关业务并收取服务报酬的行业。商务部于2004年1月1日颁布的《中华人民共和国国际货物运输代理业管理规定实施细则（试行）》（下文简称《实施细则》）规定："国际货物运输代理企业可以作为进出口货物收货人、发货人的代理人，也可以作为独立经营人，从事国际货运代理业务。国际货运代理企业作为代理人从事国际货运代理业务，是指国际货运代理企业接受进出口货物收货人、发货人或其代理人的委托，以委托人名义或者以自己的名义办理有关业务，收取代理费或佣金的行为。国际货运代理企业作为独立经营人从事国际货运代理业务，是指国际货运代理企业接受进出口货物收货人、发货人或其代理人的委托，签发运输单证、履行运输合同并收取运费以及服务费的行为。"据此，国际货运代理企业的法律地位有两种：一是作为代理人；一是作为独立经营人。

14.1.2 作为代理人的国际货运代理企业

国际货运代理企业的法律地位之一是作为代理人。国际货运代理企业以委托人的名义，从事代理活动时，是直接代理人；以自己的名义从事代理活动时，是间接代理人。它们应根据我国民法通则以及合同法中有关直接代理和间接代理制度的规定，享受权利，承担义务和责任。

14.1.3 作为独立经营人的国际货运代理企业

国际货运代理企业的法律地位之二是作为独立经营人与作为代理人的国际货运代理企业不同，作为独立经营人的国际货运代理企业是作为承运人从事活动的，它签发自己的运输单证，享受承运人的权利，承担承运人的义务和责任，独立承担法律后果。

我国《国际海运条例》及《国际海运条例实施细则》将国际货运代理企业在国际海上货物运输时以承运人身份从事国际货运代理业务的，规定为无船承运人。《国际海运条例》第7条规定：无船承运业务，是指无船承运业务经营者以承运人身份接受托运人的货载，签发自己的提单或其他运输单证，向托运人收取运费，通过国际船舶运输经营者完成国际海上货物运输，承担承运人责任的国际海上运输经营活动。

这样，国际货运代理企业的业务主要包括传统的代理业务和无船承运业务，另外还包括仓储业务、物流业务、多式联运业务等。

14.2 国际货物运输代理企业的业务范围和行为规范

14.2.1 国际货运代理企业的业务范围

14.2.1.1 作为代理人的国际货运代理企业的业务范围

①作为出口货物发货人的代理人，其业务范围有以下具体项目：

·提供有关出口货运要求的信息，如车次、船期、航班、运价信息以及出口货物的报关、报检报验、装运港、目的港的装卸运输规定；

·为货主选择运输路线和承运人；

·审核单证的正确完整性；

·缮制出口货运单证；

·办理洽定车辆、租船、订舱等手续；

·安排出口货物运至口岸；

·代办仓储、包装、检量、刷唛、交接；

·代办保险手续；

·代办货物的出口手续；提供货物出运实际情况的信息；

·将运输单证交发货人或按发货人的指示处理；

·代办结算、交付费用事宜；

·通报货物运输过程中的有关信息；

·协助办理索赔事宜；

·代办其他委托事项。

②作为进口货物收货人的代理人，其业务范围有以下具体项目：

- 掌握货运信息并及时通报收货人；
- 备齐有关进口单证，做好接货准备；
- 代为支付运输费用；
- 代办货物进口手续并支付税费；
- 办理提取进口货物的相关手续；
- 安排货物提取后的组织工作；
- 安排货物运往指定地点；
- 向收货人交付货物和单证；
- 处理有关货运事故。

14.2.1.2 作为独立经营人的国际货运代理企业的业务范围

①提供货物运输服务。接运货物、签发单据；

- 与运输经营人签订运输合同；
- 将货物交付实际承运人运输；
- 投保承运人责任险；
- 安排转运事宜；
- 告知货物运输情况；
- 按货主要求停运货物；
- 向收货人发出到货通知；
- 从实际承运人处提取货物并交付给收货人；
- 收取有关运输费用；
- 办理货物的索赔、理赔事宜；
- 办理货物运输中的其他事宜。

②提供仓储服务。

- 办理货物交接手续；
- 办理入库手续；
- 存放货物；
- 编制账卡；
- 保管货物；
- 按要求配装货物；
- 制订货物出库计划；
- 安排提货；
- 办理货物交付工作。

③提供咨询服务。

- 提供法律法规方面的信息；
- 提供有关运输方面的建议；
- 提供装运方面的建议；
- 提供办理进出口手续的咨询；
- 提供运输单证方面的建议；

·提供货物保险方面的咨询；
·提供索赔、理赔方面的咨询；
·其他事项的咨询。

14.2.2 国际货运代理企业的行为规范

14.2.2.1 国际货运代理企业行为规范

国际货运代理企业应当按照工商行政管理机关办理的营业执照列明的经营范围和经营地域从事经营活动。按照有关法律法规规定，需要经过有关主管机关批准、登记、注册的，必须向有关主管机关办理批准、登记、注册手续。

国际货运代理企业应当依照国家有关规定确定收费标准，并在营业地点公布收费标准。

国际货运代理企业应当遵循安全、迅速、准确、节省、方便的经营方针，为进出口货物的收货人、发货人提供服务。

国际货运代理企业从事国际货运代理业务，必须使用税务机关核准的发票。

国际货运代理企业可以使用中国国际货运代理协会参照国际惯例制定的国际货运代理企业标准交易条款，也可以自行制定交易条款。国际货运代理企业之间还可以相互委托办理全部或部分国际货运业务。

国际货运代理企业不得将规定范围内的注册资本挪作他用，不得转让其经营权，不得以发布虚假广告、分享佣金、退返回扣或其他不正当竞争手段从事经营活动。

14.2.2.2 无船承运人行为规范

在中国境内经营无船承运业务，应当在中国境内依法设立企业法人，并以该企业法人名义向国务院交通主管部门办理提单登记，缴纳保证金，取得《无船承运业务经营资格登记证》。未依照规定办理提单登记并缴纳保证金的，不得经营无船承运业务。无船承运人使用两种或者两种以上提单的，各种提单均应登记。

无船承运人的运价，应当按照规定的格式向国务院交通主管部门备案。无船承运人的运价本上载明的运价为公布运价，自国务院交通主管部门受理备案之日起满30日生效。国际船舶运输经营者与货主、无船承运人约定的运价为协议运价，自国务院交通主管部门受理备案之日起满24小时生效。无船承运人应当执行生效的备案运价。

在中国境内没有经营性分支机构的境外无船承运人，应当委托在当地具有无船承运业务经营资格的经营者代理签发提单业务。中国无船承运人在没有设立分支机构的地区从事无船承运业务，需要委托代理签发提单的，应当委托具有无船承运经营资格的代理人签发提单。无船承运人应当在交通部指定的媒体上公布其在中国境内签发提单的代理人，并及时将公布代理事项的媒体名称向交通部备案。

中国无船承运人及其分支机构在中国境内收取运费、代为收取运费以及其他相关费用，应当向付款人出具中国税务机关统一印制的专用发票。在中国境内注册，并依法取得交通主管部门《无船承运业务经营资格登记证》的企业可以向税务机关申请办理领购使用《国际海运业运输专用发票》事宜。

经营无船承运业务，不得有下列行为：

以低于正常、合理水平的运价提供服务，妨碍公平竞争；

在会计账簿之外暗中给予托运人回扣，承揽货物；

滥用优势地位，以歧视性价格或其他限制性条件给交易对方造成损害；

其他损害交易对方或国际海上运输市场秩序的行为。

没有取得无船承运业务经营资格者，不得接受其他无船承运业务经营者委托，为其代理签发提单。任何单位和个人不得擅自使用无船承运人已经登记的提单。

14.3　国内投资国际货运代理企业的设立

14.3.1　申请人资格

国际货运代理业务的申请人应当是与进出口贸易或国际货物运输有关、有稳定货源的单位，并且符合以上条件的投资者应当在申请项目中占大股。

承运人以及其他可能对国际货运代理行业构成不公平竞争的企业不得申请经营国际货运代理业务。禁止具有行政垄断职能的单位申请投资经营国际货运代理业务。

14.3.2　设立国际货物运输代理企业的条件

设立国际货物运输代理企业，应当具备下列条件：

第一，有与其从事的国际货物运输代理业务相适应的专业人员。具体来讲，至少要有5名从事国际货运代理业务3年以上的业务人员，其资格由业务人员原所在企业证明，或者取得对外贸易经济合作部颁发的国际货物运输代理资格证书。

第二，有固定的营业场所。以自有房屋、场地作为经营场所的，应当提供产权证明。以租赁房屋、场地作为经营场所的，应当提供租赁期限在一年以上的租赁契约。

第三，有必要的营业设施。设立国际货物运输代理企业，应当拥有一定数量的电话、传真、计算机、装卸设备、包装设备和短途运输工具。

第四，有稳定的进出口货源市场。在本地区进出口货物运量较大，货运代理行业具备进一步发展的条件和潜力，并且申报企业可以揽收到足够的货源。

第五，有与经营的业务项目相适应的注册资金。国际货物运输代理企业的注册资本最低限额应当符合下列要求：

①经营海上国际货物运输代理业务的，注册资本最低限额为500万元人民币。

②经营航空国际货物运输代理业务的，注册资本最低限额为300万元人民币。

③经营陆路国际货物运输代理业务或者国际快递业务的，注册资本最低限额为200万元人民币。

经营前款两项以上业务的，注册资本最低限额为其中最高一项的限额。

国际货物运输代理企业每申请设立一个从事国际货物运输代理业务的分支机构，应当相应增加注册资本50万元人民币。如果企业注册资本已超过上述最低限额，则超过部分可以作为设立分支机构的增加资本。

申请设立的国际货运代理企业业务经营范围包括国际多式联运业务的，除应当具备上述条件外，还应当具备下列条件：

①从事与《实施细则》第 32 条规定的国际货运代理企业经营范围有关的业务 3 年以上；

②具有相应的国内、国外代理网络；

③拥有在对外贸易经济合作部登记备案的国际货运代理提单。

14.3.3 设立国际货物运输代理企业应当提交的文件

申请设立国际货物运输代理企业，应当向相应对外经济贸易主管部门报送下列文件：

①申请书（包括投资者名称、申请资格说明、申请的业务项目）；

②可行性研究报告（包括基本情况、资格说明、现有条件、市场分析、业务预测、组建方案、经济预算及发展预算等）；

③各方投资者的企业法人营业执照（影印件）；

④董事会、股东会或股东大会决议；

⑤企业章程（或草案）；

⑥主要业务人员情况（包括学历、所学专业、业务简历、资格证书）；

⑦资信证明（会计师事务所出具的各方投资者的验资报告）；

⑧投资者出资协议；

⑨法定代表人简历；

⑩国际货运代理提单（运单）样式；

⑪工商行政管理部门出具的企业名称预先核准函（影印件）；

⑫国际货运代理企业申请表；

⑬交易条款；

⑭营业设施情况说明；

⑮经营场所证明。

以上文件除第③、⑪项外，均须提交正本，并加盖申请人公章。

14.3.4 设立国际货物运输代理企业的审批程序

申请设立国际货物运输代理企业，申请人应当向拟设立国际货物运输代理企业所在地的省、自治区、直辖市、经济特区、计划单列市的对外经济贸易主管部门提出申请，并提交规定的文件。

上述地方对外经济贸易主管部门收到申请人提交的申请及有关文件后，将从以下几个方面对申请项目进行初步审核：

①项目设立的必要性；

②申请文件的真实性和完整性；

③申请人资格；

④申请人信誉；

⑤业务人员资格。

地方对外经济贸易主管部门对申请项目进行审核后，应当在收到申请设立货运代理企业的申请书和其他文件之日起 45 天内提出意见，并将初审意见（包括建议批准的经营范围、经营地域、投资者出资比例等）及全部申请文件转报贸易经济合作部审批。

国务院各部门在北京的直属企业申请在北京设立国际货物运输代理企业的，可以直接向对外贸易经济合作部提出申请，由对外贸易经济合作部委托中国国际货运代理协会进行初审。中国国际货运代理协会应当在收到申请设立货运代理企业的申请书和其他文件之日起 45 天内提出意见，并将初审意见及全部申请文件报对外贸易经济合作部进行终审。

对外贸易经济合作部应当自收到申请设立国际货运代理企业的申请书和其他文件之日起 45 天内作出批准或者不批准的决定。

对于有下列情形之一的，对外贸易经济合作部将驳回申请，并说明理由：

①文件不齐；

②申报程序不符合要求；

③对外贸易经济合作部已经通知暂停受理经营国际货运代理业务的申请。

对于有下列情形之一的，对外贸易经济合作部经过调查核实后，将作出不批准批复：

①申请人不具备从事国际货运代理业务的资格；

②申请人自申报之日前 5 年内非法从事代理经营活动，受到国家行政管理部门的处罚；

③申请人故意隐瞒、谎报申报情况；

④存在其他不符合《管理规定》第 5 条有关原则的情况。

对外贸易经济合作部同意申请人的申请，将向申请人所在地省级对外经济贸易主管部门作出同意申请人成立国际货物运输代理企业的批复，明确该国际货物运输代理企业的经营范围、注册资本、经营地域等事项，要求其根据该批复修改章程。申请人所在地省级对外经济贸易主管部门再行文转发对外贸易经济合作部的批复，通知申请人及获准成立的国际货物运输代理企业，到对外贸易经济合作部主管司局办理领取证书手续。申请人收到对外贸易经济合作部的同意批复后，应当于批复之日起 60 天内持修改后的企业章程（正本），凭地方对外经济贸易主管部门介绍信到对外贸易经济合作部领取《中华人民共和国国际货物运输代理企业批准证书》。国务院各部门在京直属企业申请在北京设立的国际货物运输代理企业，由对外贸易经济合作部向其主管部门下达批准文件，直接向申请人颁发《中华人民共和国国际货物运输代理企业批准证书》。

国际货物运输代理企业应当凭对外贸易经济合作部颁发的批准证书，依照有关法律、行政法规的规定，办理企业登记、税务登记手续，并在办理完毕其他部门手续后，到所在地省级对外经济贸易主管部门备案。

申请人自收到批准证书之日起 180 天内无正当理由未开始营业的，对外贸易经济合作部应当撤销批准证书。

为了加强对国际货运代理行业的宏观管理，根据《实施细则》第 22 条，对外贸易经济合作部可以根据国际货运代理业行业发展、布局等情况，决定在一定期限内停止受理经营国际货物运输代理业务的申请或者采取限制性措施。但是对外贸易经济合作部依照该规定作出的决定，应当予以公告。

14.3.5　设立国际货物运输代理企业分支机构

14.3.5.1　设立国际货物运输代理企业分支机构的条件

根据《实施细则》第18条第2款，国际货物运输代理企业成立并经营国际货运代理业务1年以后，在形成一定经营规模的条件下，可以申请设立子公司或分支机构。结合该细则第10条关于国际货运代理企业每申请设立一个分支机构，应当增加注册资金人民币50万元的规定，国际货物运输代理企业设立分支机构至少应当具备以下几个条件：

①经对外经济贸易主管部门批准成立，并取得批准证书；

②经营国际货运代理业务1年以上，已形成一定的经营规模；

③注册资金达到按拟设立分支机构数量计算的金额。

14.3.5.2　设立国际货物运输代理企业分支机构应提交的文件

根据《实施细则》第19条，国际货运代理企业申请设立子公司或分支机构，除应报送该实施细则第12条规定的设立国际货运代理企业应当提交的有关文件以外，还应当报送下列文件：

①原国际货运代理业务批复（影印件）；

②批准证书（影印件）；

③营业执照（影印件）；

④国际货运代理企业申请表；

⑤经营情况报告（含网络建设情况）；

⑥子公司法定代表人或分支机构负责人简历；

⑦上一年度年审登记表。

14.3.5.3　设立国际货物运输代理企业分支机构的程序

国际货运代理企业申请设立子公司或分支机构，应由该企业持其所在地地方对外经济贸易主管部门的意见（国务院部门在京直属企业持对外贸易经济合作部的征求意见函），向拟设立子公司或分支机构的地方对外经济贸易主管部门（不含计划单列市）进行申报。后者应当在收到国际货运代理企业设立子公司或分支机构的申请及有关文件之日起45天内按照《实施细则》第14条的规定进行审核，并提出初审意见，连同全部申请文件一起报请对外贸易经济合作部审批。

申请设立分支机构的国际货运代理企业收到对外贸易经济合作部表示同意的批复以后，应当在批复之日起90天内持总公司根据《实施细则》第10条规定增资后具有法律效力的验资报告及修改后的企业章程正本，凭分支机构所在地省级地方对外贸易经济主管部门的介绍信，到对外贸易经济合作部领取《中华人民共和国国际货物运输代理企业分支机构批准证书》。

申请人逾期不办理领证手续或者自领取批准证书之日超过180天无正当理由未开始营业的，除申请延期获准外，其分支机构的国际货运代理业务经营资格自动丧失。

应当注意的是，国际货运代理企业设立的分、子公司经营范围不得超出其总公司或母公司的经营范围。国际货运代理企业设立非营业性的办事机构，不需办理设立分、子公司一样的审批手续，但是必须报该办事机构所在地对外贸易经济主管部门备案，并接受其管理。同时，办事机构只能从事业务联络活动，不能从事具体业务经营活动。

14.3.5.4 设立国际货物运输代理企业分支机构程序的简化

为了加快国际货物运输代理企业网络建设，简化国际货物运输代理企业设立分支机构的审批手续，2000 年 12 月 21 日对外贸易经济合作部以 ［2000］ 外经贸发展运函字第 3303 号文件发布《关于取消国际货运代理企业在已核准经营地域内设立分公司审批规定的通知》，将纯内资国际货物运输代理企业在已核准经营地域内设立分公司由审批制改为登记制。

根据上述通知，不涉及注册资本增加事宜的国际货物运输代理企业在已核准经营地域内设立分公司，可以凭下列文件直接到对外贸易经济合作部领取《中华人民共和国国际货物运输代理企业分支机构批准证书》：

①加盖该国际货物运输代理企业公章的已核准经营地域内设立分公司登记表；

②原《中华人民共和国国际货物运输代理企业批准证书》正本、副本；

③《企业法人营业执照》影印件；

④董事会或股东会议决议；

⑤分公司负责人和主要业务人员简历；

⑥分公司固定营业场所证明。

如果涉及注册资本增加事宜，且投资各方按原比例增加注册资本，还需另行提供下列文件：

①增加注册资本后的验资报告；

②企业章程修改协议。

增加注册资本后的国际货物运输代理企业，同时换领新的《中华人民共和国国际货物运输代理企业批准证书》。

如果涉及注册资本增加事宜，且投资各方不按原比例增加注册资本，则需首先办理股权变更审批手续。

至于内资国际货物运输代理企业在已核准经营地域外设立分公司和外商投资国际货物运输代理企业在所有地域设立分公司，则仍然按照有关规定办理审批手续。

14.4 外商投资国际货运代理企业的设立

14.4.1 外商投资国际货物运输代理企业的定义

外商投资国际货物运输代理企业是指境外的投资者以中外合资、中外合作及外商独资形式设立的接受进出口货物收货人、发货人的委托，以委托人的名义或者以自己的名义，为委托人办理国际货物运输及相关业务并收取服务报酬的外商投资企业。

14.4.2 设立外商投资国际货物运输代理企业的条件

申请设立外商投资国际货运代理企业除了必须具备《中华人民共和国国际货物运输代理业管理规定》规定的条件外，还必须具备国家有关外商投资企业的法律、法规所规定的条件。

14.4.2.1　投资者的资格条件

①中国合营者至少有一家是从事国际货运代理业务 1 年以上的国际货运代理企业或获得进出口经营权 1 年以上的企业，或者是从事相关的交通运输或仓储业务 1 年以上的企业，且符合上述条件的中方合营者在中方中为第一大股东；

②外国合营者至少有一家是经营国际货运代理业务 3 年以上的企业，且符合上述条件的外方合营者在外方中为第一大股东；

③中外合营者在申请之日前 3 年内没有过违反行业规定的行为；

④不属于码头、港口、机场等可能对货运代理行业带来不公平竞争行为的企业；

⑤拟在中国投资设立第二家国际货运代理企业的同一个外国合营者（包括其关联企业）在中国境内投资设立的第一家国际货运代理企业经营已满 2 年。

14.4.2.2　其他条件

①注册资本最低限额为 100 万美元；

②具有至少 5 名从事国际货运代理业务 3 年以上的业务人员；

③有固定的经营场所；

④有必要的通信、运输、装卸、包装等营业设施。

14.4.3　申请设立外商投资国际货运代理企业应提交的文件

申请设立外商投资国际货运代理企业，至少应向对外贸易经济合作部门报送下列文件：

①申请书；

②可行性研究报告；

③合同、章程，投资者的企业法人营业执照（影印件）；

④董事会成员及主要管理人员名单及简历；

⑤工商行政管理部门出具的企业名称预先核准通知书；

⑥投资者所在国家或地区的法律证明文件及资信证明文件；

⑦主要投资方的资质证明；

⑧审批机关要求提供的其他文件。

14.4.4　设立外商投资国际货运代理企业的审批程序

在实践中，申请设立外商投资国际货运代理企业，应当由中方合营者按照国家现行的有关外商投资企业的法律、法规所规定的程序，将设立外商投资国际货运代理企业申请书及其他有关文件，报请拟设立的外商投资国际货运代理企业所在地省、自治区、直辖市、计划单列市对外经济贸易主管部门进行初审。经其负责外商投资管理和国际货运代理管理的部门初审合格的，提出初审意见，并报对外贸易经济合作部审批。对外贸易经济合作部负责外商投资管理和国际货运代理管理的部门将分别按照国家有关外商投资的法律、法规和有关国际货运代理的法规、规章进行审核，并在规定的期限内作出批准或不批准的决定。决定批准设立的，由对外贸易经济合作部颁发《外商投资企业批准证书》和《国际货物运输代理企业批准证书》。然后，再由中方合营者持对外贸易经济合作部颁发的上述两项证书向工商管理部门办理登记注册手续。

14.4.5 外商投资国际货运代理企业注册资本、投资比例和经营期限

根据我国加入世界贸易组织时所作的承诺，自我国加入世界贸易组织之时起 3 年内，外商投资国际货物运输代理企业的注册资本不得低于 100 万美元。

关于外国投资者在外商投资国际货物运输代理企业中持有的股权比例，按照我国加入世界贸易组织时作出的关于中国加入后 1 年内允许外资拥有多数股权的承诺，目前外国投资者在外商投资国际货物运输代理企业中持有的股权比例尚不能超过 75%。

由于国际货物运输代理行业属于我国政府限制外商投资的领域，与全部由国内投资者投资设立的国际货物运输代理企业有所不同，外商投资国际货运代理企业的经营期限一般不得超过 20 年。

14.4.6 外商投资国际货运代理企业分支机构的设立

14.4.6.1 设立外商投资国际货运代理企业分支机构的条件

根据《中华人民共和国外商投资国际货运代理业管理规定》第 12 条第 1 款，外商投资国际货运代理企业正式开业满 1 年且合营各方出资已全部到位后，可申请在国内其他地方设立分公司。外商投资国际货运代理企业每设立一个从事国际货物运输代理业务的分公司，应增加注册资本 12 万美元。据此，外商投资国际货运代理企业设立分支机构至少应当具备以下几个条件：

①外商投资国际货运代理企业已正式开业满 1 年；
②外商投资国际货运代理企业合营各方出资已全部到位；
③注册资金达到按拟设立分支机构数量计算的金额。

值得指出的是，根据我国加入世界贸易组织时所作的承诺，在我国加入世界贸易组织后 2 年内，即 2003 年 12 月 11 日以前，上述 12 万美元的额外注册资本要求将在国民待遇基础上实施，降低到与全部由国内投资者投资设立的国际货物运输代理企业同等的 50 万人民币元。

14.4.6.2 设立外商投资国际货运代理企业分支机构应提交的文件

①拟设立分公司所在地对外贸易经济合作部门的同意意见函；
②董事会关于设立分公司和增资的决议；
③有关增资事项对合营合同、章程的修改协议；
④企业经营情况报告及设立分公司的理由和可行性分析；
⑤企业验资报告；
⑥分公司从业人员及营业场所证明材料；
⑦审批机关要求提供的其他文件。

14.4.6.3 设立外商投资国际货运代理企业分支机构的审批程序

外商投资国际货运代理企业设立分公司，亦应将申请书及其他文件提交该外商投资国际货运代理企业所在省、自治区、直辖市、计划单列市对外经济贸易主管部门进行初审，

由当地对外经济贸易主管部门向拟设立的分公司所在省、自治区、直辖市、计划单列市对外经济贸易主管部门征求意见。经拟设立的分公司所在省、自治区、直辖市、计划单列市对外经济贸易主管部门同意后，再报对外贸易经济合作部审核、批准。对外贸易经济合作部将根据国家有关法律、法规和规章进行审核，作出批准或不批准的决定。决定批准的，颁发《中华人民共和国国际货物运输代理企业分支机构批准证书》。

虽然香港、澳门、台湾地区属于中华人民共和国不可分割的组成部分，但是由于政治、法律方面的原因，目前这些地区的公司、企业在内地设立国际货物运输代理企业，既不同于全部由内地投资者开办的国际货物运输代理企业，也不同于外国投资者在中国开办的国际货物运输代理企业，只能参照有关外商投资国际货物运输代理企业的规定办理相关法律手续。

14.5　国际货运代理企业的变更和终止

14.5.1　国际货物运输代理企业的变更

14.5.1.1　国际货物运输代理企业变更的情形

国际货物运输代理企业成立以后，可以根据国家有关法律、法规规定和企业实际情况，变更企业名称、企业类型、隶属关系、经营范围、经营地域、通讯地址或营业场所、法定代表人等项目，亦可变更股东，增加或减少注册资本，所有这些都属于国际货物运输代理企业变更的情形，均应办理相应的法律手续。

14.5.1.2　国际货物运输代理企业变更的条件

根据《中华人民共和国国际货物运输代理业管理规定实施细则（试行）》第18条第2款，国际货物运输代理企业申请扩大经营范围或经营地域，必须在对外经济贸易主管部门批准成立并且经营国际货运代理业务1年以后进行。对于其他项目的变更条件，现行国际货物运输代理法规和规章未做具体规定。

14.5.1.3　变更国际货物运输代理企业应当提交的文件

关于申请变更国际货物运输代理企业应当提交的文件，现行有关法规和规章未做具体规定。在实践中，应当根据变更项目的不同，准备不同的文件。

其中，变更国际货物运输代理企业股权关系，应当提交如下文件：

①变更股权关系申请书；

②股权转让协议正本；

③新股东基本情况简介；

④加盖当地工商行政管理机关印章的新股东《企业法人营业执照》影印件；

⑤新股东从事进出口贸易或货物运输相关业务的政府批准文件或许可证书；

⑥新股东资产负债表正本；

⑦转股前的企业章程正本；

⑧转股前的企业验资报告原件；

⑨转股后的企业章程正本；

⑩原股东关于同意转让股权的股东会或董事会决议正本；

⑪转股后的企业章程修改协议正本；

⑫关于修改企业章程的股东会或董事会决议正本；

⑬新的股东董事委派书原件；

⑭新的法定代表人简历、身份证复印件；

⑮新的法定代表人身份证明书原件。

14.5.1.4　国际货物运输代理企业变更的程序

根据《实施细则》第 23 条，国际货运代理企业变更不同的项目需要遵循不同程序。

①国际货运代理企业发生以下变更，必须报对外贸易经济合作部审查、批准，并换领批准证书：企业名称；企业类型；股权关系；注册资本减少；经营范围；经营地域。

②国际货运代理企业发生以下变更，在报对外贸易经济合作部备案后，直接换领批准证书：通讯地址或营业场所；法定代表人；注册资本增加；隶属部门。

国际货运代理企业应当持批准证书向工商、海关部门办理注册登记手续。

14.5.1.5　国际货物运输代理企业变更程序的简化

2000 年 9 月 1 日对外贸易经济合作部以［2000］外经贸发展运函字第 2141 号文件发布《关于取消国际货运代理企业名称变更审批规定的通知》，取消了对不涉及股权变更的国际货运代理企业名称变更的审批手续。

根据上述通知，对于不涉及股权变更的国际货运代理企业，变更后的名称经当地工商行政管理部门核准后，即可凭下列文件直接到对外贸易经济合作部办理换发新的《中华人民共和国国际货物运输代理企业批准证书》手续：

①公司董事会决议；

②工商行政管理部门出具的《企业名称变更核准通知书》；

③修改后的公司章程；

④原《中华人民共和国国际货物运输代理企业批准证书》。

但是，国际货运代理企业变更名称，并领取新的《中华人民共和国国际货物运输代理企业批准证书》以后，应当及时到当地对外经济贸易主管部门备案。

14.5.2　国际货运代理企业的终止

14.5.2.1　国际货运代理企业终止的情形

在实践中，发生下列情况将导致国际货运代理企业的终止：

①因合并、分立而解散；

②经营期限届满；

③严重亏损，无力继续经营；

④一方或者数方股东不履行合同、章程规定的义务，致使企业无法继续经营；

⑤被责令关闭、撤销批准证书或吊销营业执照；

⑥股东会或董事会决定停业、解散或清算；

⑦因资不抵债被宣告破产。

14.5.2.2　终止国际货运代理企业应当提交的文件

现行有关法规和规章没有明确申请终止国际货运代理企业应当提交的文件、资料。在实践中，因导致国际货运代理企业终止的原因不同，申请终止时需要提交的文件、资料也有所不同，应当按照行业主管部门的要求，根据实际情况准备、提交有关文件、资料。

14.5.2.3　终止国际货运代理企业的审批程序

国际货运代理企业终止营业，应当依照《中华人民共和国国际货物运输代理业管理规定》第9条规定的设立申请批准程序，报告所在地的地方对外贸易主管部门或者对外贸易经济合作部，并缴销批准证书。

14.5.2.4　国际货运代理企业终止后的清算、注销

国际货运代理企业终止以后，应按照其他有关法规和规章的规定，办理清算、注销手续。根据现行有关法律、法规，国际货运代理企业的清算、注销可以分为以下三种情况：

（1）非公司型国际货运代理企业的清算、注销

根据《中华人民共和国企业法人登记管理条例》、《中华人民共和国企业法人登记管理条例施行细则》及其他有关法律、法规和规章，企业法人因歇业、与其他企业合并、被撤销、责令关闭、吊销营业执照而停止经营，应由主办单位、投资人或清算组织进行清算，对该企业法人的财产进行清理、估价、处理和清偿。清算工作一般应在3个月内完成。企业法人被宣告破产的，应当依照《中华人民共和国破产法（试行）》或《中华人民共和国民事诉讼法》的有关规定，成立由人民法院从企业上级主管部门、政府财政部门等有关部门和专业人员中指定的人员组成的清算组，接管破产企业的财产、账册、文书、资料和印章等，对其财产进行清理、估价、处理和分配。破产财产分配完毕，由清算组提请人民法院终结破产程序。破产程序终结后，由清算组向破产企业原登记的工商行政管理机关办理注销登记手续。

企业法人申请注销登记，应当提交下列文件、证件：法定代表人签署的注销登记申请书；原主管部门审查同意的文件；主管部门或者清算组织出具的负责清理债权债务的文件或者清理债务完结的证明。

企业法人所属经营单位终止经营活动，也应当申请注销登记。注销登记程序和应当提交的文件、证件，参照企业法人注销登记的有关规定执行。

原登记的工商行政管理机关核准注销登记或者吊销执照后，将同时撤销该企业注册号，收缴《企业法人营业执照》或《营业执照》正、副本和公章，并通知其开户银行。

（2）公司型国际货运代理企业的清算、注销

根据《中华人民共和国公司法》、《中华人民共和国公司登记管理条例》及其他有关法律、法规和规章，公司有下列情形之一的，可以解散：公司章程规定的营业期限届满或者公司章程规定的其他解散事由出现时；股东会决议解散；因公司合并或者分立需要解散的。

公司依照上述第一项、第二项规定解散时，应当在15日内成立清算组，有限责任公司的清算组由股东组成，股份有限公司的清算组由股东大会确定其人选；逾期不成立清算组进行清算的，债权人可以申请人民法院指定有关人员组成清算组，进行清算。人民法院受理该申请后，将及时指定清算组成员，进行清算。

公司违反法律、行政法规被依法责令关闭而解散的，由有关主管机关组织股东、有关机关及有关专业人员成立清算组，进行清算。

公司因不能清偿到期债务，被依法宣告破产的，由人民法院依照有关法律的规定，组织股东、有关机关及有关专业人员成立清算组，对公司进行破产清算。

清算组在清算期间行使下列职权：清理公司财产，分别编制资产负债表和财产清单；通知或者公告债权人；处理与清算有关的公司未了结的业务；清缴所欠税款；清理债权、债务；处理公司清偿债务后的剩余财产；代表公司参与民事诉讼活动。

清算组应当自成立之日起 10 日内通知债权人，并于 60 日内在报纸上至少公告三次。债权人应当自接到通知书之日起 30 日内，未接到通知书的自第一次公告之日起 90 日内，向清算组申报其债权。债权人申报其债权，应当说明债权的有关事项，并提供证明材料。清算组应当对债权进行登记。

清算组在清理公司财产、编制资产负债表和财产清单后，应当制订清算方案，并报股东会或者有关主管机关确认。公司财产能够清偿公司债务的，分别支付清算费用、职工工资和劳动保险费用，缴纳所欠税款，清偿公司债务。公司财产按上述规定清偿后的剩余财产，有限责任公司按照股东的出资比例分配，股份有限公司按照股东持有的股份比例分配。

公司因解散而清算，清算组在清理公司财产、编制资产负债表和财产清单后，发现公司财产不足清偿债务的，应当立即向人民法院申请宣告破产。公司经人民法院裁定宣告破产后，清算组应当将清算事务移交给人民法院。

公司清算结束后，清算组应当制作清算报告，报股东会或者有关主管机关确认，并报送公司登记机关，申请注销公司登记，公告公司终止。不申请注销公司登记的，由公司登记机关吊销其公司营业执照，并予以公告。

公司有下列情形之一的，清算组织应当自公司清算结束之日起 30 日内向原公司登记机关申请注销登记：公司被依法宣告破产；公司章程规定的营业期限届满或者公司章程规定的其他解散事由出现；股东会决议解散；公司因合并、分立解散；公司被依法责令关闭。

公司申请注销登记，应当提交下列文件：公司清算组织负责人签署的注销登记申请书；法院破产裁定、公司依照公司法作出的决议或者决定、行政机关责令关闭的文件；股东会或者有关机关确认的清算报告；《企业法人营业执照》；法律、行政法规规定应当提交的其他文件。

经公司登记机关核准注销登记，公司终止。

公司撤销分公司的，应当自撤销决定作出之日起 30 日内向该分公司的公司登记机关申请注销登记。申请注销登记应当提交公司法定代表人签署的注销登记申请书和分公司的《营业执照》。

公司登记主管机关核准注销公司登记或者吊销执照后，将同时撤销注册号，收缴执照正、副本和公章，并通知开户银行。

(3) 外商投资国际货运代理企业的清算、注销

根据《中华人民共和国中外合资经营企业法》、《中华人民共和国中外合作经营企业

法》、《中华人民共和国中外合资经营企业法实施条例》、《中华人民共和国中外合作经营企业法实施细则》、《外商投资企业清算办法》及其他有关法律、法规和规章，中外合资经营企业在下列情况下解散：①合营期限届满；②企业发生严重亏损，无力继续经营；③合营一方不履行合营企业协议、合同、章程规定的义务，致使企业无法继续经营；④因自然灾害、战争等不可抗力遭受严重损失，无法继续经营；⑤合营企业未达到其经营目的，同时又无发展前途；⑥合营企业合同、章程所规定的其他解散原因已经出现。

发生第①、④、⑤、⑥项所述情况，由董事会提出解散申请书，报审批机构批准；发生第③项所述情况，由履行合同的一方提出申请，报审批机构批准。

中外合资经营企业宣告解散时，应当按照《外商投资企业清算办法》的规定成立清算委员会，由清算委员会负责清算事宜。清算委员会的成员一般应当在合营企业的董事中选任。董事不能担任或者不适合担任清算委员会成员时，合营企业可以聘请中国的注册会计师、律师担任。审批机构认为必要时，可以派人进行监督。清算委员会的任务是对合营企业的财产、债权、债务进行全面清查，编制资产负债表和财产目录，提出财产作价和计算依据，制订清算方案，提请董事会会议通过后执行。

中外合资经营企业以其全部资产对其债务承担责任。除非合营企业协议、合同、章程另有规定，中外合资经营企业清偿债务后的剩余财产按照合营各方的出资比例进行分配。中外合资经营企业解散时，其资产净额或者剩余财产减除企业未分配利润、各项基金和清算费用后的余额，超过实缴资本的部分为清算所得，应当依法缴纳所得税。

中外合资经营企业的清算工作结束后，由清算委员会提出清算结束报告，提请董事会会议通过后，报告审批机构，并向登记管理机构办理注销登记手续，缴销营业执照。中外合资经营企业解散后，各项账册及文件应当由原中国合营者保存。

根据中外合作经营企业法、中外合作经营企业法实施细则，中外合作经营企业出现下列情形之一时解散：①合作期限届满；②合作企业发生严重亏损，或者因不可抗力遭受严重损失，无力继续经营；③中外合作者一方或者数方不履行合作企业合同、章程规定的义务，致使合作企业无法继续经营；④合作企业合同、章程中规定的其他解散原因已经出现；⑤合作企业违反法律、行政法规，被依法责令关闭。

发生第②、④项所列情形，由中外合作经营企业的董事会或者联合管理委员会做出决定，报审查批准机关批准。在第③项所列情形下，履行合同的一方或者数方有权向审查批准机关提出申请，解散合作企业。

根据《中华人民共和国外资企业法》、《中华人民共和国外资企业法实施细则》，外商独资企业有下列情形之一的，应当终止：①经营期限届满；②经营不善，严重亏损，外国投资者决定解散；③因自然灾害、战争等不可抗力而遭受严重损失，无法继续经营；④破产；⑤违反中国法律、法规，危害社会公共利益被依法撤销；企业章程规定的其他解散事由已经出现。

外商独资企业如存在上述第②、③、④项所列情形，应当自行提交终止申请书，报审批机关核准。审批机关作出核准的日期为企业的终止日期。其中，依照上述第④项规定终止的，参照中国有关法律、法规进行清算；依照上述第⑤项规定终止的，依照中国有关规定进行清算；依照上述第①、②、③、⑥项规定终止的，应当在终止之日起15天内对外公告并通知债权人，并在终止公告发出之日起 15 天内，提出清算程序、原则和清算委员会人选，报审批机关审核后进行清算。

清算委员会应当由外商独资企业的法定代表人、债权人代表以及有关主管机关的代表组成，并聘请中国的注册会计师、律师等参加。

外商独资企业在清算结束之前，外国投资者不得将该企业的资金汇出或者携出中国境外，不得自行处理企业的财产。清算结束后，其资产净额和剩余财产超过注册资本的部分视同利润，应当依照中国税法缴纳所得税。

根据《外商投资企业清算办法》，在中华人民共和国境内依法设立的中外合资经营企业、中外合作经营企业、外商独资企业能够自行组织清算委员会进行清算的，依照关于普通清算的规定进行清算；不能自行组织清算委员会进行清算或者依照普通清算的规定进行清算出现严重障碍的，企业董事会或者联合管理委员会等权力机构、投资者或者债权人可以向企业审批机关申请进行特别清算，经企业审批机关批准后，依照关于特别清算的规定进行清算；被依法责令关闭而解散的，依照关于特别清算的规定进行清算；被依法宣告破产的，依照有关破产清算的法律、行政法规办理。清算工作应当依照国家有关法律、行政法规的规定，以经批准的企业合同、章程为基础，按照公平、合理和保护企业、投资者、债权人合法权益的原则进行。

普通清算自企业经营期限届满之日，或者企业审批机关批准企业解散之日，或者人民法院判决或者仲裁机构裁决终止企业合同之日开始。清算期限自清算开始之日起至向企业审批机关提交清算报告之日止，不得超过 180 日。因特殊情况需要延长清算期限的，由清算委员会在距清算期限届满的 15 日前，向企业审批机关提出延长清算期限的申请。延长的期限不得超过 90 日。

外商投资企业进行普通清算，应当自清算开始之日起 15 日内由企业权力机构组织成立清算委员会。清算委员会至少由 3 人组成，其成员由企业权力机构在企业权力机构成员中选任或者聘请有关专业人员担任。清算委员会设主任 1 人，由企业权力机构任命。经企业权力机构同意，清算委员会也可以聘请工作人员办理清算的具体事务。

清算委员会成立后，企业有关人员应当在清算委员会指定的期限内将企业的会计报表、财务账册、财产目录、债权人和债务人名册以及与清算有关的其他资料，提交清算委员会。清算委员会在清算期间行使下列职权：清理企业财产，编制资产负债表和财产清单，制定清算方案；公告未知债权人并书面通知已知债权人；处理与清算有关的企业未了结的业务；提出财产评估作价和计算依据；清缴所欠税款；清理债权、债务；处理企业清偿债务后的剩余财产；代表企业参与民事诉讼活动。

清算委员会编制的资产负债表和财产清单、提出的财产评估作价和计算依据、制定的清算方案，应经企业权力机构确认，并报企业审批机关备案。

清算委员会应当依法履行清算义务，并按照协商原则处理有关清算的事务。清算期间，企业审批机关和其他有关主管机关可以派人参加企业有关清算的会议，监督企业清算工作。

被清算企业应当自清算开始之日起 7 日内，将企业名称、地址、清算原因和清算开始日期等以书面方式通知企业审批机关、企业主管部门、海关、外汇管理机关、企业登记机关、税务机关和企业开户银行等有关单位；企业有国有资产的，还应当通知国有资产管理行政主管部门。

为了便于清理债权，清算委员会应当自成立之日起60日内，至少两次在一种全国性报纸、一种当地省或者市级报纸上刊登公告。第一次公告应当自清算委员会成立之日起10日内刊登。清算公告应当写明企业名称、地址、清算原因、清算开始日期、清算委员会通讯地址、成员名单及联系人等。

债权人应当自接到通知书之日起30日内，未接到通知书的自第一次公告之日起90日内，向清算委员会申报债权，并提交有关债权数额以及与债权有关的证明材料。未在规定的申报债权期限内申报债权的，按照以下规定处理：已知债权人的债权，应当列入清算；未知债权人的债权，在企业剩余财产分配结束前，可以请求清偿；企业剩余财产已经分配结束的，视为放弃债权。

清算委员会应当认真登记债权人申报的债权，并在核定债权后，将核定结果书面通知债权人。债权人对清算委员会关于债权的核定结果有异议的，可以自收到书面通知之日起15日内，要求清算委员会进行复核。债权人对复核结果仍有异议的，可以自收到复核的书面通知之日起15日内向企业所在地的人民法院提起诉讼；债权人与企业有仲裁约定的，应当依法提交仲裁。在诉讼或仲裁期间，清算委员会不得对有争议的财产进行分配。

清算委员会对清算期间发生的财产盘盈或者盘亏、变卖，无力归还的债务或者无法收回的债权，以及清算期间的收入或者损失等，应当书面向企业权力机构说明原因、提出证明并计入清算损益。

清算财产优先支付管理、变卖和分配企业清算财产所需要的费用、公告、诉讼、仲裁费用和清算过程中需要支付的其他费用后，按照下列顺序清偿：职工的工资、劳动保险费；国家税款；其他债务。

外商投资企业支付清算费用，清偿其全部债务后的剩余财产，原则上按照投资者的实际出资比例分配，但是法律、行政法规或者企业合同、章程另有规定的除外。自清算开始之日起至清算终结前，中外投资者均不得处理企业财产。清算过程中发现企业财产不足清偿债务的，清算委员会应当向人民法院申请宣告企业破产。

被清算企业的财产，应当按照以下规定评估作价：企业合同、章程有规定的，按照企业合同、章程的规定办理；企业合同、章程没有规定的，由中外投资者协商决定，并报企业审批机关批准；企业合同、章程没有规定，中外投资者协商不能达成一致意见的，由清算委员会依照国家有关规定及参照资产评估机构的意见确定并报企业审批机关批准；法院判决或者仲裁裁决终止企业合同，并规定清算财产评估作价办法的，依照判决或者裁决的规定办理。

被清算企业财产评估作价以后，应当拍卖或变卖。变卖时，企业投资者有优先购买权，由出价高的一方购买。

清算委员会完成清算方案确定的工作以后，应当制作包括以下内容的清算报告：清算的原因、期限、过程；债权、债务的处理结果；清算财产的处理结果。

清算报告经企业权力机构确认后，应报企业审批机关备案。清算委员会应在向企业审批机关提交清算报告之日起10日内，向税务机关、海关分别办理注销登记，并在办结前款手续之日起10日内，将清算报告并附税务机关、海关出具的注销登记证明，报送企业登记机关，办理企业注销登记，缴销营业执照，在一种全国性报纸、一种当地省或者市级报纸上公告企业终止。

外商投资企业清算结束后，办理企业注销登记手续之前，清算委员会应当按照下列规定移交其所保管的各项会计凭证、会计账册及会计报表等资料：中外合资经营企业、中外合作经营企业由中方投资者负责保管；中方投资者有两个以上的，由企业主管部门指定其中一个负责保管；外资企业由企业审批机关指定的单位负责保管。

特别清算自外商投资企业审批机关批准特别清算之日或者企业被依法责令关闭之日开始。外商投资企业进行特别清算，由企业审批机关或其委托的部门组织中外投资者、有关机关的代表和有关专业人员成立清算委员会。清算委员会设主任一名，由企业审批机关或其委托的部门指定。特别清算期间，清算委员会主任行使企业法定代表人的职权，清算委员会行使企业权力机构的职权。

清算委员会处理有关清算的事务，向企业审批机关报告工作，并可以召集企业权力机构会议和债权人会议，商讨有关清算的具体事项。所有债权人均为债权人会议成员，债权人会议成员享有表决权，但有财产担保的债权人未放弃优先受偿权的除外。债权人会议主席由企业审批机关或其委托的部门从有表决权的债权人中指定。

清算委员会召集债权人会议，应当自会议召开15日前书面通知债权人。债权人不能出席债权人会议时，应当书面委托代理人出席会议。债权人会议行使下列职权：审查债权人提供的有关债权的证明材料以及债权数额和担保情况；了解债务清偿情况，就清算方案和债务清偿情况向清算委员会提出债权人意见。

清算委员会制订的清算方案和制作的清算报告应经企业审批机关确认。

特别清算的其他方面，适用普通清算的有关规定。

外商投资企业应当自经营期满之日或者终止营业之日、批准证书自动失效之日、原审批机关批准终止合同之日起3个月内，向原登记主管机关申请注销登记，并提交下列文件、证件：董事长签署的注销登记申请书；董事会的决议；清理债权债务完结的报告或者清算组织负责清理债权债务的文件；税务机关、海关出具的完税证明。原审批机关的批准文件。

不能提交董事会决议的以及国家对外商投资企业的注销另有规定的，按国家有关规定执行。

外商投资企业撤销其分支机构和办事机构，申请注销登记，应当提交下列文件、证件：隶属企业董事长签署的注销登记申请书；隶属企业董事会的决议；原审批机关的批准文件。

外商投资企业的原工商登记主管机关核准其注销登记申请后，将收缴被注销企业的《企业法人营业执照》或《营业执照》正本、副本，公章，并将注销登记情况通知其开户银行。

14.6 国际货物运输代理企业的民事法律地位

国际货运代理企业的民事法律地位与其经营的具体业务密切相关，深受适用于国际货运代理企业具体业务活动的法律影响。由于世界各国法律文化传统不同，对国际货运代理企业的地位、作用认识不同，允许国际货运代理企业经营的业务范围也不相同，加之国际货运代理企业的业务经营活动日趋复杂，至今没有形成一个世界统一的确定国际货运代理企业民事法律地位的标准。因而，不仅不同国家的法院对国际货运代理企业在具有相同情节的案件中法律地位的认定常常有不同的判决结果，同一国家的不同法院对国际货运代理企业在具有相同情节的案件中法律地位的认定也往往有不同的结论。国际货运代理企业民事法律地位的确定一直是个困扰国际货运代理企业国际业务发展的世界难题。

尽管世界各国法律关于国际货运代理企业法律地位的规定有所不同，各国法院对具有相同情节的国际货运代理案件判决结果亦有差异，但是国际货运代理企业民事法律地位的确定并非没有任何规律可以遵循。在实践中，各国法院通常按照适用于国际货运代理企业相应业务活动的法律规定，结合案件实际情况来确定国际货运代理企业在具体案件中的民事法律地位。根据我国司法实践，人民法院在处理国际货运代理业务纠纷，确定国际货运代理企业的法律地位时，往往要考虑下列因素：

14.6.1 业务活动使用的名义

虽然《中华人民共和国国际货物运输代理业管理规定》明确国际货运代理企业可以"以委托人的名义或者以自己的名义，为委托人办理国际货物运输及相关业务"，《中华人民共和国国际货物运输代理业管理实施细则（试行）》也对国际货运代理企业作为代理人和独立经营人两种情况作了界定，但因二者均未明确国际货运代理企业以委托人名义行事和以自己名义行事时的法律地位，亦未明确国际货运代理企业作为代理人和独立经营人时分别享有的权利，以及承担的义务和责任，且前者系国务院批准，对外贸易经济合作部发布的规范性文件，人们对其是否具备行政法规的效力存在不同的认识；后者则是对外贸易经济合作部发布的部门规章，只能作为法院审理案件的参考。我国法院在审判实践中通常按照民法通则和合同法有关委托代理的一般规定确定国际货运代理企业的法律地位。

在合同法实施以前，我国法院根据民法通则关于代理的定义判断国际货运代理企业的法律地位，即以委托人（被代理人）名义行事时，被认为具有代理人的法律地位；以自己名义行事时，被认为具有当事人的法律地位。国际货运代理企业以发货人的名义托运货物，以收货人的名义提取货物、支付运费及其他相关费用，或者以承运人的名义承揽货物、收取运费及其他相关费用，而由承运人完成全部或部分运输工作，通常被视为发货人、收货人或承运人的代理人。国际货运代理企业以自己的名义托运、提取货物，支付运费及其他相关费用，或者以自己名义承揽货物、收取运费及其他相关费用，并且通过自己的雇员或运输工具完成全部或部分运输任务，通常被视为当事人，分别享受发货人、收货人或承运人的权利，承担发货人、收货人或承运人的义务和责任。合同法实施以后，我国法院则依照民法通则和合同法的有关规定确定国际货运代理企业的法律地位。由于合同法规定的间接代理制度为国际货运代理企业以自己名义为他人利益行事时享有代理人的法律地位提供了法律依据，法院开始在某些案件中确认以自己名义为委托人利益行事的国际货运代理企业代理人的法律地位，但是仍然限于国际货运代理企业声明了其代理人的身份，披露了其与委托人关系的情况。因此，为了避免承担当事人的义务和责任，建议国际货运代理企业以自己名义为委托人的利益行事时，向第三人表明自己仅仅作为代理人，适时披露委托人。

14.6.2　具体的业务运作方式

通常，国际货运代理企业将根据客户要求办理的业务实际情况，分别采取以下几种不同的具体运作方式：

①以发货人的名义托运货物，直接交给承运人运输，取得承运人或其代理人签发的运输单据；

②以承运人的名义承揽货物，代理承运人签发运输单据或提供承运人签发的运输单据；

③以自己名义承揽货物，签发全程运输单据，通过自己的雇员、运输工具完成部分运输业务，其余部分分包给其他承运人完成；

④以自己名义承揽货物，向发货人签发运输单据，全部运输任务转委托其他承运人完成；

⑤以自己名义承揽货物，向发货人签发运输分单，集中发货人托运的货物，以自己的名义转交实际承运人运输。

在第①、②种情况下，一般认为国际货运代理企业分别是发货人、承运人的代理人。在第③、④、⑤种情况下，对于发货人来讲，国际货运代理企业是缔约承运人；对于其他承运人来讲，国际货运代理企业分别是发包人、委托人和托运人，分别根据适用于相应业务关系的法律、法规享受当事人的权利，承担当事人的义务和责任。

14.6.3　签发运输单据的方式

除非国际货运代理企业与委托人另有约定，在一般情况下，以发货人或收货人代理人名义在运输单据上签字，或以承运人代理人名义签发运输单据的国际货运代理企业将分别被视为发货人、收货人或承运人的代理人，享有代理人的权利，承担代理人的义务和责任。而以道路运输经营人身份签发道路运单，以航空运输缔约承运人身份签发空运分单，以无船承运人身份签发海运提单和以多式联运经营人身份签发国际多式联运提单的国际货运代理企业，则被视为承运人（当事人），享有承运人的权利，承担承运人的义务和责任。

14.6.4　收入的取得方式

通常，从委托人处取得代理费或佣金的国际货运代理企业被视为发货人或承运人的代理人，而从发货人或收货人支付的运费和实际承运人要求支付的运费差价中取得利润的国际货运代理企业被视为缔约承运人（当事人）。在实践中，一些国际货运代理企业出于某种考虑，在与客户签订的合同中往往不明确区分代垫费用和代理费用或佣金，笼统用包干费用加以概括，如果在合同其他条款中没有明确国际货运代理企业仅仅作为代理人从事有关业务活动，很可能被视为承运人（当事人），仅仅享受代理人的收益，却要承担承运人的义务和责任。因此，建议国际货运代理企业在与客户签订国际货物运输委托代理合同时，明确规定国际货运代理企业根据委托人要求从事的一切业务活动，均属代理行为，分别规定代垫费用和代理费用或佣金的支付问题。即使必须用包干费用方式概括规定，也要明确包干费用由代垫费用和代理费用或佣金构成，包干费用和代垫费用的差额全部作为国际货运代理企业的代理费用或佣金。

14.6.5　合同约定的内容

国际货运代理企业与客户签订的有关合同、协议，是双方行使权利、履行义务、承担责任的依据，也是双方发生争议时，法院或仲裁机关确定双方法律地位的重要依据。一般来讲，在有关合同、协议规定国际货运代理企业接受客户委托，代为安排货物的运输、仓储事宜，仅对因自己的过错给客户造成的损失承担责任的情况下，国际货运代理企业将被视为代理人。在有关合同、协议规定国际货运代理企业接受客户委托，负责货物的运输、仓储，并对货物的损坏、灭失或迟延交付承担责任的情况下，国际货运代理企业将被视为当事人（承运人或仓储保管人）。实践中，我国法院在当事人签订的合同名称与合同约定的权利、义务内容不一致的情况下，通常按照合同约定的权利、义务内容来确定合同的性质及当事人的法律地位。尽管国际货运代理企业与客户签订的有关合同、协议名称，甚至某些条款中含有"委托"、"代理"的字样，如果双方权利、义务的内容不够明确、具体，特别是有关国际货运代理企业提供的服务内容、责任范围的规定含糊不清，国际货运代理企业仍然难免承担当事人的责任。因此，国际货运代理企业在与客户签订业务合同、协议时，应当尽量做到名称与内容一致，详细规定双方权利、义务和责任，不要使用"代为运输货物"，"负责货物运输事宜"，"保证货物安全、准时运到目的地"等含糊的字眼，以免被判定承担当事人的责任。

14.6.6　行业惯例和交易习惯

国际货运代理企业在业务经营过程中，常常根据货主的委托，以自己名义向承运人租船、订舱，或者以自己名义接受货主的订舱要求，确认货物出运的时间，运输航班、航次，当货主不能按照约定的时间、地点、数量提供拟出运的货物，支付运费，或者承运人不能按时运输货物，甚至甩货时，有些国家习惯上要求由国际货运代理企业先承担当事人的责任，赔偿对方当事人损失，然后再向责任方追偿。特别是在货主要求国际货运代理企业在合理时间内提供承运人的身份，证明货主与承运人之间合同关系的单据，国际货运代理企业不能提供的情况下，国际货运代理企业往往被判定具有当事人的地位。在国际货运代理企业以承运人代理人身份签发运输单据，而又不能提供承运人名称地址或其与承运人之间委托代理关系的证据情况下，我国法院也有许多判决国际货运代理企业承担当事人责任的案例。

此外，法院在确定国际货运代理企业在具体案件中的法律地位时，往往还要考虑当地国际货运代理企业与客户的交易习惯，按国际货运代理企业与对方当事人以往的交易习惯，结合其他情况综合判定国际货运代理企业的法律地位。

国际货运代理企业在具体业务活动中的民事法律地位，取决于可适用的法律、法规规定，取决于业务活动的具体事实，需要根据有关法律、法规规定，结合当事人之间的合同、协议、往来文电、运输单据、收支凭证及其他有关情况，综合各种相关因素来确定。目前，无论我国国内，还是世界其他国家，均无统一的判定国际货运代理企业法律地位的强制性标准。

14.7 国际货物运输代理企业作为独立经营人（无船承运人）的法律地位

14.7.1 无船承运人的法律性质与地位

无船承运人的法律地位相比起货运代理而言十分简单明确，就是契约承运人性质。无船承运人是随着运输集装箱化和多式联运的迅速发展而出现的联运经营人，一般由不参与实际运输的经营者担任。在实际航运业务中，无船承运人作为契约承运人，与货物托运人订有运输合同，而实际上并非由自己完成运输，只能将货物交由拥有运输工具的实际承运人完成货物运输；另一方面，无船承运人作为公共承运人，依据与托运人订立的合同，签发自己的提单，承担货物运输的全部责任，不仅仅是从装货港到卸货港，而是对从起运地到最终目的地的全程运输负责。

无船承运人一般具有以下几方面的特征：

①在法律地位上为承运人。无船承运人有权订立运输合同，签发自己的运输单证，收取运费，但同时也要对货物运输承担责任。

②在海上运输中，作为海运区段的契约承运人。无船承运人本身并不拥有或经营远洋船舶，因而不可能作为实际承运人完成实际的海上运输业务，但在拥有内陆运输工具或货运站等情况下，它可以成为内陆运输实际承运人或场站经营人等。

③无船承运人具有中间承运商身份。对货物托运人而言，他是承运人，享有与承运人同样的权利并承担义务；对实际承运人而言，他是货物的托运人，应承担托运人的义务并享有相应权利。因此无船承运人是"双面人"，具有双重身份。

无船承运人的法律性质是契约承运人，而契约承运人概念的提出是与无船承运人业务实践的发展密切相关的。1924 年"海牙规则"第一条关于承运人的定义为："承运人是指包括与托运人订立运输合同的船舶所有人和承租人。"此外别无其他承运人定义，"海牙规则"中的承运人仅限于船舶所有人和承租人，据此很难确定无船承运人的责任及其所签发的提单的法律效力。"汉堡规则"基于实践中存在的问题，仿效航空运输公约在第一条中分别设置了承运人和实际承运人的定义，并界定合同成立一方为承运人，即契约承运人，实际运输另有他人负责时，"汉堡规则"进一步将此人界定为实际承运人。在每个具体的海上货物运输合同中，契约承运人只能有一个，实际承运人不是海上货物运输合同的当事人，他与托运人之间不具有合同关系。

无船承运人在很多情况下作为多式联运经营人出现，此时无船承运人签发联运提单，他是契约承运人，各区段承运人均为实际承运人。契约承运人对全程运输负责，实际承运人对自己的运输区段负责，但这并不影响契约承运人与实际承运人之间的任何追偿权利。

在航运实践中，货主向无船承运人订舱后，无船承运人向货主签发以货主为托运人的提单，然后以自己的名义向船公司订舱，船运公司再向无船承运人签发以无船承运人为托运人的提单。这时对货主来说，由于无船承运人接受他的订舱，并向他签发了提单，根据承运人的定义，无船承运人应是契约承运人。而船运公司接受无船承运人的委托，进行货物运输，成为其实际承运人，当然无船承运人又是船运公司的托运人。

有时，无船承运人接受货主订舱后仍以自己名义向船公司订舱，但并不向货主签发提单，而是要求船运公司以货主作为托运人直接向货主签发提单。有人认为，此时的无船承运人仍是契约承运人，即海商法中规定的承运人。原因在于：无船承运人与货主间的运输合同在他接受主订舱时就已经成立，不签发提单并不能改变这一点，因为提单只是合同的证明。无船承运人以自己的名义向船公司订舱的同时，也就改变了他单纯的货运代理的地位，使他成为契约承运人，船公司由于向货主签发了自己的提单亦成为承运人。

14.7.2 无船承运人与货运代理人的身份识别

随着集装箱多式联运业务的迅猛发展，越来越多的国际货运代理人开始扩大其经营范围，如以独立经营人的身份为货主提供包括传统货运代理服务在内的一揽子综合服务，甚至签发自己的提单，成为契约承运人。如此一来，国际货运代理的法律地位和应当承担的法律责任就发生了重大变化，不是代理人，而是承运人。

区分国际货运代理是代理人还是承运人，也即区分纯粹代理意义上的国际货运代理与无船承运人是十分必要的。例如在多式联运中，货运代理往往作为多式联运经营人签发联运提单而成为契约承运人。在货运代理收取运费的情况下，对其究竟是以托运人的代理人身份安排运输抑或以承运人的身份负责运输容易产生混淆。这直接影响到货方索赔的诉讼时效以及诉讼主体的正确选定。若货运代理与托运人签订了代理合同，并据此接受委托办理运输的相关事宜，则货运代理只要在受其委托范围内履行了代理合同的义务，在选择承运人时没有过失，其对运输过程中发生的货损不承担责任，同时托运人在货运代理违反代理合同向他索赔时的诉讼时效依民法通则的规定为2年，而不同于依《海商法》规定向承运人索赔的1年时效。

有些国家为了维护货主的合法利益，在这方面的规定比较严格。例如美国将货运代理分为只能从事纯粹代理人业务的远洋货运代理和具有承运人身份但不拥有不经营船舶的无船承运人。在欧洲，虽然只有"Freight Forwarder"一种称谓，但申请执照时又分成无船承运人执照和货运代理执照，其权利、义务和保证金都不一样。

意大利热那亚法庭1999年3月15日对SIAT诉Grandi Traghetti Di Navigazione案的判决中认为货运代理合同的基本目标是以货运代理人的名义并为了委托人的利益而订立一个运输合同，以及附带完成有关运输合同的附随义务。主张货运代理人具有承运人的资格，必须对有关的情况给出严格的证据，并要有事实证明货运代理人同意若自己没有完全完成任务，要负责赔偿一切款项和费用。仅仅指出货运代理人作为提单关系中的托运人是不够的，因而要证明货运代理具有承运人资格，还必须有其他因素给予适当证明，如关于就承运人提供的服务予以全部补偿的协议，原因是给付货运代理的一切补偿中包括运费，而运费是典型的付给承运人履行运输义务的酬劳。

从理论上看，货运代理人的身份认定首先应当视其同委托方所订立合同的内容及方式，若双方在合同中明确货代代理运输和承办报关等进出口手续，并以代理人身份安排中转运输，那么货运代理人是一种纯粹的货运代理。而依据海商法一般认为承运人有三个最主要的标志：

①与托运人签订运输合同。

②实际履行运输合同或组织履行运输合同，收取运费。

③承担相关的运输责任。

如果实践中双方的协议内容并不能使第三者一看便知货运代理的身份，或甚至没有书面协议时，国内外的海事司法仲裁案中，一般适用以下判定标准：

1993年北京海事仲裁委员会审理的一桩货损索赔案件中涉及货代作为承运人或代理人的认定标准时，认为应考虑以下因素：

①是以自己（货代）的名义还是以承运人的名义与托运人订立运输合同。

②是否以自己的名义签发提单。

③是代表自己还是代表承运人收取运费。

1996年加拿大联邦法院审理的 Berex Fashion Inc. V. Cargonaut Canada Inc. 案中法院认为，该案中判定货代为承运人基于以下理由：

① 原告（货方）不知道货代与转托承运人之间的合同。

②提单上的措辞暗示着货代作为承运人行事。

③货代以运费的标准收费。

④双方以前没有类似的可以作为证据的交易。

在具体业务中，可以从以下几方面来识别货运代理人和无船承运人的身份：

①与委托人之间的合同。委托人与货运代理和无船承运人之间的货运代理合同中若明确规定以代理人身份行事，货运代理也这样做了，则被认为是委托人的代理人。若合同中列明是"承运"而不是"安排运输"，此时将被认为是以自己的名义行事。

②与第三人之间的合同。若合同中表明以委托人的名义行事，货运代理和无船承运人被认为是委托人的代理人，若明确表明以自己的名义行事，他们被认为是合同的当事人。

③对托运人的责任。货运代理是货主的受托人，只要在履行义务时做到适当谨慎，对委托人忠诚、遵守合理指示，并能够解释所经手的业务，一般不对货物的及时和安全运输承担责任。而无船承运人则作为承运人，签发自己的提单给托运人，承担货物运输的责任。

④对实际承运人的责任。货运代理只承担代理人或受托人的责任，如果承运人的运价本允许向货运代理支付佣金，则可以从承运人处得到佣金。而无船承运人自己就是托运人，按照实际承运人的运价本或其与之签订的服务合同支付运费，完全承担托运人的责任。

⑤经营运作的方式。货运代理若以自己的名义签订运输合同，赚取运费差价，或提供

拼箱服务，此时，它应为无船承运人，享有承运人包括责任限制在内的全部权利，并承担承运人的全部义务。

⑥提单签发的方式。通常国际货运代理签发自己的提单，会被视为承运人。

⑦经营收入来源的不同。货代经营收入来自发货人所支付的服务费用及当承运人运价本允许支付佣金时，从承运人处得到的佣金。无船承运人的经营收入来自向发货人所收取的运费与向承运人支付的运费之差额。

⑧习惯做法与业务惯例。如在伦敦运输市场上，无论货代是否以自己的名义订舱，他都要承担货物未按时到达装货地点时，承运人提出的亏舱费索赔要求。

货运代理人与无船承运人的区别可见表14.1。

表14.1 货运代理人与无船承运人的区别

	国际货运代理人	无船承运人
运输合同的订立	不可以	可以
收取全程运费	不可以	可以
收取佣金	可以	不可以
收取运费差价	不可以	可以
对全程运输负责	不承担	承担
提单签发	不能	签发全程提单
对委托人的身份	代理人	托运人
法律地位	单一身份	双重身份

15 广告代理、外贸代理和保付代理

15.1 广 告 代 理

15.1.1 广告与广告法

15.1.1.1 广告的定义

广告即广而告之。它是指企事业单位、机关、团体或公民为了特定的目的自行承担费用并通过一定媒介或形式向社会公众传播某种信息的一种宣传方式。

广告作为现实生活中人们普遍运用的一种宣传方式,其构成须具备四个方面的基本要素:

(1) 广告主

即自行或者委托他人设计、制作发布广告的企事业单位、机关、团体或公民。

(2) 广告信息

即广告的主要内容,包括商品、劳务、观念等方面的信息。

(3) 广告媒介或形式

广告媒介是传播广告信息的中介物或手段,包括报刊、广播、电视、电影、路牌、橱窗、印刷品、霓虹灯等。广告信息还可以通过体育比赛、文艺演出等形式传播,这些传播广告信息的形式,即为广告形式。通过一定的媒介或形式传播信息,这是广告区别于直接的劝说、介绍等宣传方式的重要标志。

(4) 广告费用

即设计、制作、发布广告所需的费用。广告主无论自行还是委托他人设计、制作、发布广告,均应承担由此所产生的费用。是否存在并由广告主承担广告费用,这是广告(主要指通过新闻媒介发布的广告)区别于新闻宣传的重要标准。

我国现行广告法规定的广告,主要是指各种形式的商业广告,即商品经营者或者服务提供者承担费用,通过一定的媒介或者形式直接或者间接地介绍自己所推销的商品或者所提供的服务的广告。本节所讲的广告,也仅指商业广告。

15.1.1.2 广告法的概念

广告法是指调整广告关系的法律规范的总称。它是国家广告监督管理机关对广告实施监督管理的依据，也是广告主、广告经营者和广告发布者进行广告活动的行为准则。

广告法的调整对象是广告关系。广告关系是广告监督管理机关、广告审查机关、广告主、广告经营者和广告发布者等主体相互之间，在广告监督管理、广告审查和广告活动过程中所发生的社会关系，主要包括以下几方面的内容：①广告监督管理机关在实施广告监督管理过程中与广告主、广告经营者和广告发布者发生的社会关系。广告监督管理是市场调控的重要内容。我国各级工商行政管理部门作为国家专门的市场执法和监督机构，对广告负有监督管理的职责。②广告审查机关在实施广告审查的过程中与广告主发生的社会关系。③广告主、广告经营者和广告发布者在进行广告活动的过程中相互间发生的关系。这是指广告主与广告经营者或广告主、广告经营者与广告发布者在广告承揽、设计、制作、代理、发布等活动中发生的社会关系。这类关系具有平等、自愿、有偿的特点，主要表现为广告合同关系。

我国 1994 年 10 月 27 日第八届全国人民代表大会常务委员会第十次会议正式通过了《中华人民共和国广告法》，并于 1995 年 2 月 1 日生效实施，这是现行各种广告活动和广告管理的基本法律依据。

15.1.2　广告活动与广告代理制

15.1.2.1　广告活动

广告活动是指广告主、广告经营者和广告发布者设计、制作和发布广告的行为。

广告活动的主体包括：

（1）广告主

是指为推销商品或者提供服务，自行或委托他人设计、制作、发布广告的法人、其他经济组织或者个人。

（2）广告经营者

是指受委托提供广告设计、制作、代理服务的法人、其他经济组织或者个人。它主要是指专业广告公司及其他从事广告业务的经济组织和个人。

（3）广告发布者

是指广告主或者广告主委托的广告经营者发布广告的法人或者其他经济组织。广告发布者需要拥有一定的广告传播媒介，如电波媒介、印刷品媒介和其他媒介。

15.1.2.2　广告代理制

广告代理制是指在广告活动中，广告主委托广告经营者实施广告宣传计划，广告发布者通过广告经营者承揽广告业务的经营体制和机制。在这种体制下，广告经营者作为广告主的委托代理人，在市场调查的基础上，经过创意、制作、购买广告发布者的时间和空间，将广告发布出去。广告发布者专职发布，除分类广告外，一般不直接承揽广告设计、制作。

我国的广告代理制始于 1993 年国家工商行政管理局颁布的《关于进行广告代理试点工作的若干规定（试行）》，其明确规定："广告客户必须委托有相应经营资格的广告公司代理广告业务，不得直接通过报社、广播电台、电视台发布广告。"随后 1995 年施行的广告法第 33 条对广告代理也做了规定："广告主委托设计、制作、发布广告，应当委托具有合法经营资格的广告经营者、广告发布者。"

15.1.2.3 广告活动主体的义务

广告法规定的广告活动主体的义务，主要包括以下内容：

（1）依法签订广告合同

广告主、广告经营者、广告发布者之间在广告活动中应当依法订立书面合同，明确各方的权利和义务。

（2）不得从事不正当竞争行为

不正当竞争是指从事商品经营或营利性服务的法人、其他经济组织和个人违反法律规定，损害其他经营者的合法权益，扰乱社会经济秩序的行为。反不正当竞争法规定了12种不正当竞争行为。广告法规定广告主、广告经营者、广告发布者不得在广告活动中进行任何形式的不正当竞争，即广告活动主体不得以任何不正当竞争手段从事广告活动，也不得在其设计、制作、发布的广告中包含任何不正当竞争的内容。

（3）遵守国家工商登记管理法规

广告法分别就广告主、广告经营者和广告发布者遵守工商登记管理法规的义务作了规定。具体内容包括：

①广告主自行或委托他人设计、制作、发布广告，所推销的商品或者所提供的服务应当符合广告主的经营范围；

②广告主委托设计、制作、发布广告，应当委托具有合法经营资格的广告经营者、广告发布者；

③从事广告经营的，应当具备必要的专业技术人员、制作设备并依法办理公司或者广告经营登记；

④广播电台、电视台、报刊出版单位的广告业务，应当由其专门从事广告业务的机构办理，并依法办理兼营广告的登记。

（4）确保广告及其相关活动真实、合法、有效

具体要求是：

①广告主自行或委托他人设计、制作、发布广告，应当具有或者提供真实、合法、有效的证明文件。这些证明文件主要包括营业执照以及其他生产、经营资格的证明文件；质量检验机构对广告中有关商品质量内容出具的证明文件；确认广告内容真实性的其他证明文件。此外，发布广告需要经有关行政部门审查的，还应当提供有关批准文件。

②广告经营者、广告发布者应依据法律、行政法规查验有关证明文件，核实广告内容。对内容不实或者证明文件不齐全的广告，广告经营者不得提供设计、制作、代理服务，且广告发布者不得发布。

③广告发布者向广告主、广告经营者提供的媒介覆盖率、收视率、发行量等资料应当真实。

（5）不得在广告中擅自使用他人的名义、形象

按照规定，广告主、广告经营者在广告中使用他人名义、形象的，应当事先取得他人的书面同意；使用无民事能力人、限制民事行为能力人的名义、形象，应当事先取得其监护人的同意。

（6）建立健全内部管理制度

广告经营者、广告发布者应当按照国家有关规定，建立健全广告业务的承接登记、审核、档案管理制度。

（7）广告收费合理、公开

为了促使广告经营者、广告发布者履行本项义务，广告法除规定广告收费标准和收费办法应当向物价和工商行政管理部门备案外，还要求向社会公开。

（8）不得设计、制作、发布国家禁止的广告

即不得就法律、行政法规禁止生产、销售的产品或者提供的服务，以及禁止发布广告的商品或者服务设计、制作、发布广告。

15.1.3　广告的审查

15.1.3.1　广告审查的含义

广告审查是指在广告发布前对广告的内容依照法律、行政法规的规定进行审核的活动。广告审查的主要目的，在于确保广告真实、合法，符合社会主义精神文明建设的要求，从而防止广告违法行为的发生。

15.1.3.2　广告审查的类型

广告法规定的广告审查，包括两种基本类型：

（1）广告经营者、广告发布者对一切商品、服务广告进行的审查

广告法第 27 条规定："广告经营者、广告发布者依据法律、行政法规查验有关证明文件，核实广告内容。对内容不实或者证明文件不全的广告，广告经营者不得提供设计、制作、代理服务，广告发布者不得发布。"

（2）广告审查机关对特殊商品广告进行的审查

广告法第 34 条规定，利用广播、电影、电视、报纸、期刊及其他媒介发布药品、医疗器械、农药、兽药等商品的广告和法律、行政法规规定应当进行审查的其他广告，必须在发布前依照有关法律、行政法规由有关行政主管部门对广告内容进行审查；未经审查，不得发布。

15.1.4　违反广告法的法律责任

15.1.4.1　违反广告准则的行为及其法律责任

（1）虚假广告及其法律责任

虚假广告是指以欺骗的方式进行的内容不真实的广告宣传，是违背广告真实性标准要求的广告。为了打击虚假广告，广告法分别就虚假广告的行政责任、民事责任和刑事责任作了较为详尽的规定。按照规定，利用广告对商品或者服务作虚假宣传的，由广告监督管理机关停止发布、并以等额广告费用在相应范围内公开更正消除影响，并处广告费用 1 倍以上 5 倍以下的罚款；对负有责任的广告经营者、广告发布者没收广告费用并处广告费用 1 倍以上 5 倍以下的罚款；情节严重的，依法停止其广告业务。构成犯罪的，依法追究刑事责任。发布虚假广告欺骗和误导消费者，使购买商品或者接受服务的消费者的合法权益受到损害的，由广告主依法承担民事责任；广告经营者、广告发布者明知或者应知广告虚

假仍设计、制作、发布的，应当依法承担连带责任，广告经营者、广告发布者不能提供广告主的名称、地址的，应当承担全部民事责任。社会团体或其他组织，在广告中向消费者推荐商品或者服务，使消费者的合法权益受到损害的，应当依法与广告主、负有责任的广告经营者、广告发布者承担连带责任。

（2）侵权广告及其法律责任

侵权广告是指侵犯他人依法享有的民事权益的广告宣传。广告法第47条规定：广告主、广告经营者违反本法规定，有下列侵权行为之一的，依法承担民事责任：①在广告中损害未成年人和残疾人身心健康的；②假冒他人专利的；③贬低其他生产经营者的商品或者服务的竞争；④广告中未经同意使用他人名义、形象的；⑤其他侵犯他人合法民事权益的。这是认定侵权广告并追究其法律责任的基本依据。

侵权广告与虚假广告是一种交叉关系。对于构成侵权的虚假广告，除应按照广告法第37条和第38条规定追究虚假广告的责任外，还应结合广告法第47条规定追究侵权广告的法律责任。但鉴于广告法第38条已就对消费者合法权益造成损害后果的虚假广告的法律责任作了专门规定，故不能再以这类虚假广告侵犯了某消费者合法权益为由，同时适用广告法第47条的规定追究其侵权责任。这应是广告法第47条对构成侵权的虚假广告适用上的一个例外。

（3）其他违反广告准则的行为及其法律责任

①广告中使用中华人民共和国国旗、国徽、国歌，使用国家机关和国家工作人员的名义，使用"国家级"、"最高级"、"最佳"等用语，妨碍社会安定和危害人身、财产安全，损害社会公共利益，妨碍社会公共秩序和违背社会良好风尚，含有淫秽、迷信、恐怖、暴力、丑恶的内容，含有民族、种族、宗教、性别歧视的内容，妨碍环境和自然资源保护，以及有法律、行政法规规定禁止的其他情形的，由广告监督管理机关责令负有责任的广告主、广告经营者、广告发布者停止发布，公开更正，没收广告费用，并处广告费用1倍以上5倍以下罚款；情节严重的，停止其广告业务。构成犯罪的，依法追究刑事责任。

②广告中对商品的性能、产地、用途、质量、价格、生产者、有效期限、允诺或者对服务的内容、形式、质量、价格、允诺有表示，但不清楚、明白的，广告使用数据、统计资料、调查结果、文摘、引用语等不真实、不准确或未表明出处的；广告中涉及的专利产品或者专利方法未标明专利号和专利种类的；谎称取得专利权的；使用未授予专利权的专利申请和已经终止、撤销、无效的专利做广告的；以及在广告中贬低其他生产经营者的商品或服务的，由广告监督管理机关责令负有责任的广告主、广告经营者、广告发布者停止发布、公开更正，没收广告费用，可以并处广告费用1倍以上5倍以下的罚款。

③广告缺乏识别性及大众传播媒介以新闻报道的形式发布广告的，由广告监督管理机关责令改正，处以1000元以上1万元以下的罚款。

④发布药品、医疗器械、农药、食品、酒类、化妆品类广告违反广告准则的，就法律、行政法规禁止生产、销售的商品或者提供的服务，以及禁止发布广告的商品或者服务设计、制作、发布广告的，由广告监督管理机关责令负有责任的广告主、广告经营者、广告发布者改正或停止发布，没收广告费用，可以并处广告费用1倍以上5倍以下的罚款；

情节严重的，依法停止其广告业务。

⑤利用广播、电影、电视、报纸、期刊发布烟草广告，或在公共场所设置烟草广告的，由广告监督管理机关责令负有责任的广告主、广告经营者、广告发布者停止发布、没收广告费用，可以并处广告费用 1 倍以上 5 倍以下的罚款。

15.1.4.2 违反广告审查和广告监督管理的行为及其法律责任

违反广告审查和广告监督管理的行为是指广告主、广告经营者、广告发布者和其他有关人员违反国家关于特殊商品广告审查的规定以及广告监督管理规定的行为。广告法分别就一些主要的违反广告审查和广告监督管理的行为及其法律责任作了规定。具体包括：

①未经广告审查机关审查，利用广播、电视、电影、报纸、期刊以及其他媒介发布药品、医疗器械、农药、兽药等商品的广告和法律、行政法规规定应当进行审查的其他广告的，由广告监督管理机关责令负有责任的广告主、广告经营者、广告发布者停止发布，没收广告费用，并处广告费用 1 倍以上 5 倍以下的罚款。

②广告主申请广告审查时提供虚假证明文件的，由广告监督管理机关处以 1 万元以上 10 万元以下的罚款。

③伪造、变造或者转让广告审查决定文件的，由广告监督管理机关没收非法所得，并处 1 万元以上 10 万元以下的罚款。构成犯罪的，依法追究刑事责任。

④广告审查机关对违法的广告内容作出审查批准决定的，对直接负责的主管人员和其他直接责任人员，由其所在单位、上级机关、行政监察部门给予行政处分。

⑤广告监督管理机关和广告审查机关的工作人员玩忽职守、滥用职权、徇私舞弊的，给予行政处分。构成犯罪的，依法追究刑事责任。

15.2 外 贸 代 理

代理是国际贸易中常用的一种经营方式，我国从 1984 年起推行外贸代理制，至 1991 年 8 月 29 日对外经济贸易部发布实施了《关于对外贸易代理制的暂行规定》（以下简称《暂行规定》）和 1994 年全国人大常委会制定的《中华人民共和国对外贸易法》，确立了外贸代理制，使外贸代理各方的权利义务有了明确的规定。

15.2.1 外贸代理的概念和法律特征

根据我国《暂行规定》，所谓外贸代理是指外贸公司通过订立委托代理协议，接受国内用户委托，以自己的名义同外商签订涉外合同，代国内用户办理制单、结汇、报关、商检、运输、保险等进出口手续，收取规定佣金的法律行为。

外贸代理与我国民法通则中规定的代理制度存在着明显的区别，根据民法通则的规定，代理是指代理人在代理权限内以被代理人的名义实施法律行为，其行为的法律后果由被代理人承担。而外贸代理则有所不同，它具有以下几个法律特征：

①在外贸代理关系中，代理人（外贸公司）不是以被代理人（国内用户）的名义，而是以自己的名义同外商签订涉外经济合同。这一点与民法通则中的代理含义不同。在进口代理上，外贸公司接受国内用户的委托，以外贸公司的名义同国外卖方签订进口合同，

在出口代理上，由外贸公司接受国内供货企业的委托，以外贸公司的名义同国外买主签订出口合同。

②在代理国内用户签订的涉外经济合同中，外贸公司是合同的主体，合同的权利和义务全都归属于外贸公司而不是国内用户。

③被代理人（国内用户）与涉外合同的外方当事人之间没有直接的合同关系，但是涉外合同的权利义务通过代理人（外贸公司）与被代理人（国内用户）之间的委托代理协议间接地落到被代理人身上。

外贸代理已经超出了民法通则规定的直接代理，其属于我国 1999 年施行的合同法规定的间接代理。

15.2.2　外贸代理协议

外贸代理协议是受托人（外贸代理公司）与委托人之间订立的，明确双方权利义务的协议。它是划分受托人、委托人权利义务的基本依据。根据《暂行规定》，有对外贸易经营权的公司、企业（受托人）可在批准的经营范围内，依照国家有关规定为另一有对外贸易经营权的公司、企业（委托人）代理进出口业务，无对外贸易经营权的公司、企业、事业单位及个人需进口或出口商品（包括货物和技术），须委托有该类商品外贸经营权的公司、企业，依据国家有关规定办理。委托人和受托人应根据平等互利、协商一致的原则订立委托协议。

根据《暂行规定》，外贸代理协议必须采取书面形式，一般应包括下列内容：

①委托进口或出口商品的名称、范围、内容、价格幅度、支付方式、货币种类以及其他需要明确的条件。

②委托方对受托方的授权范围。

③双方的权利与义务以及应承担的费用。

④委托手续费以及其他经济利益的分享规定。

⑤争议的解决。

⑥委托协议期限。

⑦其他。

15.2.3　外贸代理双方当事人的权利义务

15.2.3.1　委托人的权利义务

①委托人应依国家有关法律、法规之规定，办理委托进口或出口商品的有关报批手续。

②经受托人同意，委托人可参加对外谈判，但不得自行对外询价或进行商务谈判，不得自行就合同条款对外作任何形式的承诺。

凡委托人同意的进口或出口合同条款，委托人不得由于条款本身的缺陷引起的损失向受托人要求补偿。

③委托人应及时向受托人详细说明委托进口或出口商品的有关情况。

④委托人不得自行与外商变更或修改进出口合同。委托人与外商擅自达成的补充或修

改进出口合同的协议无效。

⑤委托人须按委托协议和进出口合同的规定履行义务，包括及时向受托人提供进口所需的资金或委托出口的商品。

⑥因委托人不按委托协议履行其义务导致进出口合同不能履行、不能完全履行，迟延履行或履行不符合约定条件的，委托人应偿付受托人为其垫付的费用、税金及利息，支付约定的手续费和违约金，并承担受托人因此对外承担的一切责任。

⑦委托人因不可抗力事件不能履行全部或部分委托协议的，免除其对受托人的全部或部分责任，但委托人应及时通知受托人并在合理期间内提供有关机构出具的证明，以便受托人与外商交涉，免除受托人对外商的责任。

如果受托人不能因此免除对外商责任，受托人对外承担的责任由委托人承担。

⑧委托人有义务按照委托协议的规定，向受托人支付约定的手续费，并偿付受托人为其垫付的费用、税金及利息。委托人支付的进出口手续费以合同总价为计算基数，乘以约定的手续费率。

15.2.3.2 受托人的权利义务

①受托人根据委托协议以自己的名义与外商签订进出口合同，应及时将合同的副本送交委托人。受托人与外商修改或变更进出口合同时不得违背委托协议。受托人对外商承担合同义务，享有合同权利。

②受托人在遵照委托人的委托办理委托事宜时，必须服从国家法律、法规和其他外贸管理制度的规定。受托人如因服从国家法律、法规和其他外贸管理制度的规定而无法执行委托人的委托事宜时，应向委托人说明情况，重新协商符合法律、法规和外贸管理制度的委托事宜。在执行委托协议时，受托人有义务保证进出口合同条款符合我国现行有关法律、法规及其他管理制度的规定，并符合国际惯例和能维护委托人的利益。

③受托人应向委托人提供受托商品的国际市场行情，并应及时报告对外开展业务的进度及履行受托人义务的情况。

④受托人有义务办理履行进出口合同所需的各种手续。

⑤因受托人不按委托协议履行其义务导致进出口合同不能履行、不能完全履行、迟延履行或履行不符合约定条件的，受托人应按进出口合同及委托协议的有关规定及时对外索赔，或采取其他补救措施。

⑥受托人因不可抗力事件不能履行全部或部分委托协议的，免除其全部或部分受托责任，但应及时通知委托人和外商，并应在合理期限内提供有关机构出具的证明。

⑦如外商因不可抗力事件不能履行、不能完全履行、迟延履行或履行不符合进出口合同的规定，委托人应免除对受托人的责任，但应取得有关机构证明并及时通知委托人。

15.2.4 外贸代理的类型

15.2.4.1 出口代理

出口代理是指出口代理商接受国内供货部门的委托，以自己的名义作为卖方同国外买方签订出口合同，收取约定的佣金。出口代理商作为出口合同的卖方，必须对出口合同承担责任，国外买方也只能根据出口合同向出口代理商承担责任或要求赔偿。因为国内供货部门不是合同的一方当事人，他们同国外买方无直接的合同关系，出口代理商在向国外买主赔偿损失之后，可以根据它与国内供货部门签订的委托合同向后者追偿。

15.2.4.2 进口代理

进口代理是指进口代理商接受国内用货部门的委托，以代理商的名义作为买方，同国外卖方签订进口合同，收取约定的佣金和手续费。目前我国外贸进口代理的具体做法是：

①由国内用户委托外贸公司代其进口所需的物资，委托的方式是双方订立委托合同。

②外贸公司接受委托后以自己的名义同国外卖方订立进口合同，由于外贸公司不是以被代理人的名义而是以自己的名义对外签订合同，因此，必须对进口合同直接承担责任。如果外国卖方违反合同，国内买方不能直接同外方交涉，一般只能由外贸公司同外方交涉。如果国内买方违约，国外卖方也不能直接向国内买方求偿，只能直接向外贸公司要求赔偿。再由外贸公司根据它与国内买方签订的委托合同将这种后果转移给国内买方。

15.3 保付代理

15.3.1 保付代理的概念

保付代理（Factoring）简称保理，是指卖方或供应商或出口商与保理商之间存在的一种契约关系，出口商以商业信用方式出卖商品，在货物装船后立即将发票、汇票、提单等有关单据，卖断给经营保理业务的财务公司或专门组织，收进全部或一部分货款，从而取得资金融通。财务公司或专门组织买进出口商的票据，承购了出口商的债权后，通过一定的渠道向进口商催还欠款，如遭拒付，不能向出口商行使追索权。财务公司或专门组织与出口商的关系在形式上是票据买卖、债权承购与转让的关系，而不是一种借款关系。

根据保理契约，卖方（供应商、出口商）将其现在或将来的基于其与买方（债务人）订立的货物销售、服务合同所产生的应收账款转让给保理商，由保理商为其提供下列服务中的至少两项：

15.3.1.1 贸易融资

出口商可运用保理业务向买方提供无追索权的、手续简便的贸易融资，出口商出售货物后可以获得80%的预付款融资和100%的贴现融资。

15.3.1.2 销售分账户管理

在出口人做保理业务后，保理商会根据出口人的要求，定期不定期地向其提供关于应收账款的回收情况、逾期账款情况、信用额度变化及对账单等各种财务和统计报表，协助出口人进行销售管理。

15.3.1.3 应收账款的催收

保理商一般都有专业人员和专职律师处理账款的追收，并且保理商还会根据应收账款的逾期时间采取信函通知、打电话、上门催款及采取法律手段等。

15.3.1.4 信用风险控制与坏账担保

在出口人与保理商签订保理协议后，保理商会对进口人核定一个信用额度，在协议执行过程中，随时根据进口人资信状况的变化对信用额度进行调整。对出口人在核准信用额度内的应收账款，保理商提供 100% 的坏账担保。因此，保理实际上是一种融结算、管理、担保、融资为一体的综合性服务业务，本质上是一种债权转让。应用于国际间的保理业务则称为国际保理业务。

15.3.2 国际保付代理的形式与运作程序

15.3.2.1 国际保付代理的形式

（1）直接出口保付代理

即出口商和本国的保付代理人（出口保付代理人）签订保付代理合同，由后者直接向进口商追收账款。

（2）直接进口保付代理

即出口商直接和进口商所在国的保付代理人（进口保付代理人）签订保付代理合同，由后者直接向进口商追收账款。

（3）双重保付代理

即在同一项国际保付代理业务中，既有出口保付代理人，又有进口保付代理人，出口商委托本国出口保付代理人，出口保付代理人再从进口国的保付代理人中挑选进口保付代理人。出口商将需要核定信用额度的进口商清单交给出口保付代理人，由其立即送给进口保付代理人。进口保付代理人对各进口商进行资信调查，逐一核定相应的信用额度，并通知出口保付代理人通知出口商执行，出口商在信用额度内发货，将发票和货运单据直接寄交给进口商，发票副本送出口保付代理人。如有融资要求，出口保付代理人即以预付款方式向出口商提供不超过 80% 的发票金额的无追索权短期贸易融资，并向进口保付代理人定期提供应收账款清单，由其协助催收货款。到期后，进口商将全部货款付给出口保付代理人，进口保付代理人则立即将款项转交给出口保付代理人。

15.3.2.2 国际保付代理业务的运作程序

国际保付代理业务主要涉及 4 个当事人，即出口商、进口商、出口保付代理人、进口保付代理人。国际保付代理业务的基本程序：

①出口保付代理人与进口保付代理人之间签订相互代理合同。

②出口保付代理人与出口商签订国际保付代理合同。

③出口商向出口保付代理人申请进口信用额度。

④出口保付代理人将申请表传递给进口保付代理人。

⑤进口保付代理人对进口商进行资信调查评估。

⑥进口保付代理人将评估的决定通知出口保付代理人。

⑦出口保付代理人将该通知传递给出口商。

⑧出口商在获得批准信用申请的情况下与进口商签订销售合同。

⑨出口商装运货物并寄货运单据。

⑩出口商将货运发票副本等文件及应收账款转移通知书交出口保付代理人。

⑪出口保付代理人向出口商预付货款。

⑫出口保付代理人将上述单据副本交进口保付代理人。

⑬进口保付代理人在规定日期向进口商收取货款。

⑭进口保付代理人将货款交出口保付代理人。

⑮出口保付代理人扣除预付款、服务费等，将余额付给出口商。

15.3.3 保付代理人的报酬

保付代理人的报酬主要来源于两个方面：

15.3.3.1 服务佣金

保付代理人为当事人提供保付代理服务后，一般按每张发票的一定比例收取服务费。例如：国际保理公司一般向出口商收取每张发票面值的1%～2%的服务费，荷兰合作保理服务公司一般收取0.9%～1.5%。一般而言，收取保付代理服务费比例的高低取决于以下几个因素：①保付代理服务的总成交额；②付款方式及信用期限；③平均每张发票的面值；④出口的国家与市场；⑤产品种类。

15.3.3.2 买家资信调查费

一般而言，保付代理人大都要对进口商商业资信进行调查和评估，从而确定进口商信用额度。因此，保付代理人对出口商提出的每项信用额度申请，都要收取一定的资信调查费。例如，荷兰合作保理服务（香港）公司每案收取150港元，信用额度有效期为一年。第二年仍需使用同一信用额度，收取保留费100港元。